新时代马克思主义教育学系列教材

总 主 编　顾明远
执行主编　刘复兴

职业技术教育学

赵志群/编著

中国人民大学出版社
·北京·

内容简介

职业教育是一种独特的教育类型，对我国建设教育强国和人力资源强国具有重要的战略意义。本书对职业教育的基本问题进行了全面概述，介绍了我国职业教育的理论与实践发展，以及国际职业教育研究的新成果。

本书在传统教育学学科基础上，引入了大量有关“工作世界”的教育学、心理学、社会学和工程技术学科讨论和相关重要基础性知识。全书共分十章，涉及职业教育研究的学科发展，职业教育的内涵与功能，职业教育的产生与发展，职业教育的体系与制度，职业教育培养目标，职业院校的专业与课程，职业教育教学理论，职业教育教学方法、媒体与学习场所，职业教育的教师与学生，职业教育质量保障。

本书可作为高等院校教育类专业的本科生和研究生教材，也适合职业教育管理人员、职业院校教师和从事与职业教育有关工作的研究者和实践者阅读。

作者简介

赵志群，北京师范大学教授，博士生导师。师从著名职业教育学者、德国不来梅大学技术与教育研究所（ITB）创始所长 Felix Rauner 教授，以优异成绩（summa cum laude）获得哲学博士学位（Dr. -phil）。

曾任教育部职业技术教育中心研究所教师资源等研究室副主任，北京师范大学教育学部职业与成人教育研究所首任所长，兼任国家职业教育指导咨询委员会委员，人力资源和社会保障部专家咨询委员会委员，中国职业技术教育学会理事、教学工作委员会副主任，国际创新学徒制研究网络（INAP）理事会主席；*International Journal for Research in Vocational Education and Training*、*The International Journal of Training and Development* 和《职教论坛》等多家学术期刊编委会委员或顾问。

主要研究领域为职业教育原理、职业教育课程与教学论、职业教育质量保障、职业学科、比较职业教育等。主持的重要项目有哲学社会科学重大攻关项目“中国现代职业教育质量保障体系研究”、教科文组织招标项目“国际职业教育基于工作的学习（WBL）理论谱系研究”、教育部社科项目“高等职业教育工学结合课程的开发与实施研究”、人力资源和社会保障部科研项目“技工院校一体化课程开发的理论和标准研究”等。

撰写或主编《职业教育学习新概念》、《COMET 职业能力测评方法手册》、《职业教育行动导向的教学》、《现代职业教育质量保障体系研究》、《职业教育工学结合一体化课程开发指南》、*Areas of Vocational Education Research* 和 *Berufspädagogen in China auf dem Weg zur Professionalität* 等中外文著作 10 余部，发表学术文章 200 余篇。

总　序

党的十八大以来，中国特色社会主义进入新时代。党的十九大把习近平新时代中国特色社会主义思想确立为全党的指导思想。面对世界百年未有之大变局、第四次工业革命以及数字文明时代到来的挑战，习近平总书记在全国教育大会上明确指出“教育是国之大计、党之大计”，把我国教育的地位和作用提到前所未有的高度，提出了一系列关于教育的重要论述，突出强调了“培养什么人、怎样培养人、为谁培养人”这一教育的根本问题，提出了德智体美劳全面发展与培养堪当民族复兴重任的时代新人的根本要求。党的二十大报告提出中国式现代化理论，强调了建设教育强国的重大战略意义，要求实现教育、科技与人才三位一体的战略布局。2022 年 4 月 25 日，在中国人民大学考察时，习近平总书记提出“建构中国自主的知识体系”。2023 年 5 月 29 日，习近平总书记在中共中央政治局第五次集体学习时发表重要讲话，提出要加快建设教育强国。加快建设教育强国，实现教育的创新驱动发展与高质量发展已经成为新时代我国教育重大变革的新要求。

我国教育学的发展面临新的历史契机。教育学理论建设也要与时俱进，努力建设中国特色、世界水平教育学理论体系。一是要坚持马克思主义指导地位与习近平新时代中国特色社会主义思想。马克思主义是我们的根本指导思想。辩证唯物主义与历史唯物主义哲学为我们从事教育学研究提供了根本的世界观与方法论。坚持马克思主义指导地位与坚持中国特色社会主义教育发展道路，是新时代建设中国特色、世界水平教育学理论体系的基本要求。习近平新时代中国特色社会主义思想是把马克思主义基本原理同中国具体实际相结合、同中华优秀传统文化相结合的最新成果，是当代中国马克思主义、21 世纪马克思主义。习近平总书记关于教育的重要论述，从教育的地位与作用、人的全面发展、教育与生产劳动相结合等方面继承与发展了马克思主义教育理论，从中华优秀传统文化的现代使命与中国式教育现代化等方面创新与发展了马克思主义教育理论。马克思主义与习近平新时代中国特色社会主义思想进教材、进课堂、进头脑，是我国教育学理论体系建设需要认真完成的时代课题。

二是要研究新问题、创造新理论与建设新体系。加快建设教育强国的战略要求提出了教育学需要研究的一系列新的重大理论与实践问题，如习近平总书记关于教育的重要论述的理论体系，中国特色教育学自主知识体系的建构，中国式教育现代化基本问题，作为国之大计、党之大计的教育的地位与作用，教育、科技与人才三位一体的战略布局，拔尖创新人才培养模式，大中小学思政教育一体化建设以及建构良好的教育环境与生态，等等。这些既是新的时代要求又是我国教育学发展的新的契机。教育学工作者要系统研究这些新问题，研究中国问题、本土问题；要切实加强新的社会条件下教育基本理论与基本规律的研究，创新和发展中国特色社会主义教育理论，特别要关注战略教育学的建设问题，努力建构具有世界水平的中国特色教育学自主知识体系。

三是要认真研究与回应数字文明的新趋势与新问题，发展中国特色数字教育学。数字文明时代的到来对于教育学的发展是一个根本性的挑战。未来哪个国家能够站在世界教育数字化转型的前沿，哪个国家能够具备世界水平的教育，哪个国家就会摘得世界教育皇冠上的明珠。在教育的数字化转型这个问题上，无论是理论还是实践，目前我们大致与欧美发达国家处在同一条起跑线上，这也是发展中国特色教育学理论体系的一个契机。我们必须抓住这个机会，大力创新与发展中国特色数字教育学。

四是要继承与发扬中华优秀传统文化，坚持马克思主义与中华优秀传统文化相结合。5 000 多年的中华优秀传统文化蕴含着中华民族丰富的教育智慧。学思结合、知行合一、因材施教等教育思想直到今天仍然闪耀着智慧的光芒。中华优秀传统文化、革命文化、社会主义先进文化以及人类一切优秀的文明成果，对于我们今天强化中国特色社会主义教育道路自信、理论自信、制度自信与文化自信，建设良好的教育环境与生态都具有重要的指导意义。新时代中国特色教育学理论体系的建设必须做好马克思主义与中华优秀传统文化相结合这篇大文章。

五是要实现研究方法论的转型。研究方法论的现代化问题一直是我国教育学研究与学科建设的一个薄弱环节。在建构中国特色教育学自主知识体系的过程中，实现研究方法论的转型十分必要。一方面，要坚持马克思主义哲学方法论与习近平新时代中国特色社会主义思想的方法论。另一方面，要补好世界教育学史中关于解释主义、实证主义、分析主义与行动研究的课；要瞄准哲学方法论与科学方法论变革的世界前沿，处理好文化分析与大数据分析、科学主义与人文主义、政策科学与政策分析、线上教育研究与线下教育研究的关系，积极推动教育学研究领域跨学科与跨文化的发展。

从历史的眼光来看，明末清初以来，西学东渐是世界范围内知识传播的一个基本特点。我国近代教育学的发展也主要是一个西学东渐的过程，早期先是通过学习日本明治维新的经验来学习欧洲赫尔巴特的教育学，20 世纪二三十年代则主要学习美国杜威的教育学理论，新中国成立早期主要是对于苏联凯洛夫教育学的学习，改革开放以后又有一轮学习欧美教育学的热潮。在这个历史进程中，马克思主义教育理论的创新与发展是一个重大的历史事件。特别是 1921 年中国共产党成立以后，马克思主义教育理论得到了长足发展。中国的马克思主义教育学是在马克思主义指导下，在中国共产党的革命、社会与教育实践的基础上，把马克思主义基本原理同中国具体实际相结合、同中华优秀传统文化相结合而形成与发展起来的具有中国特色的教育学理论。毛泽东教育思想、邓小平教育理论与习近平总书记关于教育的重要论述继承、发展与创新了马克思主义教育理论。

马克思主义基本教育原理与中国共产党 100 多年教育理论与实践的发展，为新时代研究与探索中国特色教育学自主知识体系奠定了坚实的基础。新时代我们要以中国式现代化推进中华民族伟大复兴，必须加快建设教育强国，必须努力建设中国特色、世界水平教育学理论体系。在实现中国式现代化的进程中，改变教育学西学东渐的知识传播格局，积极推进马克思主义基本教育原理与习近平总书记关于教育的重要论述进教材、进课堂、进头脑，探索与建构中国特色教育学自主知识体系，成为中国教育学科发展与教育学工作者的历史性任务。

为了推动完成这样一个历史任务，中国人民大学出版社策划了“新时代马克思主义教育学系列教材”。这套教材，一是以习近平新时代中国特色社会主义思想与习近平总书记关于教育的重要论述为基本遵循，以马克思主义科学方法论为编写指导；二是尊重中国教育本土发展与中国共产党百余年来办教育的实际历程，扎根于中国教育理论与实践发展的土壤之中，用中国本土的研究语言来呈现教育学理论的发展；三是充分体现世界范围内教育学科发展的最新研究成果，具有鲜明的时代性、理论性、前瞻性和创新性，是全国首套新时代马克思主义教育学系列教材。本套教材既呈现了马克思主义教育学的基本特色，全面反映了马克思主义关于教育的地位与作用、人的全面发展及教育与生产劳动相结合的理论体系，又深度融合和贯彻了习近平总书记关于教育的重要论述，具体反映了习近平总书记关于教育的重要论述对于马克思主义教育理论的创新与发展的理论成果，努力推动建构新时代中国特色教育学自主知识体系。

前　言

职业教育是培养具备职业道德、科学文化与专业知识、技术技能等职业综合素质和行动能力的高素质技术技能人才的教育，对我国建设教育强国、人力资源强国和技能型社会具有重要的战略意义。本书对职业教育做全貌式的概述，在整个内容安排上力争体现本套教材的特点，即以习近平新时代中国特色社会主义思想为指导，扎根中国教育理论与实践，展示职业教育理论研究的最新成果。

党的二十大报告指出，办好人民满意的教育，应"优化职业教育类型定位"，并加强交叉学科建设。编写这本《职业技术教育学》的重要指导思想是：为今日和明日之师提供凸显职业教育"类型特征"的、反映新时代要求的基础知识和实用策略，为其成为优秀的职业教育工作者奠定基础。

与目前我国已经出版的类似著作相比，本书有三个特点：一是在传统教育学学科基础上，引入大量有关"工作世界"的教育学、心理学、社会学和工程技术学科讨论，努力建立我国自己的"工作教育学"（work pedagogy）基础，实现"基于工作、通过工作和为了创造性工作而实现人的全面发展"的职业教育理念；二是在有限的篇幅内提供尽量多的重要知识和信息，减少冗长而晦涩的观点论证和说理；三是提供较多的国际职业教育相关理论，既有仍然充满生机的经典理论，也有近年渐显影响的创新理念，这与我个人的学习和工作经历有关。

近年来，我国职业教育研究和实践取得了巨大进步，本书试图反映这些进步和变化，例如高等职业教育的崛起、产教融合和中国特色学徒制等现代职业教育体系的建立和发展等。又如，受普通教育影响，过去我国职业教育以教师为中心的直接教学方式占有主导地位，而如今以学生为中心的教学，如项目教学、行动导向教学、情境教学等，已经引起了广泛重视，这些都反映在本书的核心内容里。

本书尽可能介绍国内外职业教育的最新研究和创新成果，以及经过实践检验被证明行之有效的政策和实践方案，而不是只给出概念和设想，更不去佐证个人想法的正确性。职业教育是一个充满活力的领域，一个重要原因是职业教育的跨界特征。职业教育研究具有显著的跨学科特点，其研究领域远远超出了通常教育学的涉猎范畴。例如，职业教育与社会、技术和经济发展有着密切的联系，随着信息技术和工作组织方式的变化，哪些因素对人的生涯发展具有促进、制约或干扰作用？如何解释技术发展、工作实践和职业能力之间的关系？对这些问题的回答，对每一个关心人类未来发展的人来说都会兴趣盎然。本书介绍职业教育发展进程中有重要影响的或振奋人心的事件、人物和重大发现，努力将这种激动的情绪传递给读者，并通过案例、图画和表格等形式呈现，使阅读不再枯燥。

本书共分为十章。

第一章对职业教育研究进行概述，包括职业教育研究的产生、学科发展和方法特征。第二章解释职业教育的内涵与功能，特别是对“职业”“工作”这些本不属于传统教育学内容的概念进行了讨论。第三章介绍国内外职业教育的产生与发展。第四章讨论职业教育的体系与制度建设，特别介绍了近年来我国在现代职业教育制度建设方面进行的探索实践，以及国际上公认有标杆意义的德国、瑞士等国的职业教育制度。第五章讨论职业教育培养目标，其中职业资格、资历框架、职业道德和职业伦理等内容凸显了职业教育的特点。第六章重点介绍职业院校的专业与课程建设，并讲解有关课程理论和课程开发方法的内容，反映了当前国际职业教育研究的新成果。第七章介绍职业教育的教学理论，总结了区别于传统普通教育“再现性教学策略”的“建构性教学策略”，并关注“基于工作的学习”（work-based learning）的理论和实现方式。职业教育的教学方法、媒体和学习场所比普通教育复杂得多，第八章对此进行了讨论。第九章介绍职业教育的教师与学生，特别关注职业院校学生的身心特点以及实习教学中复杂的师生关系。第十章讨论的职业教育质量保障问题不是传统教育学的研究议题，但对职业教育高质量发展有着重要的影响，也是当前职业教育研究的热点。

教师和教师的教育教学行为对职业教育发展具有重要影响。为了对职业教育发展产生更为积极的影响，教师在将教育学理论应用于实践时，应深入理解这些原理，并对这些原理的实际应用过程和效果进行反思。为了更好地实现这一目标，我们在编写中进行了以下版式设计：

本章导读：为了提高学习效率，本书各章开头简要说明了主要学习内容，帮助读者将注意力集中在主要问题上。

案例：为提高本书的可读性，多章均以真实案例引入正文。

概念术语：本书涉及大量学术观念、关键术语以及重要的科学家和历史人物，对此都有明确说明，并汇集在每一章的概念术语表中。

复习思考题：每章最后附有 5～8 道复习思考题，它们是直接从该章内容中提炼出来的。如果读者认真读完并理解了该章内容，是可以回答这些问题的。部分开放性题目需要综合运用教育学相关知识和社会经验来解答。

本书一些内容与我此前撰写的两本书《职业教育学习新概念》（北京师范大学出版社）和《职业教育工学结合一体化课程开发指南》（清华大学出版社）内容相近，均是我在多年的职教教师培养培训活动中积累的资料（这两本书均重印十多次），也是职业教育学的基础性知识。另一些内容重点引用了我主编的《中国大百科全书·教育卷·职业教育部分》（中国大百科全书出版社）和主持翻译的联合国教科文组织职教中心组织编写的《国际职业教育科学研究手册》（北京师范大学出版社）。这些由国内和国际重要作者撰写的作品，保证了内容的权威性。本书所有引用资料均注明了参考文献。

感谢北京师范大学和教育部职业技术教育中心研究所对我工作和学习的支持。本书得以付梓，得益于丛书主编顾明远先生和中国人民大学出版社的大力帮助，在此表示衷心的感谢！

本书的纰漏或不当之处，敬请读者不吝赐教。

赵志群

北京师范大学，2023 年春

目　录

第一章 绪　论

本章导读

本章介绍职业教育研究的产生和发展情况，除我国外，还介绍了在国际职业教育研究中具有重要借鉴意义的国家的职业教育研究发展情况。职业教育研究具有很强的跨学科性，涉及课程与教学论、比较教育研究、教育经济学、职业科学等领域的问题。职业教育研究具有较强的“领域相关性”特点，有一些独特的研究方法或研究设计，如本书介绍的行动导向的专家访谈和典型实验等。

第一节 职业教育研究概述

一、职业教育研究的产生和发展

（一）职业教育研究的起源

职业教育研究是对职业和与职业有关的教育与培训、职业社会化过程及其影响因素进行的描述、分析、解释、说明、批判或设计，职业教育研究的对象是在不同政治、文化、经济和社会背景下获得职业知识、技能、能力和素养的条件、过程和结果。在不同国家，职业教育研究的重点有所不同，这主要是因为各国职业教育体系之间差别很大，例如职业教育在有的国家属于中等教育范畴，在另一些国家则属于高等教育、高中后非高等教育，或者非正规教育或企业岗位培训的范畴①。

国际上公认最早的有组织的职业教育研究可追溯到 19 世纪末瑞典的“教育工艺”(pedagogical slöjd) 改革，该成果从 1876 年至 1904 年连续五届在世界博览会上进行了成功展示，并在巴黎世界博览会上获得了金奖②。来自斯堪的纳维亚国家、美国、俄罗斯和

---

① RAUNER F，MACLEAN R. 关于职业教育研究：引言//劳耐尔，麦克林．国际职业教育科学研究手册：上[M]. 北京：北京师范大学出版社，2014.

② REINCKE H J. SLÖJD. Die schwedische Arbeitserziehung in der internationalen Reformpädagogik [M]. Frankfurt/Main et al.：Lang，1995.

欧洲其他国家的职业教育学者不但将面向工作的教育引入教育创新实践中，还将其引入高校教师教育研究中，从而成为科学研究的议题。

德国的职业教育研究可以追溯到成立于 1908 年的德国技术学校委员会（DATSCH）和随后成立的德国技术工作培训研究所（DINTA）开展的教育研究活动。在 20 世纪初期，位于纽约的哥伦比亚大学教师学院开创了国际比较职业教育研究，著名教育家杜威（J. Dewey）和凯兴斯泰纳（G. Kerschensteiner）都参与了这些工作。同一时期，斯奈登（D. Snedden）的著作及其“真正的职业教育”理念，为美国的职业教育教学研究奠定了重要的基础。杜威将职业教育置于民主教育大背景下，反对出于纯粹经济目的和实用利益的职业教育学。然而与之相对的博比特（F. Bobbit）的培训课程理念，与当时在美国占主导地位的“福特主义”生产组织模式更为贴近，至今仍对美国甚至世界的职业教育课程建设产生着重要的影响。

我国在 19 世纪中叶诞生了具有职业学校性质的实业学堂，职业教育的理论建构可以追溯到清末民初的一些代表人物如黄炎培等的主张，但由于受到战乱及各种政治因素的影响，直到 20 世纪 70 年代，我国对职业教育的理论研究一直未形成规模和体系。

到 20 世纪初，欧美的职业教育研究已经涵盖了职业教育课程、特定领域技术工人的技能分析以及职业评价等领域。职业教育研究显示了两方面的学科特征，一是作为行动指导的教育学学科特征，二是关注岗位分析和设计的劳动科学学科特征。

黄炎培

当前，职业教育研究内容涉及宏观层面的职业教育体系和机制、中观层面的教育培训机构和课程、微观层面的职业学习过程。由于职业教育的跨界特性，职业教育研究具有多学科或跨学科特点，其研究领域远远超出了教育学通常的研究范畴。

职业教育研究的一些领域是回顾性的，如职业教育发展史研究、职业教育质量评估等；另一些是展望性或设计性的，如职业教育体系建设、资格研究和课程与教学研究等。职业教育研究课题常常由社会、技术和经济的发展状况所决定。例如，传统的职业教育研究常常针对学习目标、教学方法和教学媒体开展。但是随着信息技术的发展和工作组织方式的变化，职业和工作场所的数字化问题引起关注，人们试图发现对职业素养发展具有促进、制约或干扰作用的因素，并试图发现和解释技术发展、工作实践和职业能力发展之间的关系。此外，与非正规学习有关的问题也成为国际职业教育研究的重点，如现代学徒制和工作场所学习等。

职业教育研究具有较强的应用性特点，它为职业教育的管理机构、教育培训机构、利益相关者（如企业）和公众提供对职业教育规律的解释，研究热点问题常常与政策环境有着密切的联系。通常，职业教育研究的主要“客户”是政府部门、相关社会参与者（如行业组织）、职业院校以及培训机构。职业教育研究往往以项目资助的方式进行，因此对咨询公司和咨询顾问个人有一定的吸引力。在国际组织（如联合国教科文组织、世界银行、国际劳工组织等）层面上，职业教育常常也是一个关注点，各国政府均希望通过发展职业教育提高国民素质，并促进经济和社会的发展。

在中国，职业（技术）教育学作为研究职业教育现象、揭示职业教育发展规律的科学，被认为是教育学的一个分支学科。近 20 年来，我国职业教育学研究主要关注现代职业教育体系建设、校企合作和产教融合，以及课程模式与教学改革问题。随着经济和社会的发展以及改革进程的加快，我国曾经出现过一些阶段性的思潮和研究热点，如农科教结合、职业教育与劳动人事制度改革、高等职业教育发展、职教集团和现代职业教育体系建设等。

目前我国已初步建立了具有中国特色的职业教育理论框架，构建这一框架的核心是教育学学科体系和职业教育的实际工作。由于职业教育涉及产业发展和工作世界变化，这超出了传统教育学的研究范畴，因此完全采用教育学现有体系有可能束缚职业教育研究的思路。近年来有学者从知识类型和人类活动领域类型等角度提出，职业教育不应置于普通教育学学科下，而是一个与普通教育学平等的、独立的“一级学科”①。

世界各国从事职业教育研究的人员和机构多种多样，除了“正宗”的研究者和研究机构外，还有许多来自其他学科的科研人员、研究和咨询机构以及学术团体，如管理学、经济学和各具体的工程科学等（通常只是临时性的）。由于职业教育与社会、经济和劳动就业的密切关系，其“边缘性”研究领域日益扩大，如从经济学角度研究职业教育的投入产出效益，从社会学角度研究职业教育的社会功能，以及各专业领域的“专业教学论”等等。由于职业教育在整个教育体系中的弱势地位，各国职业教育研究的学术地位普遍不高，影响力也有限，国内外重要科学文献索引中的职业教育期刊很少，著名的研究型大学也普遍缺乏对职业教育研究的关注。要想实现职业教育研究的可持续发展，需要不断完善职业教育研究的范式、理论和方法，以培养职业教育教师为首要任务的高等院校和专业的职业教育研究机构的发展对职业教育的研究具有重要的意义。

（二）职业教育研究机构

职业教育研究的发展与国民经济和社会发展政策有很大的关系。在大多数国家，职业教育研究都是随着国家研究机构的建立而发展起来的，如苏联列宁格勒全联盟职业教育研究所（1963 年建立）、美国国家职业教育研究中心（NCRVE）（1965 年建立，1977 年升级为国家研究中心），德国联邦职业教育研究所（BBF）（1970 年建立），法国职业教育与训练中心（Céreq）（1970 年建立），以及我国的职业技术教育中心研究所（1991 年建立，后改制为教育部职业教育发展中心和人力资源与社会保障部中国就业培训技术指导中心）。国际上具有重要影响的是联合国教科文组织国际技术与职业教育与培训中心（UNESCO-UNEVOC）（2000 年建立）和欧洲职业培训发展中心（CEDEFOP）（1975 年建立）等。高等院校在职业教育研究发展过程中起了重要作用，但在不同国家的作用程度不同。不同国家职业教育研究的话语权不同，这与职业教育在该国教育体系中的位置有关。

随着对职业教育研究的深入，一些大学开始创建职业教育学，这最早可以追溯到 19 世纪后期。1857 年，德国卡尔斯鲁厄技术学院（现在的卡尔斯鲁厄理工大学）设立了第一个职业教育教师培养专业并开展相应的科学研究。在美国，宾夕法尼亚州立大学于 1920 年在工程学院成立工业教育系，并在 1929 年首次授予硕士学位，1939 年首次授予博士学位。进入 20 世纪 80 年代后，职业教育学科建设逐步成熟，主要标志是大学以“职业教育

---

① 姜大源．职业教育要义［M］. 北京：北京师范大学出版社，2017.

学”或相近名称命名的学科点的出现，以及相关学术刊物与研究成果的大量涌现和学术团体的建立。相比较而言，发达国家职业教育学的形成早于我国，成熟程度也较高。学科建设水平较高的是德国、日本和美国。

在德国，多数研究型大学都设有职业教育研究机构，其组织结构和研究领域有很大不同。例如，不来梅大学的技术与教育研究所（ITB）是一个跨学科的综合性研究机构，主要研究方向有：（1）以工作为导向的教育过程研究，涉及职业资格、教学法和 E-Learning；（2）工作过程与职业教育研究，包括科学技术发展和信息化对工作过程的影响和学习新模式；（3）以工作和职业为导向的过渡教育、教育进程及其多样性研究；（4）国际职业教育、创新和工业文化研究；（5）学习、教学与教学模式研究。这些比较全面地反映了德国高校职教研究的广度和深度。柏林工业大学职业教育研究所的研究则与教师教育结合得更为紧密，其主要研究方向有：（1）经济、工作和技术领域的专业课程教学论；（2）工作与新技术的关系研究，涉及新技术理解、技术发展史、普通大众参与技术开发的方法；（3）经济和可持续消费研究；（4）具体职业领域的教学论研究，如建筑、机械类、营养食品科学类职业的专业教学论研究。科隆大学的研究重点是国际比较职业教育。德国有影响的高校职教研究机构还有卡尔斯鲁厄理工大学、德累斯顿理工大学和佛伦斯堡大学的职业教育学院（研究所）等。

日本一些国立公立大学设有职业教育研究机构。北海道大学产业教育研究室成立于日本《产业教育振兴法》出台的第二年即 1952 年，目前的研究涉及劳动过程与劳动力素质、企业劳动力与企业内培训、公共职业培训与失业再就业培训，其研究特色是以“劳动”范畴为媒介，在与社会政策学、劳动社会学、产业教育学等学科领域的关联中开展研究。名古屋大学教育学部与教育学研究科 1970 年成立，后发展了生涯发达教育学大讲座中的技术教育学（1980 年）和职业与生涯教育学（2007 年）。技术教育学主要研究中等教育阶段的技术科教育、家庭课教育，以及公共职业培训、企业内教育。职业与生涯教育学主要研究中等和高等教育阶段的职业教育，涉及生涯教育理论、人类形成论、就业与资格制度，职业见习和职业观形成等。大阪市立大学文学部堀内研究室以中等教育层次的技术教育论研究为主。

美国一些著名大学，如宾夕法尼亚州立大学、俄亥俄州立大学等建有职业教育学科，通常隶属于劳动力开发与教育系。目前美国已放弃了职业教育概念，取而代之的是生涯教育。劳动力开发与教育系通常设有生涯教育、人力资源开发和成人教育专业。美国狭义的生涯教育仅针对在校生而言，其人力资源开发专业的许多研究也与职业教育高度相关，如基于工作分析的课程开发。这两个专业结合起来统称为劳动力教育，即完整意义的职业教育。

在我国，华东师范大学 1982 年建立了第一个职业技术教育研究室，1987 年建立了第一个职业技术教育学硕士点，2001 年建立了第一个职业技术教育学博士点。进入 21 世纪以来，职业教育研究受到更多大学的重视，大量职业技术教育学硕士点逐步建立，博士点建设也得到了稳步发展，如北京师范大学、天津大学等。这些学科点的建设有两个基础，一是师范大学建立的职业教育学科点，其优势在于教育理论研究；二是工科大学建立的职业教育学科点，其强项在于与专业有关的人才培养和研究。

二、部分国家职业教育研究发展

世界各国职业教育体系与其历史发展进程密切相关，这直接影响着职业教育研究工作的开展。各国大规模开展职业教育研究的历史不尽相同，组织方式、参与主体和研究成果的类型也有很大区别。

（一）中国职业教育研究的发展

在中国，作为研究职业教育现象、揭示职业发展规律的科学，职业（技术）教育学被认为是整个教育科学体系的一个重要分支，是与多种学科有着紧密联系的一门综合性学科。我国对职业教育学的研究对象有不同的解释，主要有：(1) 职业教育与经济和社会发展、科技进步之间的关系，即职业教育的外部关系；(2) 职业教育内部各要素之间的关系(内部关系)；(3) 职业教育问题；(4) 职业教育的规律[①]。

我国大规模开展职业教育研究始于20世纪80年代末的中等教育结构改革，改革有效推动了职业教育的大发展。这一时期，为寻找参照和借鉴经验，一些学者开始介绍国外职业教育的理论和发展实践，并编辑出版了大量介绍国外职业教育的著作，如《七国职业技术教育》等。另一些学者把目光投向了传统，如1985年中华职业教育社编辑出版了《黄炎培教育文选》。1991年，吴玉琦出版了《中国职业教育史》，成为内地第一部阐述中国古代职业教育传统和近现代职业教育理论与实践的职业教育史专著。

理论研究的起点是明确职业教育的名称、含义、体系、结构、地位和作用等基本概念。1984年，北京师范大学高奇在教学讲义基础上编写的《职业教育概论》成为新中国第一部职业教育理论著作；1985年，华东师范大学教科所编写的《技术教育概论》较为系统地论述了技术教育的基本问题；1986年，刘鉴农等主编的《职业技术教育学》，把职业教育和技术教育综合为一体加以阐释，论及了就业结构与教育结构之关系。进入21世纪后，我国职业教育研究在广度或深度上都有了拓展并日趋成熟，涌现了更多的研究成果。

从“六五”计划起，职业教育研究课题开始被纳入全国教育科学规划中，当时被列入规划项目中的职教课题中多数是有关区域职教发展及各类职教发展的课题，此外还有职业教育比较研究、专业设置、职教信息网络、职教与劳动市场、职教与普教的衔接与沟通等课题，总体上偏重宏观研究。此后，随着职业教育事业的发展，职教研究课题逐渐增多，国家各级各类人文、社科和教育规划支持了大量职业教育课题研究，各地政府、行业组织、学术团体也组织开展了大量职业教育课题研究，职业教育研究出现了欣欣向荣的局面。目前职业教育研究关注的领域及发展趋势是：

1. 职业教育制度体系

建立现代职业教育体系是职业教育研究的重大课题。职业教育体系是终身教育体系的组成部分，它涉及面广而又极为复杂，包括职业院校的学制、职业培训、职业教育师资培养以及相关管理体制。职业教育立法研究是职业教育理论研究的重点。2022年，《职业教

---

① 黄尧．职业教育学：原理与应用［M］．北京：高等教育出版社，2009．

育法》修订以后，研究重点转向法制运行、法律现象及主体行为的实践研究。促进职业教育高质量发展，提高职业教育吸引力是另一个研究领域，人们从制度、社会和教育发展角度探讨解决对策，探索招生录取制度和促进毕业生就业等实践应对措施。产教融合、校企合作也是重要的研究和实践创新领域，人们从制度创新、人才培养模式改革等方面探索因地制宜的解决方案。职业教育管理的研究重点是教师队伍管理，特别是“双师型”教师队伍建设，目前的研究集中在政策导向上，今后需要加强基本问题研究和实证研究，并着眼于教师的整个职业生涯和专业化发展。

2. 课程与教学研究

20 世纪 90 年代起，课程和教学研究成为职业教育研究的核心议题，并陆续出现了一批实验范围广、影响面大、持续时间长的研究项目。此类研究试图解决的关键问题是缩短人才培养结果与人的全面发展以及就业市场需求之间的距离，重点是符合技术技能人才成长规律的课程开发和有效的教学组织。未来需要加强职业教育课程与教学论的学科建设，强化理论研究与实践工作者的交流，加强学术共同体建设。目前教学实践中采用的能够反映职业教育特点的教学方法不多，今后应重视职业教育专业教学法的研究和发展，如各种基于工作岗位和工作过程的教学方法、高效的技能培训方法、以学生为中心的教学方法等。实训教学研究将从关注硬件建设转向关心软件建设，并关注如何实现“课程思政”，有效地培养工匠精神和职业道德，实现数字化转型。科学、有效利用现代化数字手段，发挥公共实训基地的功能，也是重要的研究问题。职业技能大赛、“职教高考”研究将成为一个研究重点，如如何借鉴先进经验完善现有职教高考制度和技能大赛，不同学业评价方式对学校课程设置、课程实施和学生成长的影响研究等①。

3. 阶段性的研究热点与论争

职业教育经常会有一些阶段性的研究热点，如当前的产教融合、信息化发展和职业本科等，而有关“职普分流”和“职普比”问题的讨论从未停止过。农村职业教育是我国职业教育研究始终关注的话题，特别是农村职业学校办学、农村劳动力培训、西部地区职业教育、新农村建设等方面的课题。随着时代和社会的发展，围绕职业院校学生展开的研究越来越多，这涉及学生管理、心理健康和就业指导等方面。例如，如何根据职校学生特点对学生进行有效管理，如何提供科学、操作性强的心理健康评价、咨询和支持。此外，研究分析新一代青年的择业和就业观（如灵活就业和慢就业等），建立将用人单位需求及时反馈到职业教育管理部门和职业院校的机制，也有重要的意义②。

迄今为止的研究成果已初步构成了具有中国特色的职业教育理论框架，但是这个框架基本沿袭普通教育学理论体系，对职业教育自身的特殊性、逻辑结构等问题研究不足；许多相关学科如职业教育心理学、职业教育经济学等尚未建立或处于初创阶段。有学者对已出版的职业教育学著作分析发现，目前职业教育学学科体系的建构基本上是基于经验的，其摹本主要有两个，一是教育学的学科体系，二是职业教育的实际工作。前者简单照搬正在引起广泛争论的教育学现有体系，会束缚研究思路；后者则降低了职业教育学学科的理

① 李向东，卢双盈．职业教育学新编：第 3 版［M］．北京：高等教育出版社，2020.

② 姜大源，于志晶，姚树伟．中国的职业教育研究［M］//劳耐尔，麦克林．国际职业教育科学研究手册：上．北京：北京师范大学出版社，2014.

论层次，影响学科理论对职业教育现象的解释力。未来职业教育的学科发展需要丰富职业教育学科事实，加强本领域的人才培养，使职业教育学成为符合学科条件的成熟的“事实学科”①。

（二）德国职业教育研究的发展

德国职业教育研究主要在以综合性大学为主的高校和高校外的研究机构进行。

1. 高校开展的职业教育研究

德国的综合性大学教育学院（系、研究所）或职教教师培养机构普遍开展职业教育研究，这些研究多在职教教师培养、职业教育学、职业学科和职业教学论领域进行。德国大学职业教育教师培养起源于19世纪早期巴登-符腾堡地区的产业政策。到20世纪60年代，大部分综合性大学和师范大学都开展了职业教育教师教育和相关研究。

战后民主德国就在图林根和萨克森的大学设立了职业学校教师教育专业，建立了涉及职业教育主要专业的研究机构网络，培养了大量职业教育博士（1945—1989年间有500多篇博士论文）。民主德国还出版了多种教学方法手册，用于指导机械工程、电力工程、纺织、化工等不同专业的教学研究。德累斯顿理工大学劳动研究所开创了工作（劳动）心理学研究，由哈克（M. Hacker）建立的工作活动评价体系和知识诊断研究，突破了传统泰勒主义（福特模式）岗位分析理念，被广泛应用于现代职业科学研究中②。

战后联邦德国大学的职业教育研究有较强的历史和人文倾向。1971年的一项宪法修正案提出在国家层面开展职业教育研究，建立“联邦及各州教育规划和研究委员会”（BLK），并确立了由多个实践性研究课题组成的职业教育综合项目，为职业教育规划和决策提供支持，并引导职业学校和企业培训的创新发展。这些课题起初按照传统的准实验研究设计，后来发展起职业教育独特的研究方法——典型实验。20世纪末，为提高研究的应用性和项目的协同效应，BLK的项目被整合，研究重点改为双元制职业教育的新学习方案、学习场所合作、职业教育教师继续教育创新以及自我控制的合作学习等。

由德国劳动科学学会组织、德国高校职业教育学院轮流坐庄承办的职业教育科学大会，对职业教育研究发展做出了重要的贡献，其研究领域包括：（1）职业和职业领域开发；（2）对职业教育及其过程的分析、设计和评价；（3）特定领域的专业资格研究与专长研究；（3）对工作系统的分析、设计和评价，特别是数字化工作系统和个性化学习系统。两年一度的职业教育大会持续至今，已发展成为德国职业教育界的大事，其研讨议题随着社会发展不断变化，如职业教育的历史研究和比较研究、职业教育数字化转型、双元制职业教育的组织与设计和包容性职业教育等。

2. 高校外的职业教育研究

20世纪初，工业化发展对职业教育体系建设提出了要求，新成立的德国技术教育委员会（DATSCH）等机构开始进行系统研究，当时关注的重点多是职业教育的心理学问题，如职业倾向分析和员工生理心理需求等。20世纪20年代出版的一系列手册有效推动

---

① 周明星，刘晓．中国职业教育学科发展与建设论纲［J］．教育与职业，2008（2）．

② GROTTKER D. Berufsbildungsforschung in der DDR［M］//FELIX R，GROLLMANN P. Handbuch Berufsbildungsforschung 3. Aufl. Bielefeld：wbv，2018.

了职业教育的发展，如齐格勒（A. Ziegler）的《商业教学手册》（1916 年）、库讷（A. Kühne）的《职业与专业学校手册》（1922 年）、国家劳动局的《职业指导手册》（1925 年），以及德恩（P. Dehen）于 1928 年出版的德国第一本有关职业教育基本问题的专著《作为福利、经济和教育史明灯的德国工业学校》。

根据 1969 年《联邦职业教育法》建立的联邦职业教育研究所（BIBB）接替了 DATSCH 的工作，并显著增加了科研项目的数量。除了承接课题研究任务外，BIBB 还通过参与规划活动，在职业教育的组织和体系设计等方面为联邦政府、各州文教部以及雇主协会和行会提供支持。按照《职业教育法》（BBiG）第 90 条的规定，BIBB 在联邦政府教育政策框架内执行任务，通过科学研究促进职业教育发展。BIBB 的常规性研究工作包括：参与职业教育条例和其他法规条例的制定和修改；参与职业教育年度报告的撰写；参与职业教育统计的实施；促进典型实验的开展，包括科学伴随研究；参与职业教育国际合作；承担联邦政府促进职业教育发展的其他行政任务；促进跨企业职业培训中心发展，支持其规划、设立和运行；维护和公布国家承认的培训职业清单；促进远程职业教育的发展。

德国还建立了多个劳动就业方面的研究机构，如位于纽伦堡的联邦劳动与职业研究所（IAB）开展职业发展和就业促进方面的研究。多家社会学和劳动科学研究机构也开展高质量的职业教育研究，如哥廷根的社会学研究所（SOFI）和盖尔森基兴的劳动与技术研究所（IAT）等。

德国有两个专业的全国性职业教育学术团体，即德国教育学会（DGfE）下属的职业教育分会和德国劳动科学学会下设的职业与技术科学工作组（AGGTW）。前者是由德国职业教育教师组成的学术团体，主要从学校教育视角对职业教育进行研究；后者是以研究型大学职教学院教授为主组成的学术团体，主要关注职业教育的专业建设和学科发展问题①。大学教授将职业教育研究组织置于劳动科学学会框架下，反映了职业教育的一个重要类型特征。

（三）美国职业教育研究的发展

由于受独特的哲学、政治、经济和社会等因素的影响，美国的职业教育从建立之日起就非常复杂，职业教育被定义为“一项大型的、形式多样的教育事业，既涵盖中学教育，也包括中学后教育……（它）包括为培养学生迎接未来就业和生活的大量课程”②。

美国职业教育研究起始于 20 世纪初。1906 年，一些对促进产业教育有浓厚兴趣的人士创办了国家产业教育促进会（The National Society for the Promotion of Industrial Education，NSPIE），其成员包括教育家、制造商、技师、商人和行业代表。促进会的目标是：引导公众关注产业教育在推动工业发展方面的重要作用，并为相关讨论创造机会；提供产业教育实验研究成果；促进产业培训机构建设等。NSPIE 后来更名为“国家职业教育协会”（National Society for Vocational Education），它在促进美国产业教育发展方面做出了重要贡献。1914—1968 年，协会成立了旨在对职业教育细分领域进行深入研究的六个

① PAHL J P. Zur Genese berufswissenschaftlicher und berufsdidaktischer Forschung [M] //FELIX R，GROLLMANN P. Handbuch Berufsbildungsforschung 3. Aufl. Bielefeld：wbv，2018.

② SCOTT J L，SARKEES-WIRCENSKI M J. Overview of vocational and applied technology education [M]. Homewood，IL：American Technical Publishers，1996：2.

专门小组（其中五个组长是由美国总统直接任命的），这六个小组是：全国职业教育援助委员会（1914）、职业教育委员会（1928—1929）、全国教育咨询委员会（1929—1931）、教育咨询委员会（1936—1938）、职业教育专家组（1961—1962）、全国教育顾问委员会（1967）。工作小组的多数研究成果最终落实到了联邦立法或立法修正案中，通过增加全国性资金投入对职业教育发展提供了实质性支持。1998 年，国家职业教育协会更名为“生涯与技术教育协会”（Association of Career and Technical Education，ACTE），有 4 万多名会员，包括职教教师、师资培训者、行政管理者和研究生。协会的工作目标是鼓励成员的专业发展，促进课程优化，倡导国家制定有利于职业教育的政策，实现职业教育市场化。

美国职业教育研究的发展与职业教育立法有着密切的联系。20 世纪 60 年代以来，特别是 1963 年《职业教育法》颁布以来，美国对职业教育研究给予了大力支持，相关立法为职业教育研究提供了资金保障。职业教育研究改善了课程，提高了专业人才培养质量。职业教育组织和团体的建立，也为职业教育发展做出了重要贡献，并使职业教育受到其他教育工作者、行业、产业和公众的重视。

1966 年成立的美国职业教育研究会（American Vocational Education Research Association，AVERA），是隶属于美国教育学会（AERA）的下属组织。AVERA 在 AERA 框架内组建职业教育特别兴趣小组（SIG），组织职业教育研讨。美国职业教育领域最高水平的学术期刊《职业教育研究》（The Journal of Vocational Education Research）就是由 AVERA 创办的。

国家职业教育研究中心（The National Center for Research in Vocational Education，NCRVE）的使命是对职业教育的性质进行反思，并找出其最佳实施方式，它通过促进职业教育创新，为各年龄段公民提供成功且长期就业所需的技能。该中心于 1999 年底停止运作。美国国家生涯与技术教育研究和推广中心（The National Research and Dissemination Centers for Career and Technical Education）是职业教育研究信息的主要提供者。该中心与明尼苏达大学、俄亥俄州立大学、伊利诺伊大学等多所高校合作，开发反映不同地区社会经济和文化差别与满足不同从业者需求的课程，为中等教育和中等教育后从业人员及相关培训机构提供研究、推广和师资发展等项目，为各地生涯和技术教育改革提供支持①。

（四）澳大利亚职业教育研究的发展

1. 职业教育研究的起源：1974—1984 年

在 1974 年以前，除一些零星的课程研究外，澳大利亚还没有正规的职业教育研究。1974 年，时任劳动部副部长的教育家坎甘（M. Kangan）向教育部长提交了著名的有关技术和继续教育发展的《坎甘报告》，提议建立“澳大利亚技术与继续教育技术中心”，目的是在职业教育中引进新理念和技术，并由中心或通过其他机构进行学习辅助设备的研究、开发和制造。这是澳大利亚历史上第一份有关促进职业教育研究能力发展的提案。

技术与继续教育技术中心于 1980 年成立，后更名为“国家职业教育研究中心”（Na-

---

① MALDONADO C，SADDLER S. 美国职业教育研究史［M］//劳耐尔，麦克林．国际职业教育科学研究手册：上．北京：北京师范大学出版社，2014.

tional Centre for Vocational Education Research，NCVER）。中心最初的研究工作多数围绕课程和教材研发、培训标准制定、技能分析等课题展开并取得了成功。从澳大利亚职业教育发展史上看，多数职业教育研究与国家职业教育研究中心的发展都有直接联系。

《坎甘报告》还有两项建议，一是为职教研究工作拨付专门资金，这一建议也很快得到采纳；二是为技术院校教师研究方法培训提供资金，这既能增强“内部”研究能力，又能鼓励实践者开展行动研究。坎甘之后发表的第二份报告建议成立职业教育统计机构，即后来的澳大利亚国家培训统计委员会（NTSC）。

2. 职业教育研究的成长阶段：1985—2005 年

20 世纪 90 年代中期以后，澳大利亚职业教育研究的数量和范围显著扩大。NCVER 的角色从职教研究实施者转变为研究的管理者和职业教育知识的传播者，以及国家职业教育统计数据的收集和管理者。当时综合性大学和高等教育学院对职业教育研究兴趣并不大，很少开展相关研究。除了 NCVER 外，其他职业教育研究多在各州和地区的政府部门中进行。职业教育教师的主要工作是教学，他们很少开展研究工作。

20 世纪末，随着对职业教育研究经费投入的加大，一些综合性大学开始关注职业教育研究。1994 年成立的国家培训总署研究顾问委员会（ANTARAC），后更名为“国家研究与评价委员会”（NREC），将确定职教研究需求作为其重要的全国性任务，在促进建立职业教育研究文化和发展职业教育研究方面起了关键作用。综合性大学开展的研究一般与职教教师培养或成人教育有关。

1997 年，NCVER 首次制订了国家职业教育研究战略，不仅界定了研究重点，而且描述了推广研究成果的方式。由于兼具收集统计数据和协调研究活动的双重职责，NCVER 几乎是世界上是独一无二的研究机构。NCVER 发表的一系列报告，如《通往未来的桥梁：澳大利亚国家职业教育与培训战略》《设计我们的未来：国家职业教育与培训战略》等，对职业教育发展起到了重要的作用。NCVER 在对联邦、各州及地区确定研究重点方面也发挥着重要的咨询作用。

1997 年，澳大利亚职业教育学会（Australian VET Research Association，AVETRA）成立，任务是增强研究对职业教育政策发展的促进作用，推进职业教育独立以及重要研究活动的开展，加强研究方法培训。澳大利亚成立了多个职业教育重点研究中心，分别设在悉尼理工大学、莫纳什大学、塔斯马尼亚大学和墨尔本大学等著名学府。这些中心对增强职业教育研究能力、开展职业教育重要问题研究（如教育经济问题、工作场所学习和地方职业教育问题等）发挥了重要作用。

3. 职业教育研究的成熟阶段：2005 年至今

20 世纪后期，澳大利亚职业教育开展的大部分研究是围绕产业政策、教育经济学、劳动市场问题（特别是技能分析、职业发展趋势和产业技能要求）展开的，学习者特征分析、课程和教学研究以及教师培训研究也是重要内容。

进入 21 世纪，受利益相关方，特别是政府和产业需求的驱动，职业教育研究更加倾向于经济和社会政策方面。随着国家统计数据、学生成果评价和跟踪调查制度的建立，量化研究和纵向研究更加普遍，并建立了政策效果评价机制。对职业教育特殊服务对象的关注度也有提高，如针对土著澳洲人等。各研究机构参与了大量国际合作研究，如联合国教科文组织（UNESCO）、经合组织（OECD）和国际劳工组织（ILO）的研究，并通过基准研究（Benchmarking），按照国际标准评价澳大利亚职业教育发展水平。

澳大利亚社会对职业教育研究也存在批评之声，主要是对职业教育研究的实用性及使用效果存在质疑。如有人认为职教研究对教育培训政策未能产生足够影响，一些重要问题没有得到回答，比如，产业部门期待的关于培训为企业带来的投资回报问题，以及如何通过缩短培训时间尽快向产业界输送职业教育培训生（特别是学徒），从而帮助解决技能短缺等问题①。

第二节 职业教育研究的学科发展

在我国，职业教育学是以职业教育为专门研究对象的教育学二级学科，包括职业教育原理、比较职业教育、职业教育课程与教学、职业教育教师教育、农村职业教育、职业教育管理等多个研究领域和方向。本书的主要部分是职业教育原理，主要讨论职业教育中的基本问题，如什么是职业教育、职业教育的基本规律、国内外典型职业教育的体系特征等。以下介绍职业教育研究的若干重要领域。

一、职业教育课程与教学论

赫尔巴特（J. F. Herbart）

课程与教学论是关于教与学的科学，研究课程和教学的一般性规律。教学论（didactics）产生和流行于中北欧国家，由德国教育家 W. 拉特克和捷克教育家夸美纽斯（J. A. Komensky）最早提出。赫尔巴特（J. F. Herbart）于 1806 年出版了《普通教育学》，标志着该学科的正式诞生。

美国教育学家泰勒（R. W. Tyler）是现代课程论和科学化课程研究的奠基人，他提出了课程开发须回答四个基本问题：(1) 学校应达到的教育目标；(2) 提供哪些经验可以达到这些目标；(3) 如何有效组织这些教育经验；(4) 如何确定这些目标得以实现②。这被公认为课程研究的基本范式。当代课程理论研究流派众多，人们从多种价值取向对课程理论进行构建。

在不同的盎格鲁-撒克逊文化国家，职业教育课程研究和实践的重点有所不同。美国有三个领域的研究具有重要影响：一是普通（学校）教育的课程研究，二是在人力资源开发管理框架内进行的以课程开发（DACUM）方法为代表的课程开发研究和实践，三是专家智能研究。但这三者之间在方法上的相互影响并不明显。在英国和澳大利亚，由于对“以能力为基础”（competence based education，CBE）的独特理解，课程研究主要是在实

① LOVEDER P，GUTHRIE H. Genesis of TVET research：case study of Australia［M］//RAUNER R，MACLEAN R. Handbook of technical and vocational education and training research. Dordrecht：Springer，2008.

② 泰勒．课程与教学的基本原理［M］．北京：中国轻工业出版社，2021.

践层面的讨论。英语国家的课程实践对我国职业教育产生了很大的影响。

德国和瑞士等中北欧国家在职业教育教学论领域开展了大量研究。早期研究多针对专业学科教学，称为“专业教学论”或“技术教学论”。后来认识到职业教育针对“职业”而不是学科专业进行，也不仅是针对“技术”和“岗位”，而是职业活动，因此强调“职业导向”理念的“职业教育学论”应运而生。联合国教科文组织于2004年制定的“国际职业教育师资硕士课程框架”采纳了“职业教学论”的概念。

职业教学论是研究“如何传授一个职业”的教与学的理论。它面向职业教育教学的理论和实践，研究职业教育教学的现象、问题，揭示教学的一般规律，研究解决教学实际问题的方法策略和技术。职业教学论的起点不再是“专业”，而是“职业”，不强调分科的专业课程形式或由专业科学导出的基础性内容，也不强调专业学科系统和专业学科结构的学习；处于职业教育“教”与“学”过程中心的，是经由职业分析确定的重要职业能力。

欧洲很多综合大学设立了职业教学论的研究机构或教席，特别是德语国家职业教学论的研究取得了丰富的成果，但是由于语言限制，这些成果的世界性影响还很有限。在德国的职业教学论研究中，课程只是一个下位概念，并没有特别重要的地位。只是随着近年国际职业教育合作的扩大，课程研究正逐渐成为德国职业教育的一个显学。

我国近年来职业教育的课程研究主要在两个方面进行，一是课程模式，二是课程开发与设计，涉及职业教育课程的理论基础、普通教育与专业教育的关系、课程的目标、内容与评价等内容。职业教育课程研究和实践探索的核心，是处理和优化理论与实践学习的关系①。

二、比较职业教育研究

比较职业教育是比较教育学和职业教育学两个学科的一个交叉研究领域。比较职业教育是以比较法为主要方法，研究当代世界各国职业教育的一般规律与特殊规律、揭示职业教育发展的主要因素及其相互关系、探索未来职业教育发展趋势的研究领域。

比较职业教育真正作为一个独特的研究领域并开始出现较有影响力的学术成果是在二战以后。当时比较职业教育研究关注的对象主要是欧洲国家，如德国、英国与瑞典。随着20世纪60年代后新型工业化国家如以色列和新加坡等的快速发展，职业教育制度也逐渐成为欠发达国家推崇的新模式。这一时期比较职业教育关注的主题有职业教育和普通中等教育及普通中等后教育各自投入回报率的比较、职业教育改革的推广与迁移、政策研究与制度改革等。如今，比较职业教育研究获得了更多学者和国际机构的关注，联合国教科文组织、欧洲职业教育发展中心（CEDEFOP）、经合组织等均出版了大量比较职业教育研究的成果。比较职业教育研究无论是在数量上还是在质量上都获得了较大提升。

比较职业教育研究可分为四种类型：（1）国别研究：根据研究者的需要，集中围绕几个比较对象国进行分析研究。我国早期的比较研究基本属于这一类型。它可以让人们很快对某个国家职业教育的某一方面有完整的认知。（2）国际研究：既包括国际职业教育发展动态研究，也包括对国际职业教育交流与合作的研究，必须全面收集、描述各国职业教育

① 赵志群，朱德全．职业教育课程与教学论［M］//中国大百科全书．北京：中国大百科全书出版社，2023.

发展改革情况，是对各国职业教育发展情况研究的集合。(3) 问题研究：以研究者关注的某一问题为核心，通过比较不同国家的举措寻求本国解决方案，集中对某一问题进行深入探讨，揭示各国的异同。(4) 发展研究：主要研究职业教育与发展的互动关系，尤其关注职业教育在促进发展中国家振兴中的作用。

我国比较职业教育研究最早可以追溯到洋务运动时期，洋务派教育家已经开始关注西方国家的职业教育制度。他们一方面宣传西方的教育实践和制度，另一方面又勾勒出中国实业教育制度的蓝图。到民国时期，随着中华职业教育社的成立，向国外学习的脚步加快，黄炎培、陶行知、邹恩润等对西方职业教育理论进行了广泛传播（如工业教育、职业陶冶、职业指导、女子职业教育等)，有效推动了我国职业教育的发展。但这一阶段的研究成果多为对根据参观和国外留学所获基本材料的简单介绍。

我国比较职业教育研究真正走向蓬勃发展要到改革开放之后。目前，比较职业教育研究的国别研究范围扩大，微观研究逐步增加，中外对比研究逐渐深入；比较职业教育开始走向制度化，许多学术刊物上辟有比较职业教育研究专栏，部分高等院校设立了硕士和博士研究生层次的比较职业教育研究专业方向；比较职业教育研究获得政府、社会的关注，科研项目立项和投资增加；研究成果日益受到有关部门的关注，部分研究成果还直接转化为职业教育改革政策①。

三、职业教育经济学

职业教育是一种重要的人力资本投资形式，对提高企业劳动生产率、促进经济增长具有重要的意义。职业教育经济学研究基于经济学原理，对职业教育的成本和效益进行探索，研究职业教育与经济的关系，为资源配置和财政拨款等政策提供参考依据。

20 世纪初，美国管理学家泰勒最先对劳动定额和差别计件工资制进行微观研究，其著作《科学管理原理》(1911 年）具有重要的影响。20 世纪中期，有关于职业体系与经济关系的分析研究逐渐兴起，即研究经济增长与职业体系发展变化的关系。后来，经济学对职业的研究扩展到职业分类的变化与未来职业体系的预测，以及对产业结构、产业政策、教育体制的评估。

我国的职业教育经济学研究尚处于起步阶段，仅有北京大学等少数研究型大学开展了相关研究，目前主要的研究内容涉及：

● 职业教育成本测量：包括直接成本和机会成本。相比普通教育，职业教育通常需要更多的资金投入，直接统计投放在此类教育的总体资源或相对资源，可以对职业教育财政决策提供基础。

● 职业教育效益研究：教育投资的回报率（rates of return）始终是职业教育经济学研究的重点，这里的收益是指毕业生一生中能够得到的增加了的工资收入，即为社会和个人创造的额外财富。

很多职业教育经济学研究以毕业生的就业表现对职业教育收益进行评估，涉及职业教育的人才培养质量。近年的职业教育经济学研究开始关注对口就业问题，以及对口就业所

---

① 石伟平．比较职业教育研究［M］//中国大百科全书．北京：中国大百科全书出版社，2023.

产生的经济效果，即专业与工作类别是否匹配成为职业教育效益的重要指标。这是一个困难的议题，因为一些专业的专业特性较强，与特定工作对应，但另一些专业可能与多类工作有宽泛的对应，建立对口就业率的评价模型非常困难。

在职培训是人力资本投资经济学研究的重要内容，研究范围包括个人行为、雇主行为和政府政策。雇主提供在职培训需要承担一定的成本和风险，只有在一定的经济诱因或政策要求下才会发生①。根据人力资本投资理论，受训员工初期的工资水平低于其生产水平，雇主在一定时间内才可以弥补培训成本。解决这一问题需要特殊的体制机制设计，目前研究主要涉及建立行业培训联盟，通过政府制定培训税等优惠政策，引导企业建立利益共同体。

职业教育的融资，即职业教育的资金筹措机制，也是职业教育经济学研究的重点领域。目前我国职业教育的融资渠道包括政府拨款、企业资助、学生及家庭支出、捐赠等形式。职业教育融资研究的目标是实现资金来源多样化，尤其是如何鼓励私营部门的参与，通过下放公办学校的管理权力、给予受训者/消费者更多的选择权，来提高职业教育培训市场的总效率②。

四、职业科学与职业学科研究

（一）职业科学

职业科学是与职业研究有关的学科的总称。职业研究是一个跨学科的研究领域，可分为两大类：一是与相关学科联系紧密的学术性研究，如在社会学、经济学、教育学、心理学等领域进行的研究；二是在有关政府部门组织下的，以就业管理实践为导向的职业分类和职业发展研究。

中国是最早探究职业现象的国家。早在先秦时期，管仲提出“四民分业”主张，《考工记》中关于“百工”的描述及其种类细分的记载，是人类历史上最早研究职业现象的文献记录。古代学者司马迁、傅玄和韩愈等在其著述中也对分工与职业有所论及。欧洲对职业现象的探讨始于启蒙运动中政治经济学的相关研究，如斯密（A. Smith）在《国富论》（1776）中对分工的动因、作用和不良后果进行了分析，当时的职业研究只是揭示了职业与社会、经济、教育之间的联系，并未形成系统的理论。

自 19 世纪起，社会分工的发展引发了更为丰富的职业现象。法国经济学家萨伊（J.-B. Say）开始从职业划分角度研究分工，认为职业是获得劳动能力的基础（1803 年）；社会学家涂尔干（É. Durkheim）研究了分工与职业的作用以及与道德、法律的互动关系（1893 年）。马克思在考察资本雇佣劳动的基础上，辩证、历史地研究分工与职业，将劳动价值论发展为人的全面发展理论（1867 年），为把握分工与职业的本质联系、促进人的全面发展提供了方法论。到 19 世纪，对职业的研究形成了职业主体、客体及其相互关系研究的基本范式。

---

① 贝尔菲尔德．教育与人力资本［M］//贝尔菲尔德．教育经济学：理论与实证．北京：中国人民大学出版社，2006.

② 钟宇平，刘云波．职业教育经济学研究［M］//中国大百科全书．北京：中国大百科全书出版社，2023.

20 世纪以来，心理学、社会学等开展的职业研究与社会实践得到较大发展，开始形成专门的领域。德国心理学家闵斯特伯格（H. Münsterberg）开展了提高从业者职业适应能力与工作效率的研究，其著作《心理学与经济生活》（1912 年）成为工业心理学的奠基石。1920 年莫斯科成立中央劳动研究所，开展工具使用者的生理和心理条件研究。1959 年，霍兰德（J. H. Holland）提出了具有广泛社会影响的人业互择理论，建立了职业性向与国家职业分类之间的联系。1987 年，施恩（E. H. Schein）提出的“职业锚”概念诠释了职业发展机制。心理学的职业研究理论和技术一直是职业指导的理论基础和主要方法。20 世纪之初，职业现象成为社会学研究的重要内容。20 年代，苏联开展了劳动和生活的变化、人在劳动组织中的作用、劳动者收入和闲暇时间等问题的大规模调查。同时期美国对职业现象的研究对象由社会底层逐步扩大到专业人员，内容涉及职业生涯、职业地位及流动性，以及职业与种族团体、职业道德等。20 世纪中期，关于职业体系与经济关系分析逐渐兴起，开始研究经济增长与职业体系发展变化的关系。

目前职业科学研究领域十分广阔，主要包括：（1）关于研究职业的现象与本质、要素与形态、主体与客体、运动与发展等范畴，以及个体与组织及其自身运动和相互作用规律的职业科学基础研究；（2）关于职业与人生、职业的目的、价值、态度等问题的职业哲学研究；（3）关于职业与社会互动关系及其相关问题的职业社会学研究；（4）关于职业意识、行为规范与修养等问题的职业伦理学研究；（5）关于职业选择、适应与流动规律以及管理方法的职业管理学研究；（6）关于职业的活动与容量、形态与特征、分类原则、分类方法与技术的职业分类研究；（7）关于职业的能力构成与表现形式、评价标准与方法的职业评价研究；（8）关于职业演变过程与规律的职业史学研究；（9）关于职业病预防与诊治的职业医学及其交叉学科研究（与本节其他领域重合部分略）[①]。

（二）职业学科研究

职业学科（vocational discipline）是德国高校根据职业领域建立的培养职业教育教师硕士层次的学业门类，不同高校有不同称谓，如职业科学或职业领域科学等，德语常统称其为“职业性专业”（berufliche Fachrichtung），英文的解释性翻译是“职业的和与工作有关的技术科学”（occupational and work-related science of technology）。2004 年联合国教科文组织颁布的“国际职业教育师资硕士课程框架”采纳了职业学科的说法。

按照德国州文教部长联席会议（KMK）于 2013 年颁布的《中等职业教育教师培养与考核框架协定（第 5 类型教师）》的规定，德国培养职教师资的高等院校设置 16 个职业学科专业，分为技术类、经济管理类和人员相关类专业三类。其中，技术类职业学科专业的数量最多，有 10 个，包括机械技术、电气技术、建筑技术和木工技术等，是职业教育教师培养的主要专业类别；人员相关类专业有健康与身体护理、社会教育学和护理等。设置职业学科专业的基础是“职业领域”（Ferufsfeld），其基本逻辑是：16 个职业学科专业对应德国职业教育的 13 个职业领域，共包含约 400 个各种职业教育专业（教育职业，德语

---

① 彭瑜．职业科学［M］//中国大百科全书．北京：中国大百科全书出版社，2023.

为 ausbildungsberuf)，涉及社会上实际存在的 3 万多个社会职业①。

德国职业教育教师培养主要在研究型大学进行，学生需要学习三方面的课程，包括职业学科的专业课程（如机械工程）、一个普通教育学科（如数学）、职业教育学课程（如职业教育学和教学论等）。其中职业学科的课程是学习重点。职业学科的课程目标是掌握某一职业领域的知识，使未来的教师能以此为基础科学地进行职业分析，并开发高质量的课程。职业学科的内容涉及一个职业领域的职业和岗位、职业教育与培训、工作组织和技术发展以及与之相关的范围广泛的内容，综合了专业知识与教育教学知识。

近 20 年来，伴随着职业教育教师培养的规范化和专业化发展，德国职业教育教师培养始终是职业教育发展的热点问题。例如，应在研究性大学还是在应用科学大学培养教师？应遵循实践性原则还是学术性原则？专业学习应归属于专业学科（如工程科学），还是应建立专门的职业学科？等等。但是不管具备何种生源和采用何种培养模式，在职业学科领域开展的科研和教学始终都是职业教育教师培养的核心内容②。

五、职业教育心理学

职业教育心理学是教育心理学和职业教育学的交叉科学，是职业教育研究的重要领域，其研究内容包括职业教育受教育者和教育者的心理发展、学习心理、教学心理、职业心理以及管理心理理论。

职业教育心理学研究包括理论研究、应用研究和专项研究，其中应用研究又分为宏观、中观和微观三个层次。从教育主体上看，职业教育的心理学研究针对职业院校、家庭和社会的心理学问题，涉及初等、中等和高等职业教育，以及职前、职中和职后教育培训阶段。

职业教育心理学是适应现代职业教育发展需要而产生和发展的，首要任务是揭示职业教育实践过程中的心理活动规律，特别是职业教育情境中学习与教学的心理学规律，研究对象包括：（1）职业教育过程中的心理现象及其变化规律；（2）学生职业技术知识技能掌握、职业能力形成以及职业道德发展的规律；（3）职业教育过程中的心理现象及其变化规律，主要是职业教育中学与教的基本心理学规律；（4）职业教育教师和学生及其相互作用时的心理现象及其规律。概括起来，职业教育心理学在很大程度上就是职业教育中学与教的心理学。

进入 21 世纪，心理潜能开发、心理健康（素质）教育、创新能力教育、职业人格教育等成为职业教育心理学研究的重点，对专业学习策略、实践教学策略、职业问题解决、技能心理训练、就业创业心理辅导等方面的研究提出了更高的要求。今后的研究应当更加关注解决职业教育实践中的心理学问题，加强应用性与实践性研究，注重行动研究，积极倡导发展性研究、服务性研究。

改革开放和教育结构改革以来，我国职业教育心理学研究取得了很大进展，推动了职

---

① BECKER M，SPÖTTL G. Lehrerbildung in beruflichen Fachrichtungen [J]. bwp@，Spezial 6，(Workshop 19)，2013.

② 谢莉花．德国职业教育作为一种类型教育的学科基础："职业科学"的关联与挑战 [J]. 中国职业技术教育，2020 (27).

业教育实践的创新，但是目前仍然存在很多问题，特别是没有形成具有学科特点的研究方法和范式。未来应当关注如何把握职业教育和心理学发展的学术前沿，处理好为决策实践服务和推进学科建设的关系，形成纵向有机衔接、横向融合贯通的职业教育心理学体系。未来的研究重点是：脑功能开发与职业院校学生素质教育、多元智能理论与职业教育技术技能人才培养模式、职业心理理论与职业院校学生职业生涯辅导、积极心理学与职业教育教学改革之间的关系。在此，要注意对职业院校学生这一特殊群体的心理学研究，研究职业院校学生的身心发展特点、需求和成长规律，研究职业院校学生人格、职业精神、实践能力和创新创业能力的培养问题①。

第三节　职业教育研究方法

要想开展高质量的科学研究，需要在研究工作开始之前就进行方法论方面的思考，从而保证所选方法的合理性，即在认识世界之前认识自己的认知能力。换句话说，不先淋湿就不可能学会游泳，否则就只能像黑格尔所说的那样"拿着长矛和棍棒去追求真理"②。职业教育研究更需要如此。

一、职业教育研究的方法特征

（一）职业教育研究的目标、内容和类别

职业教育研究的范围很广，其研究内容既有宏观层面的职业教育制度体系，也有中观层面的职业教育培训机构和课程，还涉及微观层面的职业和工作学习过程。职业教育研究对与职业有关的教育培训和社会化过程及其影响因素进行描述、分析、解释、说明、批判或设计，它既追求科学性，也关注实用价值。数字化时代人类学习方式发生了很大变化，我们需要确定对技术技能人才成长具有促进、制约或干扰作用的因素，并理解科学知识、工作经历与职业能力发展之间的关系，这需要更加科学有效的方法。职业教育研究多以跨学科和多学科的方式进行，至少有两方面的目标：

● 认知性目标：职业教育研究首先是对职业教育本质的认知，如元理论层面的教育学自我认知和反思、与职业有关的人类学反思、职业教育的社会情境分析、现代社会中职业人的角色定位和发展规律等。此类研究常采用人类学研究范式，并引入了许多相关量表。

● 开发性和设计性目标：职业教育研究涉及职业教育制度体系、课程与学习方案、学习资源和学习环境等的分析、设计与完善，具有开发性和设计性目标。它通过理论分析、实证调查和国际比较等方式，在教育学、心理学、管理学等理论基础上，借鉴政策研究、资格研究、行动和工作场所分析等研究成果，形成对职业教育制度和机制、专业建设和教学过程等设计的建议。

---

① 崔景贵．职业教育心理学研究［M］//中国大百科全书．北京：中国大百科全书出版社，2023.

② HEGEL G W F. Vorlesungen über die Geschichte der Philosophie III［M］. Frankfurt am Main：Suhrkamp，1971：333.

职业教育研究的一个特殊困难是：研究对象既不完全属于主观范畴，又不是固化的规律（如某领域的生产技术），而是受到技术和生产方式变革影响的职业素质、职业能力和能力发展过程。职业教育制度体系设计是科学技术、经济效益、法律法规和客户期许等诸多因素相互妥协的结果，而不是处理一个已被证明了的物理事实。因此，职业教育研究不是辨析“对”和“错”的关系，而是一个不断优化的过程，它没有固定的参数和答案。职业教育研究主题既包括现有的工作世界和职业教育事实，也包括有待建构和发展的工作和职业教育制度。

职业教育的研究对象来自三个方面：工作世界、与工作世界相关的职业学习过程，以及相关职业教育体制机制的确定、管理、发展和完善。研究涉及的人员包括技术技能人才、职业院校学生和教师、教育管理者、专业研究人员和社会伙伴。职业教育研究可以分为三类：（1）人类学研究，重点是技术技能人才成长和人格发展规律；（2）社会科学研究，重点是体制机制的建设和组织发展；（3）特定专业（职业）领域的工作的学习过程。这意味着，职业教育研究需要采用人类学、社会科学以及特定领域（如工程科学）的研究方法，如实验方法、设计和开发法①。

（二）领域相关性原则

在讨论职业教育的研究方法时，首先要关注研究方法与研究内容的相关性问题。出于成本、质量和风险控制考虑，职业教育研究应尽量采用标准化研究方法，但标准化研究方法在职业教育研究中有很大局限性，特别是在中观、微观层面，如课程和教学研究。每个职业（专业）都是在特定技术、经济和社会文化环境中的独特社会存在，有自己的专门领域。“专业人员”之所以专业，是因为他能准确把握本专业的知识。从抽象的角度说，弄清某一专业应具备的知识、技能及其获得途径不是难题，但是针对每个具体职业（专业）来说，这始终是无法完全回答的难题。

在职业资格研究和课程开发等中观、微观层面的研究中，首先需要处理好“研究方法的内容相关性”问题，即研究者应对相关领域（domain）熟悉到何种程度，才能开展有价值的研究，而不再是泛泛谈论一个与专业有关的议题②。例如，研究计算机数控（CNC）技术人才培养的人需要在多大程度上理解 CNC 技术。这体现了人类学研究方法的核心：隐藏在背景中的研究方法越细，对研究对象的认识就越清晰。

这里与人类学学者研究外国文化时的处境类似：研究水平取决于研究者对外国文化的了解程度。研究者只有在经历该文化的社会化过程之后，才能完全掌握它们，但这时他已不再只是一个研究者，而成为研究对象的一部分。这是一个两难窘境：对构成一个职业的实践活动只能由一个特定人群来确定，但这些人并不能对其实践活动进行自我证明，因为实践活动对他们自己来说是无法解释的。研究需要在内部和外部视角之间做出选择：内部视角是“理解了，但没注意到”，外部视角是“注意到了，但不理解”。企业实践专家知道答案，但提不出问题；研究者有很多问题，但要么无法从沉默的老师傅那里得到答案，要

---

① FISCHER M，et al. Research methods in technical vocational education and training［M］//ZHAO Z，RAUNER F. Areas of vocational education research. Heidelberg et al：Springer，2014.

② HEINEMANN L. Distance and proximity［M］//RAUNER R，MACLEAN R. Handbook of technical and vocational education and training research. Dordrecht：Springer，2008.

么无法理解这些答案。在特定工作领域中存在的（实践）知识，只有通过特定的研究方法才能被人们所“知道”（knowing）；但要想选择恰当的研究方法，首先要掌握该领域的专门知识（know how），这是一个“先有鸡还是先有蛋”的问题。这里或许只能采用建构主义方式来解决，即真正的概念只有在“情境”中才能获得。人们以尽量接近现实的方式学习和研究，所有概念都始终处于一个建构过程中。例如，对于一位工匠大师来说，几十年来他在生产不同产品时，“高质量”的含义都在变化。只有通过职业实践，“高质量”的含义才可以被充分理解和得到拓展①。

职业教育基本原理研究十分重要，它刻画职业教育制度体系和教育教学过程的总体特征。因为地域、经济、技术和社会文化发展情况的不同，很多时候会采用某一领域所特有的、与内容相关的研究方法。这里对研究方法提出的挑战，不是去发现新的方法，而是去选择适合的研究方法，需要研究者特别关注科学、合理的研究设计。在很多时候，组织具有不同领域专门知识的研究者，根据所涉及的不同职业领域，组成同学科或跨学科的研究组织具有重要的意义。

二、职业教育研究方法举例

在职业教育研究中，普遍采用社会科学特别是教育学研究通常的研究方法，如文献研究法、调查研究法、叙事研究法、实验法和行动研究法等，限于篇幅，这里仅举例介绍几种职业教育特有的研究方法。

（一）设计和开发方法

职业教育的任务是赋予学习者以工作能力，职业教育研究有前瞻性特点，即必须考虑未来社会的需求和学习者的发展要求。这些需求之间有可能是相互矛盾的，例如企业有时需要技术单一但熟练程度高的人，这与人的能力全面发展的教育诉求并不一致。平衡不同需求的方式没有“客观规律”，而是与社会文化、价值观和利益协商方式有关，这一点从不同国家采用的不同职业教育制度中可以看出。因此，对职业教育的未来发展趋势无法进行预测，而需要相关主体进行选择和设计，对此有多种设计方法。

1. 剧情推演

剧情（scenario）推演，顾名思义，就是通过推演未来剧情发展情况预测在不同条件下被预测对象的发展。在编写剧本时，首先要定义和确定目标，如某一行业未来的职业发展。然后，确定并调整相关重要影响参数，在考虑某些偏好的情况下确定各种发展场景。通过推演，可以使不同发展战略和行动方案具体化，并就方案的有效性进行预测②。

剧情推演方法适用于整合不同学科领域的研究成果，它为其他领域专家，甚至包括企业代表和职业院校学生等利益相关方参与研究提供了可能。采用剧情推演法时，一般同时会采用其他通用的调查方法，如二次文献分析或专家访谈等。德尔菲法（Delphi）作为一

---

① NEUWEG G H，PUTZ P. 引言：方法论问题［M］//劳耐尔，麦克林．国际职业教育科学研究手册：下．北京：北京师范大学出版社，2017.

② HANSMANN K-W. Kurzlehrbuch Prognoseverfahren. Wiesbaden：Gabler，1983.

种将学术研究成果与相关人员参与相结合、实现有效迭代和反馈的方法，也经常用于剧情推演中。

2. 参与式开发

如一个地区政府、职业院校、行业企业等通过对话确定职教发展规划，或者开发制订校企合作方案，采用的就是参与式开发方法，它属于行动研究的一种。参与式开发也是一种组织学习方法，有三种类型：一是在研究者和实践者在交互过程中的学习，二是实践者之间的学习，三是研究者之间的学习。参与式开发学习方法的基础是研究者和实践者间的良好协作，通过合作产生新的认知。

（1）对话会。

对话会（dialogue conferences）是务实的参与式工作计划会。其间，所有参与者共同界定问题，制订大家认可并能尽快执行的行动计划。对话会议的理论基础是哈贝马斯（J. Habermas）的交往行为理论，即在会议上建立一种脱离权利的关系：参会者的角色定位与其工作职位无关。研究者的角色是过程主持人，其任务是保证参与者摆脱其地位的影响，都有机会表达自己的观点①。

（2）未来创造研讨会。

未来创造研讨会（Zukunftswerkstätten）是起源于批判性乌托邦研究传统的一种开发方法。与对话会不同的是，它承认社会权利分层结构，但试图克服现有权利关系的束缚。研究者和参与者合作，努力跨越现有工作组织架构，通过制订详细议程创造可以实现目标的新的权利关系。未来创造研讨会分三个阶段，即批判、理想和实现。研究者的角色是促进者，他保证参与规则，支持讨论过程并确保结果顺利实现②。

（3）赏识性探询。

这是一种在“赏识式探询”（appreciative inquiry）理论基础上建立的参与式开发程序，并采用很多过程导向的工具，如反思团队（reflective teams）和相互采访（mutual interview）等，该方法广泛应用于工作场所学习和教学实践项目的开发中③。

在国际职业教育研究和合作中，参与式开发方法常用于由政府支持的短期研究和创新项目，如在20世纪末至21世纪初期中德政府进行的职业教育合作项目中，普遍采用ZOPP法（德语 Ziel-orientierte Projektplanung 的缩写，即“目标导向的项目规划”）和AURA（德语 Auftragsrahmen 的缩写，即“项目框架”）进行项目规划④，其核心就是参与式开发设计。这些项目的共同特点是：由研究者（专家）对项目的主题进行初步研究，将最佳实践以案例和建议的方式呈现出来。研究者和实践者共同制订工作议程或计划，实践者再次试验，研究者观察新的实践，并根据结果得出新的认知。

① GUSTAVSEN B. Dialogue and development: theory of communication, action research and the restructing of working Life [M]. Assen: Van Gorcum, 1992.

② JUNGK R, MÜLLERT N R. Zukunftswerkstätten [M]. Hamburg: Hoffmann und Campe, 1981.

③ CLEMATIDE B. 参与式开发 [M] //劳耐尔，麦克林．国际职业教育科学研究手册：下．北京：北京师范大学出版社，2017.

④ BMZ, GTZ. Handreichung zur Bearbeitung von AURA-Angeboten [M]. Eschborn: GTZ, 2003.

（二）行动导向的专家访谈

在职业教育研究中，常采用专家访谈法确定某一职业（岗位）的能力和资格要求，即发现实践工作的知识与技能特征，“它们只能在工作情境中由技术工人通过针对工作对象的行动、姿势和语言反映出来”①，这就需要进行行动导向的访谈，访谈地点是能展现专家能力的地方，即真实的工作场所和工作过程。

行动导向的专家访谈法源于 20 世纪 50 年代的工作分析研究，其主要特点是：（1）有与调查目标相适应的提问指南；（2）研究者有专业能力基础开展访谈，能确定必要深度的专业工作内容；（3）需要满足一些外部条件和要求，从而找到职业的典型工作任务。行动导向的专业访谈通常在一个研究项目的框架内中进行。

行动导向的专业访谈是工作过程研究方法，采用它时需要相应的研究设计，在此应当注意一些关键点。首先，研究者要事先通过参观等方法熟悉企业工作环境，与被访者互相熟悉，并就访谈目的达成一致；其次，访谈是在完成工作任务的过程中进行的，应逐一讨论访谈提纲所列的问题，这些问题与当前的工作任务有关，应鼓励被访者说出所有想法。访谈通常在个案分析的框架内进行，应当与其他研究方法协调使用，如工作观察、任务分析、工作任务清单、订单分析、订单过程伴随（跟单）等。

行动导向的专业访谈具有很强的情境性特征。对被访者而言，整个谈话的环境应当是自然的，谈话方式符合被访者“实践共同体”的交流方式。在此，采用的工具和方法、工作对象（顾客、订单、技术、资料和现象）、工作过程的组织、所意识到的对专业工作和技术的主观和客观要求等，构成了访谈的自然环境。当访谈涉及多人、多个专家时，可以采用团体访谈的方式进行②。

（三）典型实验

典型实验（Modellversuch）是在德国职业教育发展创新实践中发展起来的一种独特的行动研究方法，在 20 世纪 90 年代初的中德政府职业教育合作项目中被引入我国，并得到推广应用。

1. 基本概念

典型实验是指在理论引发或指导下实施一个新的方案，以获得某一社会领域的知识，或通过变化过程本身获得相应的认知。典型实验的基本假设是：科学不能自动促进社会产生创新，但是通过科学研究，人们能够对存在于实践中的知识进行普适化的处理。

典型实验是“基于设计的研究”③，即对某一种教育干预措施（如新的课程或教学模式等）进行系统化分析，检验利用这种干预措施解决复杂教育实践问题的效果，从而设计和

---

① BECKER M. Diagnosearbeit im Kfz-handwerk als Mensch-maschine-problem［M］. Bielefeld：W. Bertelsmann，2003.

② BECKER M. 行动导向的专业访谈［M］//劳耐尔，麦克林．国际职业教育科学研究手册：下．北京：北京师范大学出版社，2017.

③ 典型实验与英语“基于设计的研究”（design-based research）类似，它们都是对一种社会干预措施进行系统分析，从而检验该措施对解决实践问题的干预效果，以设计更好的干预方案。区别是：前者涉及领域广泛，是对整个职业教育体系的设计和建（重）构；后者主要关注教与学的研究。

开发出更好的干预方案。典型实验的基本流程是：识别和确定创新需求；评估已有理论和经验，开发创新方案；测试方案的可行性；进行试验，形成正式方案并评估结果；应用和推广创新方案；对方案产生的影响进行总结性评价和分析。在实践中这些活动步骤不一定是固化的。作为一个反思性学习过程，典型实验的关键是深入讨论和有效行动。对实践进行设计，是科学反思的重要组成部分。

典型实验一般在政府财政支持下，由职业院校或企业在现有组织框架内实施。在政府主导的大规模职教项目中，研究者常通过典型实验探究项目设计和实施过程中出现的问题。社会现实通过研究者（同时也是实践者）发生整体性变化，这个变化过程同时也是研究者的学习过程，是获得和发展结论的过程，它有目的地从内部引发某一社会领域的变化，或者它本身就是创新战略的目标。

典型实验常在“科学伴随”（wissenschaftliche Begleitung）的指导或参与下进行，即一个组织或个人（科学伴随者）针对其引发的变化过程或者典型实验，按照科学的标准，提供咨询和促进其反省。科学伴随者可以是政府研究机构、高校，或私营研究、咨询机构①。

2. 案例介绍

下面介绍改革开放以来有代表意义的职教发展创新综合项目“借鉴德国双元制经验，促进中国职业教育改革的研究与实验”，从研究方法和研究者角色角度分析其对职业教育发展的贡献以及存在的问题。

（1）项目简述。

从 20 世纪 90 年代开始，我国开展了大量借鉴德国经验、改革传统职教模式的实践探索。一是在德国援助下建立了 30 多个双元制职教机构，如天津中德应用技术大学等（见图 1－1）；二是德国政府支持建立了职教研究所，通过典型实验向政府提供决策咨询服务，并指导职业院校开展改革实践，包括苏州、无锡、常州等六城市的区域性实验。这些活动后来成为“九五”规划国家级重点课题，其成果获得了首届国家教育科研成果一等奖。

图 1－1 天津中德应用技术大学

（2）研究者的角色。

该典型实验的研究者体量大，包括国家级、省级职教研究所和德国专家。在项目起始

① LAUR-ERNST U，HANF G. 作为创新过程的职业教育［M］//劳耐尔，麦克林. 国际职业教育科学研究手册：上. 北京：北京师范大学出版社，2014.

和发动环节，研究者提出基本假设和研究设计，提供有理论依据和实证基础的研究计划，包括双元制原型和实施参照模型。在项目实施环节，研究者与实践者进行专业交流，通过共同反思解决实际问题。以上环节不是截然分开的，如研究者始终承担项目实施过程的质量控制甚至领导任务。由于项目组织者、研究者和实践者之间没有直接上下级关系，项目计划的强制性不是很大。参与院校在实际工作中根据自己的需求和地方特点开展了不同的探索和实践，取得成果的差别也很大。

（3）方法设计。

基本方法设计是：通过文献、考察和合作研讨从教育体制与教学过程两个层面进行分析；在中德双边比较的同时学习其他国家（如加拿大）的经验；在综合比较的同时对具体专题进行比较，如教师培养途径等。研究分三个阶段：（1）双元制职教模式原型学习：管理和研究人员通过德国考察学习双元制的内涵和可借鉴经验，为开展典型实验奠定基础；（2）管理和教学过程比较：对双元制与我国现行职教管理体制和教学过程进行比较，寻找职业教育的普遍规律；（3）典型实验：三个职教研究所指导试点院校和企业进行改革实验，探索德国经验在中国实施的可能性及相关条件，带有较强的照搬色彩[①]。

（4）项目成果。

该项目是我国现代史上规模最大的有组织学习外国经验对职教体系进行全面反思和改革的行动，对我国职业教育发展产生了重要影响。我国开始对职业教育较低的社会地位进行反思，认识到职业教育是另外一种类型的教育，这为以后的教育改革奠定了思想基础。项目对政府和职业院校改革提供了大量意见和建议，如《职业教育法》的制定、综合职业能力培养目标的确立等。从此，我国引进国际先进职教模式遇到的困难多是技术实施层面的，而少有理念和思想准备方面的。不过由于受当时理论基础和经验所限，研究结果主要是针对具体情境的、点状的偶然性认识，如学习国外经验的程序等，这还不具备职业教育理论研究的突破性意义。

（5）方法的反思。

该项目具有明确的目标，即开发针对我国职教实践具体问题的解决方案，它聚焦于对真实世界中的实践的整体化理解，从而获得针对实践工作方式的深层认知，这个目标在很大程度上实现了，这体现了在响应性伴随指导下的反思性实践的特点[②]。来自管理和实践领域不同机构多学科的研究人员和实践者有机会平等交流和相互学习，这对职教研究如何通过提供指导行动的知识，授权和促进利益相关者在自己的领域内参与行动设计和实施创新，提供了典范。在项目中我国第一次引进“科学伴随”的概念和研究范式，这对我国职教研究和发展具有里程碑的意义。该项目研究结果的深度不足，主要与当时职业教育及其科研发展所处的阶段有关[③]。

---

① 借鉴德国“双元制”经验促进我国职业技术教育改革的研究与实验课题组．面向未来的探索［M］．北京：经济科学出版社，1998.

② SLOANE P，FISCHER M. Modellversuchsforschung［M］//RAUNER F，GROLLMANN P. Handbuch Berufsbildungsforschung. Bertelsmann：Bertelsmann. 2018.

③ 赵志群．典型实验：职业教育发展创新项目的方法论思考［J］．教育发展研究，2019（19）.

概念术语

澳大利亚国家职业教育研究中心
比较职业教育研究
参与式开发
德国联邦职业教育研究所
典型实验
赫尔巴特
教育部职业教育发展中心
剧情推演
科学伴随
领域相关性原则
美国职业教育研究会
欧洲职业培训发展中心
设计和开发方法
泰勒
行动导向的专家访谈
职业（技术）教育学
职业教育经济学研究
职业教育心理学研究
职业教育研究
职业科学
职业学科
中国就业培训技术指导中心

复习思考题

1. 举例说明各国职业教育研究和职业教育发展有什么联系。
2. 职业教育研究有什么特点?
3. 如何理解职业教育研究的“领域特殊性原则”?
4. 案例分析：分析你所了解到的某一个职业教育领域的研究或创新实践项目的特点。
5. 举例说明职业教育某一研究领域的研究内容或发展特点。

第二章　职业教育的内涵与功能

本章导读

本章解释职业教育的内涵与功能。首先应理解“职业”及相关概念，这样才能理解“职业”与“教育”的关系，理解有关职业教育功能的争论，如历史上的“普杜之争”和我国的“职普分流”问题。“工作”是另外一个重要概念，它是理解现代职业教育学习内容的基础。职业指导与生涯教育是职业教育的重要内容，也反映了职业教育理念的发展。创业教育也是职业教育的重要内容。

杜威和凯兴斯泰纳

杜威

杜威（John Dewey，1859—1952），美国著名哲学家和教育家，现代教育学的创始人之一，被视为20世纪最伟大的教育改革者。杜威曾在芝加哥大学和哥伦比亚大学等任教，还创立了芝加哥大学附属实验学校作为教育理论的实验基地。他是实用主义的集大成者，著作涉及科学、宗教伦理、政治、心理和社会学等多个方面。他一生推崇民主制度，强调科学和民主的互补性，认为职业教育可以“培养未来的工人对不断变化的情况的适应能力”。杜威曾到访中国，见证了五四运动并与孙中山会面，对胡适、冯友兰、陶行知等影响较大，其思想对20世纪前期中国的教育界和思想界产生过重大影响。

凯兴斯泰纳

凯兴斯泰纳（Georg Kerschensteiner，1854—1932），德国著名的职业教育倡导者与改革家。他倡导劳作学校和劳作学校精神，认为那种死记书本知识的教育已不是今日所需要的国民教育和人类的教育；与其让学生学习一大堆死的知识，还不如让学生获得精神的发展、伦理的适应力和劳作的本领。他主张在国民学校给学生较少知识材料，多给以性格的陶冶，使学生养成较好的适应力、工作的兴趣和本领，更好地完成国家公民的义务。这些思想对我国职业教育的启示在于：尊重劳动是提升职业教育地位的根本，职业教育要遵循实践兴趣原则，关注学生的内在价值与性格养成。

第一节　职业教育的内涵

职业教育是针对“以职业形式存在的工作活动”的教育，是人类教育体系中的一个重要类别，也是人力资源开发和经济发展中的重要活动。现代社会中技术、经济和文化的发展，极大地提高了职业教育的复杂性和综合性，我们对新时代职业教育的内涵应当建立更为全面和深入的理解。

一、关于职业

（一）职业的概念

“职业”是职业教育的逻辑起点，但不同文化对职业的理解有很大差异，例如英语 vocation、德语 Beruf 和汉语的“职业”，在意义上并不存在绝对的对应关系，Beruf 包含了英语 vocation、occupation、profession、job 和 career 的全部或部分含义①，而 beruf 有时翻译成汉语的“专业”则更容易理解。

职业是由社会分工而产生的。从汉语词的构成上看，“职”是指职务，如《尚书·周官》中的“六卿分职”；“业”指业务，如《汉书·萧望之传》中的“家世以田为业”。目前我国一般从经济和社会活动的角度来解释职业。按照《中华人民共和国职业分类大典》的定义，职业是“从业人员为获得主要生活来源所从事的工作类别”。据此，职业的基本特征表现为：（1）个体以获得报酬为目的；（2）职业是相互关联和提供服务的社会活动；（2）职业的工作内容和行为模式相对稳定；（4）职业活动遵循法律和道德规范；（5）有一定的从业人数。

英语的职业 vocation 一词起源于拉丁语的 vocar，指对一种特定生活方式的呼唤。基督教文化认为，上帝为了让人从事某项工作而将人降生到这个被他等级化了的世界；“职业”是上帝“委派”的，将人的一生固定在某个社会地位上，从事一个职业具有使命感，可以使从业者的生活更有价值②。与 vocation 语义相近的英语词还有 occupation，即“占有”和“保有”的意义，指一组具有相似知识和技能，履行责任和承担义务而获得报酬的

---

① DOSTAL W. Occupational research［M］//RAUNER F，MACLEAN R. Handbook of technical and vocational education and training research. Dordrecht：Springer，2008.

② NÖLKER H，SCHOENFELDT E. Glossar：internationale Berufspädagogik［M］. Sindelfingen：expertverlag，1985.

工作[1]，用于指代具体的职业，如木工或教师等。

可以看出，职业既是一种社会管理的手段，也是社会赋予个体的责任，对其从业人员有约束和规范作用。职业具有经济属性，劳动者与经济资源通过职业得以结合，由此创造社会财富；职业还有社会属性，是一套可以成为模式的、与特殊工作经验有关的人群关系，可以促进社会结构的发展。对职业的不同认识反映了不同的社会文化特征。总的来说，我国比较多地从（外部）道德规范来理解职业，接受职业对从业人员的约束和限定作用，而西方文化更强调主观性和兴趣对职业的影响，职业具有更多的内生性特征。

在国际上，职业常常被认为是具有德国特色的文化表征，职业在德国的社会、文化和教育中具有重要的意义。而在盎格鲁-撒克逊文化国家中，人们认为教育应首先培养自由公民，这与职业没有关系，因而导致职业和职业教育的地位不高。即使是在有关工作的英语社会学研究中，也不太关注“以职业形式组织的工作”[2]。在当今社会，由于技术的快速发展和工作组织方式的巨大变化，有英语国家的社会学者甚至认为职业已失去了原有的重要意义，而只是在劳动市场管理中人为保留的概念，这为职业教育的反对者提供了依据。

然而更多的学者强调，承担高技能工作的实践性职业，包括大量“专业化的职业”(profession)，始终是当今社会，特别是实体经济发展的重要基础。所谓“专业化的职业”，是指那些“与人类的核心需求联系紧密，需要更多高深和专业知识的职业”[3]。一般认为，是否经过专门的教育、具有高深和独特的专门知识与技术、按照一定专业标准进行专门化的社会活动、有特别的收入和社会威望，是一个职业能否成为专门化职业的重要指标。

不同职业的社会地位有所不同，从而形成了社会的职业分层。我国传统儒家文化倡导“学而优则仕”。“士”是以做官为目的知识分子，他们不但有才德，而且严于律己（见孔子《论语・子路》），因此占据着道德高地。不以培养“士”为目标的职业教育，其社会地位注定是不会很高的，这也影响了我国社会对职业的理解。现代社会对职业价值的衡量标准愈加多元，除了个人价值和工作复杂程度外，资本和财富积累等外部因素的重要性增加，职业声望的高低更加依赖于社会的普遍认知，甚至是偏见，这在很大程度上影响了职业教育的发展。

（二）职业分类

在不同国家，职业的演变、发展、统计、具体的职业内涵等有很大不同，这集中反映在该国的职业分类体系中。国际劳工组织从 1923 年开始建立“国际标准职业分类”（international classifications of occupations，ISCO），为提高职业和劳动市场研究的信度和数据的可比性，为职业教育制度的建立、完善和开展国际比较，提供了重要基础。目前版本的“国际标准职业分类”按照四个层次对职业进行划分，即职业大类、中类、小类和细类。

---

① WINCH C. What do teachers need to know about teaching? [J]. British Journal of Educational Studies，2004(2).

② DONKIN R. The history of work [M]. Palgrave Macmillan，2010.

③ HILLMERT S，JACOB M. Social inequality in higher education [J]. European Sociological Review，2002 (3).

职业分类是依据特定标准，对社会职业进行的类别划分。它以不同时期的写实性社会分工信息为基础，以职业主体与客体特征为标志，按照工作性质和技能水平相似性原则，将社会分工活动划分和归并成不同的层级。职业分类的基本方法是工作分析。

职业分类是国家经济发展与人力资源管理的一项基础性工作。我国已经建立了自己的职业分类体系，它是国家资格制度和职业教育体系的重要组成部分。按照《中华人民共和国职业分类大典（2022 年版）》，我国的职业分为 8 大类，79 中类，449 小类，1 636 个细类（职业），并列出了 2 967 个工种。随着时间的推移，这些职业不断得到补充和修改。《中华人民共和国职业分类大典（2022 年版）》为了解社会职业领域总体状况提供了帮助，为制定职业标准，开展职业教育与培训，提供职业技能鉴定、职业指导与就业服务提供了框架和指南。

（三）相关重要概念

在我国社会生活和管理实践中，有一些与职业密切相关但经常被混淆的概念，如“工种”和“岗位”，以及“行业”和“产业”等。

职业、工种和岗位都是依据劳动者所从事的工作任务和性质划分的。工种的含义类似职业，但比职业低一个层级，是职业的最小功能单元；岗位是一个具体组织机构（如企业）要求个体完成的责任，以及为此赋予个体的权利的总和。它们都是“职业的不同分类方法中或分类层级上的表述”①。

产业是对国民经济部门的总的类别划分，一般分为三大产业：第一产业为农业，第二产业为制造加工业，第三产业为服务业。随着社会的发展，人们有时又把服务业分为以人为服务对象的服务业与以技术和产品为服务对象的服务业。行业是按劳动对象和劳动产品的不同对国民经济部门的具体类别划分。我国官方采用的《国民经济行业分类和代码》划分了很多行业，如工业、建筑业、卫生体育等。

随着社会发展和社会分工的变化，职业和行业都在发生着变化。尽管存在一些共同的发展趋势，如体力型劳动被技术型和脑力劳动所取代，劳动者首先从第一产业流向第二、第三产业，又从第一、第二产业流向第三产业等，但是在不同国家和不同发展阶段，这些变化的范围、速度和特点都有很大不同。即便是高度发达的国家，如美国和德国，其第一、第二、第三产业的比例也有很大不同，职业组织方式的差别就更大了。

二、职业教育的概念

职业教育是赋予学生或在职人员从事某种技术技能性工作所需的知识、技能和态度，培养各层次技术人员、基层管理人员、技术工人和其他城乡劳动者的教育。职业教育是一种复杂的教育活动，人们对其理解多种多样，甚至对职业教育概念本身的称谓都有很多种，这些认识随着社会的发展在不断丰富和深入。

---

① 中国就业培训技术指导中心．中国社会职业发展观察报告［M］．北京：中国劳动社会保障出版社，2010：9，129.

（一）职业教育的定义

职业教育的概念可以从学术和重要文件两个角度进行理解。顾明远主编的《教育大辞典》对“职业技术教育”的定义是“中国对职前、职后的各级各类职业和技术教育以及普通教育中的职业教育的总称。包括进行科学、技术学科理论和相关技能学习的技术教育以及着重技能训练和相关理论学习的职业教育”①。《国际教育百科全书》的定义是描述性的，认为职业教育在正式学校、独立的培训机构和企业三种机构中进行②。教育家对职业教育有很多解释。杜威认为，职业教育“培养未来的工人对不断变化的情况的适应能力”③；凯兴斯泰纳认为，职业教育首先让学生成为有用的人，能认识工作，并有意志和能力去完成工作④。从实践角度看，可以从广义和狭义两方面理解职业教育：广义上讲，它泛指一切增进职业知识和技能、培养职业态度的教育活动；从狭义上说，它是教育机构对学生进行的有计划、有组织的旨在为从事某种职业做准备的教育活动⑤。教育部职业技术教育中心研究所的定义更有学理性，它将职业教育定义为“使受教育者达到职业资格的获得、保持或转变职业生涯质量的获得与改进的教育”⑥。

按照2022年修订的《中华人民共和国职业教育法》第二条的规定，职业教育是“指为了培养高素质技术技能人才，使受教育者具备从事某种职业或者实现职业发展所需要的职业道德、科学文化与专业知识、技术技能等职业综合素质和行动能力而实施的教育，包括职业学校教育和职业培训”。第三条还确定了职业教育的性质，即“是与普通教育具有同等重要地位的教育类型，是国民教育体系和人力资源开发的重要组成部分，是培养多样化人才、传承技术技能、促进就业创业的重要途径”。

联合国教科文组织于2001年发布了《关于技术和职业教育建议的修正意见》。据此，“技术与职业教育”所指的教育过程涉及“普通教育”“与经济和社会生活各部分的与其职业有关的技术及各门科学”，以及“相关的实际技能、态度、理解能力和知识”。按照联合国教科文组织的解释，技术和职业教育是普通教育的有机组成部分，是为在职业场所和工作世界中进行有效工作而准备的一种方式，是终身学习的一个方面，并且是成为尽责公民必要的途径，也是推进环境健康可持续发展的手段，以及促使贫穷得以缓解的方法⑦。

综上可以看出，职业教育是一个含有主观价值判断的规范性（nomative）概念，我们无法对其做出唯一正确的定义，对职业的理解需要在具体的文化、经济和社会发展的大背景中进行。

（二）职业教育概念的演变

职业教育的含义、称谓及其形态是一个不断发展的过程。在我国古代典籍中的“百

---

① 顾明远．教育大辞典［M］．上海：上海教育出版社，1991：227.

② 胡森，波斯尔斯韦特．教育大百科全书：职业技术教育［M］．重庆：西南师范大学出版社，2006.

③ 杜威．民主主义与教育［M］．北京：中国轻工业出版社，2019：315.

④ GEORG K. Berufserziehung im jugendalter［M］//WEHLE G. GEORG K. Berufsbildung und Berufsschule. Paderborn，1922.

⑤ 刘春生，徐长发．职业教育学［M］．北京：教育科学出版社，1998.

⑥ 国家教委职业技术教育中心研究所．职业教育原理［M］．北京：经济科学出版社，1998：7.

⑦ 刘来泉．世界技术与职业教育纵览：来自联合国教科文组织的报告［M］．北京：高等教育出版社，2002.

工”，即有一定技术专长的各种业者，就是今天的技术工人。春秋战国时期，出身于百工、自称“农渔工肆之人”的墨子开设私学传授专业知识技能，实行“百工教育”，开创了职业教育的先河。清朝末年，奕䜣、李鸿章、曾国藩等人发起洋务运动，主张“师夷长技以自强”，开办“西艺教育”，即西方技艺教育，以谋求“自强”与“自富”。清政府后来又陆续开办了从事军事工业、交通运输业等多种实业教学的学堂。1922 年北洋政府颁布“壬戌学制”，以“职业教育”正式取代了“实业教育”的称谓。事实上，我国迄今为止始终存在着关于“职业教育”和“职业技术教育”概念的争论。

在国际上，不同国家对职业教育有不同的称谓，如德国称其为职业教育（berufsbildung），但英语国家更多讲的是“职业培训”，这里面蕴含着不同的职业教育和培训理念。欧洲常用的概念是“职业教育与培训”（vocational educationa and training，VET），包含了以上两种内涵。1999 年，联合国教科文组织在首尔举办的第二届国际技术与职业教育大会上，使用了“技术和职业教育与培训”（technical and vocational education and training，TVET）的概念。之后，很多国际组织都采用了这一术语，这反映了多数国家求同存异和对职业教育概念的包容性、多元化的理解。

（三）“职业”与“教育”的关系

传统上认为，职业教育是出于经济利益考虑的对人力资本的投资，而教育的目的是实现自觉和人性的解放，两者在某种程度上存在“天然的对立关系”。当我们把两个概念放在一起时，首先需要回答的问题是：是否可以把“职业教育”和“实现自觉”结合在一起？即在提高企业所需工作技能的同时，是否可以同时实现教育的目的？厘清教育和职业间的关系，是建立职业教育合法性的基础。

德国社会学家韦伯（M. Weber）把（合）理性划分为“价值理性”和“工具理性”两种。“价值理性”指社会人对某种行为方式的无条件服从，如伦理、美学和宗教信仰；“工具理性”指行动者由功利驱使选择工具或技术手段，忽视人的情感和精神价值。韦伯认为，新教伦理关注职业教育，通过学习工作技能和道德获得上帝的“救赎”，不但获得了经济的发展，也同时实现了价值理性和工具理性的统一①。

世界教育研究史上有一个著名的相关讨论是“普杜之争”。19 世纪下半叶，美国工商业发展迫切需要大量有文化的技能劳动者，在处理普通教育和职业教育关系问题上，学术界形成了两种观点：一派以普洛瑟（C. Prosser）和斯尼登（D. Snedden）为代表，另一派以杜威为代表。“普派”主张把普通教育与职业教育分置于不同轨道，“杜派”则主张将职业教育与普通教育整合。现在看来，杜派的观点有明显的局限性。当时处于以流水生产线为代表的“工业 2.0”时代，职业教育主要针对具体生产岗位提供操作技能培训，这与杜威强调“心灵与身体、主体与客体、理论与实践、精神与世界统一”的教育思想②有巨大的矛盾。如今在“工业 4.0”的智能化时代，技术技能人才需要具备更高的综合能力，这只能通过促进全面发展的素质教育才能实现。正是作为职业教育价值理性核心的工匠精神、实践创新和职业可持续发展，支撑了职业教育工具理性的实现。

---

① 韦伯．新教伦理与资本主义精神［M］．上海：上海人民出版社，2018.

② 杜威．杜威全集·中期著作：第 9 卷［M］．上海：华东师范大学出版社，2012.

在现代技术和生产组织条件下（如精益管理和智能化生产），“职业”与“教育”可以是统一的，即便是普职分立后作为独立类型的职业教育，同样也能“使工人了解他们职业的科学和社会基础，以及他们职业的意义”①，从而实现教育的目的。职业教育家布恩克（G. P. Bunk）在谈到劳动教育学的定位时强调：“劳动是一所生活共同体的学校”，“工作应当服务于为生活的圈子培养人才”②，即教育与职业和劳动是统一的。职业教育和普通教育都是素质教育的组成部分，只是职业教育采用了不同的“媒介”。

职业产生于人类对特定技能和能力的需要，一个职业与从事该职业的受教育程度有密切联系，蕴含着丰富的教育元素，如专业知识和职业道德等。我们应当全面认识“基础教育”的内涵，即区分知识导向的“普通基础教育”和工作导向的“职业基础教育”的异与同。正如习近平总书记2015年6月17日在贵州调研时所讲的，职业教育“是培养高素质技能型人才的‘基础工程’”，是教书育人的重要方式和手段。职业教育同样也是一种重要的“基础教育”，它关注人的发展，基于人的发展，也为了人的发展，而且这一过程会伴随着人的整个生涯发展。

第二节 职业教育的功能

职业教育是国家教育体系的重要组成部分，也是社会发展和生产体系的组成部分，它对人的发展、经济和社会发展均发挥着重要的作用。职业教育功能是指职业教育在与人及周围环境相互作用中所发挥的功效和职能，它是一个历史范畴，在不同历史发展阶段的表现不尽相同，所起的作用也有所不同。职业教育功能有正向功能和负向功能。比如，职业教育在促进社会发展的同时，也隐性地复制了现有的社会关系，再现了社会的不平等。我们应当创设相应的政治、经济和文化条件，促使其发挥更大的正向功能。

一、职业教育的教育功能

职业教育具有巨大的教育价值，是实现立德树人，培养德、智、体、美、劳全面发展的社会主义接班人和高素质劳动者的重要手段。学生通过工作和在工作中的学习，在增长知识技能的同时，形成正确的职业观和劳动观，建立对社会、对劳动、对工作和对职业的基本态度。学习者在职业教育中获得职业能力和资格，有机会取得就业岗位，这为人的生存发展提供了必要的物质基础。

德国哲学家和教育家对职业教育的教育功能有着深刻的理解，这和德国职业教育的成功不无关系。凯兴斯泰纳认为，职业能够激发青少年的兴趣，是教育的起点，因此，职业教育是通往教育的“大门”（Pforte）。他强调，教育的基本路径首先是让学生成为有用的人，能认识工作，并有意志和能力去完成工作，“最理想的教育机构非职业学校莫属”，职

① 杜威. 民主主义与教育［M］. 北京：人民教育出版社，2001.

② BUNK G P. Arbeitspädagogik［J］. Pädagogische Rundschau，1988（42）.

业教育是“对人的教育的入口”①。德国教育家斯普朗格（E. Spranger）也强调职业教育是教育的关键阶段，他认为：“职业是文化和教育的媒介”，因此“职业是通往更高一级普通教育的唯一路径”②。这为职业教育奠定了重要的价值论基础。

杜威指出，职业教育可以有效处理人的发展过程的一系列关系，包括思维与身体活动的关系，个人有意思的发展与共同生活的关系，理论修养与有确切结果的实践行为的关系，谋生与有意义地享用闲暇的关系③。事实上，产生于工作实践并带有功利色彩的内容同样也可以成为重要的教育内容，特别是实用性技术。在现代社会，教育内容要想与功利性的技术科学不发生关系是不可能的。职业教育要成为名副其实的教育，也需要确定其科学的方向。在当代社会，职业已失去了其固定人的专业界限和社会阶层的社会功能，但是职业教育通过弥补学习者某种（学术）才能的不足，促进其多方面的发展和综合能力的提高，始终承担着重要的教育功能。

二、职业教育的个体发展功能

职业教育通过促进受教育者的身心发展，实现着学习者个体的个性化、社会化与职业化，具有促进个体发展的功能。人的存在具有两重性，他既是个体的人，也是社会的人。把一个自然人培养成为愿意承担社会责任、履行社会义务，并为社会做出贡献的合格社会公民，是教育的基本目标。针对受教育者的不同生理和心理发展特征，发挥每一个人的才智和特长，使其得到最大限度的发展并融入社会，是职业教育的重要任务。人的发展主要是通过个性化和社会化两种方式实现的。

1. 个性化

个性化是指个体在社会适应和社会参与过程中所体现的稳定性特征。个性化的发展，意味着个体的自主能力、创造能力与自控能力的提高。职业教育在生理和心理两个方面促进人的身心健康。很多职业教育的学生对文字符号没有兴趣，对书本知识学习缺乏耐心，但是职业教育通过“做中学”等特有的教学方式，帮助这些学生找回自信、张扬个性。学生通过学习专业知识、技能与职业道德等多方面的内容，提高了文化素养，获得包括方法能力和社会能力在内的综合职业能力的发展，在性格、兴趣、能力和智力等方面也获得了成长。

2. 社会化

所谓社会化（socialization），是指人出生后通过习得社会规范、行为习惯、价值观念，去适应社会和参与社会的过程，是通过反思和行动达成社会、文化和物质实现的持续的发展过程。在社会化过程中，个体将其天资与社会物质生活条件结合在一起，建立自己的心理和社会认同，通过在不同领域和生活阶段中的活动，获得知识、技能和价值，实现认知

---

① KERSCHENSTEINER G. Berufserziehung im Jugendalter［M］//WEHLE G. GEORG K. Berufsbildung und Berufsschule. Paderborn，1922.

② SPRANGER E. Kultur und Erziehung［M］. Leipzig：Quelle & Meyer，1928：189.

③ 杜威．民主主义与教育［M］. 北京：中国轻工业出版社，2014.

和情感的融合与成熟①。

职业社会化是社会化的重要方面，是指一个人选定某种职业，经过教育培训掌握所需要的知识技能，发展相关能力，通过参与该职业实践共同体的活动内化为相应的行为规范和价值观，成为职业人的过程。职业教育在很大程度上就是一个职业社会化的过程。

职业社会化发生在社会结构内部，对社会人格和社会体系的形成具有直接的影响。由于职业结构和工作条件不断发生变化，职业社会化会伴随着人的整个职业生涯。工作要求的变化和教育水平提高，会提高对社会成员行动能力的期望值，人的个性发展、工作环境和工作经历之间存在一种互动关系。职业社会化使人的工作前景既充满悬念，又变得现实。这意味着，个体既要根据工作条件、职业风险和机遇做出符合意愿的自我安排，同时也要采取灵活的就业策略，并通过继续教育确保自己的自由行动空间②。因此，职业社会化是通过刻意或者偶然的方式，对人的理想、发展取向和能力的综合建构，是个性特征和工作经验的融合过程。

职业院校和工作场所都是实现职业社会化的重要场所。职业院校基于工作的学习（work-based learning，WBL），通过工学结合和理论实践一体化的学习，特别是多种类型的岗位学习（如跟岗实习和顶岗实习等），不仅培养学生的职业技能，还帮助学生实现对职业规范、职业伦理和价值观的内化。企业提供的岗位学习机会，以及企业员工间的相互学习和组织氛围熏陶，在员工的职业社会化过程中也发挥着重要的作用。

三、职业教育的经济功能

职业教育是经济发展的产物，同时对经济发展起着重要的推动作用。按照人力资本理论，人力资本是一种投资收益率高于物质资本的资本形式。增加人力资本投入，可以有效提高社会生产能力。职业教育“对儿童事先进行普通技术训练，使他们能够比较容易地转到其他工业部门”③，由此为产业部门输送了人力资源。职业教育通过培养培训技术技能人才，为社会提供劳动人口，为经济发展奠定了重要的人力资源基础。如今，对教育是否已经成为一种产业还有很大争论，但是，职业教育成为经济发展的重要因素和组成部分，却是不争的事实。在德国，职业教育被认为是德国战后经济腾飞的“秘密武器”，德国《联邦职业教育法》也是经济法范畴内的联邦法律。

从生产的角度看，职业教育培养的具有职业素质和行动能力的技能人才，提高了企业的生产效率和产品质量。因此，越是先进和有远见的企业，越关注职业教育，把对职业教育的投入作为对未来的投资，这也是越来越多优秀企业积极参与职业教育，开展产教融合的重要原因。此外，职业教育培养的人才参与生产活动，职业院校通过技术推广、岗位培训、产教融合和乡村振兴等项目和活动，也直接促成了科学技术的推广和应用，促进了区域或行业的经济发展，特别是优秀院校的教学研服务基地还起到了良好的示范作用。

---

① BRIM O G. Socialization through the life cycle in socialization after childhood：two essays [J]. Journal of Marriage & Family，1966（5）.

② HEINZ W R. 职业社会化 [M] //劳耐尔，麦克林．国际职业教育科学研究手册：下．北京：北京师范大学出版社，2017.

③ 马克思，恩格斯．马克思恩格斯全集：第 34 卷 [M]. 北京：人民出版社，1972：428.

职业教育的成本和收益

职业教育的成本分为直接成本和间接成本。直接成本包括教师工资、教学设备设施等，间接成本包括税收支出、补贴以及机会成本等。相较于同一阶段的普通教育，职业教育成本较为昂贵，尤其是工科专业。

职业教育的收益是指因接受职业教育而带给教育者个人以及其他社会成员，乃至整个社会的有益的效果，分为个人收益、企业（雇主）收益和社会收益三类。个人收益包括收入和就业满意度，企业收益包括较低的工人的流动性、劳动生产力提高等。社会收益包括因受教育带来的社会生产力的提高，社会稳定和民主参与的提高等。

职业教育成本和收益的影响因素有多种，包括劳动力市场的管制、行业协会的影响力、所需技能的性质、行业部门或职业、职业教育的办学体制、技能类型等①。

目前，我国正在努力实现乡村振兴和农业现代化，发展职业教育对农业经济发展有着特别的意义，被认为是我国解决“三农问题”的重要途径。“农村职业教育”泛指面向农村人口开展的职业教育，它为农村新生劳动者进行就业准备教育，为在职农民开展技能培训，为农村社区民众的生涯发展和生活品质提升提供多样化的教育培训服务，为产业结构调整和劳动力流动创造条件，具有明显的经济功能。

在学术界，对职业教育的经济功能有多种看法，这与不同国家的文化、产业结构和发展阶段有关。我国主流的观点认为，“经济与职业教育比与普通教育之间具有更加紧密的关系”②，职业教育可以有效促进经济的发展。但是国内外也有一些专家质疑职业教育的经济价值，这主要是针对纯学校形态职业教育的高投入和低产出回报效益问题而言的。但是总的来说，贴近工作需求的职业教育尽管可能不是包打天下的经济发展的充分条件，但是对促进经济发展，特别是促进实体经济的发展，具有重要的基础性作用③。

四、职业教育的社会政治功能

新时代职业教育坚持立德树人、德技并修，通过培养具有坚定理想信念，德、智、体、美、劳全面发展，具有一定科学文化水平、人文素养、职业道德和创新意识、精益求精的工匠精神的技术技能人才和社会公民，促进政治生态改善，巩固和发展社会政治关系，从而发挥着重要的社会政治功能。

职业教育的社会功能主要体现在其对于优化（或固化）社会阶层所起的作用，这个作用是两方面的。职业教育社会功能发挥得如何，在很大程度上取决于职业教育制度的设计和实际运行状况。总的来说，职业教育对社会发展起着协调作用。各种形式的教育培训促进了不同群体的发展，保证了具有非学术智能特征的庞大群体的受教育权利，这不仅影响

---

① TSANG M C. The cost of vocational training [J]. International Journal of Manpower，1997 (1/2).

② 杨金土．关于职业教育的外部经济效益以及与经济之间的相关性浅析 [J]. 中国职业技术教育，1996 (5).

③ 黄尧．职业教育学：原理与应用 [M]. 北京：高等教育出版社，2009.

着个人的公平发展，也承担着改变低收入家庭生存状况、提高劳动力素质，从而促进社会平等和社会稳定的使命。但是，职业教育的体系如果是封闭的，没有足够的通融和流动性，也可能阻碍社会流动的实现，特别是促进个体向上流动的社会功能会十分有限。

在实践中，职业教育与弱势群体有着紧密的联系，是不同国家对社会弱势群体进行教育补偿的有效方式，例如针对残疾人和少数民族等特殊群体的职业教育。残疾人职业教育包含就业前培训、岗前训练、转岗训练和在职训练等多种方式，其目的是使残疾人具备一技之长，帮助其在与他人平等相处的基础上参与社会，最终走向经济上的和人格的独立[①]。少数民族职业教育旨在帮助少数民族地区青少年掌握职业技术和技能，胜任就业的需要，它的特点是注重民族特色、文化宗教信仰多元以及发展不均衡。少数民族职业教育层次多、区域发展速度差异大、地区复杂，不同民族经济生活、宗教信仰、传统观念、语言文字等特点，在很大程度上影响着少数民族职业教育的办学形式、教学内容、教育对象和组织管理结构。

鉴于职业教育独特的社会政治功能，党和政府特别重视职业教育的发展，强调职业教育是一种独特的教育类型。在保证个体权利与机会平等的基础上，职业教育在教育质量、发展机会、地位和社会声望等方面应与普通教育平等。职业教育在资源配置和人才培养模式等方面的差异性应得到保证，获得与其特征相适应的补偿。事实上，进入 21 世纪以来，我国更加重视发展职业教育。

第三节 工作与职业生涯发展

工作是绝大多数人的物质基础，也是文化生活质量的保证。对于学习者个人来说，职业教育就是学习工作中所需知识、技能、态度和价值观的过程。职业为制定个人生涯发展计划提供了框架，也是个人实现自我的载体。当今社会，工作的稳定性降低，就业灵活性增加，不同的“职业社会化”方式成为个体行动策略的重要组成部分，对生活的影响也越来越大。只有把个人的工作和职业生涯发展结合起来，才能维系健康的工作和生活，实现生涯发展。

一、工作

长期以来，工作在人的生活中一直处于中心地位。尽管现代社会的工作世界发生了很大变化，特别是一些年轻人不再关心固定的岗位，出现了“慢就业”和灵活就业等现象，工作对个人身份的影响有所减弱，但工作的重要性并没有降低，这表现在：人们花在工作上的时间没有减少，而且劳动力市场参与率，特别是女性参与率一直在增加。事实上，蓝领阶层的衰落被夸大了，即使是新经济领域出现的一些特殊工作群体，如外卖小哥等，也属于典型的蓝领工人。目前很多人受到“九九六”加班的困扰，这表明，工作仍然是影响多数人命运和幸福感的关键因素。

---

① 奚从清，林清和．残疾人社会工作［M］．杭州：浙江大学出版社，2013.

（一）工作的含义

工作是“从事体力或脑力劳动”，是做有意识、有目的的事，它可以让个体有尊严地生活，并实现经济和文化等方面的发展。工作有两方面的含义：

- 客观方面：工作是可以计算的生产要素，通过脑力或体力劳动可预见和（或）可测量的结果呈现出来（如产品、服务或研究成果），通过技术手段可以提高工作效率；
- 主观方面：工作与人有直接联系，人根据自己的能力和意愿进行工作，并以独特的方式体验工作。

职业教育学主要研究工作的主观方面。工作因人而存在，但人活着不只是为了工作。工作对人的身体和精神提出了要求，伙伴关系、相互尊重是人性化工作的基础，时刻准备学习和开放性是工作素养的条件。教师和管理人员需要知道如何保护工作人员的尊严，如分配任务时考虑人的不同能力、通过合理的领导方式促进创造力的发展、所有工作都要有回报等因素①。

工作的目标是人类自己：一方面满足个人需要，另一方面承担社会义务。人在满足衣食住行等基本生存需要后，还希望得到社会的认可和实现自我；为了在患病或经济状况不佳时维持生活水平，人需要社会保障，如工资、医疗保险和退休金等。人通过工作实现自身利益的程度与他的需求、工作能力以及财富分配方式有关。工作是履行社会义务的途径，如建立家庭和纳税等，同时也是消磨时间、扩大社会交往、获得社会地位并实现群体归属的方式。在文明社会里，每个人都在享用他人的工作，也必须为此承担道德义务。国家通过法律法规建立公正的社会秩序，为全体社会成员提供服务，使工作不仅成为生存手段，也使每个人都有机会发展自己的工作能力和提高素养，满足多方面的需求。

（二）技术技能工作

随着技术的发展，工作模式发生了很大变化，但技术技能工作始终是各企事业单位的重要组成部分，不同单位对技术技能人才提出了新的要求，如更高的技术、忠诚度和承诺等，甚至要求其参与管理与经营活动。技术技能人才从事专业性工作，由此确保自己的经济地位和社会地位。专业人员需要具备特定的专业知识和技能，以应对知识老化和被他人或机器取代的风险，即具备本领域的“专长”（expertise，也译为“专家智能”）。“专长”是一个职业群体在特定历史条件下获得相对优势、赖以生存的基础，也意味着垄断某一种专业化服务。

一个职业的发展前景与其对应的工作岗位有关。通常，管理和技术岗位的工作人员满意度较高，流水生产线装配工等从事单调和重复性工作的人满意度较低。良好的工作岗位，可确保工作者个人的技能和知识得到充分发展，并降低潜在的健康和失业风险。在此，需要工作者和他使用的机器设备密切协调，充分发挥各自潜力并弥补对方的不足。“工程心理学”（engineering psychology，也称“人因学”或“人类工程学”）是专门研究操作者和机器匹配关系的科学，其基础知识对职业教育具有重要的参考价值。建立有效的“人-机系统”，既是工程心理学的研究目标，也是职业教育专业课教学设计和教学资源开

① VILGERTSHOPER G，et al. Berufs- und Arbeitspädagogik [M]. München：BLV Verl. -Ges，1996.

发的重要内容。

1. “时间-动作”研究（time-and-motion study）

科学管理学派创始人泰勒于1898年最先在英国一个大型钢铁厂对“铲”的动作规律进行研究，证明了工具与工作效率之间的关系。后来，心理学家吉尔布雷斯夫妇对工作绩效进行分析，找出了剔除不必要动作的方法。实践证明，当操作功能复杂的设备时，必须深入考虑人与机器之间的关系，这需要更加精密的人机互动方法。复杂的技术或服务性工作对人类的能力提出了更高要求，除了肌肉力量之外，还需要感知、理解、判断和决策等更高层次的能力。

2. “人-机系统”（person-machine system）

工作任务需要人和机器合作完成，二者缺一不可。不同任务的“人-机系统”运作方式不同，学习完成这一任务的过程也不相同。例如，对监控电力或化工设备的工人来说，监控工作往往比实际操作机器更容易疲劳，如何具备足够的警惕和敏感性，及时发现故障并做出快速、适当的反应，需要对操作者和机器功能进行更好的分配，充分发挥人和机器的不同优势。人类的优势是可利用经验做出决策，解决问题方式灵活；机器的优势是可觉察人类感觉能力范围之外的刺激，可长时间监控和从事重复性工作。在工作分析时需要对“时间-动作”过程进行分析，以确定如何简化工作，这是基于工作学习（WBL）教学设计的基础。

3. 计算机和机器人

计算机提高了工作效率，改变了从办公室到生产车间的几乎所有的工作岗位，但也导致工作人员技能下降等异化现象的出现。机器人在从事常规性、重复性工作时比人类做得更好，它改变的主要是蓝领岗位的工作，如装配工等熟练工种和半技术工种。机器人也是一套“人-机系统”，尽管它的工作是自动化的，但是仍需要人类的设计、制造、输入程序和维护保养。职业教育教师应了解计算机、机器人与人类的互动方式，其影响因素包括任务复杂程度、安全要求、空间限制和对精确程度的要求等①。人工智能和元宇宙技术的发展，更需要对下一代“人-机系统”进行重新建构。

现代社会的技术技能工作可以通过技能大赛的赛项设计反映出来。

世界技能大赛题目：西餐烹饪

要求运用烹饪专业知识，依据比赛现场提供的设备、材料及比赛要求，完成菜单设计、菜品制作等比赛内容，同时注重基本食品安全、食材营养和烹饪技能。选手在三天时间内完成三个模块的比赛，总比赛时间为16小时。

模块一：准备。比赛时间四小时，仅进行准备工作。选手需按规定将准备好的食物放在组委会提供的盒子里，存放于冰箱，标记选手姓名，供模块二比赛时使用。

---

① SCHUITZ D P，SCHUITZ S E. 工业与组织心理学［M］. 北京：中国轻工业出版社，2004.

模块二：完成和展示“神秘篮子”。比赛时间四小时。选手通过抽签，使用工作间提供的神秘原料完成蔬菜汤、主菜（鸡肉）及水果慕斯的制作。选手须在半小时内完成菜品设计及菜单编写，按要求每隔 30 分钟上一道菜，并将其放置于指定位置。

模块三：设计四道菜菜单并制作菜品。比赛时间八小时。选手须使用提供的主要原料，按照要求完成小食、开胃面食、主菜（牛腩）、黑森林蛋糕的制作。

要求选手时刻注意并保持个人及工作场所的卫生，具有一定的组织能力，能合理安排工作时间，尽可能节约食材，减少浪费，能够正确、熟练、安全地操作厨房的工具和设备，了解并掌握西餐烹饪相关专业知识，能够在规定时间内完成具有视觉吸引力且美味可口的菜品。

工程心理学的另一个研究领域是工作环境设计，这与职业教育的实习实训场地设计有着密切的关系，也是建立“学习场所”（见第八章）的基础。

（三）工作满意度

工作满意度是指人对工作的积极或消极的态度，是工作中的生活质量。对多数人来说，影响工作满意度的主要因素是与其工作绩效相对应的工作内容、工作环境、日常工作体验和报酬。个人因素对工作满意度也有重要的影响，除了年龄、健康状况、社会地位和社会关系，以下因素也需要给予特别的关注：

- 认知能力和受教育水平：智力高和工作能力强的人难以在工作中找到充分挑战，会感到工作乏味和不满意；接受正式教育的水平越高，对工作的期望越高，越有可能对工作不满意。
- 工作经验：新员工在工作起始阶段对自己的工作比较容易满意，如果工作一段时间后没有得到相应反馈则容易灰心；但是在工作一定年限后，工作满意度又会呈现上升趋势。
- 技能应用：当人有机会发挥能力、高质量完成整体化的工作任务时，工作满意度就会提高；员工的能力与工作要求匹配度越高，工作满意度越高[①]。

心理学家提出多种理论解释提高员工工作满意度的动机，其中一些理论强调工作场所的影响，另一些则关注个体特征。对职业教育来讲，“动机的内容理论”具有重要的意义，它强调工作本身对工作者带来的发展机遇和挑战，以及所需要承担的责任。

1. 成就动机理论（achievement motivation）

取得成就需要动机，成功人士具有一些共同的心理特征，如强烈的愿望，希望自己能

---

① MCCLELLAND D C，ATKINSON J W，CLARK R A，LOWELL E L. The achievement motive [M]. New York：Appleton-Century-Crofts，1953.

把每件事情都做好等。20 世纪 50 年代，麦克莱兰德（D. C. MacClelland）等的研究界定了高成就动机人员的三种主要心理特征：（1）喜欢做事情时承担责任；（2）倾向于选择中等难度的目标；（3）需要得到持续反馈以便知道自己做得怎样。研究还发现，高成就动机的管理者与低成就动机管理者相比，更加尊重自己的下属，也更容易从下属那里获得新的想法①。

2. 需要层次理论（needs hierarchy theory）

人本主义心理学家马斯洛（A. Maslow）提出了需要层次理论。他把人的需要排列成不同层次，认为当低层次需要得到满足时，人就会去追求高层次的需要，从而成为工作的推动力。据此，人的需要分为五个层次：（1）生存需要：人最基本的需要，包括食物、空气、水、睡眠、性和运动的需要；（2）安全需要：包括生理和心理上的安全与平静；（3）爱与归属的需要：对爱、友谊和亲情的需要，包括渴望与他人交流，被他人所接受的需要；（4）尊重的需要：被他人尊敬、敬仰的需要；（5）自我实现的需要：自我完善的需要②。尽管马斯洛的研究并没有充分的实证依据，但是其理论仍然被广泛接受和采用。

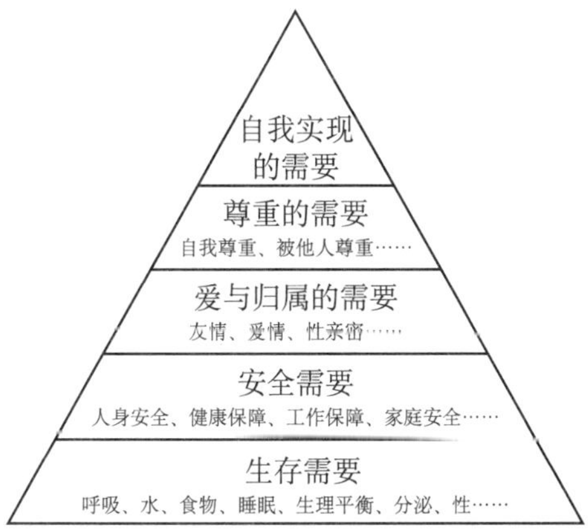

其他的动机内容理论还有奥尔德弗（C. Alderfer）的人本主义需要理论、赫兹伯格（F. Herzberg）的双因素理论以及哈克曼（J. R. Hackman）等的工作特征理论。

（四）工作与职业社会化

信息技术的高速发展给工作世界带来了很多不确定性，这使很多人的生涯发展处于不稳定状态，突出表现在“慢就业”和灵活就业等一些新的社会现象中。职业教育与职业工作的关系也发生了变化，一次学习不再能定终身，每个人的生涯发展都成为“人与工作”的连贯或不连贯的独特过程。

在现代社会，学历和学校所学的专业不再意味着终身保障，每个人都要在与劳动市场的磨合中找到自己的道路。生涯发展是人的职业的自我社会化过程，这是一个“发展个体

---

① SCHUITZ D P，SCHUITZ S E. 工业与组织心理学［M］. 北京：中国轻工业出版社，2004.

② MASLOW A. Motivation and personality（2nd ed.）［M］. New York：Harper & Row，1970.

的工作动机、工作质量和职业标准”，并确立“个人与工作之间的关系”的过程[①]。人在不同生涯阶段的职业社会化过程有不同的内容和特点：

- 家庭和学校的工作前的社会化：促进针对某一职业领域的价值观、兴趣和能力形成，其结果是做出职业选择，接受职业教育或获得一份工作；
- 工作中的社会化：个体在工作中获得的、影响其对工作内容、工作条件和工作结果的态度和经历，它对个性、人生观和价值观有重要影响；
- 工作之外的社会化：在终身学习社会中，继续教育、失业、转业和个人职业咨询经历都是职业社会化的重要方面[②]。

灵活就业等社会现象在一定程度上导致了生涯发展的断裂或不确定，鉴于其对职业稳定性的负面影响，促进可持续发展的社会化过程，成为终身（职业）教育的核心任务。我们需要弄清这种思潮发展的趋势和后果，同时研究新形势下解决“技能错配”问题的方案。例如，当社会需要越来越多的“宽基础复合型”人才时，职业教育的专业设置是否过于狭窄；青年人如何适应不稳定的就业和工作环境，调整自己去寻求新的选择，即在自我社会化过程中不断适应外部环境，形成自己的生涯发展模式；等等。

二、职业指导与生涯教育

在日新月异的现代社会，人们希望自己能在生涯发展过程中少走弯路。教育机构应当围绕职业发展，为青少年提供专业化的指导服务，在分析职业倾向和社会需求等主客观条件基础上，帮助青少年确定职业选择，并为实现这一目标做出合理的安排。

（一）职业指导

职业指导是指提供指导方（职业指导机构或指导师）为有求职或职业发展需要的学生和成年人，围绕其提出的具体问题进行诊断、分析、评估和判断，提供有关职业信息、咨询和指导服务的活动，它帮助被指导者明确自己的职业兴趣和价值，从而明智地做出与当前或未来工作生活相关的职业或教育选择。

美国的帕森斯（F. Parsons）被认为是职业指导之父。1908 年，他在波士顿建立职业局，最先开始为年轻人提供职业咨询和指导服务。他在《选择一份职业》中提出了选择职业的三项策略：了解自己，懂得在不同领域获得成功所需的条件和环境，以及对以上两个因素间关系的认知——人们在了解相关信息的基础上，按照职业要求和个体特征选择职业。这三项基本策略至今在职业指导工作中仍然有效。职业指导的理念在 20 世纪初传入中国，清华学校 1923 年出版的《职业指导实施》一书记录了我国早期开展的就业指导活动。

职业指导属于就业前的职业教育。在此，学生深入思考职业和工作的关系，对职业进行选择，这既涉及教育和就业市场（职业选择的客观方面），也涉及学生的个性特征、

---

① BAETHGE M. Arbeit und Identität ［M］ //BECK U，BECK-GERNSHEIM E. Riskante Freiheiten. Frankfurt/Main：Edition Suhrkamp，1994.

② HEINZ W R. 职业社会化［M］ //劳耐尔，麦克林 . 国际职业教育科学研究手册：下 . 北京：北京师范大学出版社，2017.

职业期望和一般生活预期（职业选择的主观方面）①。职业指导是为求职者提供的专业化帮助和社会服务，它关注个人的能力特点，帮助个体寻找与其特性和社会需求相一致的职业。

职业指导有多种方式，有针对个体和针对群体的职业指导，如开设职业指导课程或专题讲授，或开展个体的职业咨询和心理指导等。选择职业指导的方法应根据指导对象、职业诉求及个体心理特征综合考虑。职业指导是一个长期过程，它通过有意识和系统化的努力，帮助学生根据社会需要和个人特点选择职业发展目标，确定升学和就业方向。

霍兰德和他的职业兴趣测试

霍兰德（John Holland）是美国约翰斯·霍普金斯大学心理学教授，著名职业指导专家。他提出了具有广泛社会影响的职业兴趣理论，认为人的人格类型、兴趣与职业密切相关，兴趣是活动的动力；人只有对职业感兴趣，才会积极、愉快地工作，且职业兴趣与人格之间有很高的相关性。他把人格可分为六种类型：

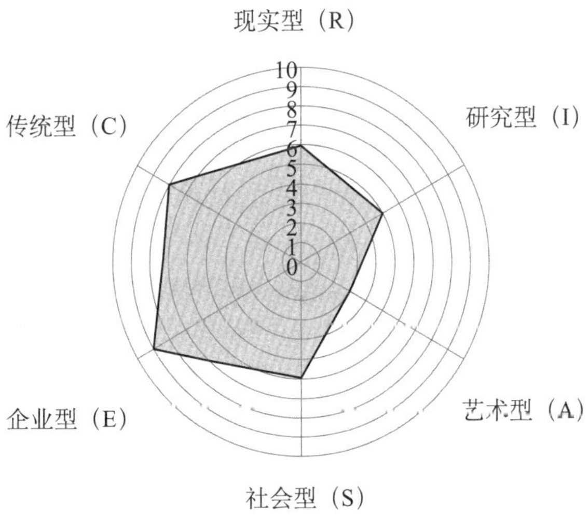

1. 社会型（S）

喜欢与人交往、善言谈，关心社会问题、渴望发挥自己的社会作用，比较看重社会义务和社会道德。适合从事教育工作者和社会工作者等职业。

2. 企业型（E）

追求权威和物质财富，具有领导才能，喜欢竞争和冒险，做事有目的性。适合从事经营管理工作，如项目经理、政府官员、企业领导和法官律师等。

3. 传统型（C）

尊重权威和规章制度，喜欢按计划办事，细心、有条理，关注细节，较为谨慎，富有自我牺牲精神。适合从事办公室工作和行政助理等。

① DEDERING H. 职业指导与工作定向教育［M］//劳耐尔，麦克林．国际职业教育科学研究手册：上．北京：北京师范大学出版社，2014.

4. 现实型（R）

愿意使用工具从事操作性工作，动手能力强，偏好于具体任务，不善言辞。适合从事技术性职业（计算机硬件人员、摄影师）和技能性职业（厨师、修理工、农业技术人员等）。

5. 研究型（I）

思想家而非实干家，抽象思维能力强，善思考，知识渊博，不善于领导他人。适合抽象、分析性的工作，如科研人员、电脑编程人员、医生等。

6. 艺术型（A）

有创造力，渴望表现个性，做事理想化，不重实际，善于表达，心态较为复杂。典型职业为各类艺术家。

多数人并非只有一种性向。具有的性向越相似，相容性越强，选择职业时面临的内在冲突和犹豫就会越少。当工作环境与人格类型协调一致时，会产生更高的工作满意度和更低的离职率。

针对职业院校在校学生的职业指导常围绕着如何就业和求职进行，因此也称为"就业指导"。在我国，就业指导属于学校思想教育范畴，除了提供职业意识、职业理想和职业道德教育外，还帮助学生了解就业形势和有关劳动政策法规，按照学生个人条件和求职意愿，努力实现人与职业的合理匹配。

当前，职业指导理念发生了一系列的变化，即从注重稳定的职业选择，向注重变化的职业生涯转变；从仅注重职业发展，向将职业生涯发展与个人和家庭生活统合考虑的转变；从注重教导式的诊断、提建议指导，向注重来访者主动参与、辅导者协助的辅导转变。在新的社会条件下，职业指导的内涵也在发生变化，如欧盟正在尝试通过特殊的职业指导活动，支持个人获得教育成就和提高职业生涯选择决策的有效性，从而促进社会包容和社会平等。

（二）生涯教育

1. 生涯与生涯发展

"生涯"（career）的概念脱胎于职业指导的理论和实践。在第二次世界大战之前，美国的职业指导就得到了很大的发展，它在协助个人选择职业、准备就业、就业安置以及适应职业要求等方面做出了积极的贡献。但是职业指导也存在一些问题，它在特定的时间点静态地看待人，以求得"人-职"匹配。然而事实上人是动态发展的，在选择职业时还必须考虑其他角色的需求，这就需要对职业指导的内涵进行重新认识，职业指导也由此演变成为生涯指导。

按照舒伯（D. E. Super）的定义，"生涯是生活中各种事件的演进历程，统合了个人一生中各种职业与生活的角色，由此表现出个人独特的自我发展组型"[①]。据此，生涯发展

---

① SUPER D E. Career education and the meaning of work：monographs on career education ［M］. Washington D C：the Office of Career Eudcation，U. S. Office of Education，1976.

与职业发展有以下区别：

● 独特性：每个人都有不同的生涯发展，但相同职业的人的职业发展轨迹大致相同，生涯过程是“我”的主体发展过程。

● 发展性：职业可以重新开始，生涯是不断发展的历程，是连续的，先前的经验会对后来的生涯发展产生影响。

● 终身性：生涯发展贯穿人的一生，但职业不会占据人的全部生命。

● 互动性：生涯是个人与他人、环境和社会互动的结果，人的自我观念、能力、与外部的互动对生涯有重要影响，而职业没有这种特征。

当今社会，标准化的工作和规范化的职业发展方式逐渐消失，个体面临着工作任务、要求、地点和时间不断变化的挑战，就业稳定性降低。只有不断接受高质量的继续教育，才能保持生涯的持续和健康发展。生涯发展受到多种因素的影响，这主要包括：

● 职业角色：是否能够按照社会准则和企业要求理解职业角色，对个体取得社会成就极为重要；生涯发展是否顺利，取决于个体能否将自己的动机与职业资格要求进行良好结合，融入社会化的工作过程中。

● 学习心理与行动：单调和限制性的工作会阻碍人的个性发展，并对其心理健康产生负面影响；成功的工作和社会认可可以提高自我效能，有助于实现职业生涯的自我发展。

● 职业习性：当学习、家庭和就业紧密联系在一起时，可形成稳定的内化行为规则。它不仅有助于个体自我调整以适应工作要求，还会影响个体的价值观和自我认识。

● 职业工作与个人互动：在生涯发展过程中，个体建立起自己独特的模式，并通过与组织成员的互动而加强。良好的社会互动会促进生涯积极和稳定的发展。

随着信息技术的发展和工作组织方式的变革，生涯发展的焦点从对专业知识技能学习的关注转向对个体行动能力发展的关注。不稳定的岗位和灵活就业，对个体的核心素养提出了更高的要求，如认知能力、技术敏感性、责任感和创新创业能力，这使生涯设计成为一项艰巨的任务。人们需要按照劳动市场的取向寻求新的切入点，通过发展综合能力形成新的生涯发展模式。

2. 生涯教育

生涯教育是教育机构开展的情境性教育活动，它协助个人获得有关自我发展和工作的知识，应用选择、规划、准备工作或生活形态等技巧，使工作在其生命中具有更丰富的意义。生涯教育的核心是，将学校所学知识与对未来工作的自我探索活动相结合，协助学生了解未来的工作世界和教育机会，从而能对未来的工作和学习做出更好的选择和适应。

舒伯把生涯发展划分为 5 个阶段，即成长阶段（0～14 岁）、探索阶段（15～24 岁）、确立阶段（25～44 岁）、维持阶段（45～64）和衰退阶段（65 岁以后）。生涯教育主要针对前两个阶段，它是在职业指导的基础上发展起来的，包含了职业指导的核心内容，如有关职业认知、职业探索、职业决定、职业规划和职业准备的知识和技能，但是“生涯”这一新理念也开拓了新的学习内容。生涯教育的任务是：帮助学生建立和发展正确的自我概念，并不断进行自我建构；帮助学生认识工作世界和生活世界，减少职业偏见和刻板印象，激发职业学习动机；将教育与工作联系起来，通过学习相关技能技巧和积累经验，对有关接受教育和选择职业的事务做出明智的选择；帮助学生实现自己独特的生涯发展。在学校期间进行的生涯教育分以下阶段：

● 生涯觉知期：从幼儿园到小学毕业，让学生认识自我、认识工作世界，认识职业发展与自身需要之间的关系，建立健康的自我概念。

● 生涯探索期：普通中学阶段，让学生进行自我探索，发现与工作有关的独特能力和需要，发现与职业有关的生涯兴趣。

● 生涯准备期：职业教育阶段，为学生提供专门课程，涉及职业教育的专业学习和与工作相关的知识准备，包括家政、通用技术教育等职业预备教育阶段学习的知识技能。

● 生涯同化期：涵盖从学校毕业到独立的成人生活，主要目标是实现就业和促进生涯发展。

学校组织实施生涯教育的方式有多种，如班级教学、生涯咨询、自我评估、生涯信息、探索活动、生涯规划活动、安置服务等。这些活动可以归纳为评估、课程教学、咨询和开展活动四种类型。评估是学生认识自我的探索活动，包括兴趣、能力倾向、职业倾向和价值观的评估；课程是集中教授生涯相关知识和技能的教学活动；咨询是由学校内部生涯教育人员提供面向个人或小组的生涯咨询和指导；生涯教育活动包括访谈、实习、社区活动和研学活动等[①]。

3. 职业生涯规划

职业生涯规划是一种特殊的生涯教育方式，也是一个循环过程，包括意识的觉醒与建立、评估自我、分析职业环境、确立职业生涯目标、实施策略与措施、评估与反馈等步骤[②]。

在职业院校开展的职业生涯规划活动中，学生在教师指导下有针对性地了解工作世界，学习生涯规划的基础知识和方法，为适应社会、融入社会和就业创业进行准备。作为教学活动的职业生涯规划过程包含以下环节：

● 分析发展条件：指导学生了解自己、了解社会，激励自我发展的愿望。

● 确立远期发展目标：结合学生实际和所学专业情况，指导学生建立美好愿景，确定既能激励奋发向上，又实事求是的长远发展目标。

● 确定阶段性发展目标：确定学生经过努力可以近期或中期达到的具体、明确的目标，帮助学生树立成功的信念。

● 确定发展措施：针对近期目标，指导学生确定具体、可行的措施，这些措施应有可检验的结果[③]。

职业生涯规划是职业生涯教育的有效手段，它可以帮助学生根据社会和经济发展需求以及个人的实际情况，谋划未来职业生涯的发展蓝图，这也是理想教育和“课程思政”的重要方式。

三、创业教育

职业院校毕业生不仅是求职者，而且也有可能成为工作岗位的创造者，培养学习者的

① 石伟平．时代特征与职业教育创新［M］．上海：上海教育出版社，2006.

② 李兴洲，单从凯．职业核心素养教程［M］．北京：北京师范大学出版社，2021.

③ 黄尧．职业教育学：原理与应用［M］．北京：高等教育出版社，2009.

创新精神和创业技能的创业教育在职业教育中也有重要的意义。

（一）创业教育的概念

尽管创业教育的发展已经有半个多世纪的历史，但是它并没有被广泛接受的定义。一般认为，对创业教育有广义和狭义的理解。广义的创业教育是指培养个体的创新精神和创新能力的教育活动，狭义的创业教育是指针对创办企业所需要的创业意识、创业精神、创业知识、创业能力以及相应实践活动进行的教育。创业教育既是培养人的教育活动，也是缓解就业压力、创造社会财富、规划发展和推动国民经济的重要经济和社会政策手段。本书讨论狭义的创业教育。

美国是最早开展创业教育的国家。1947 年，哈佛大学最先在商学院开设创业教育课程。如今，越来越多的雇主除了要求其员工在事业上有所成就外，也开始关注他们的首创和冒险精神、独立工作能力以及社交和管理技能。联合国教科文组织指出，创业教育的目的扩展到了“培养具有开创性的个人”，它对于拿薪水的人同样也有重要意义，创业教育由此成为针对所有人群的教育活动，其教育对象包括了各类学校的在校学生、下岗和在岗职工等。

尽管多数人接受创业教育课程的理念，但学术界对“创业是否可以被教授?”这一问题仍然有不同认识，因为创业过程除了“科学”成分外，还包括“艺术”的成分。“科学”内容可以学习，但在“艺术”领域却需要创造力和创新精神这样的天赋；课程本身并不能培养出真正的创业者，而仅能展示这个过程，因此有必要区分创业教育中适合教学和不适合教学的部分。学界认为，创业教育的学习不是通过结构式的课程实现的，需要从反复试验的实践中总结经验和教训①。

按照期望实现的目标，高校开展的创业教育可以分为三类：一是创业意识的培养，帮助学生从理论角度形成建立企业的创业理念；二是培养创业所需的能力，主要针对有抱负的创业者进行；三是为已有所作为的创业者提供管理培训，培养其企业管理运营能力②。

（二）创业教育实践

职业院校是开展创业教育的重要机构，其实施的创业教育注重培养学生创办企业和岗位创业的能力，常与其他性质的教育培训活动融合在一起进行，具有较强的实践性。这主要包括三个方面：一是面向全体学生的创业课程和教学活动，主要培养学生的创业意识，激发创新创业动力；二是面向有较强创新、创业意愿和潜质的学生，提高其创业的基本知识、技巧和技能；三是有针对性地对学生开展的创业活动提供指导和支持，提高其解决在创业实践中遇到的实际问题。

国际上有影响的创业教育课程如 SYB 课程，即“创办你的企业”（start your business，SYB），它是由国际劳工组织开发的，为有愿望开办自己的中小微企业的人量身定制。SYB 课程的目的是转变学员的就业观念，激发他们的创业意识，提高创业技能，并增

---

① MILLER A. New ventures：a fresh emphasis on entreprencurship education［J］. Survey of Business，1987(1).

② 亨利，希尔，利奇．创业教育与培训［M］. 北京：商务印书馆，2017.

强微小企业的抗风险能力。SYB 开发了统一的资质要求、教材、教室模式和电教设备，该培训项目在我国部分省市也有实施。

联合国教科文组织也开发了相关培训课程和创业培训项目，主要涉及创业理念、创业特征、商业道德、批判性思维、个人技能和沟通技巧等，其特点是引导学生形成不同阶段的商业观念，并赋予职业学校校长和管理者相关技能、知识和领导能力①。

我国职业院校在创业教育方面积累了很多经验。例如义乌工商职业技术学院依托全球最大的小商品市场优势，于 2008 年成立了全国高校最早的创业学院，曾被阿里巴巴评为“全球最佳网商摇篮”；深圳职业技术学院对全校创业教育进行统筹协调，营造校园创业文化，搭建了大学生创意创业园区、微观装配实验室等校内外创新创业平台。

（三）创客和“内部创业”

在传统的学校教育中开展创业教育有很多局限，因此人们在实践中探索了多种形式的创业教育，典型的如创客教育和“内部创业”等。

1. 创客教育

“创客”（maker）的概念由安德森（C. Anderson）在《创客：新工业革命》中首次提出，指拥有特定知识，具备创新、实践、共享、交流的意识，愿意挑战技术难题并将创意转变为现实的人②。在我国，创客教育指学校开展的基于创客活动的机制性的学习和实践，它以培养学生“创新、实践、共享”为核心的创客素养为目标，通过为学习者提供设备、人员和信息等外部支持条件，引导学生以个人或团队形式，在一定的实践领域，根据社会需要、自身兴趣、专业特点，设计出具有实践价值的创新性项目（见图 2-1），监督和支持项目的完成，并为项目成果的展示和交流提供平台。

图 2-1　某中职学校学生创客成果：自动收衣系统和 3D 打印材料回收装置

创客教育一般通过项目教学，即创客项目实现。学生在教师的帮助下提出创客项目，运用已有知识技能并根据项目需求拓展相关能力，完成项目任务，由此构建自己的新知识并发展创新能力。创客教育重视学生的作品展示和交流活动，通过创客作品提高解决问题的能力，促进其自我意识发展，并锻炼与此相关的社会能力。

---

① UNESCO. UNESCO promotes entrepreneurship education in TVET and solutions in the context of COVID-19 [EB/OL]. [2021-07-05]. https://en.unesco.org/news/unesco-promotes-entrepreneurship-education-tvet-and-solutions-context-covid-19.

② ANDERSON C. Makers: The new industrial revolution [M]. New York: Crown Business, 2012.

目前我国的创客教育活动主要是科学技术的平民化和开源技术共享化的结果，集中在以电子技术为基础的开源软硬件应用领域。创客教育工作者结合现有教学实际，将机器人教育、信息技术教育与创客教育整合起来。如傅骞等开发的 Arduino 图形化编程系统米思齐（Mixly），按照米思齐应用模式设计模仿延展、创意整合和协同合作的创客教学模式[①]。创客教育强调发现问题和创造性解决问题的能力，以及在实践中学习和运用知识技术的方法能力，这为职业教育的教学改革提供了参考。

2. 内部创业

创业有两种类型，一是独立创业者，即从头开始创建新企业；二是管理创业者，即在原有的企业内部创业或做出调整。由于创业者在自己创业之前就已经在企业内创业，具有参与公司决策的权利，即存在内部创业现象，这为理解和开展创业教育提供了一种新的视角。

内部创业（intrapreneuring）理念诞生于 20 世纪 70 年代的美国。平肖（G. Pinchot）等分析了 IBM 公司等企业内部创业实践经验，提出了内部创业者概念，指在现有企业工作，但其工作性质却与创业者相似的人。内部创业意味着企业提供相应资源，让企业内部具有创业冲动的员工依托企业平台进行创业[②]。彼得斯（T. Peters）等发现，理想的、鼓励创新创业的企业环境应具备以下特质：偏爱行动派，接近客户，重视自主和创业，重视员工的生产能力，亲力亲为和价值驱动，坚守本业，管理形式简约，以及管理适度、宽严并济[③]。这为我们在职业院校内开展创新创业教育提供了教学设计的基本原则。

传统的高校创业教育通常采用两种方式：一是面向全体学生开设创业教育通识课程，二是面向少数精英学生组织创新创业竞赛。但是两种方式迄今的效果都不理想。部分高校将内部创业理念引入院校，拓展了高校创业教育的广度与深度，因为内部创业更加关注个体在创新创业过程中的内心世界，更有利于培养个体的内生性创新素养。在此，应当关照和及时完善个体实践知识，秉持学生中心精神、问题导向原则和“重学善导”的实践路径[④]。

概念术语

普杜之争

“时间-动作”研究

《中华人民共和国职业分类大典（2022 年版）》

《中华人民共和国职业教育法》

SYB（创办你的企业，start your business）

需要层次理论

成就动机理论

创客教育

创业

杜威

---

① 傅骞，解博超．米思齐（Mixly）图形化编程系统的设计理念及应用模式［J］．技术与应用，2016（1）．

② PINCHOT G. III. Intrapreneuring：why you don't have to leave the organization to become an entrepreneur［M］. New York：Harper & Row，1986.

③ 亨利，希尔，利奇．创业教育与培训［M］．北京：商务印书馆，2017．

④ 闫守轩．“内创业”导向的大学本科教学变革研［M］．北京：高等教育出版社，2022．

岗位
工程心理学/人因学/人类工程学
工种
工作
工作满意度
霍兰德
基于工作的学习
技术技能工作
凯兴斯泰纳
马斯洛
内部创业
帕森斯
人-机系统
社会化
生涯
生涯教育
斯普朗格
特殊群体职业教育
职业
职业分类
职业教育
职业教育成本和收益
职业社会化
职业生涯规划
职业兴趣测试
职业指导
专业化职业
专长/专家智能

复习思考题

1. 如何理解职业教育、技术教育和工程教育的区别?
2. 为什么说不同文化或国家对职业的理解有很大不同?
3. 从“普杜之争”如何看待我国目前有关“普职分流”的讨论?
4. 如何看待我国职业教育“工作导向”和“学科导向”两种发展思路?
5. 创新教育和创业教育有什么区别和联系?

第三章　职业教育的产生与发展

本章导读

本章介绍国内外职业教育的产生和发展情况。起源于手工业的学徒制是西方国家职业教育的重要起源。我国古代已有很多职业教育思想和实践，近代职业教育是随着学校教育制度的建立而发展的。新中国成立后职业教育发展历经曲折，在改革开放以后焕发了生机。进入21世纪，我国高等职业教育蓬勃发展，建立了世界最大规模的职业教育体系。

黄炎培

黄炎培（1878—1965），出生于江苏川沙县（今属上海市），近现代著名民主主义教育家，中国职业教育事业的创始人和理论家。

黄炎培等于1917年发起创建中华职业教育社"推广职业教育"，于1926年提出"大职业教育主义"思想。他认为，职业教育的根本价值是启发个人的天赋个性、特长和才能，使人的潜能得到发挥；职业教育不仅可以解决人民生计问题，而且可以作为国家增进生产力的预备，因此是最有用的教育，"求学必求当世必需之学，教人必教当世不可少之人"。

黄炎培职业教育思想包括：使无业者有业、有业者乐业的终极教育目的，理论联系实际、知识与技能并重、手脑并用、做学合一的教学原则，社会化、科学化和平民化的办学方针，科学性、适应性的专业与课程设置，爱国爱民、敬业乐群、劳工神圣的职业道德教育，人性化的教育制度，关注社会需要和人类个性发展为宗旨的职业指导体系。这些思想至今仍然具有重要的指导意义。

黄炎培职业教育思想的实践是建立一个社会化、平民化和人性化的大职业教育体系，这既包括专门的职业技术学校，也包括面向劳工阶层的职业补习教育、职业介绍和职业指导，还包括探索建立普教和职业融合的综合中学体制。总结这些实践经验和教训，对我们全面认识现代职业教育体系建设所面临的目标和任务，具有积极的意义。

第一节 国外职业教育的发展

职业教育是社会分工和技术进步的产物。不同历史发展阶段的职业教育有着不同的内容和形式，职业教育为适应经济和社会发展，始终在与经济和社会的互动中不断健全和完善自身的体制机制。从世界范围来看，职业教育的发展大致经历了三个时期，即职业教育的萌芽时期、兴起时期和基本制度确立时期①。

一、职业教育的萌芽

远古时代，人类社会尚未出现分化，新生劳动力是在共同的生产劳动中成长起来的。在劳动实践中，人们向下一代传递生活和生产经验，如采集、渔猎和手工制作的知识技能。当劳动知识和技能传授成为有意识的活动时，就出现了原始形态的学徒训练。随着社会分工的产生，原始形态的学徒训练发展成为具有一般约束性质的学徒培训，成为古埃及、古希腊和古罗马时期职业教育的最早形态。公元前 1776 年左右的《汉谟拉比法典》就有工匠收纳养子以传授技艺的规定，但学徒更多还是以非正式方式出现的，即零散、非正规和个别化的职业教育形式。

后来，手工业从农业分离出来形成独立的行业。手工业主为了使其技艺不至失传，逐渐建立了正式的职业教育形态——学徒制，即以师徒制为特征的职业传授模式。中世纪后期，欧洲的城市开始繁荣，工商业得到发展壮大，学徒制得到了完善和规范化的发展，当时很多重要的职业僧人、牧师、医生、工匠和商贩等都是通过学徒制培养的。文艺复兴时期的著名画家达·芬奇等都是学徒制培养出来的优秀人物。

11 世纪末期，手工业主为了保护本企业和行业的利益，组建了行会组织，并把学徒培养纳入行会管理当中，逐步规范了行会管理制度。1563 年，英国颁布《工匠学徒法》，学徒制在行会组织的管理下由私人性质过渡到了公共事业性质。欧洲的学徒制教育一般由行会主持，师徒之间通过正式契约合同建立学徒关系，对学习期限、待遇、权利义务等有明确的规定。按照师徒契约，师傅应教会学徒掌握某种职业技术，为其提供住宿、食物和衣服，并传授读写算和宗教知识；学徒的义务包括服从师傅指导，努力学习和工作，学习期间不结婚，保守行业机密，恪守职业道德，笃信本行会的教派等。行会在欧洲学徒制的发展演变中扮演着重要的角色，从历史上看，德国学徒制的兴衰史，就是一部行会的兴衰史。

二、职业教育的兴起

17 世纪中期至 18 世纪前中期，西方的工业化进程为职业教育发展创造了契机。彼时

① 受欧洲中心论倾向的影响，本领域研究一般围绕 19 世纪欧洲德、法、英等国教育家、教育思想史和职业学校制度史展开，只是近 10 多年才开始出现少许有关其他国家，特别是发展中国家职业教育发展的研究。

的生产知识和技能传授主要通过各种形式的工人讲习所和讲座进行，这也成为学徒制向学校职业教育过渡的一种形式。

在 18 世纪中叶，从英国开始的工业革命对劳动者的数量和质量提出了新的要求，机器大生产方式代替了传统的手工业生产，这要求劳动者必须具有更多的生产技术知识和专业技能，而传统学徒制在人才培养的内容、规模和效率方面都已不能满足要求，需要新的职业教育培训方式。当时社会生产力发展带来的物质财富的积累，也为职业教育机构的建立和发展奠定了物质基础。

从 18 世纪中后期开始，以传授科学知识和生产技术为主要任务的职业教育培训机构应运而生，并在一些国家取代了原来的学徒制度，正式的职业教育开始被政府和社会所注意。在苏格兰，格拉斯哥大学教授安德森（J. Anderson）于 1760 年首创工人教育，并由后来的伯柯贝克（G. Birkbeck）等发展成为格拉斯哥技工讲习所，教授手工艺人工艺和生产的科学原理。法国在 18 世纪也出现了职业学校，其中最有代表性的是利昂库尔（R. Liancourt）于 1786 年创办的技术学校，以及 1794 年创办的巴黎理工学校和巴黎师范学校。1887 年，第三共和国颁布《初等教育法》确定设立艺徒学校和职业学校，确立了职业学校在教育体系中的地位①。德国在 18 世纪后期和 19 世纪初开始为下层社会民众开设半工半读的普通劳动学校，也称工业学校，并逐渐将其渗透到国民学校教育体系中。1821 年萨克森-魏玛颁布《行会条例》，首次规定师傅应送学徒去学校学习，这是“双元制”职业学校诞生的标志。该《条例》于 1869 年上升为法律②。美国的工业化发展晚于西欧国家，19 世纪上半叶由欧洲引入的手工劳作学校可以看作职业学校的雏形。1822 年，随着诞生于英国的技工讲习所理念的引入，纽约成立了“机械和科学讲习所”。后来各工业城市先后办起了面向工人的讲习所，其中有代表性的是费城的富兰克林讲习所、马里兰的巴尔的摩讲习所等。美国国会在 1862 年颁布实施《莫雷尔法案》，即美国第一个职业教育法，要求政府以“赠地”和“拨款”形式资助各地举办初级学院社区学院。

各国不同类型和层次的职业学校和培训机构的发展，形成了不同的职业教育与培训体系。这一时期出现了多种类型的职业学校，如德国的工艺（技术）学校、星期日学校，法国的制图学校和具有高等职业教育性质的工程师学校等，现代意义上的职业学校教育由此而生，但是各国的职业教育制度尚不成熟。

三、职业教育基本制度的确立

19 世纪末 20 世纪初，西方工业国家进入垄断资本主义，各国之间的经济和军事竞争加剧，政府开始对职业教育进行更强有力的干预，通过法律、政策和拨款等方式促进职业教育发展，职业教育制度逐渐走向正规和成熟。

英国于 1889 年颁布《技术教育法》，授权地方当局征收职业教育税，用于提供技术教育，并成立专门的委员会负责职业教育管理，标志着国家干预职业教育的开端。法国于

---

① 贺国庆，朱文富．外国职业教育通史［M］．北京：人民教育出版社，2014.

② STRATMANN K，SCHLÖSSER M. Das duale System der Berufsbildung［M］. Frankfurt/Main：GAFB，1990.

1881 年通过《费里教育法》，开始以国家的名义兴办职业教育。1919 年，法国议会通过了被称为“法国技术教育宪章”的《阿斯蒂埃法》，对职业教育的管理、机构设置、目的和内容做出了全面细致的规定，确立了法国职业教育的基本框架①。

在德国，1919 年制定的《魏玛宪法》建立了普通义务教育制度，规定青少年在接受八年义务教育过后必须接受一定的职业学习，直到 18 岁为止。1923 年，普鲁士通过延长职业学校（实习学校）义务年限的法律，其他各州也纷纷仿效，但这些法律的实施效果并不理想。德国教育部在 1937 年对职业学校实施集中管理，将其统一规范成“职业教育学校”，使其成为国民教育体系中与普通学校并列的第二大支柱。1938 年颁布的《义务教育法》确立了职业义务教育制度。

美国于 1917 年通过被称为美国教育史上里程碑的《史密斯-休斯法案》，正式确立职业教育体系，规定联邦政府拨款协助各州发展职业教育，标志着美国中等职业教育制度化的开始。这一时期，日本工业生产得到了空前发展，职业教育也得到了相应的发展。在 19 世纪后期新兴官办企业中开展职业培训活动的基础上，形成了实业学校。日本政府于 1894 年颁布《实业学校令》，1920 年对其进行修改，于 1921 年制定《职业学校规程》等多项规程，使各阶段的职业教育得到了快速发展。

第二次世界大战对世界格局产生了重要的影响，战后多数西方国家的经济得到较快恢复，各国根据实际情况探索完善自己的职业教育制度。英国地位相对衰落，为了弥补战争创伤并重新崛起，开始审视教育方面的不足。英国于 1944 年通过改革战后教育的法案《1944 年教育法》，确立了职业教育的法律地位；1956 年发布《技术教育》白皮书为后来建立技术教育学院奠定了基础；1964 颁布《产业训练法》明确要求对企业职工进行培训，解决了长期困扰产业训练发展的培训经费问题。法国在 20 世纪 70 年代经济高速发展时期健全了职业教育法律体系。1971 年颁布的《继续职业教育法》由四部相互关联的法律组成，包括《职业教育方向法》《艺徒训练改革法》《工艺教学方向指导法》和《企业主承担初等阶段职业技术教育经费法》，这成为战后法国职业教育发展的一个里程碑②。

战后联邦德国职业教育制度重建经历了一个持续阶段：1953 年的《手工业条例》、1969 年的《联邦职业教育法》和 1981 年的《职业教育促进法》等一系列法律法规的颁布，确立了“双元制”职业教育的制度化特征。美国先后通过制定《国防教育法》（1958 年）和《职业教育法》（1963 年）促进职业教育的大规模差异化发展。苏联 1958 年颁布《关于加强学校同生活的联系和进一步发展全国国民教育制度的法律》，标志着国家后备军体制的终结和国家职业教育体制的创立。20 世纪中期以后，韩国、新加坡、巴西等一批新兴工业化国家的快速发展，以及相应的职业教育制度建设，丰富了人类社会对职业教育的认识和实践探索。与此同时，推进职业教育制度的完善和结构优化，始终是各国追求的目标。

如今，各国职业教育的发展呈现出一些共同的趋势。职业教育从一个特定阶段的教育发展转变为终身教育的组成部分，成为包括职业预备教育、职前教育培训和职后在职培训的一个连续过程。职业教育与普通教育相互融通，普通教育职业化，职业教育普通化（关

---

① 马建富．职业教育学［M］．上海：华东师范大学出版社，2015.

② 贺国庆，朱文富．外国职业教育通史［M］．北京：人民教育出版社，2014.

注综合素养）成为共同的发展趋势。在一些国家，职业教育还呈现出学历层次上移的趋势，如英国的学位学徒制。尽管如此，不同国家职业教育体系建设的关注点还是有所不同，如德国比较关注“双元制”职业教育体系的适应性问题，英国则更多关注培训体系与经济竞争力之间的联系。

作为特殊的国家联盟，欧盟面对教育现代化挑战在职业教育领域进行了很多努力。20 世纪 90 年代末，欧盟的职业教育管理由于受到主权、多样性原则和“程序化方法”等因素的限制，常常因为管理低效而备受指责。21 世纪初，欧盟将职业教育战略发展目标定为“成为世界上最具竞争力和活力的知识经济体，保持经济的可持续发展、提供更多更好的就业岗位并加强社会凝聚力”。《里斯本议程》更是明确了欧洲教育培训体系的三项主要目标，即“发展区域性的学习中心、提高特别是信息技术领域的新型基本能力，提高资格认证的透明度”。欧盟还制定了一系列与职业教育有关的工作目标，如增加投资、明确终身学习中的基本能力、增加职业资格认证过程和学习培训的透明性等，并在职业教育中实施了完善指标体系、建立欧洲职业教育绩效标杆研究等多项措施。对教育培训体系绩效比较目标的量化，极大地促进了欧盟成员国实现目标的进程。

四、国外当代职业教育的重要思潮

（一）新职业主义

在职业教育中，“新职业主义”（new vocationalism）是相对针对某一具体职业工作进行技能训练的“旧职业主义”而言的，意味着职业教育从关注社会效用向民主主义和人本主义理念的转变。新职业主义认为，职业教育应当着眼于个体未来工作生活潜在需要的准备，而不是机械性的技艺训练，是宽泛的基础知识学习与实践导向培训的结合，而不是针对某一项特定工作内容进行的训练，其最终目的是在教育与个体职业生涯之间建立一种持续的联系，这种联系是内在的、紧密的和长期的①。

新职业主义萌芽于 20 世纪 70 年代的英国，是当时为了解决经济危机带来的较高青年失业率问题而产生的针对一些职业教育根本性问题的新观点。美国国家职业教育研究中心（NCRVE）主任本森（C. Benson）于 20 世纪 90 年代首先提出“新职业主义”概念，并对此进行了详细描述，美国国会将其理念纳入国家职业教育改革法案当中，这对国际职业教育产生了深远的影响。从此，职业教育从传统的“工具性”谋生教育，转向了“发展性”的适应性教育。

新职业主义认为，随着技术发展和生产组织方式的变化，职业的结构和形态发生了重大变化。职业不再是人类简单的生存需求，而是个体对人生价值的一种诉求。人们不再一生固守同一个职业或岗位，职业教育应面向范围更为广阔的职业领域进行人才培养，应重视培养个体可迁移的能力。职业教育课程应当用更广泛的知识充实学习者，突出核心技能（素养）的发展，培养在真实的职业情境中解决“真实世界”问题的能力，学习评价也应当依托真实的工作情境展开。新职业主义强调以人为本，强调确保职业发展的可持续性和

---

① 石伟平，徐哲岩．新职业主义：英国职业教育新趋向［J］．外国教育资料，2000（3）．

终身化，从个体生涯发展的角度设计职业教育，而不是把学习者仅仅训练成企业牟利的工具。此外，新职业教育还强调职业教育与普通教育的同等地位。

本森还提出了新职业主义教育改革的指导原则，即：（1）重视就业能力；（2）面向全体学生整合学术和职业教育；（3）强调职业教育项目的可获取性及结果；（4）与中等教育和成人职业教育建立衔接；（5）将职业教育实践者纳入研究活动，同时鼓励研究人员参与实践；（6）与教育和社会科学的主流研究相结合①。这些原则对职业教育的发展至今都有重要的启发。

作为职业教育发展史上具有重要影响的思潮，新职业主义对欧美国家的职业教育实践产生了直接的影响。例如，英国颁布核心技能与普通资格证书对接的政策，建立国家职业资格体系（NVQs）和国家普通资格体系（GNVQ），并开展相应的培养，这些做法对包括中国在内的很多国家的职业教育发展提供了启发。美国结合本国教育实践，通过立法推动各方关注所有学生的发展，由此形成了新的职业教育理念。例如，把“职业与技术教育”概念改为“生涯与技术教育”，通过《卡尔·帕金森法案》整合中学与中学后课程，实施技术准备计划。布什政府 2002 年颁布的《不让一个孩子掉队法案》也与此有关，即提高公立学校的教学质量，让“每一个儿童都必须通过受教育使其潜能得到充分的发挥”。

新职业主义不仅是一种职业教育思想，也是通过政府主导的、构建现代职业教育体系的政策、法律和管理的综合改革实践，对职业教育发展产生了重要的影响②。但是由于过于强调通识知识学习，相关实践在一定程度上削弱了专业教学。例如美国《不让一个孩子掉队法案》的实施，迫使很多学校放弃了非考试科目课程，包括很多职业教育课程，这导致美国中等职业教育几乎事实上的消失，结果是“让最不应该掉队的孩子掉队了”③。后来，该法案被《每一个学生成功法案》取代，即在基础教育阶段发展多样化的课程（包括生涯与技术教育）。

（二）设计导向职业教育

德国也有类似的职业教育思潮和实践。1988 年，德国不来梅大学劳耐尔（F. Rauner）教授领导的由教育家、工程学家、社会学家等共同实施了旨在探索以人为中心的计算机集成制造技术（CIM），并实现生产人性化的研究项目。其研究报告《对技术和工作的社会设计》④ 提出的“职业教育的目标是培养人（参与）设计工作和技术的能力”，即“设计导向”（shaping-orientatation）的职业教育理念，由于迎合了以人为本的社会发展趋势，对德国职业教育发展产生了重要的影响。其核心概念不但被德国议会作为面向新世纪职业教育发展的指导思想，而且后来也成为联合国教科文组织职教改革和职业教育实践的重要指

---

① DOW J L. The new vocationalism：a deweyan analysis [D]. University of Florida，2002.

② 岑艺璇．国外新职业主义教育的理论与实践研究：以核心技能形成的职业教育机制为中心 [D]. 长春：东北师范大学，2016.

③ HOLBEIN J. Left behind? Citizen responsiveness to government performance information [J]. American Political Science Review，2016 (2).

④ CORBETT J M，RASMUSSEN L B，RAUNER F. Crossing the border [M]. The social and engineering design of computer integrated manufacturing systems. London/Berlin：Springer，1988.

导思想。

设计导向职业教育的核心理念是：在教育、工作和技术三者之间没有谁决定谁的关系，在技术的可能性和社会需求之间存在着人为的和个性化的“设计”空间；教育通过多元文化取向对社会愿望产生影响，可以在很大程度上设计技术的发展。应有意识地促使职业教育对生产组织和技术发展产生积极的影响，实现从“适应导向”向“设计导向”的战略性转变。

设计导向教学不局限在技术的功能方面，而是把技术发展作为一个社会过程来看待，让学生对技术有全面的理解，从而发展设计能力和创新能力①。劳耐尔以电气技术为例，对设计导向的职业教育专业学习内容进行了阐释。据此，电气技术专业学习内容包括五个方面的内容：（1）工艺：电气技术的原理、电气设备的结构和功能；（2）历史沿革：不同历史发展阶段电气技术的特征；（3）使用价值：电气技术及其产品的使用价值；（4）技术与社会劳动：作为社会劳动的结果、工具和条件的电气技术；（5）技术与环境：电气技术在物质和能量循环过程中的作用。他认为，只有当专业学习涉及这五方面的内容时，才能谈到真正意义上的“职业的教育”。其中，“社会劳动”和“使用价值”体现了工作与技术的结合，而“历史沿革”则提示了运用某一种技术的可能性和该技术的可设计性。职业教育培养的不仅是未来作为“工具”的技术工人，而且是在各个社会领域里的技术和工作设计和创新的潜在参与者。

设计导向职业教育强调综合职业能力的培养，即“本着对社会、经济和环境负责的态度，参与设计未来技术和劳动世界的能力”。其主要理论基础是：（1）批判性工业社会学家凯恩（H. Kern）和舒曼（M. Schumann）有关工业劳动和工作意识的职业资格研究，即在追求经济利益最大化的过程中，企业生产组织有多种形式，工作与技术的关系中的技术是可设计的；（2）主体教育思想和“改革教育学”（Reformpädagogik）思潮的隐性课程理论和项目教学方案；（3）布兰凯茨（H. Brankertz）的综合性技术教育构想；（4）行动导向教学理论②。

设计导向教育思想从诞生之日起就伴随着大量教育改革试验。在理论上，它对职业教育学的发展和职业学科（vocational discipline）的建立做出了重要贡献；在实践上，它对“能力发展逻辑”课程开发以及后来的 COMET 职业能力测评提供了思想基础（见第十章）。

与设计导向思想产生时的社会发展状况相比，今天的中国有很大的相似之处，如以人为本的教育思想和创新能力发展受到普遍关注。但是要在中国实施设计导向的职业教育还有很多困难，这是因为：我国职业教育教学实践中行为主义和认知主义占据着主要舞台，学生缺少主体经验的生成和个人意义的建构；技术决定论左右着人们的思维，人们很少注意到技术、工作和教育之间相互影响的复杂社会关系，职业教育处于一种被动适应的状态，这会在一定程度上影响职业教育的理性发展。

---

① RAUNER F. Gestaltung von Arbeit und Technik［M］//ARNOLD R，LIPSMEINER A. Handbuch der Berufsbildung. Opladen：Leske+Budrich，1995.

② HEIDEGGER G. Gestaltungsorientierte Berufsbildung［M］//FISCHER M，et al. Gestalten statt Anpassen in Arbeit，Technik und Beruf. Bielefeld：Bertelsmann，2001.

第二节 中国职业教育的形成与发展

从历史上看，中外职业教育都经历了以生活经验、生产技能传授为主的非制度化向制度化发展的历程。我国职业教育虽然历史悠久，但是制度化的建构相对迟缓，本土化的职业教育体系是在向西方学习的过程中逐渐建立起来的，这个过程与我国经济、社会的发展历程紧密相关，并且受到多方面的制约。

一、职业教育萌芽时期（原始社会—1840 年）

早在西周时期，我国就出现了职业，《周礼》中已经记载了轮人、舆人、舟人、陶人等多种工匠的名称，有了基本的职业划分。古代的技术传承主要在生产劳动中完成，与生产活动结合在一起，主要通过父子相继、口耳相传和师徒相授等原始形态的学徒方式进行。在此，手工作坊中的血缘关系是知识和技艺传承的重要纽带。

春秋战国时期的墨子是一位伟大的职业教育的倡导者。他出身于百工，积极开展“百工教育”，注重科学研究和技能技巧的传授，在中国古代教育中别具一格，并开创了职业教育社会办学的先河。魏晋南北朝时期的颜之推也十分重视技艺教育，他用“积财千万，不如博技在身”来强调技艺的重要性，还要求子女学一门技艺以安身立命。

墨子（公元前 476 或 480 年—公元前 390 或 420 年），名翟，春秋战国时期的思想家、教育家和科学家。墨子提出了“兼爱”“非攻”“尚贤”等思想，以及“艰苦实践、服从纪律”的教育理念，向弟子传授“守御之术、机巧之变”，教育弟子“赖其力者生，不赖其力者不生”。他还注重培养弟子的生产劳动工艺技巧，获得“从事其所能”的本领，要求“能从事者从事”。墨子在 30 岁时创办了史上第一个设有文、理、军、工等科的综合性平民学校，培养了大批人才，史称“弟子弥丰，充满天下”。墨子的思想在先秦时期影响很大，与儒家并称“显学”，战国时期的百家争鸣有“非儒即墨”之称。

我国古代民间延续父子世以相教或师傅带徒弟的师徒制，形成了有关收徒、学习年限、师徒双方权利和义务的约定俗成的机制。学徒制建立在农业社会小农自给经济与家庭（手工）作坊生产形式的基础上，主要在家庭与氏族成员之间传播，师徒关系亲密且等级分明。诸子百家中的墨翟、木工的鼻祖鲁班和传授纺织技艺的黄道婆等都是有名的师傅。官府例如唐朝的官营手工业作坊也有相关方面的劝勉和规范。由于行会组织薄弱，我国并没有发展起像欧洲那样正规的学徒制。

在古代，由于受社会生产力发展水平限制以及“君子谋道不谋食”“万般皆下品，惟有读书高”等儒家观念的影响，职业教育处于社会底层，受到达官贵人和文人雅士的鄙薄。当时的官府也办理过一些专业技术类的学校，如书学、律学、算学、医学和天文学等，但主要培养政府有关部门的业务官吏。尽管这类学校有明确的课程计划，设有专职教官进行教学，也高度重视实际训练，但是还很难称得上是严格意义上的职业教育机构。

二、中国近代职业教育（1840—1949 年）

1840 年鸦片战争后，严重的民族危机促使清政府内部发起了自强求福的“洋务运动”和“维新变法”。以张之洞、曾国藩、李鸿章等为代表的洋务派主张“师夷之长技以制夷”并发展实业，在工厂内部建立了新式学堂，如福建船政学堂（1866 年）、江南制造局机器学堂（1867 年）等，为引进西方科学技术及相应的教育体制奠定了基础。

清政府于 1902 年颁布《钦定学堂章程》（“壬寅学制”），建立了实业学堂，开始尝试建立具有学校系统的“新教育”。1904 年清政府颁布实施《奏定学堂章程》（“癸卯学制”），据此设置的初等实业学堂、中等实业学堂和高等实业学堂，分别相当于初小后、高小后和中学后的职业学校。“癸卯学制”对农工商实业学堂和艺徒学堂的入学条件、学制、培养目标等做了规定，还设立为其培养师资的实业师范学堂，确立了相对独立的实业教育制度，标志着我国职业教育体系的初步建立。之后的《奏定实业学堂通则》进一步规定了实业教育的目的是“振兴农工商各项实业，为富国裕民之本计”，强调“其学专求实际，不尚空谈”的办学特点。

维新运动中的职业教育思想

维新变法，是 19 世纪末中国新生的民族资产阶级发动的一场变法图强、挽救民族危机的变法运动，维新派的代表人物康有为、梁启超等，通过对中国传统文化的批评，发展起了崭新的职业教育思想。

康有为

梁启超

康有为批判了传统教育于民生国计的无用，认为传统教育体制及科举考试制度是致使中国“贫弱”的重要根源。他指出“四书五经”等教育内容惟“空论经文”“高陈大道”，对社会经济发展所必需的知识，如书、数、农医、天文、地理等丝毫没有言及；科举考试“教士以诗文楷法，试武以弓刀步石，习非所用，用非所习，一旦授政，而欲其任事，岂可得哉”。他认为必须使中国的士、农、工、商、兵也皆有所学：“教有及于士，有逮于民，有明其理，有广其智，能教民则士愈美，能广智则理愈明”。康有为所说的“民”即为农工商贾，必须通过教育传授“艺学”来开民智。

梁启超也认为传统的科举考试制度具有“愚其民”的弊端，致童无专门之学，故农不知植物，工不知制物，商不知万国物产，兵不知测绘算数，将“四万万有用之民，而弃之无用之地”。他在《学校总论》和《论科举》中写道：“言自强于今日，以开民智为第一义”，要想开民智，必须改科举，兴学校。而设职业技术一类的专门学堂，是开启民智的重要途径①。

中华民国建立后，实施振兴民族实业的国策，发展解决民众生计为目标的职业教育。1912 年南京临时政府公布《学校系统令》（“壬子学制”），将整个教育分为普通教育、师范教育和实业教育三类。其中以教授农、工、商必须之知识技能为目的实业学校，分为初、中、高三个层次和甲乙两种形式，分别施以完全的普通实业教育和简易的普通实业教育。1922 年，北洋政府颁布《学校系统改革案》，用职业学校取代实业学校，第一次从学制上确立了职业学校的名称，标志着近代学制体系建设的基本完成。据此，除设立专门的初、高级职业学校外，各级普通学校也要举办职业教育。其中小学根据需要在高年级增置职业准备课程，初中兼设职业科。高中采用综合中学制，设有普通科和农、工、商、师范、家事等职业科，学生可根据自身条件和兴趣自愿选科，同时在失学和在职人员中开展职业补习教育。南京国民政府时期把三民主义作为发展教育的指导方针，其中对应民生主义的主要是职业教育，职业教育受到了高度重视。

民国期间涌现出以黄炎培、陶行知等为代表的一批杰出的职业教育的倡导者和实施者，对职业教育发展起到了积极的促进作用。黄炎培主张职业教育“使无业者有业，有业者乐业”，提出的“大职业教育主义”思想对我国职业教育发展具有深远的影响。1932 年民国政府时期的《确立教育目标与改革制度案》规定职业教育以不收费为原则，“俾贫寒子弟有入学之机会”。当时要求职业学校注重专门技能训练，避免教学脱离等一系列措施，也是符合职业教育规律和特点的举措。

陶行知

陶行知（1891—1946 年），安徽省歙县人，人民教育家、思想家，中国人民救国会和中国民主同盟的主要领导人之一。

1915 年入读美国哥伦比亚大学师从杜威攻读教育学。1917 年回国后曾任南京高等师范学校教务主任等职。1923 年与晏阳初等人发起组织中华平民教育促进会，

① 米靖．中国职业教育史研究［M］．上海：上海教育出版社，2009.

举办平民识字读书处和平民学校。1927 年在南京晓庄创办南京市试验乡村师范学校，即晓庄学校，确立生活教育理论，并亲自实验。他主编《儿童科学丛书》，先后创办“山海工学团”“报童工学团”“晨更工学团”“流浪儿工学团”等组织。

陶行知对我国教育的现代化做出了开创性的贡献。他创立了完整的教育理论体系，进行了大量教育实践。陶行知在普及教育、乡村教育、儿童教育和民主教育等方面卓有创见，其教育思想的精髓在于他的“生活教育论”。如针对旧教育把培养“人上人”作为目标的现象，他指出新教育应培养全面发展的“人中人”；他提出学校发展的三个教育目标：研究学问，要有科学的精神；改造环境，要有审美的意境；处世应变，要有高尚的道德修养。

这一时期，从西方移植而来的中国近代职业教育学制，在促使职业教育快速建立和成长的同时，也存在本土化程度不够的先天不足。在教育实践中，由于底子薄，加上当时的内忧外患和不断战乱，始终存在着制度化和专业化不足的问题，而且各地的发展极为不平衡[①]。

三、新中国职业教育的发展

（一）新中国成立初期的职业教育

新中国成立后，劳动人民当家作主，开始建立新民主主义和社会主义教育体系的实践，确立了教育为工农大众服务的根本宗旨。1951 年，政务院颁布《关于改革学制的决定》，借鉴苏联经验对旧中国的职业学校进行改造和整顿，重新规定了各类院校在学制中的地位，如设立中等专业学校（包括中等技术学校、中等师范学校）培养技术员，设立技工学校培养技术工人。当时人们认为，随着计划经济体制的建立，就业问题会得到彻底解决。按照苏联的教育思想，职业教育作为旧教育制度的组成部分遭到否定。以“专业技术教育”取代旧的职业教育，形成了技术教育体系的基本框架，这与当时计划经济体制及新型劳动就业制度相对应，体现了国家指令性计划配置资源的特征。

中等专业学校和技工学校按照国民经济各行业发展的需要培养人才，专业设置、教学组织、教学方法等逐步规范。1950—1960 年，中等专业学校数量由 1 086 所增长至 3 706 所，在校生数由 25.7 万人增长至 149.5 万人，初步形成了与工业发展相配套的中等职业教育，为新中国成立初期工业化发展和国民经济发展做出了重要贡献。国家还为第一个五年计划实施的 156 项重点工程配套建设了一批中等技术学校和技工学校，涵盖国防、冶

① 俞启定．中国教育史专题［M］．北京：中央广播电视大学出版社，2010；黄尧．职业教育学：原理与应用［M］．北京：高等教育出版社，2009.

金、能源、机械、化工等多个专业领域，为我国现代工业的发展奠定了扎实的基础①。

新中国成立后在农村地区开展了大规模的扫盲运动，出现了大量农村高小毕业生既无法升学又缺乏农业生产知识技能的情况。农业合作化运动促进了农业生产力的发展，需要大量农业管理人员和技术人员。面对升学和发展生产的双重压力，1958 年，江苏海安县农民率先办起了农业中学，这一依靠群众力量的办学形式得到了地方和中央政府的肯定和支持。在国家大力倡导下，全国在一年内建起了 2 万多所农业中学、职业中学和半农半读学校，招收了 200 多万学生。

农业中学试行半工（农）半读的教育制度，按照半日制或农闲学习、农忙劳动的教学原则，采取课堂教学与田间教学、书本知识和老农经验相结合的办法。学生边参加农业生产、边接受生产知识和技术培训，既掌握了生产技能，也解决了接受教育和参加生产的冲突。农业中学的举办权下放至人民公社，采取缴费上学和社来社去的招生分配办法，有效化解了国家教育经费紧张和培养人才的矛盾，使更多年轻人掌握一技之长实现就业②。

1964 年 1 月，根据中央和刘少奇同志的指示，教育部召开会议，确定实行教育与生产劳动相结合的两种教育制度和两种劳动制度，试办半工半读学校。1965 年 4 月 7 日起，人民日报开辟专栏，开展“怎样办好半工半读、半农半读的新型学校”的讨论，发表了许多学生、家长、教师、教育行政干部的来信、文章，介绍各地试办半工（农）半读学校的经验。尽管后来因“文化大革命”开始，这一教育体制改革无果而终，但是半工（农）半读学校在工学结合、产教融合方面进行的有益探索，现在看来都有重要的启发意义。

刘少奇与半工半读学校

1964 年 8 月 1 日，国家主席刘少奇在讲话中提出了“半工半读，亦工亦农”的思想。1964—1965 年，按照刘少奇“两种教育制度、两种劳动制度”的思想，教育部批准国家各部委在其直属大型厂矿企业设立半工半读学校。现在看来，这里蕴含着产教融合和“双元制”等很多现代职业教育思想，即便是放到今天，也不失指导意义。

下文选自《刘少奇选集》的《半工半读，亦工亦农》一文。

> 讲一讲两种劳动制度、两种教育制度的问题。
>
> 我所说的两种劳动制度、两种教育制度，有一部分是结合的，既是劳动制度，又是教育制度，又是学校制度。就是在农村里面办半农半读的学校，在工厂里面办半工半读的学校。农忙的时候种地，农闲的时候读书，或者一个星期做工，一个星期读书。要把这种制度作为正规的劳动制度，正规的教育制度。
>
> …………
>
> 从长远来讲，实行两种劳动制度、两种教育制度可以逐步地消灭脑力劳动与体力劳动的差别。……据说，这些毕业生是比较好的。他们能文能武，就是说，既能脑力劳动，又能体力劳动；既能当工人、当农民，又能在科室办事、

---

① 郭文富，马树超．新中国成立 70 年来职业教育发展的历史阶段特征与经验［J］．教育与职业，2019（10 上）．

② 凌琪帆，曹晔．新中国成立 70 年我国农村职业教育的发展历程与成就［J］．职教论坛，2019（10）．

在研究机关工作；有些还当了技术员。我认为，这种在半工半读的中等技术学校或者大学毕业出来的人，是一种新人。这种人跟我们不一样，跟现在的工人、农民也不一样，跟现在的知识分子也不一样，而是一种新的人了。

1966 年开始的“文化大革命”使党、国家和人民遭受新中国成立以来最严重的挫折，职业教育也受到了极大的破坏。中等专业学校和技工学校停止招生 4 年之久，职业学校尤其是农村职业中学被全部撤销或转变成普通中学。直到 1971 年的全国教育工作会议后，才恢复中等专业学校和技工学校的招生工作。但由于办学条件较弱，教学质量无法得到保证。“文化大革命”期间的教育革命以教育生产化运动为主题，在基础教育领域废除“数理化生地”等基础理论课程，只开设政治思想教育、农业基础、工业基础、革命文艺、军事体育和生产劳动等课程，农业基础以“农谚和家活”为主体，工业基础以“三机一泵”为核心。这种做法表面上把所有基础教育都变成了职业教育，实际上只是简单的生产和劳动教育，与真正的职业教育有很大差别①。

（二）改革开放后的恢复和改革

1976 年粉碎“四人帮”以后，各级各类教育逐步恢复正轨。1977 年底，高等学校招生考试恢复，知识青年上山下乡运动停止。1978 年，党的十一届三中全会揭开了社会主义改革开放的序幕，党和国家的中心工作转移到经济建设上来，需要大量的技术和应用型人才，教育结构与经济建设之间的不适应性充分显现出来。1978 年 4 月 20 日举办的全国教育工作会议正式提出改革中等教育结构，邓小平在会议讲话中指出，“整个教育事业必须同国民经济发展的要求相适应……，应该考虑各级各类学校发展的比例，特别是扩大农业中学、各种中等专业学校、技工学校的比例”②。教育部在此次会议上提出了调整教育结构，建立新的基础教育体系的政策措施。1980 年，国务院批转教育部、国家劳动总局《关于中等教育结构改革的报告》，开始实施举办职业中学、职业中学招收初中毕业生、毕业生实行国家不包分配的“三结合”就业制度。

1981 年，中等教育结构的调整和改革在全国全面展开。1985 年发布的《中共中央关于教育体制改革的决定》指出“职业技术教育恰恰是当前我国整个教育事业最薄弱的环节，一定要采取切实有效的措施改变这种状况，力争职业技术教育有一个大的发展”，并提出“建立起一个从初级到高级、行业配套、结构合理又能与普通教育相互沟通的职业技术教育体系”的要求，将调整中等教育结构、大力发展职业技术教育作为教育体制改革的一个重点，并把所有培养专业技术人员、技术工人，以及对城乡劳动者的教育形式统称为职业技术教育，这对全面理解职业教育的内涵和外延，对新时期的职业教育体系具有重要的指导意义。

中等教育的调整和发展，为职业教育适应国民经济发展培养训练专门家和劳动后备军起到了积极的作用，其自身也进入了健康发展的快车道。1978—1988 年，中等专业学校

① 楼世洲．新中国成立 70 年来职业教育思想的回顾与思考［J］．教育与职业，2019（19）．
② 邓小平．在全国教育工作会议上的讲话［N］．人民日报，1978－04－20（1）

数量由 2 760 所增长至 4 022 所，高职（专科）院校在校生规模也由 38.0 万人增长至 73.1 万人，中职教育在校生规模占高中阶段教育在校生的比重增长至 51%。与此同时，成人中等职业教育也以乡镇农民文化技术学校、农业广播电视学校等形式发展起来。为解决地方技术人才严重匮乏等问题，一批以“收费、走读、不包分配”为特点的地方短期职业大学诞生，还率先打出了高等职业教育的旗帜。

县级职教中心的建设与推广

20 世纪八九十年代，我国农村地区展开了一场影响深远的教育改革运动。计划经济体制下农村中等职业教育存在条块分割、多头管理的管理体制障碍，呈现出规模狭小、布局分散、专业设置单一重复、服务面窄的多部门办学格局，造成了办学条件差、投入不足、质量和效益低下等弊端，难以适应市场经济发展的需要。河北省率先提出将县办各类中等职业学校集中规划、建设县级综合职业技术学校的实验方案，经过在获鹿县试点后，1991 年开始在每个县（市）都建立一所职教中心。到 1996 年初，河北省 138 个县市全部建成。这项创举受到全国的广泛瞩目，国家教委先后在石家庄市、唐山市召开了全国骨干职业学校建设座谈会和全国农村教育综合改革工作会议，推广其经验。各地纷纷效仿，到 2018 年全国已建立县级职教中心 1 800 多所。县级职教中心实行政府统筹、部门联办、一校多制、各负其责的办学体制，理顺了县一级的职业教育管理体制，优化了学校资源配置，提高了规模效益，成为改善农村职业教育弱质性的有效手段。县级职教中心统筹职业教育和成人教育，兼顾职前和职后教育，集人才培养、技术推广、生产示范、社会服务等多种功能于一身，是发挥“农科教结合”和“三教统筹”的重要教育实体，成为农村职业教育的中坚力量。

1991 年，国务院做出《关于大力发展职业技术教育的决定》，提出了具有中国特色的从初级到高级、行业配套、结构合理、形式多样，又能与其他教育相互沟通、协调发展的职业技术教育体系的基本框架。随后，国家对中等教育进行了有力的改革和推进。1996 年颁布实施的《中华人民共和国职业教育法》为职业教育发展提供了法律依据，标志着我国职业教育走上了依法治教的轨道。该法明确“国家根据不同地区的经济发展水平和教育普及程度，实施以初中后为重点的不同阶段的教育分流，建立、健全职业学校教育与职业培训并举，并与其他教育相互沟通、协调发展的职业教育体系”。

在实践中，通过疏通办学主体渠道，允许社会力量办学，我国形成了多部门、多行业共办职业教育的格局，同时对现实中存在的制度不健全、行业参与机制缺失、办学多头缺乏统一协调、职业资格制度与学历职业教育不匹配等一系列问题进行了系统性整改，职业教育取得了显著的发展。到 2000 年，全国共建有中等职业学校（包括普通中专、成人中专、职业高中和技工学校）20 250 所，在校生 1 307 万人，占高中阶段在校生的一半以上，即占据了中等教育的“半壁江山”。职业教育为国家现代化建设培养了大批中、初级技术人才和高素质劳动者，有力地推动了经济建设和社会发展，也为我国提高全民素质和文化技术水平做出了历史性贡献。

这一时期，通过办学体制改革，民办职业教育获得了合法地位。《中国教育改革发展纲要》提出，改变职业教育办学主体单一局面，把办学主体“以政府投资为主”转为“以社会力量办学为主、政府支持为辅”，形成多层次、多形式、全社会共办职业技术教育的局面。民办教育的合法性在1995年颁布的《中华人民共和国教育法》中得到体现，即“国家鼓励企业事业组织、社会团体、其他社会组织以及公民个人依法举办学校及其他教育机构”。

随着高等职业教育规模的扩大，招生制度也在改革，各省积极探索“自主考试、注册入学、破格录取”等多种招生方式。《国家中长期教育改革和发展规划纲要（2010—2020年）》指出，中等职业学校实行自主招生或注册入学，高等职业教育入学考试由各省、自治区、直辖市组织，探索招生与考试相对分离的办法，逐步形成分类考试、综合评价、多元录取的考试招生制度。高等职业教育考试招生制度逐步与普通高校本科考试分离，“知识＋技能”逐渐成为高职院校招生的主要方式。

经费扶持不断加大，中职教育资助体系逐步完善，高职教育生均拨款获得保障。中央财政投入100亿资金资助基本设施建设，重点建立完善助学金和学费减免等贫困资助制度。形成以中央政府为主导，以财政为主体，社会各方参与，多元化助学手段并举的助学制度体系。此外，高职院校生均拨款标准的实施，使高职生均拨款由定性要求走向量化标准。各地出台的职业院校生均经费标准或公用经费标准，为高等职业教育经费投入提供了重要依据。

（三）新世纪职业教育体系建设

20世纪末，在国际金融危机的大背景下，职业教育进入国家扩招政策推动下的大发展。1999年，中共中央、国务院《关于深化教育改革全面推进素质教育的决定》提出调整现有教育体系结构，扩大高中阶段教育和高等教育的规模，拓宽人才成长的道路，减缓升学压力，并要求大力发展高等职业教育。同年举行的全国教育工作会议做出了大幅度扩大高等学校招生规模的决定。在相关政策推动下，高等职业教育招生规模连年增长，成为高校扩招的主力军。2010年，全国独立设置的高职院校达到1 246所，招生310.5万人，分别是2000年的3倍和6倍。同时中等职业教育规模也持续扩大，2010年招生870.4万人，比2000年增长了113%。这一时期，我国高中阶段、高等教育的毛入学率得到了很大提高，2010年高中阶段毛入学率和高等教育毛入学率分别达到82.5%和26.5%，与10年前相比均实现了翻番。在此过程中，职业院校坚持专业对接产业发展需求，服务区域发展，在交通、通信、艺术设计、传媒等重点和新型产业领域中，形成了一批专业特点突出的优秀职业院校群体，他们为我国实体经济建设和区域发展提供了重要的技术技能人才支撑。

国家进一步明确了职业教育的重要战略地位，将加快高等职业教育发展作为整个教育工作的战略突破口，以专项引导为抓手，加快职业教育改革与发展。2006年启动的国家示范性高等职业院校建设计划，标志着高职教育政策在强化特色、加快改革、提高质量方面的重点引导，推动高职教育实现了跨越式的发展。中国职业教育逐步发展成长为世界规模最大的职业教育体系，实现了由“小”到“大”的转变。党的十八大以来，习近平总书记关于职业教育的一系列重要论述，对于明确中国特色职业教育的本质特征、完善职业教育和培训体系、深化产教融合与校企合作、提高职业教育服务国家经济高质量发展的能力具有重大意义。2017 年，党的十九大报告提出“完善职业教育和培训体系，深化产教融合、校企合作”，2019 年《国家职业教育改革实施方案》强调职业教育要对接科技发展趋势和市场需求，职业教育的类型特征逐步清晰，发展职业教育成为推进教育现代化和人力资源供给侧结构性改革的重要任务。在此期间，应用型本科和职业本科教育逐渐建立和发展。2015 年，《关于引导部分地方普通本科高校向应用型转变的指导意见》提出了地方高校转型发展的主要思路、任务及具体配套的政策措施。2019 年，《国家职业教育改革实施方案》明确“开展本科层次职业教育试点”，将职业本科教育纳入高层次应用型人才培养体系，完善职业教育体系的制度架构①。

面对我国经济增速趋缓、结构趋优的“新常态”，对职业教育内涵质量提升的紧迫性进一步凸显。2022 年 5 月生效的新修订的《中华人民共和国职业教育法》，以法律形式明确了职业教育是与普通教育具有同等重要地位的教育类型，凝聚了《职业教育法》实施 26 年来我国职业教育改革发展的成果经验，对于提升职业教育适应性，实现新时代职业教育高质量发展，具有重要的意义。

（四）高等职业教育跨越式发展

进入 21 世纪以来，我国高等职业教育由小到大、由弱到强，成为与普通教育同等重要的独立的教育类型，其变化之大前所未有，成为职业教育发展的标志性成果。高等职业教育的跨越式发展，确立了高职教育在教育体系中的地位，密切了教育与经济发展尤其是生产劳动的结合，推进了高等教育的大众化发展，促进了高等教育人才培养模式的改革，即从“精英教育”到“面向人人、关注人人”，从“本科压缩饼干”到“校企合作、工学结合”。2006 年开始的国家示范性高职院校建设计划和骨干高职院校建设计划，支持了高水平职业教育示范院校建设，使这些学校在办学实力、教学质量、管理水平等方面有了较大提高，并在带动全国职业院校办出特色、提高水平方面起到了积极的示范作用②。记录这一段发展历程，有助于理解当代中国职业教育的发展逻辑。

高等职业教育的基础是 20 世纪 80 年代建立的短期职业大学，以及后来陆续建立的五年制高等职业教育班等。1998 年，《面向 21 世纪教育振兴行动计划》提出“大力发展高等职业教育”政策后，高等职业教育获得了快速发展，一批中等职业学校或多所中等职业学校合并升格为职业技术学院，由职业大学、成人高校等改制组成的高等职业学校也迅速发展起来。独立设置的高职院校快速增长，从 1998 年的 431 所，发展到了 2021 年的 1 486 所。高职院校数量超过普通本科高校，支撑了高等教育的“半壁江山”。

1. 规范管理（1998—2005 年）

1998 年，教育部开始以专业为单位，开展高职院校的教学改革试点，以点带面推动战线解放思想、凝聚共识、合力发展。1999 年底，提出高职高专教育的人才培养工作目标是培养“生产、建设、管理、服务第一线需要的高等技术应用性专门人才”。2004 年，

---

① 贾雯，王迎春．新中国成立 70 年职业教育发展历程、经验与展望［J］．河北大学成人教育学院学报，2020（2）．

② 马树超，郭扬．新中国高等职业教育发展改革的非凡成就和经验［J］．中国高等教育，2009（17）．

教育部发布《中国普通高等学校高职高专教育指导性专业目录（试行）》和相关管理办法，确定高职高专教育的专业分类以产业、行业作为主要依据，打破了传统学术型教育以学科作为分类依据的做法，规范了高职高专教育的办学依据。同年开展的高职高专院校人才培养工作水平评估工作，对规范院校管理、充实办学条件、争取地方支持作用明显，许多学校由此解决了多年悬而未决的新校区建设、办学经费和教师编制等问题，对高等教育办学时间不长的学校补齐教学文件、理顺管理流程、促进教学改革、提升教职工能力水平起到了推动作用。

2. 内涵建设（2006—2013 年）

2006 年，教育部和财政部等按照“中央引导、地方为主、行业企业参与、院校具体实施”原则启动了国家示范校建设项目，对 100 所高职院校的办学理念先进、产学结合紧密、特色鲜明、就业率高的专业进行重点支持。这个项目和后续开展的二期国家骨干校建设项目，是中央财政对高等职业院校的集中专项投入，对稳定高职院校群体、形成职教类型特色、提升职业教育的培养质量和社会影响起到了重要的推动作用。同年印发的教育部《关于全面提高高等职业教育教学质量的若干意见》第一次提出“高等职业教育作为高等教育发展中的一个类型”，确立了高职教育的独特内涵特质。2008 年，教育部开始进行高职院校的第二轮评估，建立状态数据平台、实现评软不评硬、重在给出改进建议、淡化结论等新理念的采纳和实施，为引导学校把精力从计较数据指标转移到加强内涵建设方面创造了条件。

3. 综合改革（2014 年至今）

2014 年，国务院印发《关于加快发展现代职业教育的决定》，从国家经济社会发展需求和实现人的全面发展的高度，提出了产教融合、构建现代职业教育体系等新要求，为职业教育深化校企合作，打破止于专科学历“天花板”，构建现代职业教育体系提供了机遇。同时，提出推进招生与招工一体化、深化工学结合人才培养模式改革的“现代学徒制”和“企业新型学徒制”试点工作，既考虑了企业的利益诉求，也是对职业教育制度的完善。《高等职业教育创新发展行动计划（2015—2018 年）》把扩大优质教育资源，完善质量保障机制作为当时的高职教育改革发展的重要目标。

经过多年发展，高等职业院校办学实力得到提升，改善了我国高等教育的学校结构、专业结构、人才结构，为实现高等教育大众化、服务支撑实体经济和国家区域发展战略做出了重要贡献①。2021 年，全国高等职业教育招生 556.72 万人，占普通高等教育本专科招生总数的 55.60%；高等职业教育在校生 1 603.03 万人，占本专科在校生总数的 45.85%，这实质性地改善了我国职业教育和高等教育的层次结构。

概念术语

大职业教育主义

“双元制”职业教育

《关于大力发展职业技术教育的决定》（1991 年）

① 林宇. 21 世纪以来高等职业教育发展的回顾与思考［J］. 中国职业技术教育，2022（15）.

《钦定学堂章程》(壬寅学制)
《中共中央关于教育体制改革的决定》
百工教育
半工(农)半读教育制度
德国萨克森-魏玛《行会条例》
短期职业大学
改革教育学
高职院校"知识+技能"招生考试
癸卯学制
国家骨干高职院校建设
国家示范性高职院校建设
黄炎培
技工学校
美国《史密斯-休斯法案》
民办职业教育
农业中学
设计导向职业教育
实业学堂
素质教育
维新运动
县级职教中心的建设与推广
新职业主义
学徒培训/学徒制
英国《工匠学徒法》
英国国家职业资格标准体系
职业本科教育
中等教育结构改革
中等职业学校自主招生或注册入学
中等专业学校(中等技术学校、中等师范学校)

复习思考题

1. 举例说明中国职业教育发展史上的若干重要事件。
2. 国外现代职业教育思潮有哪些共同特点?
3. 20 世纪 60 年代的半工(农)半读与现在的现代学徒制有何异同?
4. 近年来我国职业教育高速发展体现出哪些特点?
5. 当前影响我国职业教育发展的瓶颈是什么?

第四章　职业教育的体系与制度

本章导读

本章讨论职业教育的体系与制度，包括职业教育体系的主要内涵、职业教育制度的类型、技能形成体系理论、中国职业教育制度的特点、中国特色学徒制建设等。此外，还介绍了德国、瑞士等典型发达国家的职业教育制度。

案例：天津现代职业技术学院现代学徒制试点项目

中国是世界第三大钟表出口国（地区），但是缺乏高质量的专门人才培养机构。天津现代职业技术学院与海鸥集团从2011年开始引入现代学徒制理念，开展高端手表制造与维修人才的试点工作。

（1）建立钟表文化，校企联合招生：学校通过高考招生，新生通过实习，学习钟表文化，认同“钟表制作与维修”职业并产生学习热情。入选学生与企业签订《企业学徒协议书》，明确各方责权利，确立学习者的双重身份。

（2）共同开发人才培养方案，开展交替式教学：学校与企业共同确定专业人才培养方案。为期六个学期的人才培养过程安排如下：在第一学期，学生走进车间感受企业环境，了解岗位职责，但以学校课程教学为主；在第二至第四学期，企业驻校师傅和学校教师合作设计教学项目，视情况在学校和企业分别实施；第五学期为“轮岗实训”；第六学期学生在生产岗位进行“顶岗实习”。

项目在国家职业资格考试基础上设立了“中期考试”和“出师考试”，分别在第四学期末和第六学期举行。在第六学期的顶岗实践采用阶梯晋级式考评管理制度，以企业现岗工人定额工作量为基准，逐渐提高对学生的产量和质量要求。企业师傅进行综合评价，并据此确定学徒的薪酬涨幅。

职业教育的体系与制度建设，是职业教育事业发展的重大实践问题。“体系”和“制度”在英语中是一个词，即 system（意味着一组相关要素协同工作），但在汉语中有一定的区别。“体系”是指若干互相关联的客观事物，或者作为客观事物反映的观念，在其发展过程中，逐步形成一个有序的整体；“制度”是要求成员共同遵守的、按一定程序办事的规程或行动准则。通常，“教育体系”是指互相联系的各种教育机构的整体或教育大系统中各种教育要素的有序组合，各部分之间的比例关系及其结合方式；“教育制度”是根据国家的性质制定的教育目的、方针和政策的总称。本章讨论职业教育体系与制度建设的基本问题。

第一节　职业教育体系

一、职业教育的体系与结构

职业教育体系是国家教育体系的重要组成部分，是一个国家或地区各种类型、层次的职业教育和培训构成的整体①，其核心是学制体系，它通过特定的结构呈现出来。在一些国家，职业教育体系同时也是经济和人力资源开发体系的组成部分，如德国的双元制职业教育。职业教育结构是职业教育体系的框架，是体系构成要素、组织形式、信息系统及其与外部环境的关联方式，可分为宏观结构和微观结构两个层次。

（一）职业教育宏观结构

职业教育宏观结构指职业教育系统的宏观构成及其与经济、社会、文化等外部因素的关系，包括职业教育的类型、层次、规模、办学、学制、专业、管理体制结构和布局结构等。其中，类型结构指职业学校教育和职业培训的关系；层次结构指职业教育系统内不同层次职业学校的构成及相互衔接，有初等、中等和高等职业教育；规模结构指在经济社会发展的不同阶段，各层次职业教育人才培养数量及其比例关系；办学结构指政府、行业和社会力量办学的形式和类型，如部门直属、民办公助等；学制结构指长学制和短学制、全日制和部分时间制、在职与脱产学习等；专业结构指专业设置类别间的关系，如工、农、

① 教育大辞典编撰委员会．中国教育大辞典：第 3 卷［Z］．上海：上海教育出版社，1991.

医、财经、艺术或制造类、服务类与产业对接的专业覆盖范围；管理体制结构指职业教育管理机构的设置、隶属关系、管理权限的构成及作用方式；布局结构指国家或地区各级各类学校的分布情况及相互关系。

（二）职业教育微观结构

职业教育微观结构指职业院校内部各组成要素和部门的关系及作用结果，包括学校的基础设施结构、组织结构、队伍结构、专业设置结构和课程结构。其中，基础设施结构包括校园校舍、仪器设备、图书资料和实习基地等；组织结构涉及学校的行政机构、教学部门和后勤部门等；队伍结构按工作性质可分为领导班子、教师队伍、后勤管理队伍等，教师队伍又可细分为文化课教师、实习指导教师和双师型教师等，按聘用状况可分为专职教师和兼职教师；专业结构是指职业院校专业设置的类别；课程结构是指基础课、专业基础课程与专业核心课，或必修课与选修课的构成，或理论课与实践教学的课程划分等。

从职业教育体系和结构的发展历程可以看出，我国职业教育体系的主体是职业学校教育。职业教育体系构建是一个长期的自我完善过程，职业教育结构受地方社会、经济发展等条件的制约，有鲜明的地方特色。职业教育的规模主要取决于经济社会发展对人才数量的要求，专业结构和布局随着行业产业发展在不断优化，职业教育结构反过来也影响着一个地区的产业发展、劳动就业和社会文化发展。

二、我国职业教育体系

世界多数国家的职业教育体系均可分为职业学校教育和职业培训两个部分，两部分要素之间的不同组合，构成了各国不同的职业教育体系。对职业教育体系的理解和分析可以从不同维度进行，特别是职业教育的形式和层次。

（一）职业教育的形式

按照《中华人民共和国职业教育法》的规定，我国建立健全适应经济社会发展需要，产教深度融合，职业学校教育和职业培训并重，职业教育与普通教育相互融通，不同层次职业教育有效贯通，服务全民终身学习的现代职业教育体系。我国职业教育的形式主要有两种，即各级各类职业院校实施的学历教育和各类职业培训机构进行的非学历教育。

1. 职业学校教育

职业学校教育是学历教育，是按照专业定向开展的教育，包括中等职业学校和高等职业学校教育，属于国民教育范畴。各级各类职业学校对受教育者实施有目的、有计划、有组织的传授专业知识、培养职业道德、发展职业能力的教育活动，具有规范化、制度化和系统化特点，有利于为特定职业和专业培养大批量全面掌握职业知识技能的高素质劳动后备力量。

按规定，中等职业学校教育由高级中等教育层次的中等职业学校（含技工学校）实施。高等职业学校教育由专科、本科及以上教育层次的高等职业学校和普通高等学校实施。根据高等职业学校设置制度规定，将符合条件的技师学院纳入高等职业学校序列。其他学校、教育机构或者符合条件的企业、行业组织按照教育行政部门的统筹规划，也可以实施相应层次的职业学校教育或者提供纳入人才培养方案的学分课程。

中等职业学校包括教育部门主管的中等专业学校和职业高中，以及人社部门主管的技工院校。高等职业学校包括独立设置的职业技术学院、高等专科学校、普通本科院校的二级职业教育学院，以及新设立的本科层次的职业技术大学。职业学校有政府办学、企业办学和社会力量办学三种主要形式。目前，政府鼓励探索混合所有制等新型办学形式，以期“形成政府主导、依靠企业、充分发挥行业作用、社会力量积极参与的多元办学格局”。

2. 职业培训

职业培训是我国职业教育体系的重要组成部分，职业培训包括就业前培训、在职培训、再就业培训及其他职业性培训，可以根据实际情况分级分类实施。按照规定，职业培训可以由相应的职业培训机构、职业学校实施。其他学校或者教育机构以及企业、社会组织也可以根据办学能力、社会需求，依法开展面向社会的、多种形式的职业培训。我国还在努力建立健全各级各类学校教育与职业培训学分、资历以及其他学习成果的认证、积累和转换机制，推进职业教育国家学分银行建设，促进职业教育与普通教育的学习成果融通、互认。

《中华人民共和国劳动法》在“职业培训”一章中明确了国家、各级人民政府、用人单位和劳动者发展职业培训的具体责任。实施职业培训的目的是将新生劳动力培养训练成为具有一定知识、技术和技能素质的合格劳动者，或将具备一定职业经历者培训成适应新的职业岗位要求的劳动者，以满足就业和转换职业的需要。我国的职业培训基本制度涉及劳动预备制度、再就业培训、学徒制度、企业在职职工制度，培训经费主要通过政府财政拨款、企事业单位自筹及使用贷款、收缴学费、培训实体创收、社会资助、接受捐赠等多种渠道解决。职业培训不追求学历文凭，它形式多样、针对性强，对全社会劳动力技能水平的提高具有重要的意义。

（二）职业教育的层次

根据所处教育阶段、相应的学习年限以及所要求掌握的知识技能的难度，我国的职业学校教育分为三个层次。

1. 初等职业教育

初等职业教育是九年义务教育的组成部分，主要在欠发达或边远山区开展，对具备各种文化层次基础（包括脱盲）的人员进行基本职业观念、知识和技能的教育培训。初等职业教育的对象包括接受义务教育的在校生、小学毕业生或相当于小学文化程度的人员、即将离校的初中毕业生等。有多种办学形式，包括在普通初中以劳技课形式引入农村实用技术，将职业教育内容要素渗透在普通教育课程中。初等职业教育目前已很少，主要为智力障碍青少年设置，使他们获得简单的劳动技能，以便自食其力。

2. 中等职业教育

中等职业教育是处于高级中学阶段的以初中毕业生为主要培养对象，培养具有一定专业知识技能的技术工人、初中级技术人员、服务人员和管理人员等技术技能人才的教育，包括三种学校类型：

（1）高级职业中学。

高级职业中学亦称为“职业高中”，是培养学生掌握某种专门知识和技能，专门实施中等职业教育的一种学校类型。职业高中是 20 世纪 80 年代初中等教育结构改革的产物，是在原有普通中学基础上建立起来的。职业高中的特点是人才培养紧密联系实际，办学形式多样，办学经费来源多渠道，教师待遇（比如职称评定）沿袭普教，是支撑中等职业教育的主要力量。

（2）中等专业学校。

中等专业学校简称中专，指招收初中毕业生或具有同等学力者，实施中等专业教育，培养各种中级专门技术和管理人才的中等职业技术学校。中等专业学校是新中国成立后参照苏联经验建立或改造而成的，它在相当高中文化程度的基础上进行专业技术教育，是中等职业教育层次的重要学校类型。过去，中等专业学校主要依靠中央和地方的业务部门及其所属企事业单位办学，由国务院有关部委按专业归口指导管理。20 世纪 90 年代中期中专招生和分配制度改革后，行业和系统办的中专被陆续下放给地方政府管理。

（3）技工院校。

技工院校是由产业、行业和劳动部门主办，由人力资源和社会保障部门实施综合管理的，以培养技能人才为目的的中、高等职业学校，包括技工学校、高级技工学校和技师学院。在实际办学过程中，这三类学校在办学层次、学校软硬件、承担培养任务等方面都有差异。普通技工学校属于中等职业教育层次，高级技工学校和技师学院属于高等职业教育范畴。三类学校同时承担企业职工培训、劳动预备制培训以及社会其他类人员培训任务，是综合性职业培训基地。

3. 高等职业教育

高等职业教育是有目的、有计划、有组织地培养德、智、体、美、劳全面发展的高素质技术技能人才的教育实践活动。高等职业教育是一个有中国特色的概念，目前对其至少有三种理解：一是它是高等教育中有较强职业性特征的教育，区别于以学科教育为主要特征的普通高等教育；二是它是职业教育中处于高层次的部分，在人才培养目标定位上高于中等职业教育，侧重培养复合型和创新型技术技能人才；三是它是培养处于较高层次的培养职业技术人才的教育，是高教性和职教性教育统一体。有观点认为，高等职业教育也包括学历教育和非学历教育两部分，但目前讨论的焦点集中在高等职业教育的学历教育部分。

我国从事高等职业教育的职业院校包括专科和本科层次，它们以立德树人为根本，以服务发展为宗旨，以促进就业为导向，培养适应社会和经济发展需要以及具备可持续发展能力的高素质应用型和技术技能人才。高等职业院校有多种称谓，如职业技术学院、职业大学、职业学院和职业技术大学等，多数属于地方性高等院校，也有少量由行业组织、国有企业举办的院校或民办院校。有较长发展历史的高等专科学校也属于此类院校。按照规定，国家主要负责高职教育的统筹规划、综合协调和宏观管理，职业院校根据地区、行业经济和社会发展的实际需要设置和调整专业，报地方教育行政部门备案后方可开展教育教学工作。高等职业学校根据地区、行业经济和社会发展的实际需要设置和调整专业。专科层次高职院校是“三校生”（中等专业学校、职业高中和技工学校）高考单考单招的主要录取院校，其基本修业年限为三年，以招收应届初中毕业生为培养对象的基本修业年限为 5 年。

高等职业教育对高等教育大众化起了积极的促进作用。作为面向职业实践的特殊的专业教育，高等职业教育具有以下特点：（1）培养复合型技术技能人才所需的综合职业能力和素养，满足工具理性和价值理性的双重要求；（2）办学过程强调校企合作，在实践中形成了“订单式”、工学交替等多种校企合作人才培养模式；（3）产教融合（办学与产业关联），针对产业转型升级所需的知识和人才需求，培养产业所需的技术技能人才；（4）教育内容对接职业标准，将行业和职业标准作为制定教学标准的重要基准；（5）教学方式对应生产活动，秉承“基于工作的学习”理念，遵循职业能力发展规律，发挥工作实践的教育价值。

对职业培训层次的理解与学历教育不同。我国的职业培训依据培训对象可分为就业前培训、转业培训、再就业培训、农村劳动力转移培训、在职职工培训，以及其他职业性培训；依据职业资格或技能等级标准，可划分为初级工、中级工、高级工、技师培训和其他适应性培训。职业培训机构包括就业训练中心、技工院校和各类职业院校。就业训练中心主要针对失业青年和下岗人员组织培训，以实用技术和适应性培训为主，学制灵活。技工院校是人社部门培养技术技能人才的主要基地，已形成学历教育与职业证书教育相结合，多层次、多功能、多元化的职业培训体系。

对职业教育体系的分析描述还涉及职业教育的阶段（如职业启蒙教育、职业准备教育和职业继续教育）以及职业教育布局等方面，限于篇幅不再赘述。

三、现代职业教育体系建设

（一）现代职业教育体系的概念

受经济发展水平和人口结构的影响，我国职业教育所处的发展环境非常复杂，职业教育始终存在着纵向阶段衔接欠佳、横向融通缺乏、职前职后难以一体化、开放程度不够、技工院校处境尴尬等一系列问题①，这在很大程度上影响了职业教育现代化的进程。建立现代职业教育体系，成为我国在现代化征程中针对高素质技术技能人才培养的一项战略决策。

“现代职业教育体系”一词最早出现在《国家中长期教育改革和发展规划纲要（2010—2020年）》中，2014年国务院《关于加快发展现代职业教育的决定》提出了更为具体的要求，即“形成适应发展需求、产教深度融合、中职高职衔接、职业教育与普通教育相互沟通，体现终身教育理念，具有中国特色、世界水平的现代职业教育体系”。

我国传统职业教育体系的核心是职业学校教育，它有两个无法彻底解决的问题：一是育人的学校教育制度与用人的劳动就业制度分离，导致人才供给与劳动市场用人需求相脱节；二是知识取向的学历证书与就业取向的技能（资格）证书分离，使教学内容脱离行业企业实际，造成毕业生就业困难，这反过来又制约了学习者自身的发展和价值的实现。建立现代职业教育体系要兼顾经济发展的功利性目标和教书育人的教育性目标的双重要求，既要促进经济发展和体面就业，又要促进个性发展和社会公平。

---

① 关晶，石伟平．我国职业教育体系存在的问题及其完善对策［J］．职业技术教育，2012（7）．

（二）现代职业教育体系的特征

职业教育跨越了职业与教育、企业与学校、工作与学习的界域，跨越了经济界与教育界，职业教育体系需要同时遵循经济（产业）与教育、职业（就业）与教育、职业成长与认知发展的规律，整合经济发展的要求和个性发展的需要。职业教育现代化体现在教育理念的科学性和办学条件的先进性等多个方面。现代职业教育体系应具备以下特征①：

1. 适应外部需求

适应经济发展方式转变、现代产业体系建设和人的全面发展要求，遵循技术技能人才成长规律，实现各级各类职业教育的科学定位和布局。现代职业教育体系是政府统筹规划、面向市场生存、产教融合发展的体系，实施根据市场需要的学历证书与职业技能（资格）证书并重的证书制度，采用产教融合、校企合作和工学结合的人才培养和教学模式，关注职业院校的特色建设、质量和效益。

2. 内部有机衔接

按照终身教育理念统筹协调中等、高等职业教育发展，以课程衔接为重点，促进不同层次职业教育培养目标、专业设置、教学管理、教学资源和评价机制的衔接，增强人才培养的针对性、系统性和多样化。现代职业教育体系采用满足劳动市场需求的机制、全面发展的人才培养目标、科学技术文化知识与职业工作内容有机结合的课程教学模式，它以现代职业教育思想为基础，坚持以人为本、服务经济社会、可持续发展、终身学习、重视职业意识和道德教育②。

3. 多元立交沟通

推动职业教育与普通教育、继续教育相互沟通，实行全日制教育与非全日制教育并重，搭建职业教育人才成长的"立交桥"。现代职业教育体系采用开放式结构，既包括职业院校的学历教育、各种类型的职业培训，也包括基于岗位成长、在线学习等非正式教育的子系统。有资格的企业作为教育机构同样承担职业教育的社会责任，在享有社会资源、待遇和地位的同时，其对职业教育的投入可以通过税收减免等措施得以补偿。

可以看出，现代职业教育体系涉及三方面的要素：一是适应经济发展，这是社会发展的需求性、导向性要素；二是体现终身教育理念，这是个性发展的需求性、开放性要素；三是实现中、专、本层次的职业教育协调发展，这是职业教育的层次性、规律性要素。我国建立现代职业教育体系需要解决的基本问题是：协调就业导向与综合职业能力发展的关系，实现中等职业教育与高等职业教育的衔接，以及职业教育与普通教育的等值③。

建立现代职业教育体系，需要对职业教育规律和本质进行深入研究。从世界范围看，建立高效的职业教育体系非常困难，因为职业教育体系不是自我独立的制度"平衡"，每一部分制度安排都需要得到利益相关者的持续支持。职业教育体系的建立受到政府、企业和社会组织的影响，在谁提供、谁主导、谁投入，以及处理职业教育和普通教育关系方面

---

① 范唯，郭扬，马树超．探索现代职业教育体系建设的基本路径［J］．中国高教研究，2011（12）．

② 马庆发．现代职业教育理念的本土化思考［J］．职教论坛，2007（1）．

③ 姜大源．现代职业教育体系［M］//中国大百科全书．北京：中国大百科全书出版社，2023．

始终存在争议，经济发展政策和创新机制对职业教育体系的形成也有很大影响①。在相关研究中，要同时开展对其他社会支持系统的分析，并综合考虑教育体系与政治经济制度、生产系统和历史文化的关系②。

四、职业教育体系与国民教育、终身教育的关系

（一）职业教育体系与国民教育体系

职业教育体系与国民教育体系有着密切的联系。国民教育是国家为本国公民举办的学校教育，其基本功能是保障国民享有基本教育权利，为经济社会发展服务、为公民自身发展服务，因此国民教育具有基础性、规范性、公益性和开放性的特点。我国的国民教育体系指颁发国家学历文凭的义务教育、基础教育、高等教育、职业教育和成人教育的学校教育的总和③。

职业教育是一种独特的教育类型，职业教育的学历教育部分同时也是国民教育的重要组成部分，具有国民教育的基本属性。现代教育体系是一座人才成长的立交桥，职业教育体系既与国民教育体系交叉相容，又自成体系，它们相互联系、平行发展，但运行机制、功能定向有所不同（见图 4－1）。

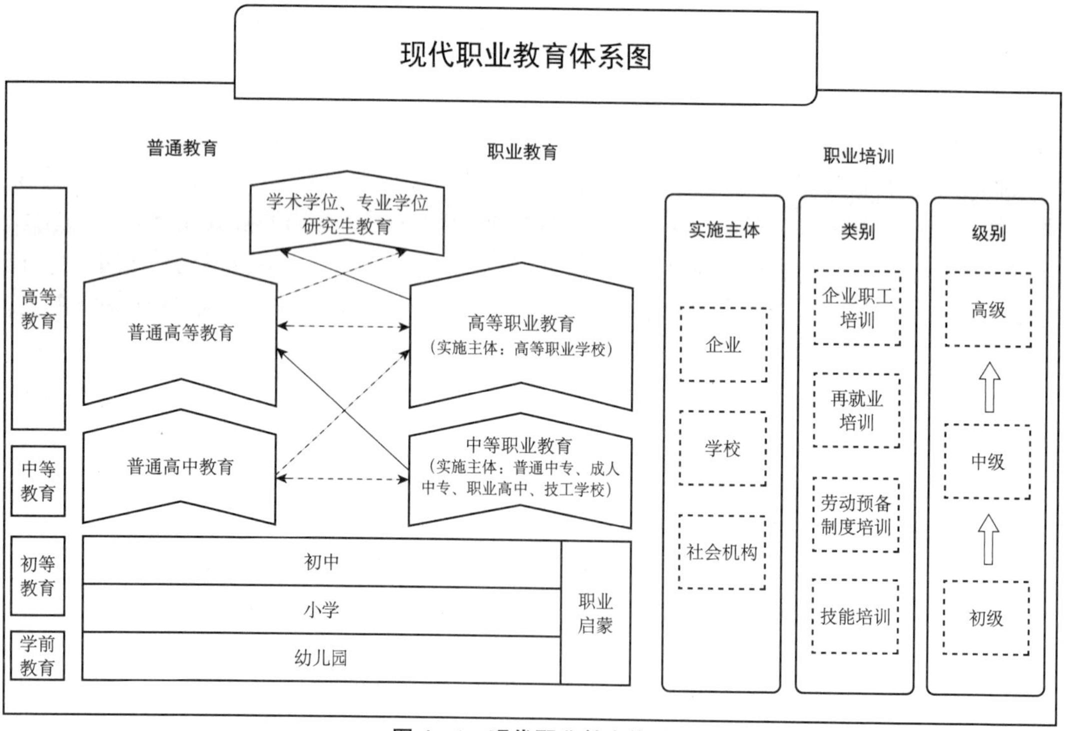

图 4－1 现代职业教育体系

① KEEP E. The future of vocational education and training in a changing world [J]. Journal of Vocational Education & Training，2012 (4).

② 许竞．试论国家的技能形成体系：政治经济学视角 [J]. 清华大学教育研究，2010 (4).

③ 黄尧．职业教育学：原理与应用 [M]. 北京：高等教育出版社，2009.

在国民教育体系中，各种类型、层次的教育分工协作、相互融通，共同为公民的成长和发展提供公共教育服务，为经济社会的发展提供人才保障。这里的融通包括：在普通初、高中教育中，除了加强劳动教育外，还按实际情况渗透职业教育的因素，如增加职业预备教育课程。职业学校文化课成绩好的学生允许报考（特定专业或非限定专业领域的）普通高等院校。理想条件下，普通高中学生如想报考高等职业院校，也需要补修一些职业教育课程。职业学校应建立通过必要程序吸纳普通学校毕（肄）业生前来学习的制度，并确定相应的转学条件。

（二）职业教育体系与终身教育体系

终身教育是人们在一生中所受到的各种培养的总和，指开始于人的生命之初，终止于人的生命之末，包括人发展的各个阶段及各方面的教育活动。终身教育体系是指教育系统和社会机构为社会成员提供一生参与有组织学习机会的教育制度安排和网络。联合国教科文组织 1974 年在修订的《关于技术和职业教育的建议》中建议各国在制定职业教育结构的政策时“不要脱离以终身教育为指导原则的教育政策范围”。职业教育体系不是终结型教育，而是一种贯穿人的整个职业生涯的教育体系，是终身教育体系的重要组成部分。在这一体系中，处于不同职业发展阶段的人能够在最需要的时刻以最好的方式得到各种与职业有关的知识和技能教育。

一个健全完整的终身教育体系，可以通过各种形式和手段有效协调各种社会活动（技术的、政治的、工业的、商业的等）及其与各种教育目标之间的联系，使每个公民都有机会参加各级各类教育与培训。终身教育并不意味着一定在学校或课堂学习。各种教育和社会组织特别是职业教育机构，会向社会成员提供各种教育机会，保障其多种学习需求，使每个成员在一生中能够不断学习、提高素质，化解人与生产力、人与社会发展的矛盾，从而适应社会发展的需要。

职业教育是终身教育实践中最活跃、最有特色的部分。各种职业技能等级培训，与社会各行业的职业结构相对应，以提高职业能力为主要内容的职业继续教育更是终身教育的重要组成部分。职业培训和职业继续教育服务范围广，涉及时间长，涵盖了一个人职业生涯的各个环节和阶段，与人的工作历程的转折和升迁密切相关。职业教育为终身教育提供了丰富的内容和形式，职业教育与终身教育相结合，成为提供时间长、享用人数多、内容广泛、形式灵活、最能体现教育公平和民主的教育类型。从一定程度上说，职业教育体系发达与否，是终身教育发展水平高低的标志。

第二节　职业教育制度

一、职业教育制度的概念

职业教育制度是国家制定并要求社会成员共同遵守的职业教育活动的规范体系，是发展职业教育过程中采取的标准形式，包括内在制度和外在制度。内在制度是在长期的职业教育实践中演化出来的，如职业教育思想、人才培养模式等，外在制度是由政府的权力机构及其代理人设计和确定的，如职业教育管理、资源配置和招生就业制度等。

职业教育有自身的发展规律，职业教育制度建设受到经济、政治、教育和就业制度以及文化历史、产业结构和生产力发展水平等多方面因素的影响，是职业教育发展和具体国情长期互动的结果，具有明显的差异性。职业教育制度在体系建设层面涉及的培养目标、运行机制、办学主体、资源配置、专业标准等有规范性标准，在教育教学实施层面涉及的办学模式、培养方式、课程设置、教学实施等有参照性标准。不同的职业教育制度构成了不同的职业教育模式。

二、职业教育制度的类型

各国职业教育制度有很大差别，很难简单地说哪种模式绝对最优。从不同的角度对职业教育的制度和模式有不同分类，了解这些分类可以深入了解不同职业教育模式的制度特征，从而为职业教育的科学发展提供启发。

（一）经济学的技能形成体系理论

制度经济学把职业教育发展理解为（宏观的）技能形成过程，并开展了大量有关技能形成模式与经济发展关系的研究，其基本结论是：一个国家的制度和文化环境塑造了其独特的技能形成过程，这就是所谓的“国家技能形成体系”，即国家在技能形成方面的一整套制度安排，包括职业教育的承担主体、技能标准和教育制度及其与其他社会经济制度的关联方式。

根据国家和企业对职业教育的不同参与程度，布森迈尔（M. R. Busemeyer）等把发达国家的技能形成体系分为四种类型①：

1. 自由主义技能形成体系

该体系以美国为代表。技能的供给和积累主要依靠市场机制调节，国家和企业对职业教育培训的参与程度低，企业主要通过雇用有技能的劳动力获得技能供给，劳动力市场流动性高，技能劳动者的就业环境较差，职业教育的社会地位较低。学习者本人是职业教育的主要投资者，通过院校和培训机构获得通识教育和少量技能培训。学习内容强调通用技能，但市场应用导向强烈，常常会根据企业的需求进行调整。在这种体系中，职业教育与学术教育融合程度较低，存在文化传统和制度上的隔阂。

2. 分割主义技能形成体系

该体系以日本为代表。在技能形成体系中企业参与程度高，国家干预程度低。个人首先通过学校教育体系获得较高水平的普通教育，进入企业后接受企业专门技能在职培训，通过终身雇佣制获得参与培训的长期收益。职业技能主要通过企业内部技能养成体系发展，企业外的国家技能培训和认证机构服务的劳动力数量较少。

---

① BUSEMEYER M R，TRAMPUSCH C. The comparative political economy of collective skill formation [M] // BUSEMEYER M R，TRAMPUSCH C. The political economy of collective skill formation. London：Oxford University Press，2012.

3. 国家主义技能形成体系

该体系又称国家管制型技能形成体系，以瑞典为代表。国家投资和提供标准化的、以学校为基础的职业教育，职业教育属于劳动市场政策和社会福利的组成部分，职业教育经费在公共经费中开支占有较大比例。企业在技能供给中的角色被边缘化，参与程度和积极性都不是很高。职业教育课程强调通识教育，强调流动性和开放性，追求职业教育与学术教育制度的衔接，鼓励职业教育向学术教育看齐。

4. 集体主义技能形成体系

该体系以德国为代表。这是一种国家和企业的卷入程度都比较高的制度安排，强调国家干预和市场调节的均衡。国家通过立法和行政授权行业组织参与职业教育管理。国家和企业共同分担经费，国家对公立职业学校进行财政投入，企业承担实践培训成本。采用双元制模式，职业学校和培训企业是一个分工明确的合作体系：学校负责理论教学，企业负责技能培训。全国有统一的人才培养标准，由于企业参与程度高，该标准能够较好地反映企业的需求。职业教育与学术教育之间有明显的界线，双方融合的动力不足①。按照这一分类方式，我国目前实施的基本上是国家主义技能形成体系（实然），但常常把集体主义技能形成体系作为发展参照样板（应然）进行学习。

（二）教育学的分类

由于历史文化和政治经济制度不同，各国职业教育在人才培养实践中形成了不同的形态和运行机制。教育学对职业教育制度的分类旨在厘清以下方面的关系：职业教育与其他教育的关系，职业教育与产业的关系，不同职业教育形式之间的关系，职业教育机构内部要素之间的关系。从世界范围看，职业教育存在传统学徒制、学校教育（行政管理）和自由市场（培训）等模式②。

1. （传统）学徒制

欧洲的学徒制度可以追溯到古希腊、古罗马和古埃及时期。在中世纪，手工业者和商人建立行业的自我管理组织“行会”，促进了学徒制的规范化发展，学徒制也从私人活动过渡到具有公法性质的制度。当时为了规范市场行为，行会制定了一系列学徒规章，涉及学徒招收、培养和就业多个方面，包括与此相关的习艺年限、费用、违规处罚等。

学徒制是“以教育年轻人使其获得工作和社会必备资格为目的的，基于特定学习场所和合法性组织方式的学习模式”，它能“使年轻人被职业共同体所接纳认可”，“以恰当的方式满足企业与行业的需求”③。在传统学徒制中，手工业作坊相对封闭的生产组织形式决定了学徒的招聘模式和培训规模。不同行业和职业的特殊技艺和经验，决定了技艺传授方式。学习过程常常与人的生活经历紧密结合，整个学徒过程就是受训者的学徒—出师—师傅的成长过程。师傅通过示范、观察和矫正过程完成师徒间的技术传承，既是技艺的传播

---

① 杨钋．技能形成与区域创新［M］．北京：社会科学文献出版社，2010.

② GREINERT W D. Regelungsmuster der beruflichen Bildung：Tradition，Markt，Bürokratie［J］. BWP，1995（5）.

③ GONON P. Apprenticeship as a model for the international architecture of TVET［M］//ZHAO Z，RAUNER F，HAUSCHILDT U. Assuring the acquisition of expertise. 北京：外语教学与研究出版社，2011.

者，也是教育者，对学徒的品行负责。随着机器大工业生产的出现，后来多数手工劳动被机器生产取代，学徒制失去了广泛存在的基础。

我国的学徒制可以追溯到先秦时期，当时就有了制作石器、房屋建造等原始的技能传授。编纂于春秋末至战国初的《考工记》是现存最早的手工业技术文献，反映了当时齐国政府对工匠劳动的指导、监督和评价活动。唐代以后还逐步发展起了官办的训练工匠制度。在我国古代封建社会重“治术”轻“治事”的文化环境下，艺徒训练艰难地维护了技术的发展。直到解放初期，学徒制都一直是我国技工培训的重要方式。1958 年我国进行的“半工半读”教育改革实验，在某种程度上是对传统学徒制的改良。20 世纪 80 年代劳动人事制度改革实行“先培训，后就业”政策，正式学徒制被学校职业教育取代，但是作为非正式的“内在制度”，学徒制在我国现代生活中仍然广泛存在①。

目前在很多国家仍然普遍存在着学徒制，包括正式的和非正式的学徒制。正式制度是带有强制性的规则，包括政治和司法规则、经济规则和合约；非正式制度主要指风俗习惯、伦理规范和惯例。非正式学徒制一般存在于农村或非正规经济中。师徒间的培训协议常常是口头的，师傅承诺将相关知识技能传授给学徒，学徒承诺以一定成果形式促进业务工作。这些规则通过社会的声誉、互惠或制裁机制执行，使参与各方共享成本和收益。

2. 学校职业教育模式

工业革命引发了生产和管理方式变革，新生劳动力培养从生产活动中分离出来，转变为集中学习方式，由此产生了以班级教学为特点的学校形态的职业教育（有工业学校、技术学校等多种称谓）的出现。英国早在 17 世纪就出现了设立工业学校的倡议，但是这些主张当时并没有得到实现。英国具有现代意义的职业教育机构是 19 世纪初建立的技工讲习所（Mechanics Institutes），尽管后来发展得并不是很顺利。德国于 18 世纪已经开始出现具有职业导向的星期日学校，以及全日制的工艺-技术教育学校。到 1835 年，普鲁士的 25 个辖区已设立了 20 所地方工业学校。法国在 19 世纪 20 年代建立了徒工训练学校，即附设有实习场地并能进行技术训练的学校。同时期的美国则创造性地建立了两年制社区学院，培养的大批熟练工人充实了日益庞大的工业体系。第二次世界大战前夕，两年制社区学院的职业教育已成为美国高等教育制度的重要组成部分。我国学校职业教育发展起步较晚，1866 年开办的福州马尾船政学堂被认为是最早的职业学校。清政府 1904 年颁布《奏定学堂章程》，将实业学堂纳入学校教育体系，标志着我国学校职业教育制度的初步确立。

职业学校（院）教育是我国职业教育的主要模式，采用这种模式的国家还有法国等很多国家。职业学校的组织者通常是教育或劳动管理部门，受教育对象的身份是学生，他们以接受学校教育为主，同时按照一定方式到企业进行少量的实习。总的来看，职业学校教育模式有以下特点：职业教育的规模由政府控制，主要由公共财政提供经费，但是行政统一的规划往往很难达到最佳效果。职业学校的课程、教学组织和监控带有较强的行政色彩，教学标准更多关注学生个体发展和社会的整体需求，较少关注企业的实际需要；教学遵循普通教育的模式和标准，强调基础知识教育，教学内容的职业相关性相对较弱。

职业学校教育模式有难以克服的缺陷，如教学内容落后于新技术的发展，教师实践技能很难满足企业的要求等。近年来，在工学结合办学理念指导下，我国职业院校探索了多

---

① 米靖．中国职业教育史研究［M］．上海：上海教育出版社，2009.

种新的办学模式，包括：（1）校企联合办学：企业深度参与职业院校人才培养过程，包括人才培养方案制定和教学实施等。（2）集团化办学：由学校、企业及其他实体共同组建起联合体进行办学。（3）订单式培养：由用人单位根据需求提出订单，学校按照订单的人才规格和数量进行培养，学生毕业后主要面向协议单位就业。这些改革反映了学校教育模式不断自我完善的一个侧面。

3. 企业培训和社会培训模式

企业培训模式以日本为典型代表。为开发和提升员工的技能水平，日本大企业更愿意在企业内进行职业培训，而不是利用外部资源（包括政府提供的公共职业教育以及私营部门提供的培训）。日本企业内教育的形式包括在岗培训（OJT）、脱产培训（Off-JT）和自我启发等，主要教育内容为充实职务、开发潜能、组建岗位小组等。公共职业训练主要面对中小企业，近年来更加强调灵活性和弹性。由于雇主希望成本最小化，企业内的教育培训一般较少关注通用性的就业需求。

社会培训模式的典型代表是英国和澳大利亚。英国有多种职业教育的实施机构，如继续教育学院、第六级学院和第三级学院等，课程也多种多样，有全日制、部分时间制、工读交替、短期进修等，它们为不同学习者提供了灵活选择的空间。英国教育培训供给与需求之间的关系由市场控制，职业资格证书的推广最终取决于它们在劳动市场的被认可程度。各类职业教育培训都可市场化，但是有严格的标准。培训费用一般由个体承担，但是政府会通过各种项目提供针对性的补贴。澳大利亚建立了全国统一的国家培训框架，包含国家资格框架、培训包和培训质量保证框架。实施职业教育的主要机构是技术与继续教育学院（TAFE），提供“证书”“文凭”“学士”“研究生证书课程”等多层次的职业教育与培训。TAFE 和其他培训机构以培训包为依据开展职业教育培训、认定和评估工作。

在市场化培训模式下，培训规模由市场需求决定，这取决于企业的接受程度。培训的设计，特别是工作岗位上开展的培训很少有教育取向。教育培训内容常常针对特定企业的具体要求，其他企业的或教育性内容一般不作为培训内容。只有当受训者完全被培训企业接受，并且培训结果由培训企业自己控制时，市场机制才可能发挥最大的作用。

4. 现代学徒制（双元制模式，合作教育）

在工业革命兴起后，传统的学徒制度逐渐走向没落，但是没有完全消亡，在一些国家的社会发展过程中得到重新认识并焕发出生机。德国和瑞士等国家把学徒制与学校教育相结合，发展起“双元制”职业教育体系，即所谓的“现代学徒制”，成为职业教育制度的“楷模”。

德国双元制职业教育的发展与行会学徒制有密切的联系。1845 年普鲁士和 1869 年北德意志同盟分别颁布工商条例，开始了复兴学徒制的初步尝试。1897 年和 1908 年该条例的修正案（Gewerbeordnung-Novellen）为双元制的确立奠定了法律基础①。第二次世界大战以后双元制职业教育得到了恢复和发展，成为德国经济腾飞的“秘密武器”。特别是 1969 年德国《联邦教育法》颁布实施后，双元制的地位得到进一步巩固，始终是德国职

---

① GREINERT W D. Berufsqualifizierung und dritte industrielle Revolution [M]. Baden-Baden: Nomos, 1999.

业教育中最重要的组成部分。双元制职业教育有学校和企业两个学习场所，学习在两者之间有规律地交替进行，力求理论和实践相结合。学生的身份在学校是学生，在企业是学徒；在学校由教师指导，在企业由实训教师指导。学校的经费来自政府，企业培训经费来自企业。企业是核心，职业培训的组织和管理均以企业为主，学校教育起辅助作用。

以双元制为代表的现代学徒制将传统学徒培训与现代学校教育进行了有效的结合。职业院校和企业提供两个学习场所，学习者在真实的工作环境中习得实践知识，兼有“学徒”和“学生”双重身份，享有企业的学徒津贴、劳动保护以及学校学生的合法权利，毕业时获得职业资格（技能）证书和学历证书。在实施现代学徒制的国家中，企业和职业学校的角色并不完全相同。在德国和瑞士，企业扮演着关键角色，学校起辅助作用；而在奥地利和丹麦等国，学校的作用则更为重要。欧洲的比较研究发现，瑞士的职业教育制度更加简明、精细而灵活，具有更高的融合性和开放性①。

自 20 世纪后期以来，现代学徒制开始重返诸多国家的法制范畴，成为很多国家人力资源开发的重要战略。一般认为，现代学徒制有以下特点：（1）与正规教育体系融合在一起，为学徒搭建接受正规教育的通道，使学徒制与学校教育具有相同的社会地位；（2）政府部门涉入，加强了学徒培养的制度性，这体现在国家法律法规的保护、国家机构统筹和培养标准的统一等方面；（3）关注学习者的生涯发展和职业流动，重视综合职业能力培养而不仅仅是岗位技能训练；（4）通过建立“立交桥”，实现职业教育从终结性教育到终身教育的转变；（5）通过跨部门合作，平衡众多利益相关者的权利和责任，包括政府、企业、学徒和学校等。

研究发现，现代学徒制能够同时给受训者、企业和社会带来收益，是更加经济有效、实用性与针对性强的教育途径，能有效协调教育和就业体系的关系，降低从学校到工作世界迁移的门槛，从而降低青年失业率，提高企业特别是中小企业对人才的吸引力，并提供了与传统学校教育不同的发展道路②。

三、我国职业教育制度的若干特点

职业教育的产生和发展与一个国家的政治、经济和文化环境有着密切的联系，职业教育制度发展也是以上因素相互作用的结果。我国现行职业教育制度具有自身特点。

（一）职业教育管理

职业教育管理是为了实现职业教育的目标，管理者运用组织机构、政策法令、人事和信息等方法和措施，利用职业教育内外部能提供的资源，对职业教育系统及其相关要素进行的计划、组织、决策、领导和控制等活动。

1. 职业教育管理的分类

依据管理的主体、职能和过程的不同，我国职业教育管理分为宏观的职业教育行政管

---

① RAUNER F. Steuerung der beruflichen Bildung im internationalen Vergleich [M]. Gütersloh：Verlag Bertelsmann Stiftung，2009.

② INAP Commission Architecture Apprenticeship. Memorandum：an architecture for modern apprenticeships [M] //DEITMER L，et al. The architecture of innovative apprenticeship. Dordrecht：Springer，2013.

理和微观的职业院校管理两个方面。

职业教育行政管理是指国家对职业教育事务的领导与管理。职业教育的行政主体包括国家和地方层次的教育行政机构，也包括行业部门的相关机构。行政管理的对象涉及职业教育的方针、政策法规和体制机制的构建，以及职业教育规章制度的实施等。在实践中，职业教育行政管理工作的主要内容包括实施职业教育法律法规、制定职业教育政策、编制职业教育发展改革规划、审核职业教育经费、协调职业教育与其他部门的关系等。

职业教育院校管理，是院校管理者通过一定的机构和制度，采用一定的手段和方法，利用校内和校外的资源和条件，引导和组织教职员工有效实现学校工作目标的活动。与普通教育院校相比，职业教育院校的管理更为复杂，因为职业院校与经济和社会有着更为密切的联系，需要与政府各部门、行业企业、社区等其他部门和机构进行更多沟通。在实践中，职业教育院校管理的主要内容包括职业院校内部组织与管理、教师与学生管理、教育教学管理、生产实习管理、思想政治工作管理、体育卫生工作管理等。

2. 职业教育管理体系的特点

鉴于职业教育的特殊性，职业教育与其他公共事业管理相比具有以下特点：

- 综合化的管理内容：职业教育是涉及教育培训、劳动就业，甚至乡村发展和振兴等多个领域，其管理工作的内容比普通教育管理更为复杂，需要综合考虑人才培养、产业发展、科技进步、社会政策等多方面因素。

- 复杂的管理环境：职业教育具有较强的地方和行业特征，与所在地区的经济社会发展水平有直接联系，其管理工作涉及教育、人力资源和社会保障等多个部门，各部门均有自己的管理机制和优先事项，需要在更为复杂的社会文化环境中进行协调。

- 灵活而人性化的处理方式：职业院校专业众多，各专业学习内容和学业要求差别巨大；职业院校学生来源多种多样，包括学龄青年、下岗职工等，而且随着终身教育理念的普及，这种情况会越来越明显，这就要求职业教育的管理工作更为灵活、更为人性化，从而为不同受教育者提供全面的服务。

基于以上特点，职业教育管理需要遵循一些基本原则，如加强相关部门的协调和校企合作，以谋求共同发展。鉴于各地职业教育发展不平衡的现实，以地方为主，分区规划，分类指导，也是实现有效管理的重要原则①。目前，职业教育管理正从经验管理、行政管理向服务型管理的管理范式转变，这也是简政放权、放管结合、优化服务“放管服”改革的核心。

（二）技能资格（等级）证书与国家资历框架

1. 职业资格（技能）等级证书

我国传统上注重学历文凭，这是造成人力资源供给与经济结构失衡，即所谓的“技能错配”的重要原因之一。实行学历证书和职业资格（技能）证书相结合的“双证书”制度，是扭转单纯重视学历文凭倾向，解决教育不适应社会经济发展需求问题的重要举措。自 20 世纪末以来，我国通过编制《职业分类大典》等手段，促进“双证书”制度的实施，

---

① 黄尧．职业教育学：原理与应用［M］．北京：高等教育出版社，2009.

并由此实现职业院校课程标准与职业技能标准的衔接。

职业资格（技能）等级证书是个人接受培训、达到相应职业资格（技能）标准要求的书面证明，表征个人具备的工作和职业经验。其中，职业资格证书针对国家具有明确资格要求的职业，职业技能等级证书的规范性较弱。2019 年，《国家职业教育改革实施方案》启动“1+X”证书制度试点工作，是“双证书”制度的发展。“X”证书是在院校内实施的职业技能等级证书，是学习结果的凭证。推行“X”证书的政策目标，是由此带动复合型技术技能人才培养培训模式和评价模式的改革，最终提高人才培养质量。

职业资格（技能）证书在不同程度上赋予个体参与市场人力资本配置、获得职业角色、享有特定工作权利并承担相应义务的身份。在实践中，教育制度与劳动就业制度之间存在的不协调，证书管理和运行体制不适应，以及技能考核效度不高等问题，使职业资格（技能）证书在推广过程中遭遇了社会认可度等方面的困难。

2. 资历框架与学分银行

现代社会是终身学习的社会，各国政府都在努力为激发和促进全民的终身学习提供政策和服务保障。国家资历框架（national qualifications framework）是指用以整理和编排、规范和认可整个国家范围内存在的不同层次和类型资历（如学历、学位、职业资格证书等）的结构或体系。通过构建资历框架，可以把学习成果转换为标准学分和资历等级，为校内学习、在线或混合式学习、工作场所学习以及家庭学习等提供用于比较的通用标准，从而打通正规教育、非正规教育和非正式学习之间的壁垒，因此，国家资历框架在保证教育体系整体质量、打通就业通道、实现国际教育资历互认、推进终身学习社会建设的过程中发挥着重要的作用。

国际上最有影响的是欧洲资历框架，它是欧盟国家于 2008 年开始建立的资格互认参照体系，覆盖普通教育、技能教育和培训以及高等教育颁发的各类资格证书，特别是对正规、非正规和非正式学习结果的认证。该框架分 8 个资格等级，每一等级分别对应持有该等级资格的学习者所应掌握的知识、技能和能力（不同国家对技能和能力的解释稍有区别）。框架中的学习成果认证和学分银行，是各级各类教育系统和劳动市场之间相互衔接的认证制度。通过学分，可以对各类学习成果进行认证，并转换为统一的存储学分，最终兑付为资历证书，这有助于个体制订终身学习发展规划，减少不必要的重复学习，并降低社会的平均教育成本①。

资历框架通过不同类别教育及培训体系内部学分的转换、学习成果的互通互认，可以为学习者搭建灵活的终身学习阶梯，这对提高各类证书的透明度和可比性、促进工作流动和终身学习具有重要的战略意义。我国《职业教育法》第十七条规定：国家建立健全各级各类学校教育与职业培训学分、资历以及其他学习成果的认证、积累和转换机制，推进职业教育国家学分银行建设，促进职业教育与普通教育的学习成果融通、互认。然而，构建资历框架和学分银行是以一个复杂的系统工程，需要教育部、人力资源和社会保障部等多部门共同组织进行，特别是做好相关法规条例、管理监督、质量标准、体制机制等的顶层设计，从而有效解决教育内部不连贯、教育体系与行业间不通融的问题。

---

① 张伟远．国家资历框架的理论基础和模式建构［J］．中国职业技术教育，2019（18）．

（三）产教融合，校企合作

产教融合，校企合作，是我国职业教育制度建设的重要指导思想，其基本含义是：职业院校和产业界利用学校与企业的不同资源和环境，在教学过程、专业技术、岗位培训、教师培养培训、学生就业和技术开发等方面进行合作，最终实现双赢。校企合作既是职业教育发展的要求，也是经济发展的要求，需要国家在教育、经济、劳动和社会政策方面给予整体化的支持。

1. 校企合作模式

校企合作主要发生在具体的职业院校和企业层面。根据合作的时间、空间和组织要素的不同组合，目前我国的校企合作可归纳为以下基本模式，当然在实践中，这些模式常常是结合在一起实施的。

● 学年分段：分为“2＋1”和“异地分段”两种。“2＋1”指三年制职业院校学生前两年在校学习，后一年到企业顶岗实习和毕业实践（常与就业相关）；“异地分段”指东西部或城乡之间联合培养，如第一年在农村职校学习、第二年在城市职校学习、第三年在企业实习。

● 现代（新型）学徒制/半工半读/工学交替：学校与企业共同制订培养方案，学生以学生和学徒双重身份交替（每一学期或一定时间段）在企业工作和学校学习。

● 弹性安排：根据企业生产的季节性和周期性特点（如旅游旺季、建筑施工等）灵活安排学习过程。这种方式对企业生产帮助较大。

●“订单培养”：企业根据自身发展需要提前预订一定数量“特定规格”的毕业生，往往伴随着共同的课程开发、培养和教学管理，一般企业需要支付部分培养成本。冠名班是常见的订单形式。

● 引厂入校：学校自办企业或企业把与学校专业对口的车间搬进学校，在校内实现生产车间与实习车间、教师与师傅、学习与生产的一体化。这不但方便了学生，学校在教育上也有更多的支配权。

● 厂内工学基地：企业单独设立学生实训车间，具有教学、培训和实习功能，有固定的管理人员和专职指导师傅。这种模式仅存于生产技术含量高、规模大的企业，企业具有较强的主导作用。

● 行业组织主导合作：在中小企业居多的行业，单个企业不具备单独与学校合作的条件。行业组织出面牵头搭建校企合作平台，组织多个企业联合为学校提供实习岗位和兼职教师，联合下培养“订单”。

● 企业课程置换：将企业课程直接引入校内，企业为学校提供课程、设备、人员甚至资金支持，在提高教学质量的同时，也推广了自己的产品和技术。在此领域比较积极的如信息技术企业和汽车制造企业①。

产教融合是职业教育的本质特征，也是发展路径，校企合作是职业院校的基本办学模式，工学结合是教学育人的基本方式，德技并修是人才培养的基本标准。习近平总书记在2018年全国教育大会上的重要讲话提出“产教融合、校企合作、工学结合、德技并修”，

---

① 余祖光．职业教育校企合作的机制研究［J］．中国职业技术教育，2009（4）．

准确地概括了我国当代职业教育的本质特征。

2. 关于“职教集团”

从 20 世纪 90 年代初开始，我国在职业学校布局调整和资源整合过程中开始组建“职教集团”，探索以公有制为主导、产权明晰、多种所有制并存的办学体制，推动公办职业学校资源整合和重组，走规模化、集团化、连锁化办学的路子。《现代职业教育体系建设规划（2014—2020 年）》还提出了鼓励建设的职业教育集团的类型、组建方式和治理模式。

职业教育集团是在政府引导、自愿结合的基础上，相同区域或行业院校、企业联合，资源共享、优势互补、共同发展的职业教育组织，其目的是形成多企多校合作平台共同培养人才，其重要功能有：

- 整合教育资源：集团内部不同层次职业院校在专业设置、课程和教学组织等方面可以更好衔接，实现集团内的师资流动和硬件资源共享。
- 构建产学联合网络：集团内的企业与学校联合，学校为企业提供培训条件，企业向学校提供实训基地和企业培训师，并参与课程和教材建设。
- 促进就业和项目开发：集团内企业向职业院校师生提供实习和就业机会，校企合作进行产品开发，延伸了集团的教育功能和产业功能。

职教集团多数是以专业为纽带，以名校为主导自愿形成的非独立法人组织。高水平的职教集团会有相对稳定的组织结构，具有一定的联结纽带，如资产和契约等。据不完全统计，我国组建的各类职业教育集团数量达到 1 000 多个。但是从整体上讲，我国还没有建立起成熟的校企合作的运行体系和长效机制，这主要表现在：在宏观层面缺乏国家和地方层面的制度保障，在中微观层面缺乏校企合作的协调管理机制，而且企业对校企合作热情不高，学校自身的合作能力和提供服务的能力比较有限。

四、中国特色学徒制建设

在历史上我国的学徒制也称师徒制，它建立在小农自给经济与家庭作坊的基础上，手艺一般在家庭或氏族成员之间传播，有两种基本表现方式：一是徒弟在师傅门下学习手艺，徒弟免费为师傅工作，双方结成商业和利益合作伙伴关系，所以有“教会徒弟饿死师傅”之说；二是师父不仅教授徒弟技艺，还要承担父辈的养育责任，除教育教养培训外，还要照顾其生活，师徒感情深厚，因此也有“一日为师，终身为父”之说。我国没有发展起成熟的行会制度，但是不同职业也有不同的学徒传统，例如木艺界流行的行规是：“三年学徒，五年半足，七年才能成师傅”；“三年零一节”出师，即满三年之后，再逢到一个年节日，手艺才算学成。

（一）新中国成立以来学徒制的发展

在新中国成立初期，学徒制曾经是工业企业青年技工学习技能的主要途径。新工人进厂后，由企业指定技能高超的师傅进行传帮带，2～3 年学徒期满后，企业对其进行技能考核，确定徒弟的技能等级，达不到要求者延期出徒。新中国成立后我国学徒制的发展经历了一个曲折的历程：

● 生产现场学徒制：从 1949 到 1978 年，生产现场学徒制属于正式制度范畴，是培养技术工人的主要途径，但由于学习期限短，学徒转为正式工人后的技术水平比较低。

● 学徒制向学校职业教育过渡：改革开放以后，学徒制由于封闭性等问题无法满足市场经济发展的需要，1985 年，政府提出"先培训、后就业"政策，学徒制逐渐失去了合法地位。

● 正式学徒制消失：20 世纪 90 年代以后，正式学徒制消亡，但由于职业教育开展校企合作的需要，人们又开始进行建立现代学徒制的探索。

● 现代学徒制试点兴起：2010 年开始，现代学徒制进入职业教育制度建设的视野，人们重新正式开始进行现代学徒制的讨论和实践①。

（二）现代学徒制试点

20 世纪末，随着劳动生产组织方式的发展，工作岗位重新成为重要学习场所，学徒制重返国家法治范畴，成为很多国家职业教育和人力资源开发战略的重要组成部分。现代学徒制是将学徒培训与学校教育相结合的一种校企合作职业教育模式，建立和发展现代学徒制，对深化产教融合和校企合作，促进职业教育办学机制建设具有重要的意义。教育部和人社部等分别于 2014 年和 2015 年在全国启动现代学徒制和企业新型学徒制试点工作，推动职业院校招生与企业招工相衔接，通过"双重主体"育人方式，引导职业院校与企业共同开发课程和开展人才培养工作。通常认为，在我国现代学徒制以学校为主，而企业新型学徒制是以企业为主的。

很多职业院校和企业进行了规模和方式不同的现代学徒制实践。例如作为有影响的标杆项目，广东清远职业技术学院开展的现代学徒制典型实验在以下方面进行了探索："校企联合招生，分类培养""校企共同管理，综合评价""产教融合，双证融通"，以及"双导师培养，学徒在岗成才"，并取得了很多成功经验②。现代学徒制试点工作中也遇到很多困难。

目前影响我国学徒制发展的关键性问题是，制度保障尚未健全，缺乏成熟的学徒管理机制和机构，"招工即招生"政策与企业现有用工制度有差距。职业院校现行教学管理制度也不适应学徒制要求。例如按照学徒规律，学生应在企业进行实践学习，并同步在学校学习专业理论，这与我国先在学校学习文化课和基础课，再学习专业课和实践培训的教学传统有矛盾。

此外，很多企业对培养高素质技术工人还不重视，这也是推广学徒制的障碍。有的企业在学徒培养中过于重视岗位操作技能训练，相对忽视"教育性"内涵，甚至"以工代学"将学生视为廉价劳动力，对学徒制造成了不良影响。我国技能型人才地位不高，学徒制有时难以得到家长的支持，很多家长更愿意让学生在大学校园感受"校园文化"而不是到企业从事实践性工作。一些青年学生适应能力较弱，在学徒期间遭遇困难，也降低了对学徒培训的满意度③。

---

① 赵志群，陈俊兰．现代学徒制建设：现代职业教育制度的重要补充［J］．北京社会科学，2014（1）．

② 赵鹏飞．现代学徒制人才培养的实践与认识［J］．中国职业技术教育，2014（21）．

③ 张启富．高职院校试行现代学徒制：困境与实践策略［J］．教育发展研究，2015（3）．

（三）中国特色学徒制

2022年修订的《职业教育法》第三十条明确提出“国家推行中国特色学徒制”，这意味着学徒制已经正式成为中国特色现代职业教育制度的重要组成部分。

1. 中国特色学徒制的含义

中国特色学徒制是将学徒培训与学校教育相结合的一种校企合作职业教育人才培养模式，在本质上属于现代学徒制的范畴，其特点是：采用企业与职业院校紧密合作的“双主体”人才培养模式，职业院校、学生和企业通过签订学徒协议等方式建立稳定的师徒关系，并承担相应义务；学习以正式、有计划的方式在学校和企业之间交替进行，学生（同时也是学徒）可以在企业真实的工作实践中学习，获得专业技能、知识和综合职业能力；学徒期满后，学生通过考核获得职业技能（资格）等级证书和就业能力。

目前的实践中对学徒的身份还没有特定要求，有职业院校在校学生，也有其他高等院校刚毕业或即将毕业的大学生或研究生，还有企业新入职员工。一般判断学徒制的基本标准是：职业院校、学生和企业签订学徒协议；学习以正式、有计划的方式在学校和企业之间交替进行，而不仅仅是岗位实习。研究发现，现代学徒制需要一定的管理机制，这包括：有统一协调的法律规章体系，为校企合作开展人才培养提供制度化保障；设有专门机构承担学徒管理和协调工作；利益相关者，如政府部门、企业、职业院校和职教机构，形成行之有效的协调机制；政府部门组织开发全国（或地方、行业）统一的专业教学标准，职业院校在课程实施过程中有一定自主权，从而既满足行业基本要求，又照顾地方和企业的个性化需求。

2. 中国特色学徒制的建立与发展

推行中国特色学徒制不是简单恢复传统学徒制，而是建立在现代社会基础上的学徒培训与学校教育相结合的现代学徒制。我国各地发展水平、产业结构和文化传统有较大差异，企业参与职业教育积极性不足，建立全国统一的学徒制标准不现实，也没有必要。

现代学徒制涉及部门和利益群体多，运行复杂，需要相应的运行机制和制度保障。新职教法规定“企业与职业学校联合招收学生，以工学结合的方式进行学徒培养的，应当签订学徒培养协议”，这可以确定“准员工”和“学生”双重地位的学徒身份，保障学徒的受教育权，并保护企业的人力资源管理权益。应鼓励企业积极参与学徒制建设，使其认识到学徒培训的社会价值和经济价值。新职教法倡导企业按照岗位总量的一定比例设立学徒岗位，鼓励企业与职业院校合作，以工学结合方式进行学徒培养。地方政府应落实相关补贴政策，激发企业，特别是中小企业参与学徒制的积极性。

现代学徒制的顺利运行需要跨越传统教育管理和人力资源管理部门的学徒管理和服务机构。如果建立起地方和行业学徒服务中心和协调机制，就可以对学校与企业的合作进行规范化管理和指导，使学徒制真正成为一种国家治理制度。在“放管服”改革大背景下，发挥行业协会作为企业自我管理组织的作用，可为参与学徒制的校企双方提供更好的协调、监督和服务。此外，还应当建立企业学徒指导师傅的任职资格和管理制度，将其与津贴、待遇、劳动安全等因素结合起来①。

---

① 赵志群．现代学徒制的必要性与实现路径［J］．人民论坛，2020（9）．

第三节 典型发达国家的职业教育制度

本章介绍三个典型发达国家的职业教育情况。其中德国和瑞士的职业教育体系是国际公认有竞争力的，而英国职业教育对我国有较大的影响。

一、德国职业教育

德国职业教育体系是在历史发展演化基础上逐渐形成的。根据《联邦职业教育法》的规定，职业教育包括职业准备教育、职前教育和职业继续教育。职业教育的主体是职前教育，属于12年制义务教育的高中阶段。年轻人完成最少九年普通义务教育后，除非直接就读大学，都必须接受一种形式的职业教育，直到18岁为止。德国实行“文教主权”制度，各州教育体系略有不同，但没有本质上的差别。高中阶段职业教育是职业教育的主体，主要形式是双元制，同时也有其他形式的职业学校教育。德国职业教育体系见图4-2。

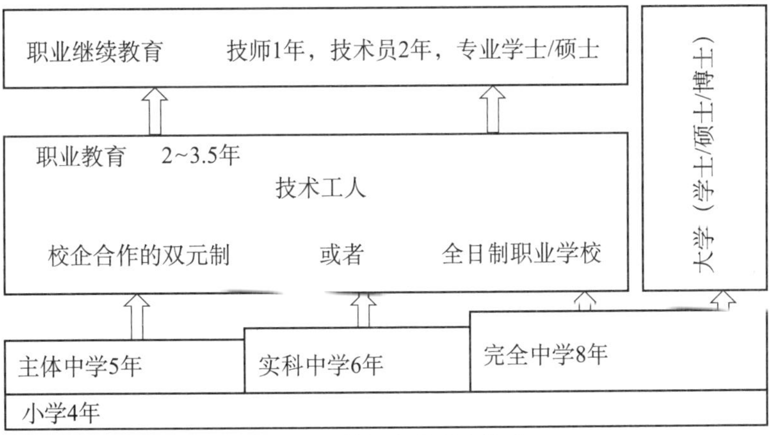

图4-2 德国职业教育体系

（一）双元制职业教育

双元制职业教育是德国职业教育的主体，它是将传统学徒培训与现代职业学校教育相结合，企业与学校分工协作（以企业为主），理论与实践紧密结合的职业教育制度。受教育者（培训生）与企业签订培训合同，以学徒身份在企业接受实践教育，又以学生身份在职业学校接受专业理论和普通文化课教育。学制按不同专业分为2～3.5年。双元制职业教育培养的学生占中等职业教育在校生总数的70%以上。双元制职业教育的特点主要体现在：

● 两类法律基础：企业培训由《联邦职业教育法》规范，企业据此与学徒签订培训合同并开展培训；职业学校遵循各州公法，如《学校法》和《学校义务教育法》等的规定。

● 两种经费渠道：企业培训费用由企业承担，企业还须支付学徒的生活津贴；职业学校的费用由州政府支付。

● 两种教学文件：企业培训按照全国统一的《职业培训条例》进行；职业学校教学遵

循各州文教部长联席会制定的《框架教学计划》，即按照《职业培训条例》编写的指导性文件，各州可根据实际进行少许改动。

● 学习者的双重身份：同时为企业学徒和职业学校学生。

● 两个学习场所：企业和职业学校。企业学习场地包括实际生产岗位和（大企业）专门设置的实训车间。学生 2/3 时间在企业，其余在职业学校学习。职业学校内专业课与普通文化课比例约为 7∶3。

● 两类教师：企业实训教师与职业学校教师。实训教师承担企业培训任务，具有实训教师资格；职业学校教师是国家公务员或雇员，需要具备硕士学位，并经过两年教师学院实践学习。

在双元制职业教育中，学生大部分时间在企业以岗位学习方式进行，这不但减少了教育投入，也可以使学习更好地与生产实践相结合①。

（二）职业教育学校

除双元制职业教育外，德国还有多种职业类或应用型专业院校，主要有：

1. 职业专科学校

学制为一到三年半的全日制职业学校，主要为那些没有获得企业培训位置的青年提供为期一年的职业教育预备课程，有时也提供国家承认的教育职业的正规职业教育，毕业时获得类似双元制职业教育的结业证书。有些职业如护士等，只能通过职业专科学校的全日制学习才能获得职业资格证书。

2. 应用科学大学（Fachhochschule，FH）

产生于 20 世纪 60 年代末，由工程师学校（或同类学校）转型而来，主要培养应用型工程师或管理者，授予学士和硕士学位。应用科学大学实践教学占比较大，有 1～2 个实践学期，毕业论文选题源自企业。应用科学大学的修业年限、课程结构和学生选课形式与普通大学类似，学校受教育法或高等教育法的管理，而不是按照职业教育法运行，这与职业教育有根本的区别。

巴登-符腾堡州的双元制大学是一种特殊的应用科学大学，它是在职业学院的基础上重组而成的。学生入学时与企业签订培养合同，分别在学校和企业轮流学习，学习时间各占一半，毕业论文由企业参与确定并在企业完成。其他一些应用科学大学也有设双元制的。

3. 技术员学校和师傅学校

属于职业继续教育阶段的学校，是德国的“高职教育”。技术员学校的入学资格为双元制职业教育毕业，在企业工作两年以上，学制 1～3 年（脱产或在职学习），毕业生获得“国家承认的技术员”资格。师傅学校培养大中型企业基层和中层管理者，或小型企业领导（同时也是技术骨干）。师傅学校的入学资格为双元制职业教育毕业，具有本行业 3 年以上工作经验，学习年限根据学习形式为 0.5～3 年。手工业师傅是独立开业和招收学徒

① GREINERT W D. Das deutsche System der Berufsausbildung - Geschichte，Organisation，Perspektiven，2. Aufl.［M］. Baden-Baden：Nomos，1995.

的基本资格条件。

德国与中国的"高等职业教育"有本质不同。德国2020年颁布《联邦职业教育法》（修订版）也设置了职业学士和职业硕士，但此类学位只授予接受过正规职业教育、有企业实践经验的职业继续教育毕业生，而且学位授予机构并非高校，而是行业协会（或类似机构），这是德国对职业教育作为一种"类型教育"的理解。

德国新《联邦职业教育法》

近年来，发达国家普遍重视职业教育对提高国家竞争力的关键作用，采取法律或政策措施提高职业教育的质量。德国于2020年对《联邦职业教育法》进行了21世纪的第二次修订，将学士和硕士学位引入职业教育。

由于生育率低和高等教育普及化造成的职业教育吸引力不足等原因，德国未来20年将面临高技能人才短缺的问题。为提高职业教育吸引力，《联邦职业教育法》（修订版）首次设置了3级职业教育学位，即职业行家、专业学士和专业硕士，见图4-3。

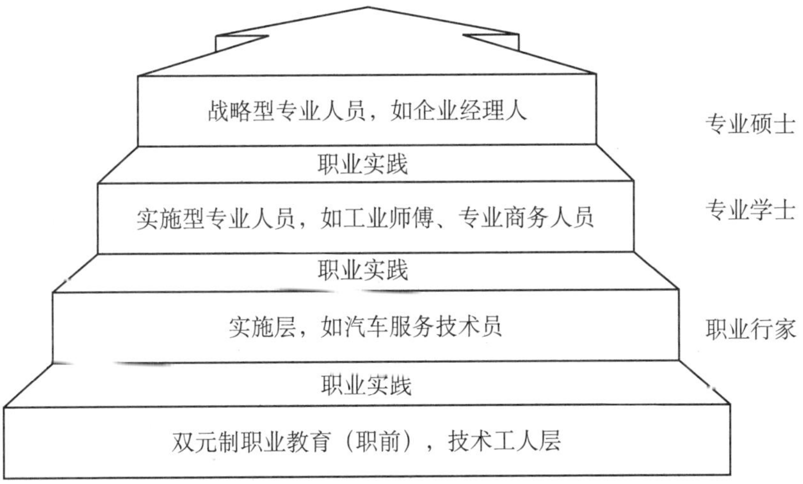

图4-3　德国职业教育的专业学位

该学位制度与传统的学校学位制度有很大区别：一是此类学位并非传统高等学校学位，因此采用"高级职业资格的职业教育"概念；二是获得此类学位的不是院校应届毕业生，而是有一定工作经验并接受职业继续教育的人员；三是学位授予机构不是学校而是行业协会（如工商行会、手工业行会等）。这种与传统学位具有同等地位但内容不同的"专业学位"，把职业教育作为一种"独特教育类型"的理念体现得淋漓尽致。

二、瑞士职业教育

瑞士的职业教育绝对规模不大，但是接受职业教育人口的比例却是全世界最高的，其职业教育竞争力屡获全球第一。

（一）瑞士职业教育概况

瑞士建立了普通教育和职业教育双轨并行的，中等、高等职业教育和应用技术大学相互沟通和衔接的现代职业教育体系。

1. 中等职业教育

中等职业教育是职业教育的主体，其学习者占高中阶段学生总数的2/3。在中等职业教育中，80%学生选择双元制，20%选择全日制职业学校教育。中职教育有多种学制：2年制帮助理论学力较弱的青年获得从事特定职业的能力；3～4年制是中职教育的主体，学生获得联邦职业教育证书（EFZ），可直接就业，也可进入高等职业学院学习。瑞士目前有250种3～4年制职业教育专业。

2. 高等职业教育

《联邦职业教育法》将高等职业教育定义为独立的高等教育类型，与研究型大学和应用技术大学并列，是“非学术领域应用导向的高等教育”，包括两种形式：

● 高等职业学院（HF）：入学要求为获得联邦职业教育证书（EFZ），且有不同程度的实际工作经验。全日制课程至少2年，非全日制课程至少3年。全日制课程中实习占整个学习时间的20%，非全日制课程中至少50%时间在相关领域工作。毕业时获得高等职业学院文凭并加注专业名称，如“高等职业学院木建筑文凭技术员”。高等职业学院还提供继续教育课程，获得更高职业资格，如“宾馆经理，高等职业学院学位后文凭”。

● 职业资格考试：包括联邦职业考试（BP）和联邦高等专业考试（HFP）。参加BP申请者需获得联邦职业教育证书，且有2～3年以上工作经验。应用技术大学和普通大学毕业生、高职学院毕业生可参加考试，但须具备2～3年相关工作经验。通过BP可获得联邦专业教育证书（Federal PET Diploma）。参加HFP要有联邦职业教育证书和4年以上工作经验，考试通过可获得联邦高等专业教育证书（Advanced Federal PET Diploma）。

伴随以上两种考试的职业继续教育是终身教育的组成部分，一般由私人教育机构实施，提供各种正规和非正规职业培训，包括专业进修、企业内短期培训、师傅培训以及面向失业人员的再就业培训。

3. 应用技术大学

应用技术大学属于学术型教育机构，但其主要研究任务是应用研究，即通过学位课程和职业培训将先进技术推广到企业。应用技术大学面向中小企业开展研究和开发工作，提供相关成果转化、后期服务和技术支持，针对市场需求提供创新和解决方案，其毕业生大多就职于中小企业。应用技术大学开设8大类230种本科专业和70种硕士专业。本科学制3年，硕士学制1年半到2年，现阶段在校生数约占3A教育层次在校生总数的1/3。

（二）职业教育的治理

1. 职业教育治理结构

瑞士建立了联邦、州与行业组织三方共同对职业教育负责的治理结构（见图4-4）。联邦机构承担职业教育的立法和战略管理工作，其职责主要是：职业教育质量保障和发展，约250个职业的培训条例的制定和实施，约400个考试条例和40个PET核心课程的确认，职业教育培训项目认证，国外职业资格认证，承担25%的职业教育公共支出，推动创新，支持职业教育公益性活动。

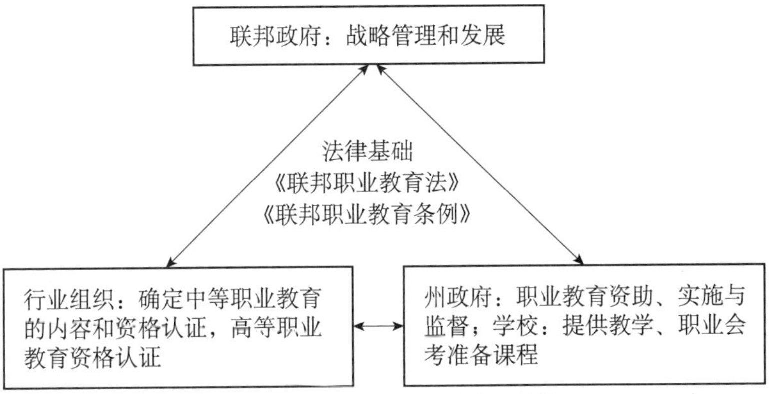

图4-4 瑞士职业教育的治理结构

联邦经济、教育和研究部（WBF）负责职业教育的管理和经费。联邦职业教育委员会（EBBK）就职业教育发展、职业教育与普通教育的协调向联邦政府提出建议，评估职业教育发展项目。联邦职业教育培训师和教师委员会（EKBV）负责师资方面的事务，包括培训师及教师培训项目认证、培训机构资格认证、培训标准的制定和评估。联邦职业会考委员会（EBMK）代表联邦政府对职业会考进行监督和协调，对职业会考课程进行认证，监督实施职业会考的学校等。联邦高等职业学院委员会（EK HF）由联邦、州、行业协会和学校代表组成，负责审定高等职业学院的教学计划。联邦职业教育学院（EHB）负责对中等职业学校、高等职业学校、企业学习中心以及跨企业课程的教师和考评员进行教育与培训。

州层面的职业教育机构承担的任务有：实施职业教育，对学徒培训、职业学校和高等职业学院进行监督，提供职业和生涯指导，提供特殊的职业教育项目，对培训企业的资格进行认证，对学徒供需市场进行监控，培训企业培训师。

职业教育第三方治理的主体是行业组织，如瑞士行业协会和瑞士劳工联合会，其主要职责是：就职业教育及资格考试的标准、内容、条例等向政府提出建议，为职业资格考试出试题并协助组织考试。其中，行业协会负责确定职业教育的教学内容，提供学徒位置，组织实施职业基础教育，为通往高等职业教育做准备。

2. 职业教育的治理过程

瑞士的职业教育由联邦和州政府管理，联邦、州和第三方共同出资。例如，对于“联邦职业考试”和“联邦高等专业考试”，行业协会确定考试要求，制定考试规则并组织考试；联邦政府负责审批考试规则，监督考试的实施并提供资助；州政府资助备考课程；公共或私人机构提供相关培训课程；企业与专业机构合作提供工作机会，并承担考生的部分考试成本。

对于高等职业学院的教学，行业协会确定能力要求并起草核心课程标准；联邦负责审核核心课程标准，对学位进行认证，并对学位课程提供经济补贴；州政府负责监督学位课程的实施并提供资助；公共或私人机构开设学位课程；企业与专业机构合作提供培训岗位，并承担部分学生培训的成本。企业参与确定培训要求和能力标准，能够保障职业教育满足市场的需求。

3. 职业教育的投入机制

职业教育经费包括公共经费、职业教育基金和企业的直接投入，联邦政府、州政府和行业组织是职业教育资金来源的三个主要渠道。州政府为职业教育提供大部分公共经费，占到了总量的 3/4。联邦政府承担公共经费的 1/4，其中 10%用于促进职业教育发展和相关公益活动，如促进州或第三方职业教育发展项目、教育质量提升项目、服务公众利益的活动等。联邦政府根据各州学生数将经费一次性分配给各州①。

《联邦职业教育法》规定了职业教育行业公共基金的设置原则，即保证行业所有企业共同分担职业教育费用。政府可以强制所有企业都缴纳行业职业教育基金，其前提是：行业 30%以上企业已对该基金有投入，行业有培训机构，基金只用于行业职业教育培训。企业对职业教育的直接投入主要是双元制学徒培训费用。企业在承担学徒培训成本的同时也可以获得一些收益②。

三、英国职业教育

英国职业教育近年来进行了大量改革，取得了很多成效。在英国，除了学校教育外，现代学徒制和职业技能能级证书制度也有十分重要的意义。

（一）职业学校教育体系

英国职业学校教育涉及三个阶段，即义务教育、继续教育和高等教育。义务教育阶段的职业教育机构主要是城市技术学院和综合中学。继续教育阶段的职业教育是主体，实施机构有继续教育学院、第六级学院、第三级学院等，授课形式有全日制、部分时间制、工读交替和短期进修，适应不同学生需要。不同类型学院为学生择校提供了很大空间，灵活的形式使职业教育具有很大弹性，以吸引更多的学生。高等职业教育阶段的主要实施机构是多科性技术学院。它与传统大学不同，设置的课程更具职业性和地方性特色，而且受地方教育当局的制约。

英国职业学校教育的特点是：由市场控制培训供给与需求之间的关系；职业资格证书的类型取决于它们在劳动市场中的认可度；各类职业教育都可市场化，但有严格的标准；培训费用主要由个体承担；对普通职业培训与专门职业培训做了严格区分。三明治课程是具有英国职业教育特色的课程模式，它将课堂教学与工业训练分段交错进行，被继续教育学院、多科性技术学院等广为采纳③。

（二）现代学徒制

英国从 1994 年开始实施学徒制计划，该计划得到了历届政府和各政党的支持。学徒

---

① Die Bundesversammlung der Schweizerischen Eidgenössenschaft. Verordernung über die Berufsbildung [Z]. Bern，2015.

② 赵志群，周瑛仪．瑞士经验：现代职业教育体系建设［J］. 华中师范大学学报（人文社会科学版），2015（3）.

③ 徐国庆．英国职业教育［M］//中国大百科全书．北京：中国大百科全书出版社，2023.

制不仅成为英国技能形成体系的重要组成部分，也是政党赢得选票的重要公共政策工具。

近些年学徒制的发展，集中体现了英国职业教育制度建设的成就。2009 年，工党政府通过《学徒制、技能、儿童与学习法案》，重新确定了学徒制的法律地位。2012 年，商务部（DBIS）发表《理查德学徒制评论》报告，指出学徒制发展的关键问题是雇主参与不足，这开启了雇主主导学徒制的改革进程。2015 年《英格兰学徒制标准规范》（SASE）颁布，确定了学徒制的最低标准，包括硬指标（学时学分规定、等级资格、英语和数学最低要求等）和软指标（学徒的团队合作、思维能力、管理能力等）。新的学徒税改革为学徒制发展提供了经费保障：政府对大企业征收 0.5%的学徒税用于支付学徒工资、培训和考核；对于不需要缴纳学徒税的中小企业，则采取共同投资（co-investment）模式，由雇主和政府直接支付培训费用，这很好地体现了“谁受益、谁投资”的成本分担原则。如今，英国建立了包括中级（NVQ 2 级）和高级学徒制（NVQ 3 级）、高等学徒制（NVQ 4～7 级）和学位学徒制（NVQ 4～7 级）在内的层次完整的学徒制体系，年注册学徒人数达到 50 万人[①]。

2015 年颁布的《英国学徒制：我们的 2020 愿景》等文件启动了学位学徒制，使学徒制走入了高等教育领域。学位学徒制针对 18～19 岁的青年人，由头部企业与大学合作开展，学习期限 3～6 年，是进入高等教育的另一种途径，学生毕业可获得学士或硕士学位。近年来，英国还进行了学徒税改革和学徒制多元治理体系建设等工作。一方面，将征税与学徒经费保障相结合，鼓励有能力的雇主参与职业教育；另一方面，通过颁布《学徒制问责制声明》等文件，建立和优化了由国家学徒制服务中心、学徒制学院、资格与考试监管办公室等多方机构组成的学徒制治理体系。学徒制的重建，使英国职业教育重新产生了世界影响。

（三）国家职业资格和普通国家职业资格

20 世纪 80 年代中期开始推行的英国国家职业资格体系（national vocational qualifications，NVQs），是英国劳动就业制度和教育制度的重要内容，即按照国家制定的职业技能标准或任职资格条件，通过政府认定的考核机构，对劳动者的技能水平或职业资格进行规范的评价，对合格者授予相应的国家职业资格证书。

NVQs 采取能力本位模式，将与职业相关的能力的复杂程度作为职业资格证书水平划分的依据。职业资格证书采用模块方式，一个职业资格证书包括 8～12 个模块，同一模块可能出现在多个职业资格证书中，也可能出现在多个水平的职业资格证书中。每一个模块包括：（1）对能力领域的描述；（2）成就标准；（3）范围；（4）证据要求。证书考评由有资质的考评员通过工作场所观察、提问、作品评价收集判断证据，也允许学员自己提供证据证明自己的能力。

英国 1992 年开始推行普通国家职业资格体系（general national vocational qualifications，GNVQs），它是一种兼顾就业和升学需要的资格体系。与指向具体职业领域的 NVQs 不同，GNVQs 覆盖广泛的职业领域，为学生进一步获得国家职业资格或接受更高水平的教育打下了广泛的基础。GNVQs 有以下特点：（1）为就业打下了广泛的基础，并

---

① 崔钰婷，赵志群．英国职业教育学徒制治理新体系及启示［J］．中国高校科技，2021（5）．

为通向高等教育或较高级别的资格提供了一条途径；(2) 要求具备一系列技能，并有能力运用有关职业的知识和判断力；(3) 具有与同一级别的学术资格平等的地位；(4) 与 NVQs 有明确联系但又有明显区别，保证两种资格不混淆；(5) 适合学院的全日制学生使用。GNVQs 的资格评定不是直接依据职业能力，而是依据基础性的技能、知识和理解力。实践证明，与 GNVQs 相联系的学习形式能够较好激发学生的学习动机①。

NVQs 和 GNVQs 后来都被整合到了英国的资格框架中，它们对包括我国在内的国际职业教育和职业资格证书制度建设产生了重要的影响。英国一直致力于将职业资格证书与学历证书进行融通和衔接，以使两种证书对高等教育入学具有同等效力。

概念术语

"1+X"证书
"双主体"人才培养模式
"先培训，后就业"政策
《考工记》
《中华人民共和国劳动法》
澳大利亚技术与继续教育学院
产教融合
初等职业教育
德国《联邦职业教育法》
德国专业学位
订单式培养
分割主义技能形成体系
高等职业教育
高等专科学校
高级技工学校
工学交替
国家职业资格体系
国家主义技能形成体系
国民教育体系
合作教育
集体主义技能形成体系
集团化办学
技工院校
技能形成体系
技师学院
技术员学校
培训包
普通国家职业资格体系
企业课程置换
企业新型学徒制
人才成长"立交桥"
瑞士《联邦职业教育法》
三明治课程
社会培训
生产现场学徒制
师傅学校
双元制大学
双元制职业教育
现代学徒制
现代职业教育体系建设
校企联合办学
行会学徒制
学位学徒制
学制体系
应用科学大学
职教集团
职业本科学校
职业高中
职业技能（资格）等级证书
职业技术学院
职业教育宏观结构
职业教育体系

① 吴雪萍．国际职业技术教育研究［M］．杭州：浙江大学出版社，2004．

职业教育微观结构
职业教育制度
职业培训
职业学校教育
职业资格（技能）等级证书
中等职业教育
中等职业学校
中等专业学校
中国特色学徒制
终身教育体系
资历框架

复习思考题

1. 举例说明我国职业教育体系宏观结构的特点。
2. 列举几种我国职业院校的类型，并说明它们之间的区别。
3. 中国特色学徒制的特色是什么？中国特色学徒制建设还需要解决哪些问题？
4. 我国的职业本科和德国的专业学士教育有哪些异同？
5. 为什么我国现代职业教育制度建设特别关注“产教融合、校企合作”？

第五章　职业教育培养目标

本章导读

本章讨论职业教育的培养目标。首先应理解培养目标的含义和制定培养目标的依据。职业教育培养目标具有很强的科学性，在此需要理解一些基本概念，如：技能、能力以及相关概念，职业资格与技能等级标准，资历框架，等等。职业教育的培养目标具有发展性特征，了解我国职业教育培养目标的演变过程，有助于了解当前我国职业院校的人才培养目标的复杂性。职业道德与职业伦理是职业教育重要的培养目标。

多元智力论

美国心理学家加德纳（H. Gardner）的多元智力论对职业教育具有重要的意义。他认为，每个人都不同程度地拥有相对独立的、与特定认知领域或知识范畴相关的智力，如语言智力、逻辑数学智力和空间智力等。每个个体的智力表现形式不同，而且表现在生活的各个方面，“智力是在某种社会或文化环境的价值标准下，个体用以解决自己遇到的真正难题或生产及创造出有效产品所需要的能力”①。

加德纳批判了皮亚杰认知理论及传统的智力观，即智力的核心是语言能力和数理逻辑能力，认为这种观点过于狭隘，忽略了对人的发展具有同等重要的其他方面，如肢体动作及人际交往等。传统的考试主要反映语言表达和数理推断方面的智力，对学习成绩有较好预测性，但对预测学生毕业后的发展，特别是生涯发展潜力和表现，则无能为力。因此，不能仅以语言能力和抽象逻辑思维能力衡量智力水平的高低，而以能否解决现实中的实际问题或生产及创造出社会需要的产品的能力高低，来评价智力。

据此，职业能力发展也是一种特定智力特征决定的能力发展表象。普通文化课考试成绩差的学生不一定意味着智力差，而有可能是能力倾向的不同。按照多元智力论对职业能力进行的分析，比按照一般认知理论建立的能力模型（如方法能力或关键能力）更有说服力。

① 加德纳．多元智能［M］．北京：新华出版社，1999．

第一节　职业教育培养目标的概念

培养目标是学校对受教育者身心发展提出的具体标准和要求，它对教育活动的方向、内容、手段、方法及效果评估等起着制约作用。职业教育的培养目标是职业教育特点的集中体现，它不但反映职业教育“质”的规定性，也反映了不同层次职业教育之间、职业教育与其他教育类型之间的区别和联系，直接指导职业教育人才培养工作的有序开展①。

一、培养目标的含义

（一）教育目的与培养目标

1. 教育目的与培养目标

教育目的是指教育体系人才培养的质量规格，它规定着要把受教育者培养成为什么样的人的根本性质问题。广义的教育目的存在于一切教育活动中，狭义的教育目的主要是指学校教育的目的。职业教育具有很强的跨界特征，它超越了传统的学校教育的范畴，同时还特别关注在工作场所和工作过程中进行的教育培训活动和岗位实践②。不同教育机构在国家统一的教育目的指导下，各自制定自己具体的培养目标。培养目标是指各级各类教育机构的具体人才培养规格和要求，它是国家统一的教育目的在各级各类教育机构中的具体化表现，各级各类职业院校也都有各自的培养目标。

2. 职业教育培养目标

职业教育培养高素质技术技能人才，使受教育者具备从事某种职业或者实现职业发展所需要的职业道德、科学文化与专业知识、技术技能等职业综合素质和行动能力。职业教育培养目标，是教育目的在职业教育领域的具体化，它具体规定着职业教育培养的人才的种类、层次和规格，决定着人才培养要素的配置和培养过程，影响着人才培养的结果，是职业教育实践的行动指南。

（二）确定培养目标的要素

职业教育机构有多种类型和层次，这些机构的培养目标规定了其对受教育者的培养的方向、规格与内涵，既体现了职业教育与其他教育类型的区别，也体现了不同职业教育机构之间的差异。明确、清晰地确定培养目标，有助于提高职业教育体系内部分工的合理性，提高人才培养的质量和效益，也是检验职业教育是否成功的标准。职业教育培养目标至少包含以下要素：

1. 人才的类型

历史上我国对职业教育培养的人才的类型有多种说法，如专门人才、应用型人才、技

---

① 马建富．职业教育学［M］．上海：华东师范大学出版社，2008.

② 李守福．职业教育导论［M］．北京：北京师范大学出版社，2008.

能型人才、高技能人才和技术技能人才等。这些概念都是为了适应当时的社会发展、迎合用人单位需要而提出的，每种说法都反映了不同管理部门（如教育管理部门和人力资源管理部门）、不同教育机构在不同阶段对培养目标的理解。以上提法有一些共同特征。首先，职业教育培养的是专门人才，需要具备一定的专业知识和技能，能够胜任某种专业工作。其次，职业教育培养应用型和技能型人才，其任务是解决生产或服务工作中的实际问题，这区别于普通高等教育培养的研究型人才。职业教育还特别关注学生的德、智、体、美、劳的全面发展，培养具备职业素质和行动能力（综合职业能力）的人。

2. 人才的层次

职业教育培养的人才有层次上的差异，通常认为，中等职业教育培养技能型人才，高等职业教育培养技术型人才；或者中等职业教育主要培养中级人才，高等职业教育培养高级人才。这些划分有助于区分不同层次职业教育的差异，但还没有完全反映出真实工作世界（the world of work）中技能人才实际工作的特点，以及职业教育体系的纵向差别。明确职业教育人才培养的层次，对建立和完善现代职业教育体系具有重要的意义，它是构建职业教育人才培养目标体系，实现中等职业教育和高等职业教育有效衔接的基础。

3. 人才培养规格

人才培养规格是教育部门或职业院校对各专业培养的人才质量标准的概括性描述，指受教育者应达到的知识、技能、能力和素质方面的要求，是教学工作的依据。人才培养规格是培养目标的细化，是职业院校制定实施性教学计划或课程标准，组织教学、检查和评估教学质量的依据。目前我国职业教育管理部门和职业院校对人才培养规格有多种表述，反映了不同的职业教育理念和发展水平。

二、制定培养目标的依据

一个国家的教育目的和培养目标通常是由政府和教育家共同提出和确定的，属于意识形态范畴。职业教育培养目标受经济和社会发展的制约，也要考虑受教育者的身心发展特点以及教育规律的要求。确定培养目标时，应以职业教育机构在实践中确立的目标为基础，研读国家法律法规和相关政策文件，并关注教育研究的最新发展。来自不同方面的要求有可能不同，甚至相互之间会有矛盾，这可能有理念、方法或技术层面的原因，也反映了不同利益团体的诉求，在最终确定培养目标时要进行充分考虑和协商。现代职业教育培养目标是在以上价值取向的基础上，依据技术技能人才的社会功能、素质和能力要求，通过科学的职业资格研究确定的。

（一）马克思主义全面发展学说

马克思主义关于人的全面发展学说是我国制定职业教育培养目标的指导思想，其基本观点是：（1）人的全面发展。教育应使人的体力和智力获得充分自由的发展和运用，使才能、志趣、道德精神和审美情趣获得充分发展。（2）人的发展与生产发展相一致。正如马克思所说的："人的本质不是单个人所固有的抽象物，在其现实性上，它是一切社会关系的总和。"[①] 也就是说，人是在现有生产关系的基础上建立整个社会生活、政治生活和精神生活的。（3）工业生产为人的全面发展提出了客观要求，并奠定了物质基础。大工业"用那种把不同社会职能当作互相交替的活动方式的全面发展的个人，来代替只是承担一种社会局部职能的局部个人"[②]，这意味着，除了功能性能力之外，跨职业的、可迁移的能力具有重要的意义。（4）教育和生产劳动相结合是实现人的全面发展的唯一途径，正如马克思所讲的："未来教育……就是生产劳动同智育和体育相结合，它不仅是提高社会生产的一种方法，而且是造就全面发展的人的唯一方法"[③]。

（二）国家的教育目的

职业教育的培养目标是教育目的在职业教育领域的具体化。国家的教育目的是由所处社会的政治、经济和科学技术文化发展水平决定的，不同时期的教育目的有所不同。1958年，中共中央、国务院发布《关于教育工作的指示》，第一次提出我国"教育的目的是培养有社会主义觉悟的有文化的劳动者"。1982 年颁布的《中华人民共和国宪法》规定了教育目的是"国家培养青年、少年、儿童在品德、智力、体质等方面全面发展"。1995 年颁布的《中华人民共和国教育法》规定，教育必须为社会主义现代化建设服务，必须与生产劳动相结合，培养德智体等方面全面发展的社会主义事业的建设者和接班人。2018 年，习近平在全国教育大会上强调"要努力构建德智体美劳全面培养的教育体系"，"要把立德树人融入思想道德教育、文化知识教育、社会实践教育各环节"。职业教育的培养目标要围绕这一整体教育目的来设计和建构。

（三）社会、经济和技术发展需求

职业教育是社会系统的有机组成部分，职业教育培养目标应反映社会发展对人才的基本要求，依据以下因素确定：（1）政治经济制度的需要。职业教育培养目标要反映我国社会主义政治经济制度的需要，反映立德树人、培养德智体美劳全面发展的社会主义事业的建设者和接班人的要求。（2）产业发展和技术进步的要求。职业教育培养目标要体现产业发展对技术技能人才的要求，反映新技术、新材料、新工艺、新设备的发展要求。（3）新型生产组织方式的要求。当今社会，信息技术快速发展，传统岗位分工被灵活、整体化、以解决问题为导向的新型工作所代替，企业对员工的能力要求有了明显的拓宽，这理应反映到职业教育的人才培养目标中。（4）传统文化因素影响。我国"学而优则仕""劳心者治人，劳力者治于人"的传统观念比较严重，重知识轻实践的思想沉积深厚，在制定职业教育培养目标时要关注这些因素，考虑如何提高职业教育的吸引力。值得注意的是，对学历和职业资格要求的结构性变化并不存在唯一的发展趋势，现代社会同时存在着资格水平要求降低、资格水平要求提高和资格水平要求两极分化的趋势；即便是发达国家，也存在着

---

① 马克思，恩格斯．马克思恩格斯文集：第 1 卷［M］．北京：人民出版社，2009：501.

② 马克思，恩格斯．马克思恩格斯文集：第 9 卷［M］．北京：人民出版社，2009：312.

③ 马克思，恩格斯．马克思恩格斯文集：第 5 卷［M］．北京：人民出版社，2009：557.

“低技能均衡”（如英国和美国）和“高技能均衡”（如德国和新加坡）等不同发展模式[①]。

（四）受教育者的身心发展规律

人的发展是有规律的，受教育者的身心发展规律是确定职业教育培养目标的重要依据。（1）个体身体发展需要。身体发展通过自然成熟和培养训练实现。职业教育培养生产和服务一线劳动者，促进受教育者体格健壮、提高体质和增强抗病能力是职业教育的重要目标之一，这可以通过体育运动、生产实习和社会实践等方式实现。（2）个体心理发展需要。人有多方面的心理需要，如归属、尊重和自我实现的需要等，这些需要又影响着社会需要。制定职业教育培养目标时应充分考虑和尊重受教育者的心理需要。（3）现实需要和长远发展的统一。职业教育具有一定的功利性和适应性等短期特征，而教育本身也有很强的基础性和发展性等长期特点。确立职业教育培养目标，应协调好社会和人的发展的长期需求与满足就业和经济发展的现实需要之间的关系，特别是在满足当前就业需要和奠定生涯发展基础之间取得平衡。（4）关注不同发展阶段的要求。在不同发展阶段，受教育者身心发展水平和知识经验储备不同，不同院校在确定培养目标时要注意受教育者的年龄和发展特征，关注不同个体身心发展的不均衡性和个别差异。

农村中职学生的自我呈现方式

2022 年，一个对我国中部地区三线城市城区中职学校一年级学生的调查发现，中职学生内在情感能量有四种呈现方式。一是苦中作乐：假意顺从，情感能量高涨。二是社交明星：明显拒斥，情感能量高涨。三是自我放弃：明显拒斥，同时情感能量低沉。四是自我遮蔽：假意顺从，情感能量低沉。不同的自我呈现方式，是学校课堂正式仪式与课堂外自然仪式共同影响的结果，也与职业学校学生不习惯或不喜欢理论学习的习性有关。

总的来说，这四种呈现方式都不是非常积极，这可能与职业教育当前的社会地位有关。调查发现，中职学生从心理上倾向于逃避传统的学校学习，只不过有不同的呈现方式。拥有梦想或者热衷社交的群体，更容易获得情感上的满足；社会和教师对学生的语言暴力，会让学生持有负面身份性符号。调查发现，如果学校文化没有被学生内化，反而会促使学生更多地违背学校规训[②]。

三、技能等级标准与资历框架

职业教育不仅是一种教育活动，也是与经济发展、社会建构紧密相关的综合性的社会和经济活动。合理高效的职业教育体系应满足多方面的要求，既适应经济发展的需要，又

① ERTL H，FROMMBERGER D. Comparative VET research［M］//RAUNER F，MCLIEAN R. Handbook of technical and vocational education and training research. Dordrecht：Springer，2008.

② 刘徐迪．怎样念职校?：互动仪式链视角下农村中职生的自我呈现［D］. 北京：北京师范大学，2022.

能实现中、高职衔接和协调并体现终身学习理念。不同类型、层次间教育衔接的本质是“资历”的认可与融通，这需要通过职业教育培养目标清晰地表达出来。各级各类职业教育机构人才培养的准确定位是通过明确的培养目标确定的，这也是实现整个教育体系衔接与融通的逻辑基础，在此，职业资格与技能等级标准和资历框架具有重要的意义。

（一）资格与技能等级标准

传统上我国实行单一的学历文凭制度，这是造成人力资源与经济结构失衡的一个重要原因。根据《劳动法》要求，国家建立职业资格和技能等级证书制度，即“双证书”制度，其目的是扭转单纯追求学历文凭倾向，解决教育结构不适应社会经济发展要求的矛盾。

“职业资格和技能等级证书”是个人工作和接受培训、达到相应职业资格或技能标准要求的书面证明，表征个人具备的工作和职业经验，它是在学习者完成某一职业岗位关键工作领域的典型工作任务所需要的职业知识、技能和素养的学习后，获得的反映其职业能力水平的凭证。职业资格（技能）等级证书赋予个体参与市场人力资本配置、获得职业角色、享有特定职业权利并承担相应义务的身份，规范人力资源的合理分类、分层和有序流动。

在此框架内，我国建立了一系列标准和制度，包括职业分类、职业标准和职业技能鉴定体系等，通过编制《职业分类大典》和制定职业（技术）等级标准，为职业资格和技能鉴定提供技术基础。

我国国家职业资格分为五个等级，从高到低依次为高级技师、技师、高级技能、中级技能和初级技能。其基本要求是：

- 初级技能：能够独立完成本职业的常规工作。
- 中级技能：能够独立完成本职业的常规工作，并在特定情况下完成较为复杂的工作；能够与他人进行合作。
- 高级技能：能够完成较为复杂的工作，包括部分非常规性工作；能够独立处理工作中出现的问题，指导他人进行工作或协助培训一般操作人员。
- 技师：能够完成较为复杂的、非常规性的工作；能够独立处理和解决技术或工艺问题；在操作技能技术方面有创新，并指导他人进行工作。
- 高级技师：能够在本职业各个领域完成复杂的、非常规性的工作；能够独立处理和解决高难度的技术或工艺问题，在技术攻关、工艺革新和技术改革方面有创新。

2022年，人力资源和社会保障部将这五级技能等级结构发展为八级技能等级结构（增加了学徒工、特级技师和首席技师），重构了新的技能人才职业技能等级体系，以加强新时代知识型、创新型技术技能人才队伍的建设。数字技术等新兴技术的发展，深刻影响着工作现场对劳动者工作能力的要求，原有职业技能等级已经难以涵盖生产线系统集成、现场管理、设备运维等新的工作要求。在高级技师之上设立特级技师和首席技师，正是这种生产方式变革的产物。随着企业参与职业教育程度的加深，需要为学生实习提供有效的制度保障和技能评价方式，在初级工之下设立学徒工技能等级，为建立中国特色学徒培训奠定了制度基础。

在实践中，由于教育制度与劳动就业制度不够协调以及技能评价技术的复杂性等原因，包括“双证书制度”在内的技能证书制度遇到了一些问题，目前正在不断完善，它们始终是维系我国职业教育培训与就业的标准、认证及其互认或转换的规范体系，对职业院校人才培养目标的确定具有基础性作用。

（二）资历框架

欧洲议会和欧洲理事会于2008年正式批准了“欧洲资历框架”（European Qualification Framework，EQF），这是世界上第一个区域间对资历（qualification，也译为“资格”）进行互认的参照体系，实现了职业资历与高等教育学历之间的衔接和融通，即职业资历与高等教育资历框架（QF-EHEA）的等值，对国际职业教育发展具有重要的启发作用。

资历是得到承认的所有证书、学历文凭和职业经历，可以通过学校教育或工作实践获得。欧洲资历框架涉及通过正规教育、非正规教育和非正式教育等方式获得、所确定或认可的各种资历。每一级资历都与一定的学历层次相对应（等值性），构成了完整的职业资格，达到者可根据需要就业或者升学。资历证书反映了现代教育体系的要求，对促进普通教育与职业教育等值，以及实现终身学习具有重要的意义。

欧洲资历框架将所有的资历分为八个等级，分别对具有该级资历的学习者应掌握的知识、技能和能力进行了规定。框架包含了各级各类教育文凭与职业资格（技能）证书，使不同资历和教育体系之间的认可变得简单。表5-1为欧洲资历框架针对不同级别学历和职业资格（等级）证书所规定的基本内涵和要求。

表5-1 不同学历、资格和证书的基本内涵和要求

资历等级	知识	技能水平	能力要求	对应的技能等级	对应的学历或学位
1级	基本常识	完成简单任务所需的基本技能	在直接监督下进行工作或学习	学徒工	
2级	某一工作或学习领域的基本事实性知识	在监督下进行一定程度的自主工作或学习，利用相关信息完成任务或使用简单规则和工具解决常规问题的认识和实践技能	在监督下能进行一定程度的自主性工作或学习	初级工	初中，初级中等职业教育，短期培训
3级	某一工作或学习领域的事实、原理、过程、概念等知识	通过选择和运用基本方法、工具、材料和信息解决问题的各种认识与实践技能	对完成任务有责任感；通过改变自我行为以适应环境，从而解决问题	中级工	高级中等职业教育（类型I），综合高中

续表

资历等级	知识	技能水平	能力要求	对应的技能等级	对应的学历或学位
4 级	某个工作或学习领域的广泛的事实性和理论性知识	在某工作或学习领域提出具体问题和解决方案所需的一系列认知和实践技能	在清晰的工作与学习准则指引下进行自我管理；对他人常规工作进行监督，能对某一工作或学习行为的评价与改进承担部分责任	高级工	高级中等职业教育（类型II），或高中后非高等教育与培训
5 级	某一工作或学习领域全面的、专业的事实性和理论性知识，并意识到这些知识的局限性	为解决抽象问题而提出创新方法所需的全面的认知与实践技能	在存在未知变化的工作或学习环境中，进行自我管理并监督他人；不断审视和改进自己与他人的绩效	技师	专科
6 级	某一工作或学习领域的先进知识，批判性地理解相关理论和原理	某特定工作或学习领域解决复杂且不可预知问题的高级技能，彰显熟练程度与创新精神	在不可预知的工作环境下，进行决策，管理复杂的专业性活动或项目；对个人和团体专业发展承担责任	高级技师	本科，学士
7 级	某工作或学习领域及其专业的知识，其中部分为前沿知识，以进行原创性思考和研究；批判地理解相关领域知识之间的联系	在研究和创新中，为创造新知识、提出新方法或从其他领域借鉴学习所需的专业的解决问题的技能	应对并改变复杂、不可预知且需要崭新应对策略的工作或学习环境；承担贡献专业知识和实践经验的责任，并能评价团队的策略和执行绩效	特级技师	硕士
8 级	某工作或学习领域以及各领域间的最前沿知识	为解决研究和创新中遇到的关键问题，或扩展和再造现有知识或实践案例所需的专业综合分析与评价技能	展现出绝对的权威性、创新性和自主性，有极高学术素养和职业操守；持续在某一学术或工作领域提出新观念或新方法	首席技师	博士

按照欧洲资历框架，资格包含知识、技能和能力三方面的内容，是与该级资历水平相对应的“学习成果”。在此，“知识”一般指理论性或事实性的知识，“技能”指认知技能（包括逻辑思维、直觉思维与创造思维）和实践技能（包括手的灵巧性和熟练使用辅助方法、

材料、工具、器械)，“能力”指责任心与自觉性，但是不同国家对其的具体解释不尽相同。

资格证书强调学习结果，而不是学习时间长短、教育机构类型和学习方式等投入性因素。建立资历框架可以规范各级各类教育和培训的内容和标准，它鼓励公民通过正规教育、非正规教育和非正式教育等多种方式获得个人职业生涯发展所需要的能力，使技能型人才和学术型人才的资格要求统一到权威的国家标准下，从而实现不同类型证书的可比性，这有利于提高职业教育的吸引力和实现教育公平，也有利于人力资源管理和教育的国际交流与合作，因此，建立我国自己的资历框架，也成为职业教育研究和实践的重要课题。

第二节 职业教育培养目标组成要素

职业教育就业导向的特点，决定了在确定职业教育培养目标时必须关注职业和工作世界的要求，即职业资格要求。职业资格是人们学习到的能力与职业任务的系统化结合，是从事一种职业活动时能够应用和通过学习获得的能力或潜力，包括知识、技能技巧、能力和素养①。理解这些概念，是确定职业教育培养目标和制定职业教育政策的重要基础。

一、能力与技能

在职业教育中，能力是一个常用但是含义相对模糊的概念。由于“以能力为基础”已经成为国内外职业教育界的共识，对职业教育培养目标的讨论无法绕开能力这个概念。

(一)能力

能力首先是一个心理学概念，指“个人在某方面所表现的实际能力，乃是由于他的先天遗传基础，加上后天环境努力学习的结果”②。由于能力是人的个性特征，不是显而易见的客观事实，不同文化和学科对此有不同理解。英文中与“能力”对应的有多个词，如competence、competency、ability 和 skill 等，这增加了对能力理解的难度。

1. 不同学科的理解

人力资源开发领域对能力的理解与具体工作绩效相关③。诺顿（B. Norton）将能力定义为“工人在完成一项给定职业任务取得的知识、技能和态度方面的成就”④。德国的职业能力研究具有重要的影响。魏纳特（F. E. Weinert）将能力定义为“个体或包括多个人的群体所拥有的、能成功满足复杂需求的前提条件”⑤。据此，能力不仅包含认知内容，也包

① 学术概念“资格”与我国职业资格证书实践中的“资格”有所差别，理解后者需要关注国家不同时期相关部门资格和技能等级证书政策的演变。

② 张春兴．现代心理学［M］．上海：上海人民出版社，1994：403.

③ 在人力资源管理和组织心理学文献中，competence 一词常被翻译为“胜任力”或“胜任特征”。

④ NORTON R E. DACUM handbook［M］. The National Centre on Education and Training for Employment. Columbus/Ohio：The Ohio State University，1997.

⑤ WEINERT F E. Concept of competence［M］//RYCHEN D S，SALGANIK L H. Defining and selecting key competencies. Seattle，Bern：Hogrefe & Huber，2001.

括动机、道德和意志等成分。英文中的能力competence在我国有关核心素养的教育学讨论中被翻译成“素养”，而在管理学和部分心理学文献中被翻译成“胜任特征”或“胜任力”。

2. 不同国家对能力的理解

由于语言的原因，英国对能力的定义具有重要的国际影响。英国国家职业资格标准（national vocational qualifications，NVQs）用学习结果（outcome）来定义能力，其基本理念是：如果学习者能够完成一项工作任务，那么也就具备了这项能力，能力是通过考核展现出来的按照一定结构组织的知识、技能和绩效要求，这是行为主义能力理念的反映。

在德国，职业教育的人才培养目标是培养“职业行动能力”（berufliche Handlungs-kompetenz），即“对个人和社会负责任行事的自我控制的意愿和本领”，它是“通过对事实的理解、反思以及对动机和问题状况的判断来开发现实的”[①]。德国的行动能力概念强调人在复杂问题情境中按照专业要求和道德正确地去行动[②]，这种理解是偏建构主义和情境主义的。

我国对能力的认识在很大程度上受到不同发达国家的影响，并演化出综合职业能力、职业素养等多种概念。

（二）技能

技能是在一定目标指导下，在已有知识和经验基础上经过反复练习形成的一系列规则性的动作体系，包括外显的肢体操作动作和内隐的认知活动[③]。职业技能是从事一项职业所必需的客观条件，一般通过技能等级方式来描述。低级的技能经过有目的、有组织的反复练习，动作会趋向自动化，从而达到较为高级的技巧性技能阶段。

技能和能力的区别表现在：（1）技能是由工作任务的客观要求决定的，能力是完成一组任务所需的含主观因素的认知和行动的潜力；（2）技能可通过训练获得，与素质（人格）无关；能力与素质发展密切相关，包含对工作的理解、评估和反思；（3）技能可在考试中被一项一项地表现出来，可以被标准化，但能力却是以认知和智力为基础的[④]。

在我国职业教育实践中对技能和能力的区分并不明确。例如在“1+X”技能等级证书的相关文件中，“技能”和“能力”被作为同义词使用。这种“技能的能力化发展趋势”也反映在欧洲资格框架等国际有影响的英语文献中。据此，技能是“学习者应用知识以完成任务和解决问题的能力”，包括认知技能和操作技能[⑤]。

制度经济学研究采用技能的概念讨论一个国家的职业教育模式与经济发展的关系，按照不同国家的“技能形成模式”（skill formulation），把发达国家的技能形成体系分为国家主义、集体主义和市场主义等模式。新人力资本理论把能力分为认知技能、非认知技能、

---

① BADER R. Berufliche Handlungskompetenz [J]. Die Berufsbildende Schule，1989 (2)：74.

② ERTL H，SLOANE P F. Curriculare Entwicklungsarbeiten zwischen Lernfeld und Funktionsfeld [J]. ZBW，2006 (Beiheft 19).

③ 朱智贤 . 心理学大辞典 [M]. 北京：北京师范大学出版社，1989.

④ ERPENBECK J，von ROSENSTIEL L. Handbuch Kompetenzmessung [M]. Stuttgart：Schäffer-Poeschel，2003.

⑤ 吴雪萍，张科丽 . 促进资格互认的欧洲资格框架探究 [J]. 高等教育研究，2009 (12).

通过教育和培训获得的专业技能以及健康等要素①。在此，技能也被视为一种综合性的能力。

二、职业能力

（一）职业能力的一般概念

职业能力是与职业相关的认知能力特征。德国职业能力的概念最早出现在罗特（H. Roth）主编的《教育人类学》辞典中，他把职业能力分成自我能力、专业能力、方法能力和社会能力②，以后德国有关职业能力的讨论多数是在此基础上进行的。德国通过《职业教育条例》（Ausbildungsordnung）确定职业教育结业考试应具备的职业能力包括职业知识、技能和资格。据此，职业能力是完成一个职业的典型工作任务所需的认知能力、行动能力和主观潜力。

英语对职业能力的理解有所不同，指完成工作任务的能力和绩效，是职业教育培训中知识和技能的学习结果。英语常常把能力和技能作为同义词使用，据此，职业能力是“人们在程序化的资格考试中展示出来的技能”③，尽管职业能力有时也包括“态度”的因素。

作为职业教育培养目标的组成部分，我国从以下角度对职业能力进行理解：（1）从宏观教育目标看，职业能力是指某一职业所需的专业能力和非专业能力的总和，是个体当前就业和终身发展所需的能力④。（2）狭义的职业能力指岗位能力或完成特定工作任务的能力；广义的职业能力指某一职业（或岗位群）共同的基础能力，是经过学习完成某种职业活动的可能性或潜力⑤。（3）在课程开发实践中，职业能力常常被解释为完成某一工作任务的胜任力⑥。行为主义的能力分析一般会列举岗位工作所要求的能力点，但情境主义和建构主义的人类学能力研究，则更关注工作环境、实践共同体和隐性知识的经验性学习，强调对工作行动的“深描（thick description）”⑦。近年来，我国职教界开始关注职业能力的综合性和整体性特征，常采用“综合职业能力”或“行动能力”的概念，这体现在很多政府发布的文件和2022年新修订的《职业教育法》中。

（二）职业行动能力/综合职业能力

在德国，职业能力也被称为“职业行动能力”，指在与职业相关的认知基础上获得、发展并可以运用的知识、技能、方法和价值观。职业行动能力是职业能力中通过行动表现

① HECKMAN J J，CORBIN C O. Capabilities and skills [J]. Journal of Human Development and Capabilities，2016（3）.

② 张春兴．现代心理学 [M]. 上海：上海人民出版社，1994.

③ ERTL H，SLOANE P F. Curriculare Entwicklungsarbeit zwischen Lernfeld und Funsktionsfeld [J]. ZBW，2006（Beiheft 19）.

④ 杨黎明．关于学生职业能力的发展 [J]. 职教论坛，2011（3）.

⑤ 孟广平．能力·能力本位教育与职业技术教育课程开发 [J]. 职业技术教育，2000（12）.

⑥ 徐国庆．解读职业能力 [J]. 职教论坛，2005（36）.

⑦ LAVE J. Cognition in practice：mind，mathematics and culture in everyday life [M]. Cambridge：Cambridge University Press，1988：12.

出来的那部分能力，它帮助人在复杂和不确定的职业环境中，设计出目标清晰、理性、灵活、负责任和有反思性的行动并加以实施[①]。20 世纪 90 年代，职业行动能力刚被介绍到中国时，为了与英语国家能力教育（competence-based education）中的能力概念进行区分，被解释性地翻译成了“综合职业能力”[②]。从 1996 年开始，德国文教部长联席会（KMK）颁布的职业学校《框架教学计划》都提到职业行动能力是“个人在特定的职业、社会和私人情境中，进行缜密而恰当的思考并对个人和社会负责任行事的意愿和本领”[③]，这体现了设计导向职业教育思想的基本内涵[④]。2022 年我国新修订的《职业教育法》第二条特别说明职业教育是“使受教育者具备……职业综合素质和行动能力而实施的教育”。

按照能力涉及的内容的范围，职业行动能力常常被划分为专业能力、方法能力和社会能力（见图 5－1）。后来为了强调个性发展目标，还增加了个性能力的维度。

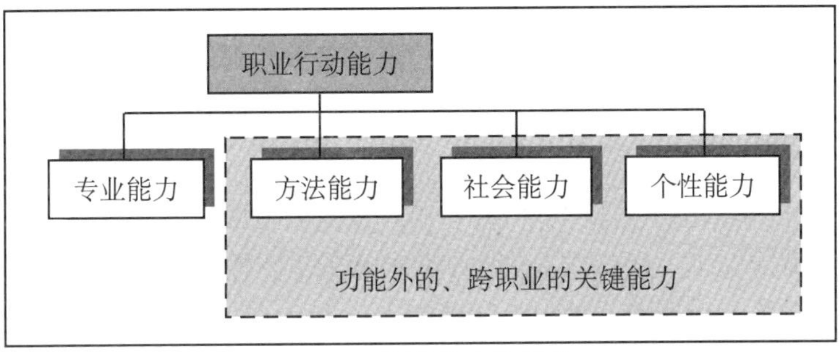

图 5－1　职业能力的组成

- 专业能力：职业业务范围内的能力，指在专业知识和技能基础上，在特定方法引导下，按照专业要求有目的独立解决问题并对结果加以评判的意愿和本领。
- 方法能力：指针对工作任务独立制订问题解决方案并实施的意愿和本领，强调解决问题的目标针对性、计划性和获得成果的程序性。
- 社会能力：与他人的交往和合作能力，是经历和构建社会关系、理解奉献和冲突，并负责任地与他人相处的意愿和本领。相关讨论还涉及交流与沟通能力、语言表达能力和跨文化能力等概念。
- 个性能力：个体发挥才能和动机以及提高工作效率的能力，是对职场或生活中出现的机会做出解释和评判，并拓展才能且不断进步的意愿。

这种对能力维度的划分方式不是绝对或唯一的，因为这既不可行，在教育理论上也不

---

① PÄTZOLD G，BUSIAN A. Lernortkooperation als Mittel zur Entwicklung von Lehr-Lern-Arrangements [M] //EULER D. Handbuch der Lernortkooperation，Band 1. Bielefeld：W. Bertelsmann，2004.

② 职业行动能力与技能的不同表现在：技能通过完成细分的某一项子任务表现出来，而职业行动能力强调有意识性，通过完成工作过程完整的任务表现出来。

③ KMK. Handreichungen für die Erarbeitung von Rahmenlehrplänen der Kultusminister-Konferenz für den berufsbezogenen Unterricht in der Berufsschule und ihre Abstimmung mit Ausbildungsordnungen des Bundes für Anerkannte ausbildungsberufe [S]. Dokument 15. 09. 2000，Bonn，2000.

④ RAUNER F. Gestaltung von Arbeit und Technik [M] //ANNOLD R，LIPSMEIER A. Handbuch der Berufsbildung. Opladen：Keske＋Budrich，1995.

合适，因为这会破坏人格的统一。职业发展的成功，意味着各种能力的有效结合和协同发展。综合职业能力不但帮助学习者做好职业准备，也为其个体发展和进入社会生活做好准备，是评价职业教育质量的最重要的指标。

三、与职业能力相关的重要概念

在职业教育实践中，有一些与职业能力联系紧密但含义不同的概念，理解这些概念可以更好地理解职业教育人才培养目标的含义。

（一）智力

智力是一般的心理能力，“包含推理、计划、问题解决、抽象思维、理解复杂思想、快速学习和从经验中学习等能力”①。智力的概念很复杂，不同心理学家的解释也有所不同：有学者把智力定量并归结为一个数，如智商；有学者则认为智力具有多种成分，可分别加以测量；还有学者认为按照不同的经验范围，每个人都有多种不同的智力，这反映了不同的能力观。

加德纳在 1983 年出版《智能的结构》，提出多元智力理论，认为智力是一种生理和心理的潜能，这种潜能在个人经验、文化和动机的影响下，在一定程度上得以实现；智力是多元的，每个人身上至少存在 8 种智力，见表 5-2：

表 5-2 加德纳的多元智力类型

智力类型	代表性职业	核心成分
数理逻辑智力	科学家、数学家	敏感的思辨能力，逻辑或数字的思维方式，进行连锁推理的能力
语言智力	诗人、记者	对声音、节奏和词义的敏感性，对词语的不同功能的敏感性
音乐智力	作曲家、小提琴家	对节奏、音调和音质的创造能力和欣赏能力，对音乐表达方式的欣赏能力
自然智力	博物学家、植物学家、猎人	对自然物种的敏感性，能够进行精细的感觉辨别
空间智力	航海家、雕刻家	对视觉空间的精确感知能力，并且能够对最初的感知进行修正
身体与动觉智力	舞蹈家、运动员	对身体运动的控制能力以及熟练的器械操作能力
人际智力	心理治疗师、促销员	对他人的心情、脾气、动机和需要的辨别能力，以及做出恰当反应的能力
内省智力	具有细致而准确的自我认知的人	把握和辨别自己感觉的能力，以及利用自己的感觉指导行为，了解自己的长处、弱点、需要和智力

资料来源：GARDNER H，HATCH T. Multiple intelligences go to school [J]. Educational Reseacher，1989 (8).

① GOTTFREDSON L S. Mainstream science on intelligence：an editorial with 52 signatories，history，and bibliography [J]. Intelligence，1997 (24).

多元智力理论倡导全面的、多样化的人才观，认为每个学生都有一种或数种优势智力，只要教育得法，都能成为某方面的人才，有可能获得某方面的专长，这无疑为职业教育提供了重要的学习理论基础。我国传统偏重数理逻辑和语言智力培养的智力观和教学观，对多样化的人才培养关注不够，忽视了对许多特殊人才的潜质开发，职业教育正是纠正这一偏差的有效手段。职业教育将全面发展与个性特征有机结合，创设适应学生优势智力发展的条件，努力使每个学生都能成才。同样，职业教育的评价方式，也应当走向多样化的、情境化的真实性和增值评价。

（二）非认知技能

非认知技能是与认知技能相对应的人格心理学概念，也被称为“人格特征”或“非智力因素”，指智力因素以外的所有心理因素，如情感、意志、兴趣、性格、动机和信念等。非认知技能常被用于教育经济学和社会学等领域的研究。

人力资本学家舒尔茨（T. W. Schultz）最先提出了“应对非均衡的能力”概念，指劳动者在经济非均衡环境中具有重要意义的、与生产技能无直接关联的能力①。调查发现，雇主普遍重视劳动者在工作中表现出来的诸如稳定、可靠性等特征；学生具备的诸如毅力、自尊、乐观、抵抗诱惑等非认知技能，对在学校学习以及以后工作的工资收入和社会行为具有重要的影响②。这意味着，非认知技能对职业教育学习者的学业成就、就业和生涯发展以及社会行为有影响，它可以通过后天的投资和（教育）干预行为获得提高和改善。

（三）关键能力与核心素养

20世纪中叶，随着社会水平分工弱化，职业和岗位间界限模糊，对职业资格要求做出具体预测变得更加困难，自动化技术更是加剧了人们将来有可能被机器取代的恐惧。社会学家梅腾斯（D. Mertens）在研究职业适应性问题时提出了关键能力（key competence）的概念，即“与具体工作任务和专门技能或知识无关的，但对现代生产和社会顺利运行起着关键作用的能力”③。后来，德国联邦职业教育研究所和西门子公司在典型实验基础上，开发了“以项目和迁移为导向的教学”（Projekt-und Transferorientierte Ausbildung，PETRA）方案。该方案把关键能力分为“组织与完成生产、练习任务”“信息交流与合作”“应用科学的学习和工作方法”“独立性与责任心”和“承受力”等5类，这是世界上第一个培养关键能力的系统化教学方案（见表5-3）。

---

① SCHULTZ W T. The value of ability to deal with disequilibria [J]. Journal of Economic Literature，1975（3）.

② HECKMAN J J，RUBINSTEIN Y. The importance of noncognitive skills：lessons from the GED testing program [J]. American Economic Review，2001（2）.

③ MERTENS D. Schlüsselqualifikationen：These zur Schulung für eine moderne Gesellschaft [J]. Mitteilungen aus der Arbeitsmarkt-und Berufsforschung，Nürnberg IAB，1974（7）.

表 5-3 现代企业员工应当具备的关键能力

组织与完成生产、练习任务	信息交流与合作	应用科学的学习和工作方法	独立性与责任心	承受力
目标坚定性 细心 准确 自我控制 系统工作方法 最佳工作方式 组织能力 灵活性 协调能力	口头表达能力 笔头表达能力 客观性 合作能力 同情心 顾客至上 环境适应能力 社会责任感 公正 助人为乐 光明磊落	学习积极性 学习方法 识图能力 逻辑思维能力 想象能力 抽象能力 系统思维能力 分析能力 创造能力 在实践中运用理论知识的能力 触类旁通的能力	可靠性 纪律性 质量意识 安全意识 自信心 决策能力 自我批评能力 评判能力 全面处理事物的能力	精力集中 耐力 适应新环境的能力

资料来源：KLEIN U. PETRA Projekt-und Transferorientierte Ausbildung [M]. München：Siemens-Aktionges，1990：27-33.

关键能力概念的提出引起了很多国家的重视，国内外有很多类似概念描述非专业或跨专业的能力，如“通用能力”和“核心能力（核心素养或核心技能）”等。由于在西方语言和文化中对 competence、skill 和 qualification 等很难区分，因此也产生了多种同义词或近义词。英国 1979 年提出核心技能概念，并于 20 世纪 90 年代末开始在通用国家职业资格框架内实施相应的培训认证。美国、澳大利亚等国也提出了类似的概念，如基本能力、软技能、就业必备技能等，尽管其条目项数和内涵不完全相同，但基本理念是一致的。21 世纪初，世界经合组织的研究项目“素养界定与选择：理论与概念基础”（DeSeCo）对全世界产生了重要的影响，包括对我国的基础教育。

我国基础教育界对核心素养也开展了大量研究①，但其研究内容与职业教育的关键能力研究相比并没有本质区别。1998 年，劳动和社会保障部在文件中将能力划分为“职业特定技能、行业通用能力、核心能力”三个层次，确定了 8 项核心能力（交流表达、数字应用、创新革新、自我提高、与人合作、解决问题、信息处理、外语应用），并开展了相应的培训和颁证。

对职业能力的多种认识和划分方式为职业教育实践带来不少困扰。例如，很多教育机构甚至管理部门无法区分一些基本概念，造成培养目标表述上的困难和偏差；又如核心素养概念与多元智力论有矛盾，与公认的“领域相关性”原则和情境原则也不相符，这为教育实践，特别是课程建设带来了很多困惑。

（四）经济素养与信息素养

1. 经济素养

在市场经济条件下，每个公民都扮演着消费者、生产者、工作者和投资者等多种角色，学生要为未来的生活做准备，需要具备一定的经济素养，它是理解现实世界和做出正

① 张华．论核心素养的内涵 [J]．全球教育展望，2016 (4).

确决策的基础。

按照世界经合组织的定义，经济素养反映人们对经济学知识的掌握、经济现象和规律的理解，以及实际运用的综合能力的程度和水平，它涉及三个维度的内容：（1）知识：认知和再现经济领域相关概念、结构和体系；（2）理解：理解和解释社会生活中的宏观和微观经济现象；（3）应用：将经济学知识应用于生活，解决实际问题[①]。广义的经济素养包括狭义的经济素养和财经素养，二者在细节上稍有不同。

美国于1979年开发了"经济素养测验"（test of economic literacy，TEL）量表，被世界各国大量应用[②]。纪春花等依据第四版TEL量表对我国中职学生进行了调查，结果显示：我国中职学生习惯从政策角度思考经济问题，对市场经济规律不熟悉，经济理性思考能力也较弱[③]。经济素养缺失是现有学科课程模式的结果，与我国"重义轻利"的传统文化可能有关系。

中等职业学校学生的经济素养调查结果

所学专业是否为金融财经类专业是否会影响经济素养的发展？将全国不同省份6所中等职业学校金融财经类专业和非金融财经类专业放入同一个统计模型中，进行因素方差分析检验，结果显示，6所学校平均得分最高的为河南一所优质工业类职业学校（不是金融财经类学校！），为19.48分，标准差5.94。

这说明，整体较高的教学质量可提高学生的整体素养，对经济素养发展也会产生积极的作用。"金融财经类专业学生的经济素养并不比其他专业的高"，这一令人惊讶的调查结果说明，目前职业学校的专业课程设置存在较大问题，学生的主要学习内容是具体的学科性内容，或者操作技能训练（如点钞等），而相对忽略综合职业能力和职业认知能力的培养，没有显著促进量表所反映的"使用和管理金钱方面所具有的判断以及有效决定的能力"[④] 的发展。

2. 信息素养

在数字化时代，信息已成为社会发展的重要资源。人们需要具备迅速筛选和获取信息、鉴别信息真伪、创造性地加工和处理信息的能力。1974年，车可斯基（P. Zurkowski）提出信息素养的概念，即"利用大量的信息工具及主要信息源使问题得到解答的技术和技能"。此后，信息素养的内涵不断得到充实和丰富，现在指从不同信息源（如图书馆、国际互联网等）获取、评估和使用信息的能力，包括信息意识、信息能力、信息道德、信息知识和信息心理。相关的概念还有媒体素养、数字素养和数据素养等。

---

① OECD. PISA 2012 assessment and analytical framework [EB/OL].（2019-05-01）. http://dx.doi.org/10.1787/9789264190511-en.

② WALSTAD W B，REBECK K，BUTTERS R B. Test of economic literacy-examiner's manual [M]. New York：Joint Council on Economic Education，2001.

③ 纪春花，赵志群. 职业教育学生经济素养的实证研究 [J]. 职教发展研究，2019（2）.

④ BEAL D J，DELPACHITRA S B. Financial literacy among Australian University students [J]. Economic Papers，2003（1）.

信息素养涉及对计算机运用技术掌握的熟练程度和对新技术及时学习的积极程度，不仅包括学会使用多媒体技术和访问因特网的能力，还包括对信息的价值、意图和信息的道德和合法使用等进行批判性的评价与思考的能力。具备信息素养意味着，当个体需要信息的时候，能够及时确认这种需要，并能检索、评价和有效地利用信息。

第三节 职业教育培养目标的发展

职业教育的培养目标说明了通过职业教育把受教育者培养成为什么样的人，职业院校培养目标的确定，与国家的政治、经济和社会发展状况息息相关。

一、职业教育培养目标的演变

（一）职业教育培养目标的产生与发展

在古代，学徒制是职业教育的主要形式，其培养目标既包括生产技术的传授，也有道德规范、宗教甚至简单读写算等基本知识的教育。随着近代工业革命和机器生产方式的诞生，产生了职业学校教育。我国最早的职业学校是实业学校（见图 5-2）。各类职业学校的培养目标首先是传授基本科学技术知识，使受教育者掌握生产技术和工艺。后来，又逐渐关注到了基本文化知识和劳动态度等的培养。

图 5-2 我国最早的职业学校之一：福州马尾船政学堂

从历史上看，我国职业教育培养目标经历了从“忠君、尊孔、尚公、尚武、尚实”，到“道德教育、实利教育、军国民教育、美感教育”，再到黄炎培提倡的“培养健全优良之分子”，以及“个性之发展，谋生之准备，社会之准备”的发展历程。培养目标的演变反映了社会发展和大众对职业教育认识的变化和互动。

1904 年，清政府颁布《奏定学堂章程》，确定总的教育宗旨为“端正取向，造就通才”，这是中国第一次提出各级各类学校共同遵循的教育宗旨。据此，实业学堂的教育目标是“振兴农工商各项实业”和“富国裕民”。初等职业学堂的培养目标是传授最浅显之知识技能和技术，使学生毕业后能从事简易生产或商业活动；艺徒学堂的培养目标是传授平等程度之工业技术，使之成为善良之工匠；高等商业学堂的培养目标是使学生通知本国外国之商事商情及关于商业之学术法律；等等。

中华民国在建立初期，把发展实业（职业）教育置于突出的地位。1913 年颁布的《实业学校令》规定，实业学校的培养目标是“教授农工商业必需之知识技能”。黄炎培及其领导的中华职教社倡导发展职业教育，提出职业教育的培养目标是“培养健全之人格；俾将来得一技之长足以自谋生活；俾将来成为善良之公民，足以有益于社会”，把人格发展作为培养目标的重要内容。抗战胜利后，国民政府提出中等职业教育应以培养经济建设人才，发展地方生产，完成国民经济建设为目标，第一次将职业教育培养目标与经济建设结合起来。

（二）新中国职业教育培养目标的演变

新中国成立后，对原有职业学校进行了恢复和改造，职业教育培养目标随着时代的发展历经了多次变化。

1. 中等职业教育

中等专业学校（简称“中专”）和技工学校是新中国成立初期借鉴苏联经验建立的。1958 年，中共中央、国务院发布《关于教育工作的指示》，确定了“教育为无产阶级服务，教育与劳动生产相结合”和“应该使受教育者在德育、智育、体育几方面都得到发展，成为有社会主义觉悟的有文化的劳动者”的教育工作方针。之后，中专培养目标的基本内容是：培养拥护共产党领导，热爱社会主义，具有相当于高中文化程度，掌握本专业现代化生产所需要的基础理论、专业知识和实际技能的中级技术、管理人员。不同时期培养目标的表述略有不同。劳动部把技工学校的培养目标进行了调整，1961 年的《技工学校通则》规定：“技工学校培养具有社会主义觉悟、必要的技术理论知识、全面的专业操作技能和身体健康的中级技术水平和中等文化程度的技术工人”。

职业教育在“文化大革命”期间受到严重破坏，之后逐渐得到恢复。1985 年，《中共中央关于教育体制改革的决定》提出“社会主义现代化建设不但需要高级科学技术专家，而且迫切需要千百万受过良好职业技术教育的中初级技术人员、管理人员、技工和其他受过良好职业培训的城乡劳动者”，由此奠定了改革开放以后我国职业教育人才培养目标的总基调，职业教育从此走上了良性发展的道路①。

职业中学是 1979 年在教育结构改革调整中建立的，其高中阶段也称为职业高中。职业高中的培养目标有多种表述，主要是培养具有社会主义觉悟的、有相应的文化程度的、掌握一定专业基础知识和生产技能的、德智体全面发展的劳动后备力量和初、中级技术管理人员。

中专、技工学校和职业高中均属于中等职业教育范畴，尽管其培养目标的具体表述和要求不尽相同，但是这三类学校都有一些共同点，即以初中毕业生为教育起点，培养具有高中阶段学历的文化科学知识，以中等专业技术人才为培养目标，专业课程体系和教学组织形式也大致相同。随着我国市场经济的发展和职业证书制度的建立，三类中职学校培养目标之间的界限变得模糊起来。2000 年，教育部发布《关于制定中等职业学校教学计划的原则意见》，将中专、技工学校和职业高中统一改名为“中等职业学校”，同时统一了各

① 李守福．职业教育导论［M］．北京：北京师范大学出版社，2008．

类中等职业学校的培养目标，即“培养在生产、服务、技术和管理一线工作的高素质劳动者和初、中级专门人才”，并对政治素养和文化基础知识提出了统一要求，这为理顺各类中等职业学校的关系起到了积极的作用①。随着社会的发展，中等职业学校的培养目标始终在不断发展和完善。

2. 高等职业教育

20 世纪末，随着我国高等教育的普及化和大众化发展以及产业结构优化调整，人才需求结构发生了很大变化，高等职业教育得到了快速发展。

高等职业教育人才培养目标的演变过程，反映了对高等职业教育规律理解的不断深入。20 世纪 90 年代，职教界开始从人才培养层次提出培养“技艺性强的高级操作人员”的需求。教育部 2005 年在《关于加强高职高专教育人才培养工作的意见》中第一次对高等职业教育人才培养目标做了细致说明，即“培养拥护党的基本路线，适应生产、建设、管理、服务第一线需要的，德、智、体、美等方面全面发展的高等技术应用性专门人才”；2012 年对高等职业教育培养目标提出了更为综合性的表述，即“发展型、复合型和创新型的技术技能人才”。

纵观 21 世纪前 20 年的政策发展，高等职业教育培养目标经历了应用性专门人才、高技能人才、高端技能人才和高素质技术技能人才等不同概念的演变，这既反映了不同时期社会认知的特点和经济发展需要，也是学习者个人发展要求的表达，是职业教育的自然属性和经济属性的集中表现。

近年来，社会上对发展职业本科教育提出了需求，特别是 2020 年全国职教大会制定了稳定发展职业本科教育的政策后，有关职业本科的性质和人才培养目标的讨论成为职教界关注的热点。大家认为，职业本科院校的培养目标和培养模式不同于普通本科院校，但是对职业本科院校具体的办学定位、培养目标、培养方式、发展路径和办学体制等都尚处于探索中。一般认为职业本科教育应当坚持以就业为导向，走产学研结合之路，应避免在专科基础上单纯延长学制、增加课程的做法。

二、当前各级各类职业教育的培养目标

不同类型和层次的职业院校的培养目标由于专业特点、受教育者水平、培养人才的质量规格要求不同而有所不同，但是就职业教育人才培养的共性而言，它们都包括以下方面的内容：(1) 立德树人，即社会主义人生观、价值观等思想品德方面的要求；(2) 科学文化素质和核心素养要求；(3) 具体专业的职业行动能力要求，包括知识、技能、态度和基本工作经验；(4) 身心健康、审美和行为习惯方面的要求。培养目标的表述在一定程度上反映了职业院校的办学方向和人才培养特色。在制定培养目标时，应处理好理想与现实、国家与集体（个人）以及统一性与多样性的关系。

（一）中等职业教育培养目标

我国中等职业教育培养目标的基本表述是：培养与我国社会主义现代化建设要求相适

---

① 孙琳，苏敏．中等职业教育培养目标和学制研究 [J]. 中国职业技术教育，2008 (20).

应的，德、智、体、美等全面发展的，在生产、服务、管理第一线工作的实用型技能人才和高素质劳动者。一般中等专业学校主要培养中级技术人员或管理人员，技工学校主要培养中初级技术工人，职业中学比较灵活，培养中初级技术和管理人员，或者技术工人和从业者。例如，教育部2017年中等职业学校计算机应用专业教学标准中的培养目标为“本专业坚持立德树人，面向计算机技术的应用领域，培养从事计算机及相关设备的使用、维护、管理，以及相关领域的软件与硬件操作、办公应用、网络应用、多媒体应用和信息处理等操作或产品销售，德智体美劳全面发展的高素质劳动者和技能人才”。

（二）高等职业教育培养目标

高等职业教育的人才培养目标是培养适应生产、服务、管理第一线的高等应用型专门人才，分专科层次和本科层次。例如，教育部2019年高等职业学校机械设计与制造专业专科层次教学标准中的培养目标为“培养理想信念坚定，德智体美劳全面发展，具有一定的科学文化水平，良好的人文素养、职业道德和创新意识，精益求精的工匠精神，较强的就业能力和可持续发展的能力，能掌握本专业知识和技术技能，面向通用设备制造业、专用设备制造业和机械工程技术人员、机械冷加工等职业群，能够从事机械产品设计与加工、数控编程、工艺和工装夹具设计、机械产品质量检测等工作的高素质技术技能人才”。

教育部目前尚未公布职业本科的教学标准。中国汽车工业学会开发的本科汽车工程技术专业教学标准中培养目标的表述是“培养能够践行社会主义核心价值观，德、智、体、美、劳全面发展，具有一定的科学文化水平，良好的人文素养、职业道德和精益求精的工匠精神，一定的国际视野，掌握较为系统的基础理论知识和技术技能，具备一定的技术研发、工艺设计、技术实践能力，能够从事科技成果、实验成果转化，胜任生产加工中高端产品、提供中高端服务、解决较复杂问题、进行较复杂操作，具有一定的创新创业能力，具有较强的就业能力和可持续发展能力，面向整车制造、改装汽车制造、汽车零部件制造等行业的产品设计、试制、装调、测试、质量管理等职业群，从事整车及零部件设计、整车及零部件装调与测试、整车及零部件生产工艺技术改进、汽车生产管理等工作的高层次技术技能人才”。

三、职业道德与职业伦理

（一）职业道德

社会发展对从业人员的素质提出了更高的要求，这不仅体现在知识和技能方面，也表现在综合素质和职业道德方面。职业道德是高素质技术技能人才、能工巧匠、大国工匠的重要特质，很多企业也把职业道德作为招聘员工的重要标准和解聘员工的主要依据。促进学生职业道德的建立和发展，是职业教育重要的培养目标。

职业道德是指“从事一定职业的人们在其特定的工作或劳动中的行为规范的总和”①，它是一般社会道德在职业生活中的体现。通常，职业道德依靠社会舆论、传统习惯和内心

---

① 吕一中．职业道德教育与就业指导［M］．北京：北京师范大学出版社，2003：11.

信念来维持[①]。职业道德的主要内容和基本要求与所处经济社会发展阶段有密切的联系。2020 年，中共中央、国务院《新时代公民道德建设实施纲要》指出要“推动践行以爱岗敬业、诚实守信、办事公道、热情服务、奉献社会为主要内容的职业道德”，这里的职业道德的内容大部分是与工作有关的基本美德。原劳动和社会保障部教材办公室组织编写的《职业道德（第二版）》对职业道德的解释与职业的联系更为紧密，将职业道德分为八个范畴，即职业义务、职业权力、职业责任、职业纪律、职业良心、职业荣誉、职业幸福和职业理想。

职业道德包括主观方面的道德意识和客观方面的道德规范。职业道德意识由职业的理想、态度、良心和荣誉构成，职业道德规范主要指职业的纪律和职责[②]。在这一点上，中西方文化的理解有不小差异。传统上我国强调职业道德对从业人员的约束和规范作用，西方更多认为职业道德是信仰或价值观，即“指导个人在其工作环境中理解他们的工作权利、职责，并采取相应行动的方式”[③]，强调职业道德的主观性和内在性。随着社会的发展，青年一代更加崇尚个性，对职业道德的理解呈现出“社会本位”和“个人本位”相结合的趋势。人们不再单纯从外在的道德规范或从对人的约束性角度理解职业道德，而更多考虑个体的向度，从个人主观层面理解职业道德，这也是“以人为本”思想的体现。

（二）职业认同感和职业承诺

在对与职业道德相关的动机和情感因素进行讨论时，需要关注两个重要的概念，即职业认同感和职业承诺。

1. 职业认同感

职业认同感（identity）是个体对所从事职业的目标、社会价值及其他因素的肯定性评价，即个体在多大程度上认为自己的职业角色是重要的、有吸引力的、与其他角色是融洽的。职业认同感是职业能力和职业素养发展的基础。

职业认同感发展的前提是具备主观愿望，即承诺（commitment）。承诺有多种类型，如职业承诺、组织承诺和工作承诺等，分别指人与职业、企业或工作的感情上的联系。随着市场竞争的加剧，公司创建、拆分和重组发生的概率增加，特别是零工经济的出现，导致企业员工的组织承诺下降，即员工与工作单位感情上的联系愈加淡漠，员工不准备为公司承担更多责任，公司也不愿为员工对企业的信任做出更多回报，作为职业道德的组成部分，职业承诺的重要性就凸显出来了。

2. 职业承诺

职业承诺是个体由于对职业的认同和情感依赖、对职业的投入和对社会规范的内化而导致的不愿变更职业的程度。职业承诺是与组织承诺有关但高于组织承诺的情感和态度。布朗凯茨（H. Blankertz）指出：“学生必须接受一个特定的职业角色，并且认同这个角

---

① 罗文东．新时期职业道德读本［M］．北京：中国法制出版社，1999.

② 危国华．职业道德简明教程［M］．武昌：华中理工大学出版社，1995.

③ MILLER P F，COADY W T. Vocational ethics：toward the development of an enabling work ethic［R］. Springfield：Illinois Department of Adult，Vocational，and Technical Education，1986. 5.（ERIC Document Reproduction Service No. ED 288 062）.

色，否则就不可能获得职业能力。”[①] 职业学习过程是职业能力和职业认同感共同发展的过程。柯尔伯格（L. Kohlberg）的研究发现，随着认知能力的提高，人们会更加关注行为的后果和行为者的意图，从而进入更高水平的“道德推理阶段”[②]。这说明，学习者在适应其职业实践共同体活动的过程中逐渐发展能力，并形成职业认同感和职业承诺。产生职业承诺的内在原因有三种，即对职业本身的喜爱，对变更职业所付代价的权衡，以及对变化职业导致违背社会规范的忧虑，即情感承诺、代价承诺和规范承诺。

职业能力、职业认同感和职业承诺紧密关联，它们共同发展出职业责任感、质量意识和敬业精神，提高了对职业发展进行中所做判断的准确性和契合度[③]，从而有可能建立与职业有关的行为判断准则和深层判断系统，形成职业素养（质）。值得注意的是，工作道德与职业道德的相关性并不强，而更多反映的是与具体企业的感情上的联系。

（三）职业伦理

职业伦理是从事某一职业的个体对该职业具有总体性的社会伦理和社会主导价值观的遵循，是职业实践共同体达成的观念、情感和利益的共识。职业赋予了从业者不同的社会角色，对其权利和义务进行规定。伦理蕴含着道德情感要素，有独特的职业特点，它不是全体社会成员共有的伦理，也不同于一般的、流行的社会公众意识。现代社会的职业伦理是一种特殊的社会立法，它对解决职业范畴的伦理失范或价值混乱问题具有重要的意义，把社会伦理内化或落实为从业者个人的道德认识。职业伦理随着社会发展而不断演变，并与社会伦理的发展保持一致。

1. 我国古代职业伦理思想

我国古代对职业伦理没有明确而系统的论述，但是一些思想家对与职业和谋生相关的问题进行了论述，显示出其对职业的价值取向。

（1）儒家的职业伦理思想。

孔子创立的儒家思想对中华文化具有重要的影响。在春秋时期，社会分工已经有了很大发展，不同职业需要满足不同的职业道德要求。孔子的宗法观念根深蒂固，他主张“举贤才”，推崇精英政治，“百工居肆以成其事，君子学以致其道”。孔子有关职业的思想有：（1）职业有等。当时职业分为王公、士大夫、百工、商旅、农夫和妇功六个阶层，不同阶层对职业道德有不同要求，孔子初步奠定了“万般皆下品，唯有读书高”的伦理基础。（2）重视教养。孔子认为“君子不器”，即为人的教养比专门知识技能更重要；与经济行为相比，道德的修养更为重要。（3）因才择业。孔子最向往的职业是从政，对为政者的道德尤为重视。他主张选拔贤才应不分贵贱、不论地位、不论亲疏，建立了因才择业的职业伦理观。孔子还强调忠于职守、谦虚谨慎和以身作则等伦理规范，试图以“礼”规范、以“仁”导向作为维持这些伦理秩序的手段[④]。

---

① BLANKERTZ H. Einführung in die Thematik des Symposiums [J]. Zeitschrift für Pädagogik，1983（Beiheft 18）.

② KOHLBERG L. Revisions in the theory and practice of moral development [M] //DAMON W. New direction for child development，No. 2. San Francisco：Jossey-Bass，1978.

③ 刘兰明，等．职业基本素养 [M]．北京：高等教育出版社，2009.

④ 涂平荣，姚电．孔子职业伦理思想探析 [J]．中北大学学报，2007（4）.

孟子继承发扬了孔子的思想，把职业作为维持生计手段的事业，并提出了职业分工效率的观点，即“劳心者治人，劳力者治于人；治于人者食人，治人者食于人，天下之通义也”（《孟子·滕文公上》）。他认为个人通过诚实履行职业可以为他人和社会做出贡献，并获得相应的报酬[①]。儒家的职业伦理思想有积极与消极两方面的意义，我们应发挥其对当今职业伦理建设中的积极作用。

孟子

（2）墨子的职业伦理思想。

墨子

墨子是战国时期著名的思想家和教育家，他建立了做好职业“分事”（分内之事）的职业分工思想，即按照人的能力不同进行职业分工，各人要做好自己的“分事”。墨子尚贤举能，不承认天子之事和庶人之事有贵贱之分，甚至把“农事”作为国家治乱的根本，“农事缓则贫，贫且乱政之本”（《墨子·非儒下》），树立了社会分工无贵贱的职业平等观。墨子将“义”视为做好职业之“分事”的伦理准则，每个人都应在自己的职业“分事”内“竭力从事”。墨子的职业分工思想与孔子的“君子”和“小人”之分不同：孔子按照社会等级提出行为规范，墨子则从职业划分的角度强调不同职业的分内之事。墨子强调“强”的敬业精神和“自苦为极”的献身精神，以“天志”（即天的意志）作为行事的最高准则，要求人们在职业活动中积极进取。他主张“非命”和“尚力”，即通过努力劳动实现个人的人生价值，这为我们开展职业伦理讨论提供了有益的启发[②]。

2. 西方职业伦理思想

对西方现代职业伦理理论的理解，可以从学习著名社会学家韦伯和涂尔干的思想开始。

（1）韦伯的职业伦理思想。

韦伯

在有关职业伦理的讨论中，德国社会学家韦伯（M. Weber）具有重要的地位。韦伯分析了具有资本主义特征的职业观、劳动观和生活方式，即新教教义与生活伦理的关系。他认为，基督教的禁欲精神孕育了近代资本主义精神，这体现在对财富与劳动的道德认知上。他认为，对财富的贪婪和享受是不道德的，仅仅为追求财富而进行的劳动是对神的不敬。人应当积极劳动并节约财富，即遵循“禁欲的理性主义”，从而促进职业劳动的理性化和专业化、培育讲究方法的性格和理性的生活方式。韦伯把“本职”与“天职”结合起来，使职业具备宗教道德意义，进而构筑整个社会伦理结构。

按照韦伯的理解，建立在禁欲伦理基础之上的新教职业伦理，在没有基督教传统的国

① 李守福．职业教育导论［M］．北京：北京师范大学出版社，2002.

② 李雪辰．职业伦理的形而上探寻：墨子职业分工论的伦理解析［J］．兰州学刊，2010（11）.

家中很难形成，因此东方社会只存在一些偶发性的职业伦理，这会限制资本主义的发展。对韦伯观点的批评者认为，资产阶级道德伦理的产生并不是新教改革的作用，而是经济发展的结果[①]。但是，韦伯所揭示的理性、敬业等群众心理信仰形态的职业伦理观，对理解近代工业社会发展所蕴含的人文价值仍然具有重要的意义。

（2）涂尔干的职业伦理思想。

涂尔干

涂尔干（E. Durkheim）是另一位具有重要影响的法国社会学家。他对职业伦理的认识超越了职业和经济范畴，将其放在整个社会范围进行讨论。1）职业伦理作为社会现象。经济活动彰显利己主义和个人主义，这给社会带来失范的风险。法人团体是避免此类社会失范的社会团结机制，它既能以道德为纽带，整合社会运转所需的政治、经济和社会功能，又能协调国家与个人之间的关系。2）职业伦理体现了集体情感，是将个体维系起来的社会纽带。职业相同的人在观念、感情和利益上相对一致，能够容易培育和确认彼此间的团结和互助感，以及道德方面的同质性。职业可以把个人有效纳入群体生活和社会生活的主流。3）职业伦理是公共精神的载体。职业群体的社会整合不仅促进经济发展，而且有强大的道德力量，为人们提供直接、广泛而持久的道德生活环境。

涂尔干分析职业伦理的基础是其功能主义立场。他强调职业伦理的工具性特征，强调职业伦理在协调个人利益与集体利益，构建政治形式和公共道德中的作用[②]。职业伦理是一种反思方式，它介于职业道德和职业法规之间，把道德的主观性与法规的客观性结合起来，从社会伦理角度确立职业道德规范及价值观问题。职业伦理越发达，职业群体自身的组织就越稳定、合理。

概念术语

框架教学计划	个性能力
欧洲资历框架	关键能力
《职业分类大典》	核心能力/核心素养/核心技能
《职业教育条例》	技能
《中华人民共和国教育法》	技能等级（资格）标准
《中华人民共和国宪法》	加德纳
《奏定学堂章程》	教育目的
多元智力论	经济素养
方法能力	经济素养测验
非认知技能	立德树人
高等职业教育	马克思主义全面发展学说

① 李守福．职业教育导论［M］．北京：北京师范大学出版社，2002.

② 涂尔干．职业伦理与公民道德［M］．上海：上海人民出版社，2006.

梅腾斯
培养目标
人才层次
人才类型
人才培养规格
认知技能
认知能力特征
社会能力
身心发展规律
胜任特征/胜任力
通用能力
信息素养
行动能力
以项目和迁移为导向的教学
职业承诺
职业道德
职业伦理
职业能力
职业认同感
专业能力
综合职业能力

复习思考题

1. 如何理解我国职业教育培养目标的历史发展?
2. 为什么说资历框架对现代职业教育体系的建设具有重要的意义?
3. 技能、能力和职业行动能力之间有什么区别?
4. 对职业能力有哪些不同的理解? 它们是如何影响职业教育的人才培养模式的?
5. 如何理解中等职业教育、专科层次和本科层次职业教育培养目标的区别与联系?
6. 职业道德、工作道德、职业认同和职业伦理之间有哪些区别和联系?

第六章　职业院校的专业与课程

本章导读

职业院校的专业建设通过一系列管理文件来规范，包括专业目录、教学标准和人才培养方案等。职业教育课程随着社会和产业发展而不断演变，有多种课程模式。除了传统的学科课程外，我国从发达国家引入了多种课程模式，如能力本位教育（CBE）课程、模块式课程和学习领域课程等，也发展起了自己的课程模式，如项目课程和一体化课程等。这些课程在课程的内容、逻辑和实施方面有很大不同。不同课程有不同的开发方法，特别是在职业和工作分析方面，如DACUM和典型工作任务分析法（BAG）等。

案例：活页教材改革

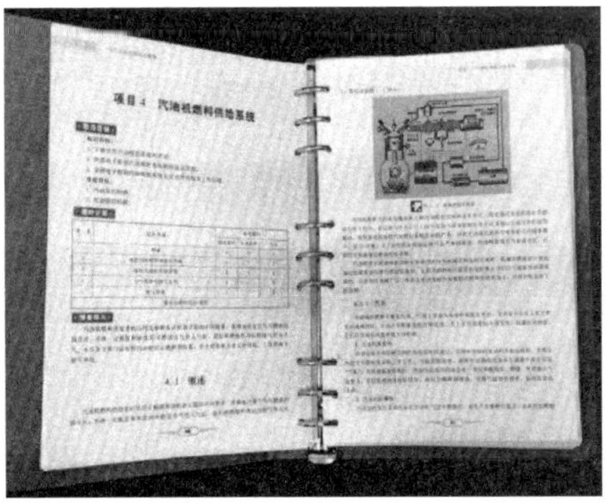

开发活页式教材，是当前职业教育教材改革的重要实践。

活页教材主要针对实践教学。以学生为中心的教学方式，主要让学生自主完成综合性工作任务。但是教师不能简单说一句："同学们，你做去吧！"学生需要专门的教学媒体引导自主学习，这就是活页式教材，类似自主学习手册。

活页式教材是学生在完成工作任务时需要的任务书，上面有任务说明、要求、图纸或操作规范以及重要的补充信息，即所谓的工作页。学生用过的工作页不能扔，特别是思考笔记和讨论结果。学习结束后把它们夹起来，需要时再拿出查阅，这是"活"的意义所在。

职业教育专业课教材的功能与普通教育不完全相同。普通教育的课程科目是确定的，如语文课和数学课等。职业教育教材是课程内容的一种呈现手段，反映工作世界的要求，不同企业工作任务不同，甚至差别很大，确定合适的学习性工作任务比编写特定的教材有时更为重要。有了活页教材，传统教案就不再重要。教案是对教师“教”的活动所做的规划。在以学生为中心的教学中，学生能力和学习风格不同，教师无法通过唯一方案解决教学问题，而应为学生提供可以合理地实施个性化学习过程的方案，即“学案”。

第一节　职业院校专业建设

专业和课程是职业院校教育工作的基本载体，是职业教育制度形成的实践基础，这涉及对专业建设与管理、课程开发以及教学文件的制定与实施等方面的内容和规制方式。

一、专业与专业设置

（一）专业与专业群

职业院校的专业是按照社会分工、技术和服务活动，以及经济建设和社会发展需要，将教学内容划分而成的学业门类。专业群是由多个专业围绕某一行业或职业领域组成的一组专业，各专业有相近的工作内涵或职业基础，有相同或相似的专业基础课或教学项目，群中各专业可共同建立课程体系、教师团队、实验实训基地设备，共同完成教学任务。

职业院校的专业名称和内涵与职业教育培养目标有直接联系。从国际上看，确定专业名称的方式有两种，一种是以德国“教育职业”（Ausbildungsberuf，也译为“培训职业”）为代表的职业头衔称谓，如车工、面包师和牙医助理等，其职业类型和层次明确，名称信息量大（见图 6-1）；另一种是以日本为代表的技术领域称谓，如电气技术、海洋捕捞技术等，特点是职业类型和层次宽泛，通用性强但针对性较弱。

图 6-1　德国最受男孩欢迎的教育职业：汽车机电一体化工

我国职业院校的专业主要依据经济活动同质性原则，按照职业类别和岗位群对专门人才的同一性要求而设置，强调职业性和综合职业能力培养，同时也注意基础性和就业的适应性。职业院校专业名称介于两者之间，有以下表现形式：（1）按照某一职业，或针对跨行业的通用技术领域确定，前者如“房地产经营与管理”，后者如“机械加工技术”等；（2）按照所覆盖的职业或岗位、就业范围、职业资格证书以及个别约定俗成确定；（3）按照职业教育层次在大学本科、专科和中职学校采用有差别的名称，如本科的“采矿工程专业”，专科的“煤炭开采技术专业”和中职的“矿山机电设备安装与运行”等。一般高职院校的专业名称比较关注技术领域，中职学校专业名称多针对工作领域或职业称谓。我国的专业设置为区域发展、地方特色留有余地。

（二）专业设置

专业设置工作包括专业的设立和调整：前者是指专业的新建与开设，后者指专业的变更或取消。专业设置是职业教育实现培养目标和实施教学活动的基础，也是职业教育主动服务、适应经济社会发展的关键环节。专业设置合理与否，直接关系着职业院校办学水平和办学效益的高低，影响着职业院校的生存与发展。

从历史上看，中世纪欧洲大学设置文学、法学、医学等学院，是按专业进行教学的萌芽。技术和社会的发展对专业教学提出了更高的要求，于是职业教育出现了专业分类。不同国家职业教育专业设置模式不一样，如德国根据“国家承认的教育职业”设立专业，英国依托职业资格与学分框架设置专业，多数国家的专业设置比较灵活（或随意）。影响专业设置的因素很多，如产业发展对人才的需求、社会职业的发展状况、受教育者身心发展水平，以及教育资源供给和职业技能证书制度等。我国的专业设置一般需要进行前期的相关调查、培养目标设计、教学计划制订等工作，还会征求相关行业组织的意见。

二、教学管理文件

职业院校通过一系列管理文件对教育教学工作进行规范和管理，这些文件的名称、结构体例和内涵在不断演变，功能也会得到优化。

（一）专业目录

专业目录是我国对职业教育专业进行管理的基础指导性文件，是职业院校设置与调整专业、实施人才培养、招生就业，以及行政管理部门规划专业布局和进行教育统计的主要依据，也是学生选择就读专业、用人单位选用毕业生的参考。职业院校专业目录具有动态性和基础指导性特征。一方面，管理部门根据社会发展需求对专业进行适时调整和更新；另一方面，职业院校也可在国家目录下，根据地方特点增设特色专业和紧缺专业，作为国家级目录的补充。

（二）教学计划与教学大纲

教学计划指教学内容的纲要，是由教育主管机构发布的管理学校一个专业的教学工作基本文件；教学大纲是与教学计划配套的指导性教学文件，是对各门课程的教学提出的具体标准，包括国家部门的“指令性或指导性教学大纲”，以及职业院校以此为据制定的内部“实施性教学大纲”。

（三）课程标准、专业教学标准和人才培养方案

课程标准是确定一定学段的课程水平及课程结构的纲领性文件，20 世纪 90 年代末被引入我国职业教育，与传统的教学大纲基本对应。

“专业教学标准”和“人才培养方案”都是专业层面的概念。前者是教育质量的国家标准，是职业院校制订人才培养方案的依据；后者是职业院校依据国家教学标准，结合自身办学定位和实际需求，对专业人才培养要求和过程的总体设计，包含该专业所有课程的课程标准。“人才培养方案”类似传统的教学计划，但涉及的人才培养要素和环节更全。建立“专业教学标准”概念体系的目的是区分教育行政部门与职业院校在教学管理中的职能，即教育行政部门开发专业教学标准，职业院校据此开发人才培养方案。

三、课程结构与教材建设

（一）课程结构

课程结构是课程各部分的配合和组织，规定组成课程体系的科目门类以及科目内容的比例、必修课与选修课、不同课程的搭配。课程结构以及由课程组成的课程体系具有重要的意义，它反映了职业院校的教育理念，确定了该专业人才培养模式的核心。

1. 我国职业教育传统课程结构

从新中国成立到 20 世纪末，职业教育课程设置的特点是：三类学校都采用“三段式”课程结构，即分为文化课、专业基础课和专业课，技工学校注重技能训练、职业高中突出文化课教学、中专强调专业课程。2002 年在中等职业学校改革中，将课程调整为文化基础课和专业课两类，课时比一般为 4∶6，专业课中实践教学的比例占 50%。

文化基础课是各专业学生必修的课程，一般包括社会科学基础、自然科学基础和实践环节。文化基础课的特点是基础性和工具性，目标是使学生具备基本文化素养，为学习专业课等后续课程以及将来深造奠定基础，也为学生的全面、健康和终身发展提供基础。

2. 技能型紧缺人才培养工程的专业课程结构

2003 年，针对技能型人才紧缺影响产业发展的状况，教育部等六部门联合实施“制造业和现代服务业技能型紧缺人才培养培训工程”，制订新型人才培养方案，在课程设置和教学内容方面进行了较大调整，这是职业教育针对重理论轻实践顽疾进行的一次重要探索，主要是紧扣技能型人才培养目标提高专业课的适应性和强化文化课的专业服务功能，以工作过程完整的“核心教学与训练项目”形式呈现核心课程，这为后来的项目课程改革奠定了重要基础。

3. 职业院校的课程结构

目前中等职业教育的课程分为公共基础课程和专业（技能）课程两大类。公共基础课包括德育课、文化课、体育与健康、公共艺术、历史以及其他自然科学和人文科学类基础课；专业技能课包括专业核心课、专业方向课和专业选修课，实习实训是专业技能课的重

要内容。专业技能课程实习累计学时一般为一学年。有条件的学校还在探索理论实践一体化教学，并通过公共基础课改革，促进学生的全面发展与素质提高，并增加安全教育、环境保护等教学内容。

2006年以后，高等职业教育的工作重心由规模扩张转移到内涵建设上来，国家相继实施了示范性和骨干高职院校建设项目，这促进了高职教育的课程改革和创新。目前高等职业教育课程也分公共基础课程和专业课程两类。专业课程包括专业基础课、专业核心课和专业拓展课，并涵盖实践性教学环节。教育部要求在制定高职教育课程标准的过程中关注行业和职业标准的要求，即将职业标准纳入课程标准中。

（二）职业教育教材建设

教材是为实现一定教学目标，依据课程标准开发和编制的教学的主要媒体，是教师和学生据以进行教与学的活动材料，它对教学活动起着规定和制约作用。教材既包括以教科书为主体的教师“教”的材料，如教科书、多媒体课件以及来源于职业实践的现实物品，也包括支持学习者“学”的材料，即“学材”，如引导课文、任务单、技术参考资料和网络学习资源等。

在职业教育中，“做中学”是有效的教学方式。为保证学生在完成任务的过程中实现有效学习，开发“学材”具有重要的意义。“学材”可帮助学生开展自我控制的（独立或小组）学习，指导学生获取和分析专业信息，寻找解决问题的途径，从实际经验和书本抽象的描述中构建自己的知识，从而实现理论学习与实践的统一。

与普通教育相比，职业教育的教材开发有其特点。例如，项目教学学习材料开发需要事先进行工作调查分析，明确实践专家在完成工作任务时采取哪些行动和做哪些思考，再结合学生和学校发展现状进行设计。教科书编写也有更多的材料组织方式，既可按照知识逻辑系统，也可按照完成任务的工作过程和经营过程组织呈现学习内容。

我国实施国家、地方和学校三级课程管理体制。德育课、文化基础课教材由国家规划并统一组织编写，大类专业基础课和重点专业核心课程教材统一组织编写，一般专业课教材的编写灵活性会大一些。校本教材作为统编教材的补充，能快速反映地方经济发展和学生需求，在丰富教学活动素材的同时，也体现了学校的办学特色。教材建设是职业教育教学工作的一个重点，目前正逐渐向综合性、整体化的教学资源建设方向发展，即教材开发与课程开发结合，教材呈现形式多元化与多选择性，地方教材、实训教材，仿真、多媒体课件等数字化教学资源建设得到广泛的应用，并将起到更重要的作用。

第二节　职业教育的课程

课程（curriculum）是教育实践和研究的重要概念，但业界对其理解不尽相同。课程有两个基本含义：一是指具体的教学科目，如语文、数学等；二是指课程体系，即一个专业所有课程的组合。在职业教育中，课程是指教育机构为实现一定教学目的而设计的学习者的学习计划或学习方案，它对学习目标、学习内容和学习方式做了设计和规定。

一、职业教育课程的发展演变

职业教育课程开发指一个专业的课程体系建设工作，是使课程适应社会、经济和技术发展要求而进行的决策和持续改进过程。传统上，我国职业教育的课程内容是从学科知识中简化出来的，尽管也关注知识运用等工具性要求，但无法从根本上满足职业教育的应用性要求。从 20 世纪 80 年代起，我国在职业教育课程方面进行了大量探索，主要是围绕优化理论与实践学习的关系进行的。

（一）理论与实践并行的课程：课程 1.0

我国悠久的手工业并没有导致制度化职业教育的诞生，职业学校是借鉴发达国家经验的舶来品，在建立伊始有很强的精英教育痕迹，其课程围绕理论和技能两个中心建立，即建有理论课课程体系和实践培训体系，而不追求理论教学与技能训练在内容和时间上的协调，形成了“理论与实践并行课程”，即“课程 1.0”模式。其基本思想是：在系统学习知识的同时，探索解决工作中的实际问题，这体现的是并行课程（parallel curriculum）理念[①]，反映了“工业 1.0”对职业教育的影响，即教育机构取代传统学徒岗位技能培训，并开始传播系统专业知识。例如，目前中职学校智能设备运行与维护专业的核心课程包括电气控制技术、液压与气压传动技术、传感器及机器视觉应用技术、PLC 与触摸屏应用技术、智能制造设备操作与维护技术等，并辅之以实习实训。可以看出，这里并没有追求实践教学与理论教学在内容上的对应关系。

在教育实践中，此类课程一般强调理论知识的系统学习，有时也强调操作技能的训练，但是相对忽视对工作世界的整体化体验。由于职业院校学生一般不擅长抽象思维，在脱离实际情境的理论学习中困难很大，此类课程在知识有效迁移和应用方面遇到很大困难。

（二）理论服务于实践的课程：课程 2.0

19 世纪后期，流水线生产方式的推广，开创了大批量生产的“工业 2.0”时代。鲍比特（F. Bobbitt）最早开始通过岗位分析进行课程开发，即将岗位工作任务分解成若干领域，通过对其分析和归类，确定职业教育课程目标和内容。管理学家泰勒（F. W. Taylor）的“科学管理原则”的建立和推广，使此类方法得到了广泛的应用。我国有很多职业院校采用岗位分析法开发课程，这与能力本位教育（CBE）理念的引进有关。CBE 采用的 DACUM（develop a curriculum，即开发一个课程）方法，是一种对实践专家的主观判断进行客观化处理的岗位分析方法。它把职业工作分解成相对独立的职责，再将其分解成任务（技能），在对此归类的基础上建立课程框架[②]。DACUM 将知识作为习得技能的支持手段，对知识不做系统性要求，体现了“理论服务于实践”的理念，即“课程 2.0”。广泛流传的口号“理论知识必须以够用为度”，就是对追求这种课程理想的真实写照。

---

① FOSHAY A. Shaping curriculum [M] //UNRUH G，LEEPER R. Influence in curriculum change. Washington D C：Association for Supervision and Curriculum Development，1968.

② NORTON B. The DACUM handbook [M]. Columbus：The Ohio State University，1997.

“能力本位”取代传统的“知识本位”，这几乎引发了职业教育课程理念的革命。CBE/DACUM课程把学习理解为“投入”和“产出”的线性关系，认为能力是按照教育者意愿自上而下的传递，较少关注教育性目标，也忽略隐性知识的学习方式以及工作认知的整体性特征。

（三）理论与实践一体化课程：课程3.0

以信息技术和扁平化管理为特点的“工业3.0”对技能人才提出了新的要求，学生必须在真实工作情境中对工作的任务、过程和环境进行整体化感悟和反思，才能获得职业认知并形成职业行动能力和设计（Gestaltung）能力，这需要在更高层面建构理论与实践的关系①。从20世纪末开始，人们在理论实践一体化课程（“课程3.0”）方面进行了大量尝试，如德国的学习领域（Lernfeld）课程和我国的一体化课程与项目课程等。

理论实践一体化课程以培养综合职业能力为目标，强调在工作过程中建构知识，学生在整体化的行动中思考并完成典型工作任务，这符合建构主义和情境学习原则。一体化课程对课程开发方法提出了新的要求。例如，基于能力发展逻辑②的“典型工作任务分析法”（Berufliche Aufgaben，BAG）从技术、工作和教育之间的关系出发，将工作作为主观和客观上的整体化行为进行分析，实现了职业教育课程从“学科逻辑”向“发展逻辑”的范式转变。

理论实践一体化课程在取得积极成果的同时也遇到一些困难，主要是来自传统教学管理和教师教学能力的挑战，如班级教学制度和教师实践经验欠缺等。此外，与之相应的小班教学提高了教学成本，也影响着此类课程的推广度。

（四）数字化教学资源：课程4.0的重要发展方向

职业教育的学习内容是专业化的工作，教育目标是促进职业综合素质和行动能力发展。高质量的职业教育课程以对职业发展具有重要意义的综合性学习与工作情境作为教学出发点，让学生在工作过程完整的专业实践中发现和解决问题，并最终获得“可用的”专业知识技能。信息技术的发展促进了个性化和数字化学习的发展，工作岗位重新成为重要的学习场所，如何建立与后福特主义时代复杂工作结构相对应的学习文化，实现高质量的工作学习（WBL）是“课程4.0”发展需要解决的问题。

未来的课程应特别关注新型数字化教学资源的开发，建立数字化技术支持下的混合式教学资源和平台，它帮助学生在教师、企业导师、高资历同事或同学的协助下，对职业工作的意图和知识进行主观上的建构。职业教育的课程是互联网终端使用者参与发布的、沉浸式、混合式和开放性的综合学习系统，它利用虚拟现实和增强现实、大数据、人工智能等技术，体现Web 2.0和Web 3.0的互联网理念。在采用低代码、可视化建模工具的简单技术开发环境中，教师和学生均可成为教学资源的开发主体（类似百度“飞桨”），在节约成本的同时，实现教学内容的更新迭代和可持续发展。此类课程平台反映企业的典型工

---

① HEIDEGGER G，RAUNER F. Berufe 2000—Berufliche Bidlung für die industielle Produktion der Zukunft [M]. Düsseldorf：Ministerium für Arbeit，Gesundheit und Siziales，Nordrein-Westfalen，1991.

② RAUNER F. Entwicklungslogisch Strukturierte berufliche Curricula [J]. ZBW. 1999（3）.

作场景，而不刻意追求“科学”的教学设计和结构化的学习内容（因为隐性的实践知识不可能被设计），而是为学生提供在教与学的过程中的行动空间，通过多种方式，帮助学生完成在特定职业环境和条件下的工作任务，并进行知识的自我建构。

二、职业教育的课程实践

学术界对职业教育课程模式有多种分类。其中，黄克孝和郭扬的传统学科模式、双元制、CBE 和 MES 的分类方式在教育实践中广为流传①。这里，学科模式是教学内容逻辑体系，双元制是职业教育制度，CBE 是教育思想，MES 是具体的课程方案，将本不属于同一范畴的概念放在一起进行研究，说明了职业课程模式的复杂性。我们暂且按照这种分类，介绍在我国职业教育实践中被讨论最多的课程模式。

（一）学科课程

尽管受到广泛批评，但学科课程始终是我国职业教育实践中最常见的课程模式，又称为分科课程或三段式课程（基础课、专业基础课和专业课）。由于我们很容易在大学找到与职业教育专业相“对应”的学科，职业教育课程开发成为从学科知识中选择“合适”内容，按照学习者实际情况进行排列的“教学简化”。将不同学科的知识分阶段排列，组成了相互衔接的学科课程体系。学科课程的硬伤是理论灌输效果不好，以及理论与实践相割裂。

（二）CBE 思想及 DACUM 课程

“能力本位教育”（CBE）是指以岗位分析为基础开发和组织课程，旨在培养胜任岗位工作能力的教育培训模式。它起源于美国 20 世纪中期的教师培训，在盎格鲁-撒克逊文化国家得到推广后传入我国。CBE 采用 DACUM 课程开发方法，我国常把用 DACUM 方法开发的课程称为 CBE 课程。

CBE 的指导思想是：以满足产业对学习者要求为基本原则，根据就业要求确定某一职业或岗位应具备的能力，依据分析结果确定课程目标。CBE/DACUM 对能力和工作任务的理解是一体化的，即“如果学习者能够完成一项工作任务，那么他就具备了这项能力”。CBE 采用来自岗位的能力标准评定学习者的行为，包括知识、技能和态度。能力标准表明在特定条件下需要达到的预期水平，并事先公开；能力评定以实际操作为基本依据，学习进度取决于达到的能力水平。

CBE 课程以职业分析为出发点，强调能力的客观性和具体性，重视技能训练，强调教学中学生的主体作用。但是它将单项能力组合成综合能力的认知方式，忽视了工作的整体特性和隐性成分，而且没有提供对“能力”进行科学组合的工具，因此对课程开发的贡献主要是理念上的。

（三）模块式课程

“就业技能模块组合课程”（modules of employable skill，MES），简称模块课程，是

① 黄克孝，郭扬．优化职教课程改革的目标与原则［J］．职教论坛，1998（11）．

国际劳工组织在 20 世纪后期为发展中国家开发的、针对岗位规范进行就业技能培训的课程方案。MES 模块是职业技能及其所需知识相统一的灵活的教学单元，通过一个模块的学习，学习者可获得生产活动所需的一种实际技能。其特点是：以工作分析为基础建立教学模块；工作任务明确，有具体的行为结果，便于实施和考核；课程模块相对独立，可灵活组合，不强调知识的系统性①。

模块课程于 20 世纪末进入我国，其推广应用并不广泛，但是在职业教育课程改革过程中起到了重要的启蒙作用。人们由此意识到，职业教育课程不一定是固定和系统化的，有时也可以根据具体需要进行灵活选择。但是在实践中出现另外一个结果是，“模块”作为一个特定概念有时被“滥用”了，出现了诸如“文化课模块”和“模块课程体系”等很多不准确的说法，这在一定程度上影响了对模块课程本质的认识。

（四）学习领域与一体化课程

“学习领域”是德国双元制职业教育 1996 年开始采用的跨学科课程模式，是“通过学习目标、教学内容和课时分配的描述构成的主题单元”，反映职业工作的一个行动领域。与学科课程相比，学习领域课程的特点是：（1）培养的不仅是工作适应能力，而是职业行动能力和设计能力；（2）以典型工作任务为核心设置课程，按照能力发展逻辑进行排序；（3）采用行动导向教学，在复杂工作情境中通过完整的行动过程获得工作过程知识，实现对职业实践的理解和反思②。学习领域课程作为一体化课程在我国得到了一定程度的推广，特别是在高技能人才培养领域③。它以整体化视角认识工作世界，强调理论和实践教学一体化，专业学习和工作实践一体化，学生在真实工作情境中对工作的任务、过程和环境进行的整体化的感悟和反思，从而有效地发展职业行动能力。表 6－1 是某高职学院开发的学习领域课程。

表 6－1　我国某高职学院开发的数控技术专业学习领域课程

课程编号	课程名称	课程编号	课程名称
1	手动工具制作零件	8	计算机辅助设计与制造
2	普通机床制作零件	9	数控加工难点处理
3	普通机床制作组合件	10	工装设计与制作
4	单件常规零件数控加工	11	新产品试制
5	批量零件数控加工调整	12	数控加工工艺改进
6	数控机床加工组合件	13	数控加工技能指导与培训
7	机床常见故障检测与维修		

① 徐国庆．职业教育课程论：第 2 版［M］．上海：华东师范大学出版社，2015.

② KMK. Handreichung für die Erarbeitung von Rahmenlehrplänen der Kultusministerkonferenz für den berufsbezogenen Unterricht in der Berufsschule und ihre Abstimmung mit Ausbildungsordnungen des Bundes für anerkannte Ausbildungsberufe［R］. Boon，2011：14－16；徐涵．工作过程导向的职业教育理论与实证研究［M］．北京：商务印书馆，2013.

③ 中共中央办公厅 国务院办公厅．关于加强新时代高技能人才队伍建设的意见［A/OL］．（2022－10－07）［2023－01－28］．http：www. gov. cn.

在学习领域课程中，“学习情境”是构成学习领域的基本学习单元，即情境性学习任务，它涉及该情境的工作要素，包括工作岗位、工作环境、工作对象、工作条件、劳动组织方式、工作要求和工作成果等。学习情境因学校、教师和学生而异，具有范例性和校本特征。我国职业教育实践中还区分了要求较高的“工学结合一体化课程”和要求较低的“理论实践一体化课程”。一体化课程对教学管理、教师能力和设备投入等提出了很大挑战，但是随着中国经济和社会的不断发展，这些问题有望得到逐步的缓解甚至解决。

（五）项目课程

在我国，随着项目教学法的推广，项目教学也发展成为一种课程模式，其核心特征是，通过具体的制作、服务等有明确工作成果产生的项目活动开发并组织课程内容，在培养学生职业能力的同时，促进其认知能力和职业素养的全面发展。

项目课程的特点是：(1) 基于综合性任务设计课程框架：课程开发的核心环节是确定一系列具有教学意义的学习任务；(2) 理论与实践一体化：理论知识有机融入完成项目的过程中，在实践中学习知识而不是学会知识后再进行实践；(3) 以具有典型意义的产品或服务为载体进行“做中学”，通过“做”发展综合能力和职业素养，在做的过程中进行反思性学习。

职业教育教学项目的标准

1. 具有轮廓清晰的工作与学习任务，具有明确而具体的成果展示；
2. 具有完整的工作过程，该工作过程可用于学习特定教学内容；
3. 能够将某一教学课题的理论知识和实践技能结合在一起；
4. 课题与企业实际生产过程或商业活动有直接的关系，具有一定的应用价值；
5. 学生有独立进行计划工作的机会，在一定时间范围内可以自行组织、安排自己的学习行为；
6. 学生自己处理在项目中出现的问题；
7. 具有一定难度，不仅是对已有知识、技能的应用，而且要求学生运用已有知识，在一定范围内学习新的知识技能，解决过去从未遇到过的实际问题；
8. 学习结束时，师生共同评价项目工作成果以及工作和学习方法。

在我国教育实践中对项目课程中的“项目”有不同理解。有的强调“项目”和“任务”的区分，认为一般意义的岗位任务和具有特殊意义的教学项目不同，项目课程是任务课程的发展和深化①；有的强调项目课程是按照“从初学者到专家”的能力发展逻辑建立的系统化的“工作与学习任务”，具有工作过程的完整性特征②；还有人把“项目”简单理

---

① 徐国庆. 职业教育课程论 [M]. 上海：华东师范大学出版社，2015.
② 赵志群. 职业教育学习新概念 [M]. 北京：北京师范大学出版社，2021.

解为具有可见结果的“条目化的事物”（《现代汉语词典》），因此有了“知识教学项目”和“技能训练项目”。对项目的不同理解，对项目课程的发展有很大的影响。

三、职业教育课程的理论基础

职业教育旨在让青年人学会工作，为其顺利进入工作世界奠定基础，是“基于工作的学习”（work-based learning，WBL）。职业教育课程要满足工作世界和促进生涯发展的双重要求，要处理好课程内容、课程逻辑和课程实施的基本问题。

（一）课程内容：技术、知识与技能

1. 对技术的理解

技术是人类借以改造和控制自然，以满足其生存与发展需要的包括物质装置、技艺与知识在内的操作体系。人类社会发展史在很大程度上就是对技术的学习、探索和应用的过程。德国哲学家卡普（E. Kapp）最先开始对技术进行考查，将其看作人类意识发展的条件。不同哲学派别对技术有不同理解，芬伯格（A. Feenberg）将其分为三种类型：

● 技术工具论：认为技术是为实践目的的知识组织，是服务人类目的的中性工具，它不负载价值。

● 技术实体论：认为技术是具有自主性的社会存在。海德格尔（M. Heidegger）认为技术以“座架”方式规定并统治着社会现实，埃吕尔（J. Ellul）认为技术是独立于人类干预而自我决定的社会存在。

● 技术批判理论：认为技术负荷价值但不自主，它为人类所控制；技术的设计与使用包含着社会价值，技术发展是不同发展可能的矛盾进程①。

工程主义学派从内部分析技术，关注体现技术自身的逻辑；人文主义学派从外部透视和解释技术，关注技术与社会文化之间的互动②，其对技术的人文情怀，特别是对技术的工作属性的认识，对确定职业教育的课程内容有重要影响。

技术与社会需求有密切联系，不是单纯由科学定理推导的结果。除了自然科学和工具等客观事物外，技术还包括经验性知识、不同文化导致的实现手段和经济社会利益体现方式等与人有关的因素。因此，技术可分为两类：一是与人的职业活动关系密切的职业性技术，二是与人的活动关系较小的工程技术。以电子电气技术为例，它表示工程科学的一个研究和实践领域，包括通信、电路和自动控制等内容，具有在数学和物理学基础上建立的学科知识体系，可先通过公式计算，而后在实验室得到验证，反映工程师的职业实践③。然而在职业实践中，电子电气技术却表现为该领域实践工作者（如技术工人和技术员）的生产或服务活动，职业性技术是“能工巧匠”的知识和技能，如表 6 - 2 所示。

---

① 芬伯格．技术批判理论［M］．北京：北京大学出版社，2005.

② 王伯鲁．技术究竟是什么?：广义技术世界的理论阐释［M］．北京：科学出版社，2006.

③ 简明不列颠百科全书：第 2 卷［M］．北京：中国大百科全书出版社，1985.

表 6-2 工程技术与职业性技术的区别

	工程技术	职业性技术
研究对象	自然体系	由人类建立的技术体系
目标	获得有关物质和自然界规律的知识	获得有关设计和评价技术系统的知识
功能	解释性功能	方法性功能
知识体系	用于描述自然界的现象和物质	采用标准、计划等形式，利用由规律推导出的方法规范职业行为
认识方法	独立的，以反映为导向 “原因-结果”的关系	综合的，以应用为导向 “目标-手段”的关系

资料来源：BANSE G，WENDT H. Erkenntnissmethoden in den Technikwissenschaften [M]. Berlin：Verlag Technik Berlin，1986：78.

职业性技术与工程技术的体系和结构不同。理论上的电气技术不代表企业实际应用中的电气技术，职业性技术必须克服工程学科在实践中的局限性，体现技术的自然属性和社会属性的统一，是职业教育课程的主要内容。

2. 知识

知识是课程学习的重要内容，人类通过对获得的数据和信息进行选择、联结和评估，形成长期记忆后产生了知识①。知识规定了行动，而行动又发展了知识。

（1）知识的类型。

知识的分类有多种，我国传统科普读物把知识分为来自生产实践、社会实践和科学实验的知识；也有人从组织层面、集体层面和个人层面对知识进行定义；认知心理学强调知识是个体记忆中了解、处理和储存信息的结果。

按照内容可把知识分为“陈述性知识”和“程序性知识”。陈述性知识是用语言直接陈述的知识，回答“是什么”的问题；程序性知识指个人没有有意识提取线索，只能借助某种作业形式间接推论其存在的知识，是关于“怎么办”的知识。类似的还有对“静态知识”和“动态知识”的划分②。

根据知识的可意识性，可把知识划分为“显性知识”和“隐性知识”。英国哲学家波兰尼（M. Polanyi）最早提出这个概念。他认为，通常以书面文字、图表和数学公式表述的只是一种类型的知识，是显性知识；而未被表述的，我们知道但难以言述的知识，是隐性知识。如果说显性知识是“冰山顶端”的话，那么隐性知识就是隐藏在水面以下的大部分冰山（见图 6-2）。

隐性知识又被称为“经验性知识”或“默会知识”，它不是从正规的显性知识中发展起来的，将隐性知识显性化非常困难。显性知识是关于事实与过程的知识，可以是关于个体自身的知识，也可以是关于别人的知识，即“元知识”和“交易性知识”。按照知识的

① HACKER W. Wissensdiagnose [M] //RAUNER F，GROLLMANN P. Handbuch Berufsbildungsforschung，3. Aufl. Bielefeld：wbv，2018.

② KLIX F. Gedächtnis und Wissen [M] //MANDL H，SPADA H. Wissenspsychologie. München：Psychologie Verlagsunion，1988.

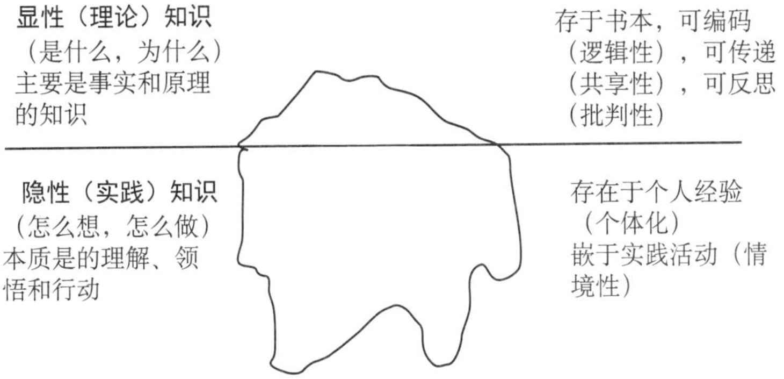

图 6-2 冰山模型

传播方式，还可以把知识分为“个体知识”、“社会知识”或“公共知识”[①]。

（2）关于技术知识。

技术教育专家对技术领域的知识进行研究。温森提（W. G. Vincenti）把设计作为技术的中心，区分了三类技术知识。（1）描述性（descriptive）知识：是对技术事实的陈述，通常存在普遍性结构；（2）规定性（prescriptive）知识：是希望获得更高效率而努力的结果，如工艺流程，常通过实验和试误方式获得，无法脱离具体活动传授；（3）默会（tacit）知识：个体实践和判断的结果，无法用通常形式表达。默会知识不会随着科学技术发展而消失。相反，即使是高新技术领域，在很大程度上也依赖通过经验获得的默会知识[②]。

科学技术中的概念与工作实践中的概念常常有不同的隐喻。例如在物理学中，电压（电势差）是电荷 q 在电场中从 A 点移动到 B 点，电场力所做的功 W_{AB} 与电荷量 q 的比值，即 AB 两点间的电势差，用 U_{AB} 表示，则有公式：

$$U_{AB}=\frac{W_{AB}}{q}$$

在此，电压是一个场量，如果不了解场的理论就很难理解电压。但是在工作世界里，电压的技术实现方式与其使用价值有关，如从 5 伏干电池，110 伏、220 伏或 380 伏交流电，甚至 1 000 千伏超高压，“电压”这一概念对消费者、工程师、技术工人、教师或经济学家意味着不同的意义，电压反映的实践概念对高质量的职业行动有着重要的意义。

职业教育的技术研究对人的活动给予更多关注。有学者从职业活动角度，将技术知识分为技术实践知识和技术理论知识，技术实践知识又包括技术规则、技术情境知识和判断知识，这给我们提供了考察技术现象的一个视角[③]。隐性知识和工作过程知识概念的建立，为职业教育工学一体化课程理论提供了实证基础（见本节下文）。

（3）隐性知识。

隐性知识是人们在直觉、判断、预感、思考、决策或行动等行为过程中形成的、不能被主体和外部观察者完全明确和描述的知识。波兰尼采用的是“隐性直觉”（tacit know-

① HACKER W. Wissensdiagnose [M] //RAUNER F，GROLLMANN P. Handbuch Berufsbildungsforschung，3. Aufl. Bielefeld：wbv，2018.

② VINCENTI W G. What engineers know and how they know it [M]. Washington：John Hopkins University Press，1990.

③ 徐国庆．职业教育课程论 [M]. 上海：华东师范大学出版社，2008.

ing）概念，其研究集中在感知、决策和相应的行动调控方式方面，关注知识与能力的关系，这对技能人才培养具有重要的意义①。

“隐性认知”概念刻画了职业教育中理论和实践的复杂关系，即：职业能力不是简单的知识应用，直觉在感知和行动中发挥着重要的作用；专家无法完全用言语表达自己的知识基础，外部学习者只能有限识别智能型实践；能力的获得不是通过语言传授的，而是通过经验和实例在实践共同体中实现的。据此，职业教育课程设计应关注以下因素：

● 直觉。即使是专家也难以用言语表达引导行动的心理过程，而只是在行动的基础上进行思考，即舍恩（D. Schön）提出的“行动中反映”，这种解决问题的直觉模式一般出现在高度复杂的情境中。

● 不可言明。专家在言语和行动之间存在明显断裂，因为“专家知道的要比能讲出来的多”（波兰尼）。职教课程开发的关键不是怎样从理论上去界定特定的能力，而是怎样学习它们。对隐性知识的重构是“无意识的”，但可以将其作为一个教学命题来表述。

● 无法形式化。即使是当事人也无法用语言精确表达其专业行为，第三者（如教师）更无法用言语对此做出解释。舍恩总结了实践的五大特点，即复杂性、不确定性、不稳定性、独特性和价值冲突②。这说明，将隐性知识进行显性化处理不但不现实，还会造成思维僵化并失去创新能力。

● 经验性：凯兴斯泰纳指出，靠背诵知识无法成为工匠，因为起决定作用的不是书本知识和记忆，而是在这个过程中逐渐发展起来的经验③。对隐性学习的实验心理学研究发现，即使没有专门的教学设计且缺乏有意识地探究，在完成复杂任务的过程中也能形成复杂的刺激结构④。

隐性知识理论对我们的启发是：职业教育课程应从关注如何传授抽象的知识，转变为关注如何完成复杂的工作任务；既要考虑深思熟虑的因素，也要考虑直觉因素。隐性知识理论不否定显性知识的必要性，只有全面掌握显性和隐性两方面的知识，人才会成熟，才能在复杂的工作世界里做出理智的判断⑤。

3. 技能与技艺

（1）技能。

技能是在一定目标指导下，在已有知识和经验基础上经过反复练习形成的一系列规则性的动作体系。技能常常被分为“智力技能”和“操作技能”（或“动作技能”）。智力技能指在头脑中对事物进行分析、综合、抽象、概括等的智力活动，如构思和心算；操作技能由大脑控制肌体运动完成，如书写和操作机床等。按照熟练程度，技能可分为“初级技能”和“技巧性技能”。初级技能经过有目的、有组织的反复练习后会趋向自动化，达到

---

① 波兰尼．认知与存在：迈克尔·波兰尼文集［M］．南京：南京大学出版社，2017.

② SCHÖN D. The reflective practitioner：how professional think in action［M］. New York：Basic Books，1983.

③ KERSCHENSTEINER G. Produktive Arbeit und ihr Erziehungswert［M］//Grundfragen der Schulorganisation. Eine Sammlung von Reden，Aufsätzen und Organisationsbeispielen. Leipzig：Teubner，1907.

④ REBER A S. Implicit learning and tacit knowledge［J］. Journal of Experimental Psychology，1989（3）.

⑤ NEUWEG G H. Implizites wissen als forschungsgegenstand［M］//RAUNER F，GROLLMANN P. Handbuch Berufsbildungsforschung. Bielefeld：wbv，2018.

技巧性技能阶段。

(2) 技艺与身体技术。

技艺是指人在工具和材料使用中的才智、技术或品质性手艺。身体是人的第一个、也是最自然的工具，是技术的对象和技术工具，技艺也可以理解为“身体技术”。身体技术首先是以性别划分的，如男子握拳时一般拇指在外，女子握拳时拇指有时在内，这也涉及生理学和心理学因素。按照生命历程对身体技术进行分类更好理解，如生育和分娩技术，孩童时期的进食、学步技术，青少年时期行成年礼等。

对职业教育来讲，成人时期的身体技术最为重要，如行走、舞蹈和游泳等。特殊的身体技术对于特定的职业有特别的意义。对于护士或保育员来说，照顾身体的技术，如抱孩子、给孩子擦洗、打肥皂等，都是必学的内容。图 6－3 显示了旧石器时代的生产技艺。

图 6－3 旧石器时代岩画反映的生产技艺

评判身体技术的重要指标是效率，它是技能训练的结果，可通过熟练程度、精准度或速度等指标反映。灵活和巧妙是描述技艺的重要关键词，即为了实现特定目标而协调所有动作的适应性①。技艺的提高，常常是身体技术经由社会权威进行干预或组合的结果，如仪仗队战士步履整齐，是遵循上级命令的结果。

身体技术的学习是复杂的生理、心理和社会学问题，学习效率的高低，与心理和社会因素有大关系。例如，古代拜师仪式可使学徒工意识到手工技艺的崇高和尊严，对工匠意识的建立和技艺传承具有积极的意义。技艺的提高常常与宗教和文化有关。在东方文化中，道教和瑜伽对“气”的应用有独到的见解和经验，这也是人类需要挖掘的宝藏。

（二）课程逻辑：学科逻辑 VS 发展逻辑

科学的课程体系是按照一定逻辑建立的。普通教育按照学科逻辑建立课程体系，如史类学科的两维逻辑，即纵向的时间和横向同一时期的不同存在；职业教育的实践特性决定了其课程体系不能按照学科逻辑建立，德莱福斯的能力发展逻辑，确立了职业教育课程的系统化原则。

---

① 莫斯．论技术、技艺与文明［M］．北京：世界图书出版公司，2010.

1. “从初学者到专家”发展阶段

美国科学家德莱福斯兄弟（H. L. Dreyfus，S. E. Dreyfus）通过对棋手、飞行员等的实证研究发现，专业人员的能力发展遵循“从初学者到专家”（from novice to expert）的五阶段发展规律，这五个阶段分别是：

● 初学者（novice）：按照现有规则、客观事实和特征行为做事，很少考虑情境因素，操作不灵活且需要他人指导。

● 高级初学者（advanced beginner）：已有一些经验，可以按照规则独立完成工作任务，并开始考虑情境因素的影响。

● 有能力者（competence）：胜任工作要求，能应用现有规则并考虑情境因素，能判断信息的重要性、有意识地做出决策并开始为自己的行为负责。

● 熟练者（proficiency）：已具备丰富理论知识和实践经验并形成了直觉，无须经过刻意思考就能采取行动，具备根据实际情况辨别问题的能力，但在碰到复杂情况时仍会进行有意识的分析和决策。

● 专家（expertise）：仅凭直觉就能轻松自如地行动，熟练的操作技能已成为自身的组成部分，不需要有意识地进行决策，可根据经验自信而“流畅”地应对问题并采取可行的行动①。

不同能力发展阶段的特点是：初学者没有判断力，也没有责任感；高级初学者认为所有问题都是一样的，观点狭隘杂乱，但开始针对标准化情境做出决策；有能力者经过有意识的思考可做出判断；熟练者能系统思考问题，并深入理解规则；专家拥有的知识是缄默的，且蕴含于其行为之中。经验是能力发展过程中的关键，是产生直觉的唯一途径②。

2. 发展性任务与发展性逻辑结构课程

心理学家哈维格斯特（R. J. Havighurst）的发展性任务（developmental task）理论认为，人只有通过完成发展性任务才能成长起来。发展性任务是个体面对的、未曾经历且有挑战性的任务，只有完成这些任务人才能获得成功，并为完成以后的任务奠定基础③。加州大学本纳（P. Benner）教授在对护士职业能力发展的研究中发现，发展性任务能恰当地展示对职业能力形成挑战的“范式化工作情境”。

本纳通过叙事研究揭示了临床护士在“从初学者到专家”每一个阶段的学习者特征。据此，不同发展阶段护士的能力发生四个方面的转变：（1）由依赖规则转变为依靠直觉反应；（2）由需要他人指导转变为独立完成，并进行创新实践；（3）由边缘参与、对情境的分散理解转变为高度卷入、整体化分析情境；（4）由对情境责任意识薄弱转变为高度的责任心和职业意识④。这为职业教育的课程和教学设计提供了理论基础。

---

① DREYFUS H L，DREYFUS S E. Mind over machine：the power of human intuition and expertise in the era of the computer [M]. New York：Free Press，1986.

② BARBABA J D. Novice to expert：a exploration of how professionals learn [J]. Adult Education Quarterly，1999 (3).

③ HAVIGHURST R J. Developmental task and education [M]. New York：Longmans & Green，1972.

④ BENNER P. Using the dreyfus model of skill acquisition to describe and interpret skill acquisition and clinical judgment in nursing practice and education [J]. Bulletin of Science，Technology & Society，2004 (3).

在此基础之上，劳耐尔（F. Rauner）建立了“发展性逻辑结构课程”理论，确定了每两个发展阶段之间的发展性任务的名称和特点，即 4 个级别的典型工作任务（professional task），见图 6－4。

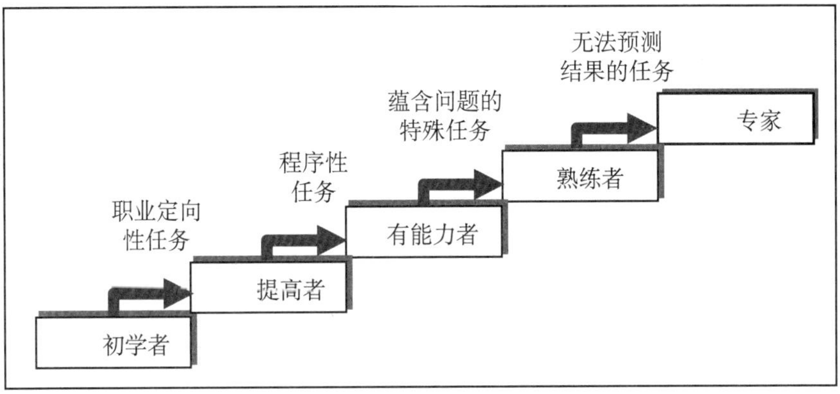

图 6－4　各阶段的典型工作任务

这 4 个级别的典型工作任务的特点是：

● 职业定向性任务：初学者学习本职业（专业）的基本工作内容，了解职业轮廓，完成从职业选择向工作世界的过渡，并初步建立职业认同感。在此，他须遵循特定的规则和标准，逐步建立质量意识并有反思的机会。

● 程序性任务：提高者对综合性任务和复杂系统建立整体性认识，掌握相关专业知识，了解生产流程和设备，获取初步经验并开始建立职业责任感。他需要具备关联性思考能力，对技术和生产组织进行整体化的思考。

● 蕴含问题的特殊任务。有能力者需掌握与复杂任务相对应的功能性知识，完成非常规性任务并形成较高的职业责任感。仅靠现成规则和旧解决方式是不够的，需要学习新知识，具备一定质量、效益意识和反思能力。

● 无法预测结果的任务。熟练者通过完成无法预测结果的任务成为专家，他需要学习系统化知识，建立知识与实践的联系，并发展组织和研究能力，建立高度的敬业精神，具备较强的反思和创新能力。

一般每两个职业发展阶段之间有三四个典型工作任务，反映该职业独特的工作内容和工作方式。典型工作任务是建构职业教育课程体系的基础，反映了专业人员的职业能力发展逻辑。

3. 不同发展阶段的知识形态

与以上理论相对应，德国不来梅大学技术与教育研究所（ITB）在大众汽车公司汽车生产技术和服务领域的实证研究中，确认了向每个更高级阶段发展所需要的知识的特点，即“知识范围”，见图 6－5。

每个范围的知识的特点是：

● 入门和概念性知识：围绕“职业的本质”的知识，如该职业的主要工作内容是什么？如何利用已有基础在职业活动中尽快成长？

● 关联性知识：围绕“为什么这样而不是那样的”的知识，如对复杂设备或生产服务

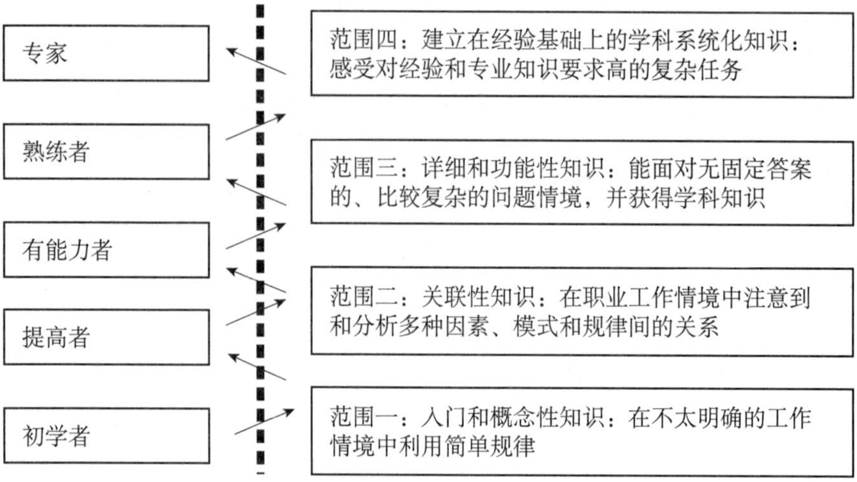

图 6-5 不同发展阶段所需要的知识形态

流程的全局性理解，这是高质量从事修护等复杂工作的基础。

● 详细和功能性知识：关于“工作细节和设备功能”的知识。针对复杂任务设计方案，需要较深入的科学技术知识、一定的技巧和经验。

● 建立在经验基础上的学科系统化知识：关于“如何科学解释并解决实际问题”的知识，这是向更高层次（如研究和创新）发展的基础[①]。

“从初学者到专家”发展阶段理论、各阶段典型工作任务的特征以及知识形态理论，共同构成了职业能力发展逻辑课程体系的理论基础，它帮助我们解决职业教育课程开发的两大难题：一是如何按照技能人才成长规律确认相应的典型工作任务，即确定专业课程的基本框架；二是如何结合人的职业发展需求，将职业能力发展过程中的专业内容进行系统化处理。

（三）课程实施：工作过程系统化

判断职业教育成功与否的标准不是所学知识的系统性和完整性，而是学习者是否能够按照实际工作要求，设计、实施和评价复杂的职业工作任务，这只能在整体化的工作过程中实现。在“工作过程系统化”（亦称为“基于工作过程”）课程中，学生通过发现和解决工作中的问题，体验并反思工作过程，最终获得职业行动能力。工作过程“是工作者在企业为完成一项工作任务并获得工作成果而进行的完整的工作程序”，它是由不同生产组织方式、工作内容、工具以及主观工作能力决定的，是一个综合的、时刻处于运动状态、但结构相对固定的系统。

工作过程系统化理论诞生于 20 世纪 90 年代初，是职业教育应对信息化和生产组织方式变革的举措，即职业教育不仅关注岗位知识和技能，而且要把企业生产和（或）经营过程纳入视野，使学习者明晰自己的角色以及与组织间的联系，从而完成要求更高的、整体

---

① RAUNER F. Entwicklungslogisch strukturierte berufliche Curricula：vom Neuling zur reflektierten Meisterschaft [J]. ZBW，1999 (3).

化的工作任务[①]。

1. 工作过程的结构

工作过程是分析复杂工作系统的结构化工具。人类完成工作任务的行动过程按照“完整的行动模式”进行，可简单地划分为“明确任务/获取信息”“制订计划”“做出决策”“实施计划”“检查控制”“评定反馈”等6个阶段（见图6-6）。

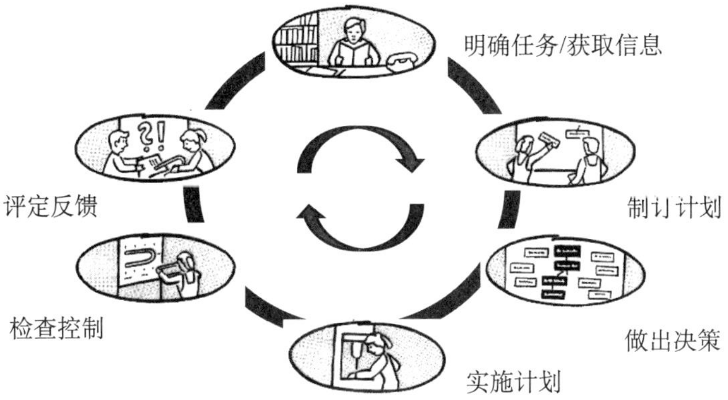

图6-6　完整的行动模式

其中每一阶段的行动内容分别是：

- 明确任务/获取信息：明确工作任务和目标，对工作有整体设想。学生根据任务说明设想出工作的内容、程序、阶段划分和工作条件，获取与完成任务有直接关系的信息。
- 制订计划：确定完成工作的途径、步骤和所需工具材料，须在大脑中想象出具体工作过程。
- 做出决策：从计划阶段列出的多种可能性中确定最佳解决途径。
- 实施计划：狭义的工作过程本身。
- 检查控制：采用适当方式对工作进行质量控制，确保得出所期望的结果。
- 评定反馈：对工作过程进行质量控制，对结果进行客观评价[②]。

工作过程中的学习是一个社会学习过程。学生在企业和社会实践的综合行动中进行思考，在获得专业能力的同时，具备妥善处理利益冲突等解决复杂问题的方法能力和社会能力。

2. 工作过程的要素

工作过程的核心要素是人。按照潘伽罗斯（P. Pangalos）等建立的模型，工作过程的基本组成元素包括工作人员、工作对象、工具/材料/方法、产品和工作要求（见图6-7）。工作过程是这些元素在特定的工作环境中，按照一定时间和空间顺序达到所期望工作成果的过程。工作成果包括产品和提供的服务。

---

① DYBOWSKI G，HAASE P，RAUNER F. Berufliche Bildung und betriebliche Organisationsentwicklung [M]. Bremen：Donat，1993.

② PAMPUS K. Ansätze zur Weiterentwicklung betrieblicher Ausbildungsmethoden [J]. BWP，1987 (2).

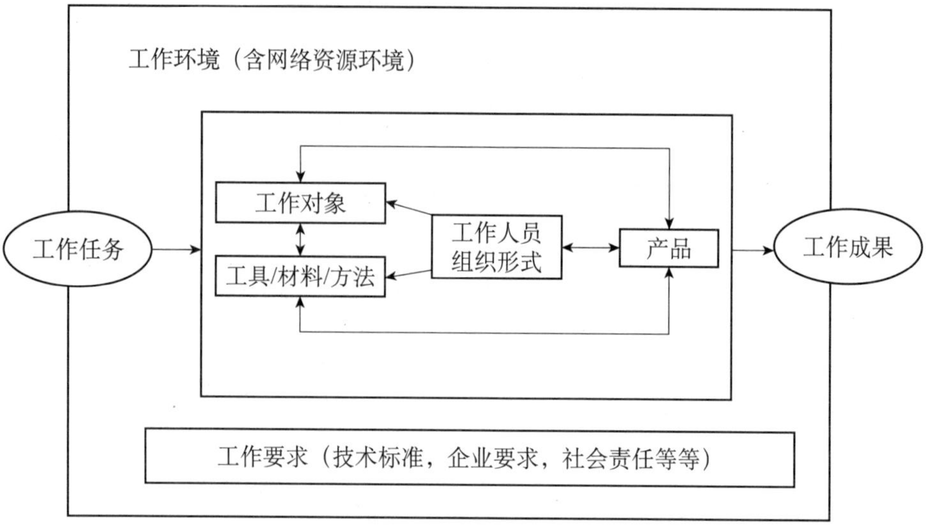

图 6-7　工作过程的组成要素

资料来源：PANGALOS J，KNUTZEN S. Möglichkeiten und Grenzen der Orientierung am Arbeitsprozess für die berufliche Bildung [M] //PAHL P-J，RAUNER F，SPÖTTL G. Berufsliches Arbeitsprozesswissen. Baden-Baden：Nomos，2001：105-116.

完成任务的工作过程是对该任务所涉及的工作要素进行的综合性处理，并满足个人、社会和企业的要求。工作过程与生产流程有一定联系，但有本质不同：工作过程是人的活动过程，有主观个体差别；生产（或服务）流程更为客观，由企业的生产实践决定。复杂产品的生产对工作人员来讲包含多个典型工作任务，如化工厂只有一套生产流程，而化工技术人员却要完成多个典型工作任务，经历多个完整的工作过程，比如“中间工序产品检测”和“化工设备维护与保养”等。

（四）工作过程知识

德国社会学学者克鲁泽（W. Kruse）最早发起有关工作过程知识的讨论①。他发现，技术工人需要的知识很多是介于经验性知识和学科知识间的特殊知识，即“工作过程知识”，是工作过程直接需要的（区别于理论知识）、在工作过程中自我获得的知识，是在成功确立工作目标、制订计划、实施和评价成果的工作情境中积累的。工作过程知识可通过经验学习获得，可以是理论知识的应用，也可以是将工作中获得的经验与理论知识进行反思、整合得到的知识②。

工作过程知识隐含在实际工作中，是物化在生产和服务过程中的诀窍和技巧，是工作者在解决复杂问题的过程中建构的。它不仅涉及单项工作，也包括企业整体运行中各项工作相互协调的知识，是主观与客观知识的结合，包括存在于企业和工作者那里的难以言明的知识。

哈克（W. Hacker）和劳耐尔将工作过程知识分为三个层次：（1）引导行动的知识；

① KRUSE W. Von der notwendigkeit des arbeitsprozeßwissens [M] //SCHWEITZER J. Bildung für eine menschliche Zukunft. Weinheim：Juventa，1986.

② FISCHER M. Von der Arbeitserfahrung zum Arbeitsprozesswissen [M]. Opladen：Leske+Budrich，2000.

与职业行动相关的规定和规范，即“知道是什么”（know that）；（2）解释行动的知识：理解需要遵守什么规则才能负责任地采取专业化行动，是“知道怎么做”的知识（know how）；（3）反思行动的知识：帮助个体在具体工作情境中发掘设计空间，寻找不同解决方案，回答“为什么是这样而不是那样”的问题（know why）[①]。

林德伯格（V. Lindberg）从社会层面对工作过程知识进行分类。（1）职业层面：关于职业工作的工具（智力和物质的）、材料及其与职业相关的特性、方法与技术、职业和社会规范的知识；（2）组织层面：包括企业组织形式和生产流程，有关企业独特的产品、技术和工艺或有关特定服务对象的知识，显性的个人或组织经验；（3）个人层面：个体针对具体问题联结已有知识、学习新知识并制订解决方案[②]。

工作过程知识是工作过程系统化课程理论的基础，它体现了人文主义技术观的思想，也是建构主义和情境学习理论在职业教育课程中的体现。据此，课程内容不是简化了的学科知识，而是“以职业形式存在的、从事实践行动的技术技能人才的专业工作”，是产生于劳动实践的“能工巧匠”的知识，其中很多是学生在下意识状态下积累的（无法通过考试反映的）与实践紧密相连的知识。

第三节　课程开发与职业资格研究

课程开发，也称为课程设计，是对课程或教学计划应达到的目标、选择的内容、采取的结构以及评价标准进行的可行性研究。职业教育课程开发对职业学习的目标、内容、结构以及评价标准进行系统性规划，开发过程可表述为两个相互联系的系统：一是课程目标和内容的选择与确定，即职业资格研究；二是课程的组织实施、评价和改进，包括图 6－8 所示的 7 个步骤：

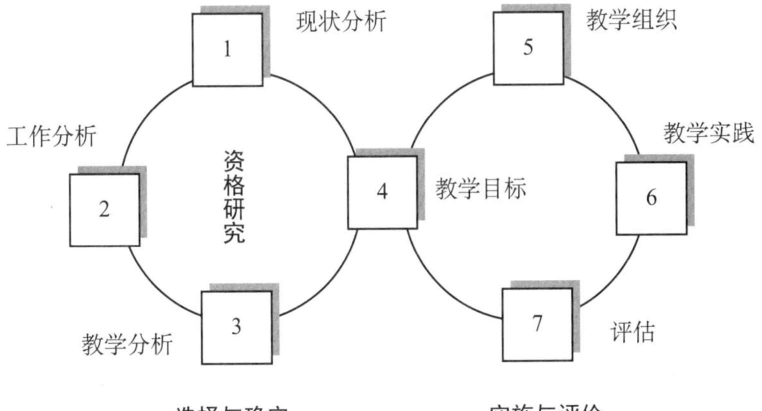

图 6－8　课程开发过程

---

① RAUNER F，NEINEMANN L，MAUERER A，et al. Competence development and assessesment in TVET (COMET) [M]. Dordrecht：Springer，2013.

② LINDBERG V. Vocatioal knowing and the content in vocational education [J]. International Journal of Training Research，2003 (2).

现状分析旨在了解社会对职业教育已取得的和期望取得的成就之间的差异，在宏观上把握课程开发的方向，包括确定社会需求、教育对象和外部保障条件。工作分析包括职业分析、岗位分析和任务分析。教学分析把工作分析的结果与教学联系起来，其成果是达成教学目标。课程组织设计对课程内容进行安排，确定教学进程，选择教学方法和媒体。在课程实施结束后，评估课程实施的结果和进程。高质量的课程要满足劳动市场的需求，职业资格研究是职业教育课程开发的首要任务，也是职业教育与普通教育课程开发的重要区别。

一、职业资格研究概述

准确把握职业资格研究的内容、流程和复杂性情况，对开发高质量的课程具有重要的意义。

（一）职业资格

职业资格，简称资格，是对从事某一职业所必备的学识、技术和能力的基本要求，是从事一种职业活动时能够应用和通过学习获得的能力或潜力，包括知识、技能和技巧。职业资格一般通过对某一领域的职业活动、学习内容以及与人相联系的能力来表示。针对职业资格要求的发展趋势，在过去的半个多世纪中曾有过三种不同预测：

- 资格水平降低：按照泰勒的“科学管理原则”，生产过程被划分成按照简单程序重复进行的操作，资格要求呈现出水平降低的趋势；
- 资格水平两极分化：职业活动中中等难度的任务减少，对具有高水平、高资格和低水平、低资格劳动者的需求增加，资格发展呈两极分化趋势；
- 职业资格水平提高：随着工作任务复杂程度提高，需要更高的能力和资格，因此对高等院校毕业生将有更大的需求。

这说明，在现代社会分工弱化的趋势下，对工作行为进行准确的分析、评价、测量和总结变得愈加困难，用传统的资格研究方法得出的结果的效度越来越低。这导致一种极端意见的出现：职业（或专业）教育无法直接满足社会发展的需要，只需要发展高水平的普通教育，即提高普通文化水平和综合素质即可。这种思想的结果就是教育的去“职业化”，或者职业教育的“普教化”，这会对技术类专业和制造业发展造成了不利影响，如“低技能平衡国家”英国、美国等去工业化国家所显示出的情况①。

（二）不同学科的职业资格研究

职业资格研究是一个跨学科的研究领域，其任务是明确“教育”与“工作”的关系，在“工作”、“工作对职业行动的要求”以及“学习内容和学习过程”之间建立清晰的联系。这种联系在多数情况下十分复杂而隐晦，因此职业资格研究需要很强的方法论指导。不同学科开展的职业资格研究的重点有所不同。

---

① HIRTT N. Education in the “knowledge economy”: consequences for democracy [M] //AUFENANGER S, et al. Bildung in der demokratie. Budrich: DGfE, 2011.

1. 组织心理学的资格研究

组织心理学资格研究的核心是工作分析，包括职务分析和作业分析，关注资格要求的主观内容。职务分析是对工作者执行的任务成分的性质进行描述；作业分析是对某种任务和技术研究，从而保证工作者能从一个工作迁调至另一个工作。在心理学行为分析中，专业工作内容不是重点，得出的结论比较抽象或有较大的个性化差异，对课程开发提供的支持比较有限。

2. 劳动社会学的资格研究

劳动社会学开展的资格研究与课程开发有密切的联系，它们有相同的研究对象，即工作内容、资格要求和劳动分工，分析结果也都是对工作的详细描述，但这两种研究的目的不同：前者旨在对工作岗位和过程进行设计和组织，为企业岗位设置和绩效评价提供基础；后者是为了确定课程内容，为教学提供基础。社会学资格研究为课程开发提供了重要的方法支持。

3. 教育学的资格研究

教育学的资格研究帮助学习者为从事一个职业的工作奠定基础。教育社会学和教育经济学从数量、结构和组织方式发展角度，研究教育及其所处的社会和经济环境，研究重点是不同社会条件下教育与职业活动之间的关系，如收入与职业的对应关系。

职业教育课程开发中的资格研究的任务是确定一个专业的"职业工作内容"，具体包括：确定一个职业（或专业）具体的学习要求和学习内容，对其进行解释和归类，确定、分析和描述该职业的典型工作任务。随着职业学科研究的建立，人们开发了很多资格研究的方法和工具，它们综合了量化研究（如技能点量化评估）和质性研究（如实践专家研讨会）方法，还特别考虑人的主观特性的影响①。这些方法分两类，一是宏观的职业分析方法和政府机构组织进行的权威性资格研究程序开发，二是具体的职业和工作分析方法②。

二、职业资格研究方法

职业资格研究是对工作世界的实证调查，它既遵循社会实证研究的基本原则，也有自己的特点。按照研究对象的层次可以把资格研究方法分为四类（见表 6－3）。

表 6－3　职业资格研究的方法

层次	方法举例	分析工具
行业和职业	行业分析	职业资料文献分析（产业报告、技术文献），专业和培训实践
工作组织结构	案例分析	任务清单、任务分析、企业调查、企业生产过程和关键数据分析
工作能力	工作过程研究	工作观察、行动导向的专业采访和专家访谈
工作任务	实践专家研讨会	头脑风暴、卡片展示、工作任务评价

① NEUWEG G H，PUTZ P. Methodological aspects [M] //RAUNER F，MACLEAN R. Handbook of technical and vocational education and training research. Dordrecht：Springer，2008.

② BECKER W，MEIFORT B. Ordnungsbezogene Qualifikationsforschung als Grundlage für die Entwicklung beruflicher Bildungsgäge [M] //RAUNER F. Qualifikationsforschung und Curriculum. Bielefeld：Bertelsmann，2004.

（一）职业分析

对职业进行系统分析和科学归类是职业资格研究的基础性工作，它从个体、组织和社会角度分析职业的主体和客体，确定劳动力结合生产资料的具体方式，规定对劳动者的能力和行为模式的要求。

我国人力资源和社会保障部负责国家职业技能标准制定工作。1999 年，我国颁布第一版《中华人民共和国职业分类大典》，并在此之后不断进行补充和修订。人社部建立了一套有关职业技能标准的结构要素、内容和编制程序的规定。美国在职业分析基础上建立了庞大的职业信息系统，其“国家职业分类系统”（SOC）通过职业代码与多种职业数据库直接联系，“职业信息网”可以提供针对具体职业的信息。在德国，联邦职业教育研究所（BIBB）和联邦劳动署基于技术、经济和社会发展数据对职业活动要求进行分析，并确定教育职业。澳大利亚培训包的编制和发布也有严格的程序，通过《培训包开发手册》确保培训包准确及时反映行业企业的需求。

（二）政府机构组织的权威性资格研究

20 世纪 70 年代德国建立了“权威性国家资格研究程序”，主要包括四个方面的工作：（1）问题概述：收集技术和社会发展数据，对工作和职业教育状况进行观察，提交工作假设；（2）案例分析：研究所选工作岗位，确定工作内容及其要求；（3）活动分析：对职业活动的要求进行广泛性调查，获得有关培训内容和结构的基本数据；（4）评估和开发课程：选择培训内容并确定课程草案供审批[①]。这一程序沿用至今并得到持续完善。从严格意义上讲，这类程序不是纯粹的科学研究方法，而带有政治协商性质，其成果也是不同利益团体博弈的结果。

2003 年，我国教育部在“职业院校技能型紧缺人才培养培训工程”中开始探索开发职业教育课程的技术程序，一些地方政府也建立了地方性的课程开发流程[②]。目前教育部建立了专业教学标准开发流程，如“中等职业学校专业教学标准开发流程”涉及确定组织架构和开发人员、开展专业调研和职业（岗位）能力分析、进行课程结构和制定专业课程标准、标准审定和颁布等环节。2013 年，人社部制定了《国家技能人才培养标准编制指南（试行）》并不断进行修订，对课程开发流程进行了规定。此类工作目前还存在一些内容界定及诠释等理论问题和实践性问题。

（三）工作分析

工作分析是指收集员工在组织中从事工作的详细信息的过程，有广义和狭义之分。广义的工作分析是对整个国家和社会范围内的职业和岗位工作的分析；狭义的工作分析是对特定工作的性质、任务、责任、相互关系以及任职工作人员的知识、技能和条件进行的系统化调查，并做出规范的记录。

工作分析起源于早期的社会分工思想。柏拉图在《理想国》中提出要让每个人根据自

---

① BENNER H. Ordnung der staatlich anerkannten Ausbildungsberufe [M]. Bielefeld: Bertelsmann, 1996.

② 上海市中等职业教育课程教材改革办公室．专业教学标准开发指导手册 [R]. 上海，2011.

己的天赋，在一定时间内只做一件事，就能做得更出色，这为工作分析奠定了基础，即：了解不同工作及工作对人的要求，让合适的人从事合适的工作。按照分析对象，工作分析有三类：

● 对工作内容的分析：对生产或服务过程进行分析，涉及工艺流程、设备、参数和辅助手段等内容，目的是确定工作岗位的需求，包括经验、能力、学历和特殊技能等。

● 对部门组织结构的分析：对岗位名称、内容、职能、工作量以及相互关系等内容的分析，以实现分工合理、简洁高效和工作顺畅的目的。

● 对主体员工的分析：对员工年龄、性别、爱好、经验和知识技能等方面的分析，以帮助员工进行生涯规划，达到人尽其才的目的。

工作分析是企业员工招聘、甄选和任用的前提，也是职业教育课程开发的基础性工作。人力资源管理实践中发展起来的工作分析方法，如职位分析问卷法（PAQ）、功能性工作分析法（FJA）、工作要素法（JKM）、关键事件法（CIT）和工作任务清单（T1）等，为职业教育课程开发提供了启发，但是很难被直接应用。随着时代的发展，工作分析中逐渐采用更多的信息技术，特别是人工智能和大数据技术，对数据收集和分析产生了深刻的影响，使较大规模的数据采集和编辑成为可能。

三、职业教育课程开发方法

针对职业教育课程从 1.0 到 4.0 的发展（见本章第二节），课程开发方法也在不断发展。

（一）学科课程的“教学简化”

学科系统化课程强调知识的完整性和系统性，课程开发是对理论知识进行“选择和简化”的过程。在多数行业都能轻易地找到职业教育专业所“对应”的学科，如电气技术、土建工程等，课程开发过程成为一个对工作所涉及学科理论知识进行“选择和简化的过程”，即所谓的“教学简化”（didactical reduction）[①]，使复杂知识能够被职业学校学生所接受（见图 6－9）。

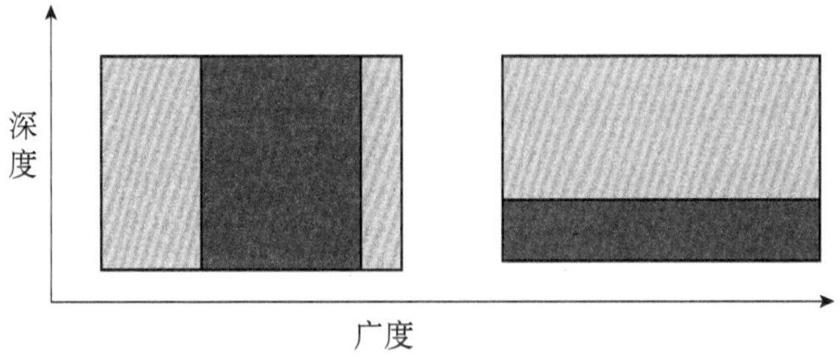

图 6－9　水平教学简化和垂直教学简化

① NÖLKER H，SCHOENFELDT E. Glossar：internationale Berufspädagogik［M］. Sindelfingen：Expert，1985.

由于学科知识与职业实践之间存在巨大的鸿沟，学科知识简化不出工作世界中存在的实践知识，教学简化无法从根本上满足职业教育的实践性要求。教学简化是从普通教育移植的课程开发方法，它将教育目标定位于认知能力发展和学科知识的积累，此类职业教育提供的只能是一些职业的基础教育。

（二）工作分析方法

人力资源开发实践中建立的工作分析方法，稍加修改后可用于职业教育课程开发。此类方法回答的问题是：员工完成哪些体力或脑力工作任务？如何完成此项工作？需要哪些条件？等等。这里是几个常用的工作分析方法：

1. 职位问卷分析

利用标准化问卷对工作岗位进行分析，内容包含计划决策、设备操作以及信息加工等活动。

2. 面谈法

分析人员对员工进行引导性的提问和交流，获取有关工作的信息。这是一种互动性和指向性较强的方法，简便快捷，但对分析人员的技巧和经验要求较高。

3. 工作日写实法

工作日写实法是对员工整个工作日的工时利用情况，按实际进行顺序进行观察、记录和分析的方法。根据观察对象和目的的不同可分为个人工作日写实、工作小组工作日写实、多设备看管工作日写实、自我工作日写实和特殊工作日写实。

4. 关键事件分析法

将工作过程中的“关键事件”（给工作或工作者本人造成显著影响的事件）加以记录，在此基础上对岗位的特征和要求进行分析。本方法的关键是对关键事件进行识别，这需要专家型的工作分析主持人[①]。

（三）DACUM 方法

DACUM 是由加拿大 20 世纪 60 年代开发，由诺顿（R. Norton）进行系统发展的对实践专家的主观判断进行客观处理的课程开发方法[②]。其基本理念是：优秀员工能通过其完成的任务有效地描述其工作，通过对工作任务和行为方式分析可以获得职业行为的基本组成元素，并对这些元素的重要性进行评价。DACUM 的工作程序如下：

1. 组建 DACUM 委员会

由某一职业经验丰富的优秀从业人员组成专门委员会，包括 8～12 名工作分析人员、协调员和秘书。工作分析人员来自该代表性的大中小企业，协调员是讨论过程的主持人和方法论专家，不是专业专家。

---

① 冉斌．工作分析与组织设计［M］．深圳：海天出版社，2002.

② NORTON B. The DACUM connection［M］. Clumbus：The Ohio State University，2000.

2. 职业分析

将一个职业划分为若干个职责（duty），再将职责划分为若干任务（task），从而确定对应职责的能力（competence）和对应于任务的相互联系的技能（skill）。工作分析在主持人引导下采用头脑风暴法进行，一般将技能写在卡片上并贴在墙（或张贴板）上进行讨论、修改和排序。

3. 任务分析

确定技能内容并用文字表述其可实现的要求。任务分析的步骤是：（1）列出完成每项任务的步骤并排序；（2）确定完成该项任务所需要的知识；（3）列出使用的工具设备、材料和物品；（4）确定重要的态度和品质；（5）确定安全注意事项；（6）确定行为标准，包括产品和过程标准。

4. 画出 DACUM 表

DACUM 表是由某一职业所要求的能力和相应技能构成的二维表，包括名称、能力、技能，以及操作评定等级等内容。

DACUM 把能力理解为完成工作任务的可观察、确定和描述的技能，认为这些因素之和即为职业的整体要求，这种行为主义认知方式忽视了人类劳动的经验成分，也没有关注职业成长规律和日益增长的对人的全面发展的系统性要求。

（四）典型工作任务分析

信息和生产组织的发展对从业者的综合能力提出了更高要求，这涉及社会、技术、经济和环境等与工作过程有关的多个方面。新时代的职业教育课程开发要实现以下目标：将职业工作在主观上作为整体化的行动，以培养学生解决问题和创新等高层次的综合能力，并构建完整的学习过程，这需要能够对现代职业工作的特征做出恰当描述，反映职业发展规律的、整体化的职业和工作分析方法。“典型工作任务分析”（BAG）在 DACUM 研讨会的基础上，引入发展性逻辑课程理论，实现了课程开发从“学科逻辑”向“能力发展逻辑”的范式转变。

1. 典型工作任务

典型工作任务（Berufliche Arbeitsaufgaben，BAG）是来源于工业社会学的职业教育术语，指“职业的典型工作任务”，是对从事一个职业具有典型意义的、代表该职业专业化水平的综合性任务，也称职业行动领域。典型工作任务代表着一个专业（职业）的专业化水平，它的主要特点是：（1）是具有挑战性的、职业的发展性任务；（2）是具有结构完整的工作过程的工作行为，包括计划、实施、控制和评估等环节，涉及全部工作要素，如工作的对象、条件、方法和要求；（3）反映了职业工作的内容和形式；（4）在整个职业活动中具有重要的意义和功能；（5）工作任务的结果是开放的①。典型工作任务描述了现代职业教育中的一个学习领域。

---

① KLEINER M，RAUNER F，REINHOLD M，RÖBEN P. Curriculum-design I. Arbeitsaufgaben für eine moderne Beruflichkeit [M]. Konstanz：Christiani，2002.

典型工作任务描述案例

数控机床的电气安装与调试

数控机床装调人员在规定时间内，根据电气安装任务的具体要求，以现场操作的方式，按照正确的操作步骤，在尽量短的时间内利用机床说明书和电气接线图、电气原理图、数控系统连接说明书、伺服驱动装置使用说明书、变频器说明书等资料和常用仪表、专用工装、工具等，完成电气控制柜中部分强电、控制信号的安装接线工作，并且保证连接正确可靠。完工后填写电气线路连线表（包括强电线路连接表和控制信号线路连接表），质检员对连线表和实际接线情况进行现场确认。

准备首次通电之前，需向上级提出通电申请。经由技术人员对其电气安装与连接线路再次进行安全检查并得到通电许可后，方可通电。

机床的电气安装与连接完成后，装调人员根据现场提供的数控系统、变频器、驱动器等技术手册，通过计算与查找，确定需要设定的数控系统参数、变频器参数、伺服驱动器参数，完成数控系统、变频器、驱动器等模块的参数设置及优化，并且填写数控系统参数设置表（包括机床参数设置表、主轴变频器参数设置表、伺服轴参数设置表）。上级对参数设置表所填数值进行现场确认。

根据现场提供的 PLC 程序，完成机床限位、回零、急停、刀架或刀库动作、手持单元功能等调试，并对调试中出现的故障进行诊断和排除。故障排除后，须及时填写故障诊断与排除记录单，并简要说明排除故障的思路。

机电联调完毕后须对数控机床的主要控制功能（主轴转速、进给快移速度以及倍率等）进行测试，并且填写机床数控功能测试表（包括手动方式功能测试表和 MDI 或自动方式功能测试表），质检员及设备负责人根据机床实际动作，对安装人员所填功能测试结果进行现场确认。

2. 实践专家研讨会

对成熟职业（专业）可通过实践专家研讨会确定典型工作任务。实践专家研讨会（expert skilled worker workshop，EXWOWO）是一个程序化的质性研究流程，旨在寻找实践专家内化的行动机制，确定其必需的知识技能以及工作经验①。实践专家研讨会在我国高职院校工作过程导向课程开发和《国家技能人才培养标准》中得到了应用，并建立了适合我国国情的实践专家研讨会流程②。

实践专家研讨会按照技术技能人才成长规律，确定一个职业中相互关联的工作任务，再现实践共同体的职业能力发展逻辑。参与研讨会的实践专家的标准是：优秀实践工作者，其工作任务与被分析职业相符；有 10 年以上工作经验；接受过与所开发课程所处教育层次一致的职业教育；现从事工作与所学专业对口，经常参加业务进修；所服务的企业工作组织灵

① SPÖTTL G. Expert skilled worker workshop [M] //RAUNER F, MACLEAN R. Handbook of technical and vocational education and training research. Dordrecht: Springer, 2008.

② 中国就业培训技术指导中心．一体化课程开发指导手册［M］. 北京：中国劳动社会保障出版社，2020.

活，技术先进；承担整体化和综合性工作任务，完成任务的方式有较大的设计空间。

研讨会由专门的主持人主持，其基本流程是：(1) 主持人介绍研讨会的目的、工作方法和要求；(2) 明确基本概念，如典型工作任务等；(3) 将实践专家的职业历程划分成若干阶段；(4) 用头脑风暴法找出“代表性工作任务”；(5) 任务归类并命名；(6) 确定典型工作任务；(7) 描述典型工作任务的基本内容。在得到典型工作任务的框架和大致内容后，课程开发人员（多为专业教师）对典型工作任务进行详细描述，这需要深入企业进行调研。调研常采用现场观察和行动导向的专家访谈法。

实践专家研讨会与 DACUM 研讨会的不同在于，它将典型工作任务作为一个整体进行筛选和分析，并按照能力发展逻辑进行排序，关注工作任务和工作过程的整体性和情境性，其分析结果不是知识点或能力列表，而是反映技术技能人才成长规律的一系列典型工作任务（见图 6－10）。正常情况下，一个典型工作任务就是一门学习领域课程。

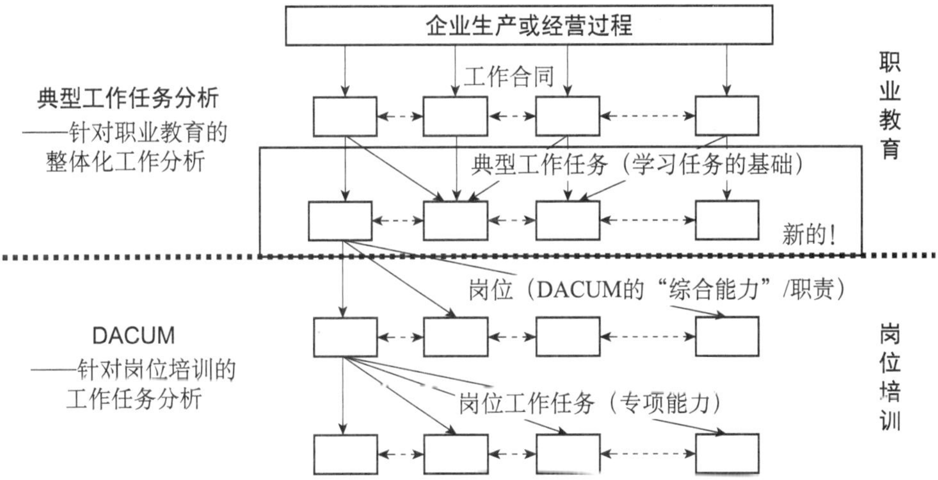

图 6－10　典型工作任务分析与 DACUM 的比较

3. 针对典型工作任务的调查

在得到典型工作任务框架和大致内容后，课程开发人员（多数是专业教师）对典型工作任务深入企业进行调查和详细描述，一般采用通行的社会实证研究方法，如：

● 现场观察：观察了解企业的工作流程、工作环境，了解职业活动、工作过程、岗位设置、岗位任务和工作要求等。

● 专家访谈：课程开发人员对企业实践专家（如基层管理人员、技师、质量监督员等）进行的引导性提问和交流，获取与工作任务有关的直接和间接信息（如工作计划、组织形式、与服务对象的关系、关键环节和技能要领等）。

● 职位问卷分析：利用设计好的标准化问卷对工作职位进行分析，问卷内容包含决策活动、技能活动、设备操作活动以及信息加工活动。职位问卷分析可以把工作合理地分成若干个基本领域，并可进行量化评价。

● 资料收集：经企业允许，收集被调查岗位的工作职责、工作规范、质量标准、计划书（任务书）、工作过程记录报表等文字资料。拍摄反映企业工作流程、产品和成果、设施设备等的照片或视频。

工作任务分析的重点是工作内容分析，其过程可简单分为以下阶段。(1) 准备：建立由课程开发人员组成的工作任务分析小组；(2) 制订工作计划：确定工作目标、分析的范围、方法、时间安排、分工、对象和具体的工作计划、实施步骤、质量要求；(3) 实施调查：包括资料的识别和整理以及必要的调整；(4) 进行分析：按照计划对典型工作任务的内容进行分析；(5) 任务描述：按照要求描述典型工作任务的内容；(6) 实际运用：利用结果设计学习领域。典型工作任务分析的引导问题见表 6-4。

表 6-4 典型工作任务分析的引导问题（专家访谈提纲）

分析内容	引导问题
工作与经营过程	该任务与哪些工作过程有联系？生产什么产品或提供哪些服务？怎样获得原材料？怎样获得合同？顾客是谁？产品如何得到再加工？
工作岗位	被分析的岗位在哪里？照明条件如何？环境条件（如温度、辐射、通风、灰尘等）如何？有哪些肢体活动？
工作内容	工作任务的内容是什么（如技术产品或过程、服务、文献整理、控制程序等）？在工作过程中的角色如何（操作或维修设备）？
工具	完成任务需要用到哪些工具（如机床、计算机、软件）？如何使用这些工具？
工作方法	如何完成工作任务（查找故障、质量保证、加工、装配）？
劳动组织	工作是如何安排的（独立工作、团组工作、部门）？哪些级别对工作有影响？与其他职业或部门有哪些合作及界限？同事有哪些能力？
对工作的要求	完成任务时必须满足企业的哪些要求？顾客有哪些要求？社会有哪些要求？要注意哪些法律法规及质量标准？
综合性问题	与其他典型工作任务有哪些联系？与其他的任务分析有何不同？与其他岗位的相同任务有何共同点？本岗位有培训的可能性吗？

需注意的是，被分析的典型工作任务可能存在于不同岗位，分析应在能体现该工作任务的多个岗位上进行，这些岗位的基本要求是：针对已经确定的典型工作任务而不是具体生产任务，有相对完整的工作过程。分析涉及的行业、生产模式和企业规模差别越大，其结果的代表性就越广泛①。

概念术语

（能力）发展逻辑
“从初学者到专家”发展阶段
专业目录
DACUM（developing a curriculum）
冰山模型
波兰尼
陈述性知识
程序性知识
德莱福斯兄弟
典型工作任务分析
发展性逻辑结构课程
发展性任务
岗位分析
工作分析
工作过程系统化
工作过程知识
工作任务分析
公共基础课程

① 赵志群. 职业教育工学结合一体化课程开发指南［M］. 北京：清华大学出版社，2009.

哈克
哈维格斯特
活页式教材
基于工作的学习
技能
技艺
教材
教学简化
教育职业
就业技能模块组合课程/模块课程(modules of employable skill，MES)
课程标准
课程开发/课程设计
劳耐尔
理论实践/工学一体化课程
美国职业信息网
能力本位教育
诺顿
人才培养方案
三段式课程（基础课、专业基础课和专业课）
舍恩
实践专家研讨会
完整的行动模式
文化课
项目课程
学科课程
学习领域课程
隐性知识/默会知识
一体化课程
职位问卷分析
职业分析
职业性技术
职业资格/资格
专业（技能）课程
专业教学标准
专业课程
专业群
专业设置

复习思考题

1. 职业教育的专业设置与学科划分、职业分类之间有什么关系？

2. 如何理解“基于知识学习”和“基于工作学习”的课程的区别与联系？

3. 职业教育课程是如何发展演变的？它与人类社会生产组织方式有什么关联？

4. 我国职业教育实践中有哪些主要课程模式？各有什么优势？在实践中遇到哪些问题？

5. 什么是工作过程？它的基本结构和组成要素是什么？

6. 为什么说按照“学科逻辑”还是“能力发展逻辑”建立课程体系，是区分职业教育和普通（高等）教育课程模式的重要标准？

7. 工作分析、职业分析和岗位分析有哪些异同？

8. DACUM和典型工作任务分析方法有哪些异同？

第七章　职业教育教学理论

本章导读

职业教育教学论是研究职业教育教与学的基本理论。职业教育教学研究有着悠久的发展历史，目前存在从“再现性教学策略”转向“建构性教学策略”的发展趋势。经典的学习理论如行为主义、认知主义学习等对职业教育有一定支持，但是建构主义、行动导向和情境学习等现代学习理论对职业教育学习规律的解释更为深入，指导意义也更大。职业教育在很大程度上是“基于工作的学习”，相关理论正在建立和发展中。职业教育的特点决定了其有很多独特的教学特征和需遵循的教学原则。

关于工作场所

工作场所是职业教育发生有效学习的重要场地，它有以下要素和特点：

物理工作环境：包括车间或办公室的位置、空调、电梯、餐厅和休息室等，其对员工的行为有影响。如，噪声可导致肌肉紧张；颜色可产生大小和温度错觉，可提高工作场所美观程度。有人喜欢在工作中听音乐，它一般不影响生产效率。不同工作场所的最佳温度和湿度不同，对工作的舒适度有重要影响。

工作时间：调查发现，许多工作时间被浪费在非正式休息上；当名义工作时间减少时，生产率往往会提高；兼职工作提供了工作、家庭、教育和休闲等相互协调的机会，有可能导致更高的生产率；弹性工作制受到员工欢迎，但对生产率或工作满意度并无影响。对于活动量小的工作，休息可以改变节奏，有助于减少厌倦。

社会、心理工作环境与工作结构：详细的工作分工使许多工作变得没有挑战性，导致工作人员感到厌倦，并产生心理和生理疲劳，从而降低生产率。重复、单调的工作令人疲劳，这可以通过改善工作环境、设定间隔休息时间来减轻。工作场所常常会发生性别和地域歧视，对受害者身体和情绪会产生不良影响，从而降低工作满意度和生产率。信息技术的发展使更多员工在家工作成为可能[①]。

① SCHUITZ D P，SCHUITZ S E. 工业与组织心理学［M］. 北京：中国轻工业出版社，2004.

第一节　职业教育教学论基础

在我国，通常把研究教学一般性规律的学科称为“课程与教学论”，它是课程论和教学论的统称，是教育学科的一个二级学科。教学论（希腊语 didaskein）① 是起源于中欧的古老学科，1657 年捷克教育家夸美纽斯《大教学论》的出版，标志着该学科的诞生。英语 didactics 一词的原始含义中有“既教条又乏味死板的教育行为”的意思，这有悖于现代教育的教学理念，所以在盎格鲁-撒克逊文化国家里开展的教学论研究很少，而更多的是 pedagogy（教育学）和课程研究②。第二次世界大战以后，诞生于美国的课程论研究逐渐成为各国教学研究的主流，教学论研究相对弱化了很多。

夸美纽斯

然而，德国和瑞士等中、北欧国家继承了教学论的学科传统，并在职业教育领域开展了大量的研究，联合国教科文组织职教中心更是将“职业教学论”（vocational didactics）作为职业教育教师培养的基础性学科③，显示了教学论学科在职业教育教师培养及学科发展中的重要性。欧洲很多研究性大学设有职业教学论研究机构，其中德语国家的研究具有很高的水平，只是由于德语语言的限制，其研究成果的世界性影响至今尚不明显。我国至今的相关研究多是概念性介绍或对具体问题的探讨。

一、概念

（一）教学论和学科教学论

教学论是教师课堂教学的理论，是研究教学现象、解析教学问题、明晰教学经验、揭示教学规律的学科，对教学活动的开展具有实践性与规范性的基础作用④。学科教学论是在普通教育研究中开展得比较广泛的学科，它是在学科教学实践基础上研究某一学科的教学理论，研究对象是学科教学的理论和实践，其基本特征是“回归教学生活”⑤。

中小学的学科教学论对应于中小学的教学科目，由于职业教育的教学不是按照学科组织的，因此不存在职业教育的学科教学论。德国早期的职业教育教学论被称为“专业教学论”或“技术教学论”。后来认识到，职业教育的教学内容是职业，而不是学科，是包含技术等众多要素的“职业活动”或者“工作活动”，因此强调职业导向理念的“职业教育

---

① 我国教学论的英语翻译常采用 instructional theory，这是把 didactics 的汉语翻译再译回英语的结果。

② HAMILTON D. The pedagogic paradox [J]. Pedagogy，Curriculum and Society，1999 (1).

③ MACLEAN R. Importance of developing and implementing an international master degree standard for teacher and trainer education in TVET [M] //BÜNNING F，ZHAO Z. TVET teacher education on the threshold of internationalisation. Bonn：UNESCO-UNEVOC /Inwent，2006.

④ 朱德全，杨磊．教学论发展 70 年：实践样态与逻辑路向 [J]. 教育研究，2019 (9).

⑤ 吴俊明．学科教学论是一门什么样的学科 [J]. 中国教育学刊，2003 (11).

教学论”或“职业教学论”应运而生。为了简化表述，本书采用“职业教育教学论”概念，其含义约等同于不同文献中的“职业教学论”或“技术教学论”。

（二）职业教育教学论

职业教育教学论研究“如何教授一个职业”，是关于职业教育中教与学的理论和实践。它分析、设计和评估在所有学习场所（职业院校、企业等）发生的职业教育教学过程，包括制度化的教与学的条件、决策、理论基础、过程和结果。除了专业知识和技能传授外，其研究对象还包括专业和专业群的设置，厘清各专业（群）中技术、生产组织和职业教育之间的关系①，这是职业教育教学研究与普通教育学科教学论的显著区别。

普通教学论原理是职业教育教学论的重要基础，如教学模型和教学方法等，这些要素在不同职业以不同方式进行组合并发挥作用。目前，综合课程在全球推广引发了课程开发范式的转变，即从学科系统化转向情境导向，并由此建立了一系列全新的概念，如工作过程和学习领域等，然而这并没有自动促进职业教育教学论研究的发展。不同职业领域的职业教育教学研究水平差别很大，德国发展较好的是机械工程类和电气技术类职业，美国是护理类职业，我国相关研究较少，尚未显示出明显的职业（专业）之间的差别。

职业教育教学论的逻辑起点是职业，其研究成果为职业教育实践提供直接而具体的帮助，特别是针对“决策域”② 的问题，如学习目标和内容确定、教学方法和教学组织设计、工作过程知识习得方式、学习任务和学习环境开发等③。职业教育教学论研究内容与职业教育模式有密切联系。例如，在职业学校教育中，研究如何按照职业分析结果设置专业和实施教学；针对灵活的职业培训，则更加关注培训模块的设计、选择与实施。职业教育教学论研究有两个发展趋势值得重视：一是研究成果的产业化，发展起专门从事教学研究和推广的公司，如 FESTO Didactic 教学仪器公司和中德诺浩教育公司等；二是技术高度复杂化，使职业教育教学实施越来越困难，售后培训成为企业重要的售后工作，也是其竞争力的表现，很多企业开始重视教学研究及其成果转化，如华为公司和深圳职业技术学院的合作项目甚至获得了国家级教学成果特等奖。

二、职业教育教学论研究的基本问题

传统教学理论多出自普通教育，较少涉及职业教育的核心要素，如工作中的学习、有教育价值的工作岗位设计等，因此在开展职业教育教学研究时，首先关注的问题是：普通教学论原理是否可以解决职业教育的问题?

（一）职业教育的育人价值

职业教育教学具有巨大的教育价值，科学合理设计工作中的学习，能使学生在增长知识技能的同时，形成正确的职业观和劳动观，建立对社会、劳动、工作和职业的基本态

① 陈永芳．职业技术教育专业教学论［M］．北京：清华大学出版社，2007：10.

② 柏林教学论模型的基本概念，指教学目标、教学内容、教学方法与教学媒体。

③ RAUNER F. Gestaltungsfähigkeit und prospektivität［J］. Die berufsbildende Schule，1994（11）.

度。在当代社会，职业已经失去了其固定的人的专业界限的社会功能，职业教育通过促进学生综合能力发展和个性发展，实现教育功能。

事实上，职业教育对普通教育的发展也有重要的启发，这一点常常被忽视。例如要想完成创造性的任务，程序性的工作过程知识具有决定性意义，但是在我国的普通教育中，工作过程知识对综合素养发展的重要性被严重低估了。按照设计导向的职业教育理念，在教学中既要对工作目标实现的程度进行评价，也要对工作本身进行反思，这可以激励学生产生创新，实现杜威倡导的“教育回应社会关系迅速变化”，并最终推动“学校和社会的民主化行动”①。

（二）职业教育的教学内容

教学论研究的首要问题是选择教学内容的原则，这在职业教育中并不是一个简单问题。例如，电子电气技术的理论基础是电学理论，但并不说明从电学理论中可以推导出职业教育电子电气技术专业的学习内容，因为后者更多来自企业的实践需求。科学的教学理论是教学成功的保证，职业教育教学论对教学过程进行描述、分析、设计和评价，不同教学论模型对教学效果的影响不同，对教师的影响也不一样。

普通教育教学论的核心是教学简化，即根据实际情况选择教学内容，将其简化到适合学生接受的难度水平，这时，教学论是“对学习内容按照文化特征进行适应性调整的科学”。职业教育教学论也有类似的责任，其核心问题是解决“如何在工作过程中学会工作”，这不仅仅是一个教育学的研究问题，还涉及具体的技术或服务领域，以及劳动科学和心理学等多方面的知识和企业生产实践。“基于工作的学习”本身就是一个工作与创新紧密相连的庞大实验，它在实现教育人才培养目标方面有巨大的潜力，即让学习者在学习过程、工作过程和技术过程的一体化行动中，获得技术和工作设计能力，从而实现个性的解放和“自觉”。

（三）职业教育的教学组织

在现代职业教育中，学生成长需要经过设计的、系统化的基于工作的学习过程，它涉及学校、企业和社会等多个学习场所。课堂教学不是唯一甚至都不是最重要的教学组织方式，学习活动在很大程度上是一个“技术实验”过程。与科学实验不同的是，技术实验是为达到某种目的进行的尝试、检验、优化等探索性的实践活动，如验证某一解决方案的可行性并对其进行优化，是实现产品（或服务）功能为目的职业行动过程②。

目前我们对基于工作学习的教学组织规律的了解还不多，除了相关研究基础薄弱之外，工作中学习本身的局限性也是重要原因。工作中学习依赖于具体的工作任务和工作条件，学习过程较为随机而且常常成本高昂，在一些岗位甚至根本无法实现有效的学习（如流水生产线）。工作中学习与顶岗实习不完全相同，它对操作熟练程度和产品精度要求较低，这不但给学生提供了相对宽松的行动空间，也有助于学生通过尝试去主动建构知识。

---

① HEIDEGGER G. Gestaltungsorientierte Berufsbildung [M] //FISCHER M，et al. Gestalten statt Anpassen in Arbeit. Technik und Beruf. Bielefeld：wbv，2001.

② EICKER F. Zur Diskussion über das Handlungslernen in der Berufsbildung [J]. ZBW，1984 (8).

实践教学不应当追求机器般的效率与精准度，否则有可能扼杀学生的想象力，降低其职业认同，并最终影响他们的持久生涯发展。图 7-1 为学生自己设计和“生产”汽车。

图 7-1 学生自己设计和“生产”汽车

创设数字化条件下具有学习潜力的工作岗位，是职业教育教学论的重要研究领域。工业心理学研究提出的学习性岗位设置的标准，如经历问题状况、可变通性、工作过程完整和具有社会支持等[①]，对教学论研究具有重要的启发，这与行动导向和建构主义学习理论的观点是一致的。

（四）技术发展对职业教育教学的挑战

科学技术发展不但影响社会的发展，也塑造着新的职业教育体系。如果技术利用不好（如滥用核技术或基因技术），则会对社会发展产生破坏性作用，这为职业教育教学赋予了丰富的社会意义。如何兼顾社会需求、学习者个性发展和生态要求培养高素质的职业人才，是职业教育教学论研究的重要任务。

当今社会基础技术体系的开放性增强，意味着技术有更大的可塑性，采用相同技术可以设计出不同的工作形式、生产和服务方式。例如小米手机开发是设计者、生产者和用户的互动过程，具有明显的学习特性、透明度和自我解释力。工业 4.0 的前瞻性质量管理体系和自我控制风险回避机制，要求员工能利用智慧系统分析不同建议，做出决策，通过柔性和分散化的生产、计划和控制体系（PPS）快速响应顾客的需求[②]，这需要对工作、工作岗位和职业学习进行重新定义。

现代职业教育教学与技术伦理有着密切联系。“技术设计”也是职业教育教学研究的基本问题，只有在真实的工作过程中才能培养学生的整体化设计能力，从而发展综合职业能力，建立职业认同感和发展职业道德[③]，这与当前教育界特别关注的“课程思政”的理念是一致的。

---

① SONNTAG K，STEGMAIER R. Work design and work organization [M] //RAUNER F，MACLEAN R. Handbook of TVET research. Dordrecht：Springer，2005.

② STOLLE H. Risiken werden komplexer [J]. IT & Production，2015 (7+8).

③ RAUNER F. Gestaltung von Arbeit und Technik [M] //ARNOLD R，LIPSMEIER A. Handbuch der Berufsbildung. Opladen：Leske+Budrich，1995.

第二节　职业教育的重要学习理论

学习理论研究学习的性质、过程和影响因素。科学家从不同的观点，采用不同的方法、根据不同的实验资料提出了许多学习理论，其中一些理论对职业教育教学具有重要的指导意义。对这些理论的学习和把握，需要结合职业教育的教学实践来进行。

一、职业教育学习理论的发展

（一）职业教育教学研究发展脉络

职业教育教学模式的形成与各国教育文化传统和经济发展水平有密切联系。直到20世纪中叶，西方教学研究的重点还是如何“教”，其中最有代表性的是美国教育学会编撰的权威典籍《教学研究手册》（Handbook of Reserch on Teaching）。1972年，德国学者英根坎普（K. Ingenkamp）在对该手册进行德语版改编时提出“教与学”的概念，并以此取代了传统的“课堂教学”概念，这体现了教学研究视角的转变。

直到20世纪后期，职业教育的教学研究多是基于一类特定的学习理论进行的，特别是行为主义理论。后来人们发现，在基于实验的教学研究中很难对干扰因素进行精确控制，学习效果有很大的不确定性；由于认识问题的方式过于简单和狭隘，此类研究无法从根本上解释职业教育的教与学之间的复杂关系①。

德国学者罗特（H. Roth）对学习者的“初始状态”和“最终状况”进行了划分，确定了从初始状态发展到最终状态过程中经历的步骤，他也是目前我国广为流传的职业能力分类概念（专业能力、方法能力和社会能力）的提出者②。加涅（R. M. Gagné）等区分了影响行为的外部和内部学习条件，指出有多少种教学类型就有多少种教学条件，这使得教学研究从行为主义进入到认知主义的新阶段③。

莱夫（J. Lave）和温格（E. Wenger）的《情境学习：合法的边缘性参与》是职业教育研究史上的一个里程碑，对整个教育研究都有重大的影响④。该书探索了学徒成长规律，把工作岗位提高到了“学习场所”这样一个重要地位，使学习实现了从“传授-获取”向“基于参与的社会建构”的范式转变。恩格斯特罗姆（Y. Engeström）基于社会文化行为理论，将情境学习发展为“扩充学习”（expansive learning）理论。据此，个体必须跨界

---

① STRAKA A G. Learning and teaching research［M］//RAUNER F，MACLEAN R. Handbook of technical and vocational education and training research. Dordrecht：Springer，2005.

② RÖBEN P. Kompetenz-und expertiseforschung［M］//RAUNER F，GROLLMANN P. Handbuch Berufsbildungsforschung，3. Aufl. Bielefeld：wbv，2018.

③ 加涅．学习的条件和教学论［M］. 上海：华东师范大学出版社，1999.

④ LAVE J，WENGER E. Situated learning：legitimate peripheral participation［M］. New York，Cambridge/UK：Cambridge University Press，1991.

参与产品生产过程，并将其视为共同采取行动和解决问题的一部分，才能进行有效的学习[①]，这与工作过程系统化学习理论异曲同工。

工作过程系统化理论是德国职业教育应对生产组织方式变化挑战的重要举措。不来梅大学劳耐尔教授的团队和德国联邦职业教育研究所最早开始这方面的研究[②]。据此，职业教育不应只专注岗位知识技能，而应把工作和生产过程纳入视野，从而完成要求更高的、整体化的工作任务。工作过程系统化理论对我国高职课程改革产生了重要影响。

工作场所学习，以及如何将岗位学习与岗外学习进行有效融合，是职业教育教学研究的难点[③]。职业院校建立的模拟学习环境与真实工作场所的复杂工作环境相比有很大区别，在“学校化的社会”中开展工作场所学习，如何处理工作岗位要求和个人投入之间的“双元关系”有很大困难[④]。根据学习者参与工作的有意识程度，艾瑞特（M. Eraut）将工作场所学习分为有意识学习、反应式学习和内隐式学习等类型[⑤]，发现学习环境、学习潜力和社会化学习环境对岗位学习的结果有重要影响。泛在学习的研究者还从知识生成视角研究如何构建虚实结合的工作场所学习环境模型[⑥]。

20 世纪 90 年代，我国职教研究开始关注教学问题。从“八五”规划以后，职业教育教学和课程研究作为独立项目被纳入全国教育科研规划中。从此，我国职教界广泛学习国外先进理念和经验，如能力本位和行动导向等，形成了辐射全国的群众性的教学改革浪潮，并开展了一些实验范围广、持续时间长的研究项目。进入 21 世纪，职业教育的快速发展，为职业教育教学研究提供了更好的基础。

（二）建构性教学策略：职业教育的发展趋势

面对新时代的挑战，职业教育理论从传统的机械（mechanical）教育学向进化（evolutional）教育学发展。按照机械教育学理论，理论教学与技能培训是独立的双轨体系，学习策略建立在对“可能性”想象的基础上，教育教学重点是学习专业知识和技能；按照进化教育学理论，理论教学与技能培训是一体化过程，学习策略建立在“现实性”基础上，学习重点是发展职业行动能力和综合素养[⑦]。

相应地，职业教育教学策略也从“再现性教学策略”转化为“建构性教学策略”。按照建构性教学策略，教学更加重视学习情境和学习主体，采用探究式的、以学生为中心的教学方式，重视伴随学生主观感受的自我管理（自我引导）的学习过程（见表 7-1）。

---

① ENGESTRÖM Y. Expansive learning at work [J]. Journal of Education and Work, 2001 (1).

② DYBOWSKI G, HAASE P, RAUNER F. Berufliche Bildung und betriebliche Organisationsentwicklung [M]. Bremen: Donat, 1993.

③ FULLER A, UNWIN L. Reconceptualising apprenticeship [J]. Journal of Vocational Education and Training, 1998 (2).

④ BILLETT S. Securing occupational capacities through workplace experiences [M] //BAHL A, DIETZEN A. Work-based learning as a pathway to competence-based education. Bonn: BIBB, 2019.

⑤ ERAUT M. Transfer of knowledge between education and workplace settings [M] //RAINBIRD H, et al. Workplace learning in context. London: Routledge, 2004.

⑥ 程薇，杨现民，余胜泉．基于知识生成的工作场所学习 [J]. 现代远程教育研究，2013 (4).

⑦ ARNOLD R. Schlüsselqualifikationen-Ziele einer evolutionären Berufspadagogik [M] //DERS. Ausgewählte Theoreien zur beruflichen Bildung. Hohengehren: Schneider, 1997.

表 7-1　“再现性教学策略”和“建构性教学策略”的比较

	再现性教学策略		建构性教学策略
课程类型	学科课程	CBE/DACUM 课程，模块课程	学习领域课程，项目课程，工学一体化课程
适应领域	普通教育，学术教育	职业培训，较低层次的职业教育	高层次职业教育，高技能人才培养
发源地	欧洲	盎格鲁-撒克逊文化国家	德国
课程目标	以知识获取和储备为目标	完成岗位任务，满足行业企业要求	培养职业行动能力和职业素养
学习内容	科学、技术和文化知识	工作岗位的知识技能，职业资格	职业的典型工作任务，综合职业能力
学习理论基础	认知主义学习，但不同教学模式差别较大	行为主义、认知主义学习理论	建构主义、情境学习和行动导向学习理论
划分课程结构的逻辑	学科结构，按照学科内容逻辑排序	按照知识结构，或针对实际工作任务划分	按照能力发展逻辑的典型工作任务划分
课程开发方法	教学简化	DACUM 岗位任务分析法	典型工作任务分析法/实践专家研讨会
教学重点	传授事实性知识	注重专业知识和操作技能培养	注重专业能力和综合职业能力培养
教学特点	以教师为中心的教学，注重语言传授，封闭式学习情境，课程的一致性较高	以教师为中心的教学，注重语言传授和技能训练，封闭式学习情境，课程的一致性较高	以学生为中心的教学，行动导向教学，开放性学习情境，个性化学习内容

在普通教育中，学习内容范围基本固定，教育的主要目标是促进数理和语言等认知能力发展，采用“再现性教学策略”进行精致的课程和教学设计，以满足再现知识认知和存储的需求，这有其合理性。职业教育的学习内容是专业化的工作，其内涵复杂、边界模糊、开放性强，教育的主要目标是促进职业综合素质和行动能力发展，发展职业意识和道德具有重要的意义。职业教育教学只能采用“建构性教学策略”，以复杂工作世界中的综合性学习情境作为出发点，让学生在专业实践中发现和解决问题，并最终获得“可用的”知识技能，其主要特点是：

● 符合技术技能人才成长规律：课程建设从关注如何传授抽象的知识，转变为关注如何完成复杂工作任务，课程和教学设计的关键不是怎样从理论上去界定特定的能力，而是怎样去学习它们，既要考虑深思熟虑的因素，也要关注隐性知识的获得途径，从而保证学习者能在复杂工作世界里做出理智的判断。

● 体现更先进的学习理念：“再现性教学策略”的学习理论基础是行为主义和认知主义理论，这是普通教育高考“指挥棒”影响的结果。职业教育的关注点不是让学生学会知识，而是学会解决综合性甚至创新性的问题，对隐性知识进行显性化处理不但不现实，还会造成思维僵化①，这需要新的学习理论支持。建构主义和情境学习理论恰恰强调“学习是在实践共同体中通过合法的边缘性参与进行的知识建构”。

① NEUWEG G H. Implizites Wissen als Forschungsgegenstand [M] //RAUNER F, GROLLMANN P. Handbuch Berufsbildungsforschung. Bielefeld: wbv, 2018.

● 整体化和数字化：职业教育学习内容涉及社会、专业工作和社会伦理等多个方面，只能采取理论实践相结合的整体化学习方式，通过学习专业知识和技能形成专业能力，通过掌握学习方法和工作技术形成方法能力，通过合作交流形成社会能力，通过反省以及参加社会活动形成情商，通过数字技术把复杂工作现实转变为学习者可驾驭的学习情境，学习者在开放性综合学习系统支持下完成工作任务并建构自己的知识①。

目前在我国职业教育实践中，再现性教学策略仍然占据着主导地位，除了传统习惯和教师教学经验的限制以外，一个重要原因是，此类教学的学习效果可以通过考试等简单的评价方式进行检验，管理者比较容易对教学质量进行控制。这说明，在教学创新的同时还需要对教学管理制度进行改革，即教学研究还应当关注职业院校组织层面的问题和相关机制建设，关注学习目标、学习活动和职业院校教学条件之间的相互作用。

二、经典学习理论与职业教育

学习是心理学和教育学研究的重要内容，本节介绍对职业教育有重要影响的学习理论，特别是对当代职业教育教学改革具有重要指导意义的学习理念。

（一）行为主义学习

行为主义学习（也称联结学习）理论认为，学习是学习者对环境刺激做出的反应；通过经验获得知识、技能和行为习惯的积累、改变或提高，可以带来新的学习潜能，并最终实现改变人类自身的学习目的。行为主义学习理论的代表人物有巴甫洛夫（И. Павлов）、桑代克（E. L. Thorndike）和斯金纳（B. F. Skinner）等。

巴甫洛夫通过对狗进行的实验建立了条件反射理论。据此，学习行为是一种条件反射。在职业教育中，通过重复练习技能可以形成一定的条件反射，从而形成良好的工作习惯，如整洁有序的工作环境能对劳动安全和环保产生所期待的条件反射。

桑代克学习联结说认为，刺激与反应的联结是神经系统中最基本的反应，学习是形成这种联结的过程，是尝试错误的过程。偶然的成功会导致错误反应减少，正确反应增多，并最终形成固定的反应，使刺激和反应之间形成特定的联结。

根据斯金纳的操作条件理论，学习是一个操作性条件反射过程，是学习者积极主动表现出来的行为得到强化的过程。学习是联系的获得和使用，是形成联系、增强联系和调整联系的过程。学习行为需要“塑造”，可通过强化来控制行为反应，取得所期望的学习效果。

行为主义理解的学习过程是“刺激”与“反应”的过程，即个体行为的“原因”和“效果”之间的关系。学习者是被动的客体，知识按照教师的愿望自上而下传递，学习是可观察的外在行为变化。据此，教师应掌握塑造和矫正学生行为的方法，为学生创设合适的环境，最大限度地强化学生合适的行为，消除不合适行为②。

---

① 赵志群，李思，张志新．从“再现性策略”课程到“建构性策略”课程：当代职业教育课程的范式转变与发展趋势［J］．中国电化教育，2023（2）．

② 斯莱文．教育心理学：理论与实践：第 7 版［M］．北京：人民邮电出版社，2004．

行为主义学习理论在我国传统教育中影响很大，也是人力资源管理中的绩效评估、激励与惩罚等的理论基础。然而在现代社会，我们不仅需要能够被外部控制的螺丝钉，更需要具有创新意识和能力的全面发展的人，因此行为主义学习理论的局限性是显而易见的。

（二）认知学习和“反映的实践者”理论

与行为主义相反，认知学习理论认为学习不是黑箱，而是一个具有特定内在结构的整体，学习是通过认知重组把握这种结构的过程，是一个“刺激-重组-反应”过程。认知学习理论有格式塔心理学和“反映的实践者”等具体理论，代表学者有克勒（W. Köhler）和舍恩（D. Schön）等。

1. 格式塔心理学——“整体大于部分之和”和“顿悟”

格式塔心理学强调经验与行为的整体性，主张以整体的动力结构研究学习现象[①]；要想创造性地解决问题，必须把细节与整体结构联系起来考察。在认知活动中，要把感知到的信息组织成一个整体，即格式塔（Gestalt），从而对事物各个部分及其相互关系形成整体化的理解。克勒认为，这个理解过程不是渐进的试错过程，而是突然的顿悟，即通过对问题情境的观察，理解其构成和要素间的联系，分析制约条件，从而发现实现目标的途径[②]。

按照格式塔理论，学习者要从问题的整体出发，借助过去的经验，通过思维加工认清各部分的性质、结构以及它们之间的联系，从而形成对问题本质的认识。

2. “反映的实践者”实践认识论

舍恩“反映的实践者”实践认识论对职业教育有重要的启发。他通过对五个领域（如工程、管理、心理治疗等）专业工作者解决问题过程的研究发现，尽管不同专业使用的符号与知识系统不同，但隐含于其实践中的认识历程与行动逻辑是相同的。优秀工作者所知远甚于其可以言说的；在面对真实实践中独特而不确定的情境时，他们更倾向于采用在实践中所学的即兴方法，而不是大学所学的公式去解决问题。因此，学习过程是自然的、大都不可检验而隐晦的过程，是“行动中的反映”。

舍恩将专业实践划分为“高硬之地”和“低湿之地”两个层次，前者有清晰的问题和目标，后者面对的问题情境复杂、模糊、独特，且存在价值冲突。作为“反映的实践者”，学习者通过“与独特而不确定的情境的反映性对话”，运用从经验中形成的隐性知识对问题进行建构与重构，寻求解决问题的方案。在实际工作中，问题不会直接呈现出来，学习者必须从不确定和难以处理的情境中勾画确认具体问题[③]。

在职业教育中，学习是采用新方式解决问题的过程。每一次行动中反思的经验都会丰富学习者的资料库，帮助其在日后处理新的问题情境时创造新的做法[④]。舍恩为职业教育建立了一种新的实践认识论，即专业知识和实践各有自己的严谨性，并将实践中的不确定性和独特性与实践工作者的职业性联系起来，把“学习与实践相分离”转化为“实践即学

---

① 施良方．学习论［M］．北京：人民教育出版社，2000.

② 陈琦，刘儒德．当代教育心理学［M］．北京：北京师范大学出版社，2007.

③ SCHÖN D. The reflective practitioner：how professional think in action［M］．New York：Basic Books，1983.

④ 舍恩．反映的实践者：专业工作者如何在行动中思考［M］．北京：教育科学出版社，2007.

习”，从而解决了“严谨性与适切性”的两难问题。行动中的反映意味着，实践工作者不依赖现有理论和技术类别去行动，而是尝试建构一个新理论来解释具体案例；他的探究不局限于对已有方法的思考，而是在框定问题情境时，互动地界定出目标与方法的关系，通过推演不同做法，将决定转化成行动——这反映了创新性人才的学习方式。

（三）建构主义学习

建构主义是20世纪80年代在认知发展和社会文化理论基础上发展起来的学习理论，其基本思想是：学习是在原有知识经验基础上，在一定社会文化环境互动中主动对新信息进行加工处理、建构知识和意义的过程①。

1. 关于学习的含义

建构主义认为，学习不是教师传授知识，而是学习者在一定社会文化背景（情境）下，通过人际协作活动实现的意义建构过程。在此：(1) 情境要有利于学习者对所学内容的意义建构；(2) 协作贯穿于整个学习活动过程中，通过师生之间、生生之间的协作，学习者收集分析资料、提出和验证假设、对学习进行自我反馈并评价学习结果；(3) 交流是协作的基本方式；(4) 会话是协作的重要环节，在此环节的思维成果（智慧）为整个学习群体所共享；(5) 意义建构是教学过程的最终目标，即对事物的性质、规律以及事物之间的内在联系进行理解。

2. 建构主义的知识观

知识是个体内在形成的主观经验，是在与环境的互动过程中基于主体经验的意义构建，是有待验证的解释和假说。这意味着，知识不是绝对准确的法则，它随着认识的加深不断变革、得到升华和改写，并出现新的解释和假设。知识不以实体形式存在于个体之外，真正的理解是由学习者自己建构的，取决于特定情况下的学习活动过程。

3. 建构主义的学习观

学习的实质是主体在与客体互动过程中主动建构知识的意义，不是由教师把知识简单传递给学生，而是由学生主动建构，这种建构无法由他人代替。学习不是学习者被动接收信息刺激，而是根据自己的经验背景，对外部信息进行主动选择、加工和处理，从而获得自己的意义。学习者认知结构发生变化有两种途径，即同化和顺应：同化是认知结构的量变，而顺应则是认知结构的质变。

4. 建构主义的学生与教师

建构主义强调教学不是知识的“填充和灌输”，学生与学生共同针对问题进行探索、交流和质疑。教师是学习的组织者和学生建构知识的支持者。教师创设良好的学习情境，促使学生通过社会互动主动参与学习。学生通过独立探究、合作学习等方式展开学习，需要采取新的学习风格，即主动收集和分析信息资料，提出各种假设并努力加以验证。教学是逐步减少外部控制、增加学生自我控制学习的过程。建构主义学习有随机通达、支架式、抛锚式等多种教学设计思想。

---

① 申克．学习理论：教育的视角：第3版［M］．南京：江苏教育出版社，2003.

建构主义学习理论与先前的学习理论有较大差别，是对认知主义的进一步发展[①]。建构主义要求的学习环境得到了现代数字技术的支持，因此可以与当前的教学实践更好结合，成为教育教学改革的指导重要思想。

（四）行动导向学习

行动导向学习是起源于德国的学习理论，是指师生共同确定行动产品引导教学组织过程，学生通过主动和全面的学习，达到脑力劳动和体力劳动的统一。行动导向学习建立在唯物主义心理学理论基础上，其假设是：人类与环境之间的联系是通过外在的目标与内在的领悟、行动结构、个体能力等相互间的联系建立的；在学习过程中，信息获取、建立概念和开发方案都与学习者的经验有关。

1. "行动"的含义

"行动"是"行为"的下位概念，其区别在于是否具有意向性。行为是单纯的肢体运用，没有意向性，而行动则具有意向性，即：行动等于行为加意向性[②]。行动的意向性表现在：一是行动之前分析问题，寻找可能的解决方案，对方案进行比较，依据经验判断做出最佳行动决策；二是在行动过程中当遇到未曾预料到的状况，或原定方案经实践证明不可行而需做出调整时，修正原来的行动方案或制订新的行动方案。因此，行为是客观的，是可观察到的所为；行动有主观意识，是一定社会语境下的行动。行动过程是能力发展过程，须遵守书面或经验性的规则，经验只能在一定的学习情境中获得。

2. 行动的结构

行动导向学习将认知心理学和行动调节理论进行结合。哈克发现，人的行动具有目标导向性、秩序性和心理过程的互动性等特点，行动过程有特定的秩序结构，可分为以下环节：

- 定向：确定具体发展目标（可预见的行动结果），激发个体的努力方向。
- 定位：获取信息的全过程，定义行动情境、实施可能性以及行动所需要的条件，补充对行动具有重要意义的知识。
- 设计：确定行动路径和选择工具，分三个层次：(1) 战略设计；(2) 行动方案（action schemes）设计；(3) 技巧层面的动作设计或认知惯例设计。
- 决策：至少在有两个可供选择的方案基础上进行决策，分三种类型，即根据行动者的需求与价值取向进行决策，根据行动所需时间进行决策，根据行动条件进行决策。
- 调控：在已有经验基础上进行自我调控形成行动的目标，收集与行动情境有关的信息，设计行动的多种可能性，做出认为正确的决策。

在实践中，这个过程一般不是简单线性过程，而可能是与复杂行动相对应的网状过程，在此存在控制行动的内在模型，即行动规则（action regulation）。哈克通过建立"TOTE模型"来解释这个行动规则，即尝试（test）、执行（operate）、尝试（test）和输出（exit），见图7-2。

---

① 王有智．学习心理学［M］．北京：中国社会科学出版社，2010．

② 盛晓明，吴彩强．行动、因果关系和自我：塞尔行动哲学述评［J］．浙江大学学报（人文社会科学版），2007（3）．

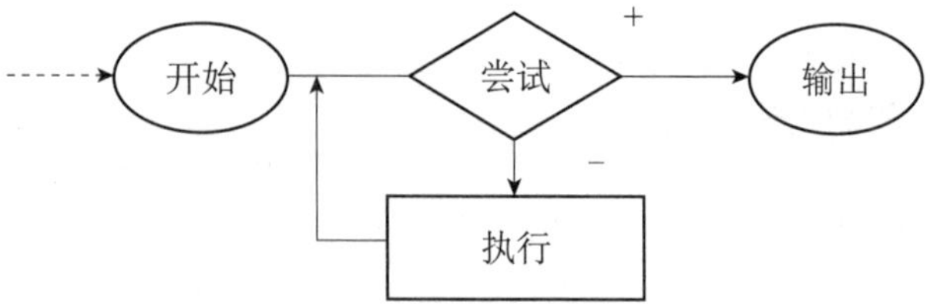

图 7-2　TOTE 单元

资料来源：HACKER W. Arbeitspsychologie，psychische Regulation von Arbeitstätigkeiten [M]. Berlin (Ost)，1986：114.

3. 行动模型

（1）弗尔佩特行动模型。

弗尔佩特（W. Volpert）认为，行动是人类改造客观世界的行为。行动的起点是目标。人首先要确认目标，并通过具体工作过程实现目标。如果发现行动偏离既定目标时，可对行动计划进行修正。人的复杂行动过程包括目标、计划和反馈等环节（见图 7-3）。这里的基本假设是：行动者能意识到达到目标的方式和所选择的方案。

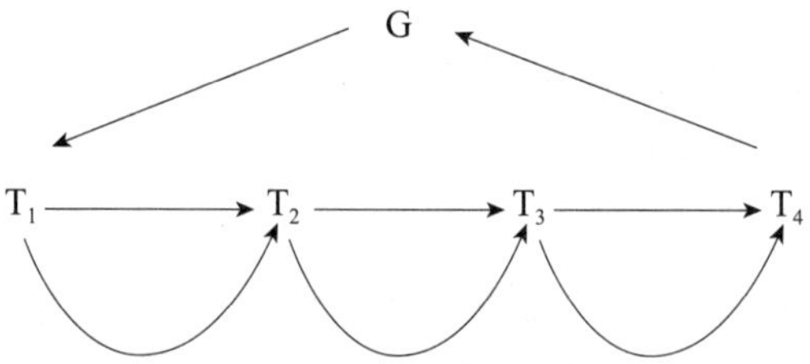

G：行动目标；T_n：为达到目标所必须的迁移，其中 T_1 为初始迁移，T_2 和 T_3 为中间迁移，T_4 为最终迁移

图 7-3　循环单元

资料来源：VOLPERT W. Wie Wir handeln—was wir können：ein Disput als Einführung in die Handlungspsychologie [M]. Sottrum：Artefact Verlag，1999：41.

在目标形成过程中，与社会环境的协调非常重要，如在计划、实施与控制等阶段都必须考虑复杂社会关系的影响。

（2）埃比利行动模型。

埃比利（H. Aebli）认为，行动具有高度意识性和目的性，应从“目的性行为”意义上理解“做”的实质，行动过程与思维和感知紧密联系在一起。埃比利强调思考与行动的联系，强调对行动内容的分析和理解，认为行动需要特定条件，而感知是最基本的。在多数情况下，个体行动会转化为一种社会行动。这时，行动者是活动的负责人还是参与者并不重要，重要的是他必须理解组织的行动目标和个体条件①。

4. 行动导向教学的含义

行动导向教学是用“完整的行动模式”，即学生独立制订学习计划、实施计划并进行

① AEBLI H. Denken：das Ordnen des Tuns—Band I：kognitive Aspekte der Handlungstheorie [M]. Stuttgart：Klett-Cotta，1993.

评价，替代按照外部规定完成给定任务的“部分行动”模式进行学习。在职业教育中，教师通过设计教学项目和多种辅助手段，帮助学生学习必要的知识技能，并构建自己的知识体系。

完整的行动模式有两个特点：一是行动过程结构的完整性，即行动者独立制订计划、实施计划和评价反馈，并在可能的情况下改进自己的行动；二是行动要素的全面性，即职业行动是跨领域、跨学科的，包含技术、经济、生态和法律等多种要素。在行动导向教学中，“行动”不是日常的活动或劳动，而是为达到特定目标的有意识的行为。学生从多种可能性中选择行动方式。在行动前，学生能对可能的行动后果进行预测，通过“有计划的行动”，学生有意识、有目标地影响环境和行动的结果。

希尔顿（A. Schelten）对行动导向教学的特点进行了归纳，即学习内容多为结构复杂的综合性问题，与职业实践或日常生活有关，具有工作过程的系统性特征，有一定的实际应用价值，可促进跨学科的学习。他还强调教师是学习过程的组织者和专业对话伙伴，应习惯学生独立学习的工作方式[①]。行动导向教学是整体化的、主动的学习。杨柯（W. Jank）强调：行动导向的核心是让学生完成一个可使用，或可进一步加工和学习的行动结果；应尽可能根据学生的兴趣组织教学，并创造机会让学生接触新题目，引发学习兴趣，学生应参与到教学过程的设计、实施和评价中[②]。

行动导向关注如何在行动过程中发现问题和做出合理的选择，这涉及行动意愿、行动组织、行动调节和行动的评价。有目的地、系统化地组织学习者在实际或模拟的专业环境中参与设计、实施、检查和评价职业活动的全过程，使学习者发现、探讨和解决职业活动中出现的问题，体验并反思学习行动，将认知学习过程与职业行动结合在一起，将学习者个体活动与适合外界要求的“行动空间”结合起来，扩展了学习者的行动空间[③]，而知识系统性不是判断教学是否有效的标准。

（五）情境学习与认知学徒制

情境学习理论是当代最重要的学习理论之一。莱夫和温格基于对学徒成长的人类学研究，提出了合法的边缘性参与学习方式，揭示了由初学者成为专家的学习过程，其基本含义是：学习的本质是学习者基于真实的情境，在实践共同体中，通过合法的边缘性参与并完成社会实践活动的行为。

他们在代表作《情境学习：合法的边缘参与》中提出了三个核心概念：（1）“实践共同体”，是指由从事实践工作的人组成的“圈子”。（2）“合法的边缘性参与”，有三重意思：“合法”是指实践共同体中各方都愿意接受新来的尚不够资格的人成为共同体中的一员；“边缘”是指学习者开始只能围绕重要成员做一些外围工作，随着技能的增长才被允许做重要的工作，进入圈子的核心；“参与”是指通过参与实践工作实现“做中学”。（3）“学徒制”，即师傅带徒弟是基本的学习方式。

按照情境学习理论，有效学习的过程有以下特点：（1）学习在具体真实的情境中进

---

① SCHELTEN A. Einführung in die Berufspädagogik [M]. Stuttgart：Steiner，1994.

② JANK W. MEYER H. Didaktische Modelle [M]. Frankfurt am Main：Cornelsen Scriptor. 1991.

③ CZYCHOLL R，EBNER H G. Handlungsorientierung in der Berufbildung [M] //ARNOLD R，LIPSMEIER A. Handbuch der Berufsbildung. Opladen：Leske+Budrich，1995.

行。(2) 学习在实践共同体中进行，实践共同体形成需要三个条件，即共同的信念和理解、相互分享自己的理解、有共同追求的目标。(3) 学习是一个意义建构过程，初学者由旁观者、参与者转变为成熟的实践示范者，实践共同体的活动情境是真实的，与日常生活或职业实践紧密相连。(4) 学习是参与、理解社会实践的过程，是个体与社会互动的结果①。

按照情境学习理论，学习是学习者个体的意义建构的心理过程，是一个社会性、实践性、以差异资源为中介的参与过程。知识的意义、学习者自身的意识与角色，是在学习者与学习情境的互动、学习者与学习者的互动过程中生成的。教师的任务是创设学习情境，将学习者的身份和角色意识、完整的工作和生活经验，以及认知性任务引回到真实状态，从而走出传统学校教育的去自我、去情境的困境。学习的本质是对话，在学习过程中的经历是广泛的社会协商。情境学习理论把个人认知放在更大的物理和社会情境脉络中进行考察，这里的学习情境包括物理或基于任务的情境、环境或生态情境、社会或互动情境。认知发生在由人构建的情境中，具有社会性特征②。

认知学徒制 (cognitive apprenticeship) 是在情境学习理论基础上提出的学习方式。认知学徒制通过实践使师傅的默会知识和隐含推理过程可视化，强调真实情境中的学习和实践以及专家的实践文化，认为只有在情境中学习者才能学会如何把知识迁移到其他情境中；学习者只有融入实践共同体，才能参与类似真实世界专家实践的学习活动，把学校与工作场所、学校与社区联系起来，促进学习过程中的意义生成。

三、基于工作的学习

"基于工作的学习" (work-based learning, WBL) 是与"基于教室或学校的学习"相对应的概念，它包含多方面的意义，如在工作中的学习 (learning at work)、为工作进行的学习 (learning for work)、通过工作获得的学习 (learning through work) 以及从工作经验中学习 (learning from work) 等。基于工作的学习是国际职业教育与培训研究的重要主题。

(一) 基于工作的学习

基于工作的学习是情境学习的一种形式，指通过参与工作实践进行的学习活动和反思，学习者由此获得富有意义的体验、工作诀窍和默会知识，并发展实践能力。在学术讨论中，基于工作的学习的概念不是很清晰。相关文献尽管有很多，但多数是理论性研讨而实践证据不足，且缺乏有关学习过程推进的策略。不同研究者对基于工作的学习理解不同，因为它隐含着两种不同的学习目的：企业希望借此提高劳动生产率和组织绩效，学习者个体则希望由此提高知识、技能和适应未来社会的能力。国际上对基于工作学习的理解主要在以下两个方面：

---

① 莱夫，温格．情境学习：合法的边缘性参与［M］．上海：华东师范大学出版社，2004.

② 威尔逊，迈尔斯．理论与实践脉络中的情境认知［M］//乔纳森．学习环境的理论基础．上海：华东师范大学出版社，2002.

● 发生在工作场所的学习（而不是教学）。莱维（M. Levy）等提出了基于工作学习的三要素：一是精心安排的学习，二是提供合适的在岗学习机会，三是确定和提供相关脱产学习机会①。这种理解强调发生在工作场所中的学习，但忽视了工作场所之外的为工作场所学习所做的准备、过渡和服务性工作。

● 广义的与工作实践有关的学习，不严格界定在工作场所中。例如，瑞琳（J. A. Raelin）把基于工作的学习分为“个体学习”和“集体学习”。个体学习强调学习者本人的“概念化”（conceptualization）与实验、体验和反思②；集体学习侧重行动学习和知识应用，目的是形成实践共同体。瑞琳总结了基于工作的学习的三个特点：学习发生在完成工作任务的过程中；知识的创新和利用来源于集体活动；学习者必须掌握学习能力，并对实践中的假设提出质疑③。

基于工作的学习有多种方式，既包括正式的课程学习，也包括多种形式的非正式学习。比利特（S. Billett）根据工作和学习方式的特点以及可实现的目标，对基于工作的学习的方式进行了归纳（见表 7－2）④。

表 7－2 基于工作的学习的方式

学习方式	工作和学习方式的特点	可实现的目标
师带徒	个体通过参与工作场所的日常工作实践和互动，认识实践和绩效要求	确认工作场所绩效目标，学习程序性知识和概念性知识，建构职业认同，制定战略程序
经验总结和梳理	获得和加工在日常工作中无法得到，但对职业能力发展很重要的经验；从简单到复杂，以循序渐进的方式获得技能	通过发展职业能力丰富工作经验和知识，包括概念性知识、程序性知识和意向性知识
正式的课程学习	针对错误发生概率较低，或错误成本较高的工作活动进行学习；一般通过观察了解基本状况开始，然后逐渐提高要求；通过完成代表性工作任务的方式进行	基于教育学理论，在现实条件基础上设计学习目标和学习组织方式，可传授复杂内容并控制试错成本
工作条件允许的学习活动	围绕工作岗位要求进行的学习，常采用四阶段教学方法	在他人、设备和资源的经验基础上，将工作、工作场所和学习活动结合在一起
平行实践	从事职业实践，在任务完成的关键点由经验丰富的伙伴进行监控和检查	在合格员工的监督和检查下进行真实的实践活动

① LEVY M，OATS T，HUNT M. & DOBSON F. A guide to WBL terms：definitions and commentary on terms for WBL in vocational education and training ［R］. FE Staff College WBL project，1989.

② “概念化”指个体形成应对实践挑战的行动框架。

③ RAELIN J A. A model of work-based learning ［J］. Organization Science，1997（6）.

④ BILLETT S. Securing occupational capacities through workplace experiences：premises，conceptions and practices ［A］//BAHL A，DIETZEN A. Work-based learning as a pathway to competence-based education. A UNEVOC Network Contribution. Bonn：BIBB，2019.

德国职业教育体系的主体是双元制，这是典型的基于工作的学习。德国学者邓波斯特尔（P. Dehnbostel）等根据学习地点将基于工作的学习分为三种形式，即：（1）整合工作的学习（work-integrated learning）：学习地点即工作场所，学习发生在工作场所或工作过程中。（2）连接工作的学习（work-connected learning）：学习地点与工作场所在空间上分离，但在工作组织上相连接。（3）工作导向学习（work-oriented learning）：学习地点通常为正规学习场所如学校、培训中心等，与工作场所分离①。

在美国，基于工作的学习是1994年启动的“从学校到工作过渡”（school-to-work）改革的重要内容，包括生涯认知、生涯探索和技能准备等多种形式。英国的三明治课程、工作体验计划等均涉及基于工作的学习，基于工作的学习也是英国高等教育课程的组成部分，这些课程的共同特点是：学习者本身为学徒，或者与企业存在某种契约关系，课程遵循工作场所的实际需求，并按照职业标准确立，教育机构根据职业标准的要求评估学习成果②。

在实践中，基于工作的学习始终面临着两个难题。一是生产与学习的矛盾：来自生产岗位的压力，使学习无法完全按照学习者的愿望进行，这影响了学习的深度和广度。二是特定情境与普遍规律的矛盾：岗位学习可使个体在真实工作情境中建构知识，但特定情境的局限也影响学习成果的可迁移性。

基于工作的学习是实现高质量职业教育的重要理念和途径，但是在现实中，一些职业教育机构，特别是职业院校，并不将自己视为一个工作场所，这就把教师置于一种尴尬的境地。教师如果对自己在工作中的学习反思不足，自然也无法建立基于工作的学习的教学模式。实施基于工作的学习的另一个困难是，如何平衡学习者个人、工作场所、教育机构以及其他潜在利益相关者（如政府和企业）的利益诉求。这里需要回答的问题是：工作的环境如何？学习者团队是否有机会共同设定目标，思考和解决问题？“我”对工作的组织有多大权限？职业院校开展工作本位学习的关键，是对学习岗位的结构化设计和学习机制的建立，使学习者在真实或模拟的工作实践中承担特定职业角色，经历完整的工作过程，生产真实的产品或提供真实服务，从而顺利地实现职业社会化。

（二）工作场所学习

工作场所学习（workplace learning，WPL）是在工作场所开展的学习，它是基于工作的学习的下位概念（有的文献中也与基于工作的学习混用）。工作场所学习强调学习的场所及其引发的特有的学习内容和学习方式，通常被认为是一种非正式学习形式；而基于工作的学习则涉及面更广，既包括在学校开展的以获得工作能力为目的的正式学习，也包括跨越多个工作岗位的“基于工作过程的学习”。

美兹洛夫（J. Mezirow）把工作场所学习分为三种类型，即工具性学习、对话性学习和反思性学习。工具性学习关注技能的发展，以提高生产效率为目标；对话性学习侧重组织与人际交流，旨在提高学习者在组织中的地位；反思性学习的目的是促进学习者的自我

---

① DEHNBOSTEL P，SCHRÖDER T. Work-based and work-related learning-models and learning concepts [J]. TVET@ Asia，2017 (9).

② CUNNINGHAM I，DAWES G，BENNETT B. The handbook of work based learning [M]. Aldershot：Gower，2004.

反思，加强其对自我身份的理解和建构[①]。这一分类方式为我们进行工作场所学习的设计提供了启发，如营造促进专业发展的环境、注重学习者的批判性反思、关注组织和环境对学习的促进或阻碍作用等。

比利特将在工作场所学习中获得的知识也分为三种类型，即命题性知识、程序性知识和意向性知识。据此，个体间的互动是知识的重要来源，"学习即参与"，职业教育的学习成果是参与生产实践的结果，而不仅仅是课堂学习的结果[②]。工作场所提供了很好的"学习环境"，这不仅是物理空间环境，更重要的是社会环境和组织文化环境，因此不能把工作场所学习简单贴上非正式（informal）学习的标签。在工作场所学习中，学习者通过参与实践活动，直接或间接获得工作所需的知识和技能，并重塑和建构自己的知识体系。

曼斯菲尔德（R. Mansfield）把工作中需要的技能分为技术性技能、任务管理技能、事故管理技能以及角色和环境技能四种类型。据此，行为主义的学习只对技术技能的学习有效果，但不适合于工作场所学习；工作场所学习过程是一个"从被动接受信息到具备更多反思和参与决策的过程"[③]。工作场所学习包括正式学习和非正式学习。其中，正式学习是由工作单位组织的正式培训和人力资源发展措施，非正式学习只是工作过程的副产品，发生在完成工作任务的过程中。

邓波斯特尔等把工作场所学习方法分成了五类：（1）主动参与真实工作活动：包括岗位学习，实践共同体（同事），传统学徒制，适应性培训；（2）工作中的陪伴和教学：教练（coaching），辅导（mentoring），学习促进，教学，实践共同体，初始技能培训，在线社区；（3）非正式学习和正式学习结合：在职结构化学习，混合学习，在线学习（虚拟工作，学习空间），学习岛，质量圈，技能训练，工作和学习任务；（4）公司内观察和探索：高等院校基于研发的实习，公司内部实习，职前项目，标杆管理；（5）在教学机构中模拟工作组织、任务和过程：学习和工作任务，学习领域，学习工厂/办公室/酒店/餐厅，项目学习，在线学习[④]。

在我国职业教育实践中，工作场所学习主要有以下组织形式：（1）现代学徒制：将企业学徒培训与学校教育相结合的制度化学习模式，重视工作场所的知识学习和应用。（2）岗位实习：包括顶岗实习和轮岗实习等，是职业院校按照教学计划组织在校学生到企事业单位实际工作岗位进行的实习，体验不同岗位或完全承担一个岗位的工作任务。（3）生产性实训：学生在企业从事生产产品、服务社会等生产性工作的实践教学模式。此外，职业院校教师也会通过到企业实践的方式提高专业实践能力，如考察、观摩、在生产和管理岗位兼职或任职、参与企业产品研发和技术创新等。由于缺乏有效的教学设计，目前的工作场所学习进入"工作场所的深度"较浅，学习效果有时并不令人满意。

与传统的学校教学或课堂学习相比，工作场所学习有以下特点：（1）经验性：学习者

---

① MEZIROW J. Transformative dimensions of adult learning [M]. San Francisco：Jossey-Bass，1991 (12).

② BILLET S. Critiquing workplace learning discourses：participation and continuity at work [J]. Studies in thr Education of Adult，2002 (1).

③ MANSFIELD R. Deriving standards of competence [M] //FENNEL E. Development of assessable standards for national certification. London：Department for Education and Employment，1991.

④ DEHNBOSTEL P，SCHRÖDER T. Work-based and work-related learning-models and learning concepts. TVET @ Asia，2017 (9).

通过直觉、常识和个人经验等制订可行的方案、解决具体问题或做出明智的判断；（2）合作性：学习者与同事或其他工作场所的内部或外部人员进行互动和合作；（3）共享性：工作场所不仅是物理存在空间，也是学习者分享彼此观点、共同完成工作与学习任务的社会活动场所；（4）环境制约性：学习的内容和方式受工作任务和工作环境制约，常常处于生产绩效的压力之下。

工作场所学习可以是组织提供的、有计划的、用以提高工作效率的正规学习，也可以是来自同伴交流、无意识的非正式学习。随着技术和社会的发展，人们对学习的理解超越了课堂学习的狭隘视界，工作场所不仅是一个物理场所，而是不同背景的人分享价值、观念、行为和态度的场域。在工作场所学习中，学习的价值不仅是提升个体的工作能力，而且可以激发个体内在的学习潜能，学习成为日常工作的自然组成部分，而工作本身即是丰富的学习资源①。

（三）非正式学习

非正式学习（informal learning）最早可以追溯到古希腊思想家的认识论和经验论思想，如亚里士多德认为经验对人类发展的作用远超那些未被世俗污染的“纯粹思想”。现代意义上的非正式学习概念起源于“非正规教育”（non-formal education）。1947 年，联合国教科文组织的报告中首次提到非正规教育，指学习时间灵活、课程契合学习者需求以及渗透本土知识的教育。20 世纪 50 年代，美国学者诺尔斯（M. S. Knowles）将学习拓展到生活和工作场所，提出了非正式学习的概念。1987 年，英国建立国家资格框架（NVQs），在国家治理层面确立了非正规教育、工作场所非正式学习在职业教育和培训中的合法性。

非正式学习是个体在日常工作中的偶发学习或附带学习，如工作者（同时也是学习者）在工作中独立解决问题，与同事进行有学习性质的交流互动等，都有非正式学习的成分②。非正式学习可以发生在任何时间、任何地点，常常是一种潜意识的活动，包括自主学习、网络、导师或教练指导以及各种尝试甚至试错等。

职业教育学关注工作场所的非正式学习，包括小组工作、讨论、辩论、实践问题的解决、不同视角的展示、信息分享、实践反思以及咨询指导等。工作场所非正式学习的价值体现在以下方面：（1）多样化的任务和专家指导等学习方式，可以改善工作场所的氛围，提高劳动生产率、促进企业组织变革；（2）有效的经验性学习可培养良好的工作习惯，形成职业认同并提高职业能力；（3）学习氛围浓厚的工作环境有利于激发个体的学习动机，促进其规划自己的职业生涯；（4）有助于实现从学校到工作的迁移，如现代学徒制可以有效降低青年失业率；（5）在真实工作情境中可获得在学校难以复制的同伴互助、与顾客交流等社会体验，有效提高学习者的实际工作能力③。

早期有关非正式学习的研究主要针对非正式学习的自我意识性、非结构化和非制度化

---

① DAVID A C Jr. Informal learning in the workplace：a brief review of practice and application [J]. Adult Education，2000（5）.

② MATTHEWS J，CANDY P. New dimensions in the dynamics of learning and knowledge [M] //BOUD D，GARRICK J. Understanding learning at work. London：Routledge，1999.

③ 陈福祥．国外工作场所非正式学习研究进展 [J]. 职教论坛，2017（18）.

等特征，探讨非正式学习与正式学习之间的区别。马尔斯克（V. J. Marsick）等认为，非正式学习是人的选择、偏好和意图所驱动的非结构化、体验性和非制度化的学习[①]。后来多数研究都在此基础上讨论非正式学习的内涵。艾绕特（M. Eraut）根据学习意图的强弱把非正式学习分为三种类型，即内隐学习、反应式学习和有意学习，并根据意图的动态发展描述了不同学习类型的表征[②]。

沃尔夫森（M. A. Wolfson）等从比较角度，对非正式学习的特征和类型进行了区分：（1）正式场所与非正式场所学习。前者如正式的教育培训，后者多为偶然学习，多数学校教育方式如行动学习、自我调节学习、社会学习等既可能发生在正式场所，也可能发生在非正式场所。（2）有意识学习和无意识学习。前者指个体为获得新知识技能采取的主动和有意识的行动，后者指在没有意图，甚至没有意识的情况下发生的学习；工作场所学习既可以是有意识学习，也可以是无意识学习。（3）自我主导和他人主导学习。在自我主导学习中个人独立获取新的知识和技能，如自我调节学习、经验学习和偶然学习；在他人主导的学习中，教师承担指导学习的责任，如正式的课程学习；工作场所学习既可以是自我主导的，也可以是他人主导的。因此，工作场所非正式学习是"发生在正式系统之外的，在工作场所中员工表现出的有意识地、自我主导地对新颖的、与工作相关的、对组织有利的内容进行学习的行为"[③]。

法尔克（J. H. Falk）等提出了由学习者个体、社会文化、物理环境和时间等四个因素构成的"非正式学习情境互动模型"，这四个要素是：（1）学习者的先前经验与知识、偏好的学习模式及其认知和个性特点；（2）社会文化情境，包括社会传统、语言文化和思维模式，以及相关人员的互动和分享方式等；（3）发生学习活动的机构的实体环境，如建筑物、服务设施和资料等；（4）时间因素，学习者在不同阶段对学习内容意义的建构与重构[④]。

社会文化建构主义理论认为，人类的学习活动植根于社会、文化和历史的情境之中。非正式学习过程常常是解决问题的过程，学习者从不同领域获得相关的信息、论据和知识，解决实践中的具体问题，通过与他人和社会的互动，实现个体的发展[⑤]。非正式学习的偶然性较强，不受物理空间和时间安排的限制，对学习的经费投入也相对较低。随着互联网和信息技术的发展，非正式学习的自主性和灵活性的特点得到了更大的发挥，个体可借助大众媒体和各种智能终端接触海量学习资源。特别是新兴自媒体的发展，为人们的思考、表达和交流提供了更为广阔的话语平台，丰富了非正式学习的内涵。节点共享下的知识互通，通过知识的社会化、外化、内化与组合化，促进了非正式学习中隐性知识和显性知识的通融，这不但充实了学习的内容，而且推动了职业学习方式和学习观念的发展。

---

① MARSICK V J，VOLPE M. Informal learning on the job [M]. Baton Rouge：Academy of Human Resource Development，1999.

② ERAUT M. Informal learning in the workplace [J]. Studies in Continuing Education，2004 (2).

③ WOLFSON M A，TANNENBAUM S I，MATHIEU J E，MAYNARD M T. A cross-level investigation of informal field-based learning and performance improvements [J]. Journal of Applied Psychology，2018 (1).

④ FALK J H，DIERKING L D. The museum experience revisited [M]. Walnut Creek：Routledge，2013.

⑤ 诺尔斯：现代成人教育实践 [M]. 北京：人民教育出版社，1989.

第三节　职业教育教学特点和教学原则

一、职业教育的教学特点

职业教育培养生产、服务与管理一线的技术技能人才，职业教育教学内容的核心是职业实践能力，教学对象以不能或不愿意接受学术教育的学习者为主，这决定了职业教育教学与普通教育教学相比，有较大的差异。

（一）针对职业工作的专业化教育

职业教育是帮助学生最终顺利实现职业化和社会化过程的教育，它不追求理论知识水平，而是培养学生具备从事某种职业或者实现职业发展所需要的职业道德、科学文化与专业知识、技术技能等职业综合素质和行动能力而实施的教育，其核心教学内容是职业知识、技能和基本工作方式，具有明确的专业化特征，其课程设置、教学方式方法的选择以及教学评价等，都围绕着专门人才未来工作和职业发展的需要，使学生接受有关生产服务活动、设备、流程和工作方法等方面的学习和训练。

按照职业资格或技能标准要求确定合理的能力结构，职业教育的教学内容、过程、方法和组织均反映特定职业的特色和风格，带有职业的烙印，这是职业教育教学不同于普通教育的明显特点。与普通高校相比，职业教育教学的理论水准可能不高，但知识面要求宽广，强调实践技能技艺的学习，强调运用所学知识解决实际问题的培养，注重提高学生适应未来发展的职业迁移能力和社会服务能力，重视与未来工作相联系，特别是在相同或相似工作场景中的实践性教学。

（二）促进综合素养发展的全面教育

职业教育培养社会主义建设者和接班人，他们有理想、有道德、有文化、有纪律，是生产和服务一线急需的既掌握一定科学技术知识，又有专业技能的高素质技术技能人才。我国职业院校通常开设公共基础课程和专业课程。公共基础课程包括德育课、文化课、体育与健康课等课程，注重文化基础和综合素养的培养，强调教学与生活、专业和社会实践的联系；专业课包括专业基础课、专业核心课和专业方向课，学习内容紧密联系生产劳动实际和社会实践，突出应用性和实践性，并注意与相关职业资格和技能要求结合。实训实习是职业教育专业教学的重要内容，是培养学生职业道德、强化实践能力和提高素养的重要环节。

职业教育教学是促进学习者综合素养全面发展的教育，职业教育教学过程围绕教学的目的施教，其课程设置、教材选择、教学活动内容、教学模式、教学设施等都围绕全面发展的人才培养目标，传授现代科学文化和专业知识以及基本技能，帮助学生了解本专业领域的新技术、新工艺、新理念，通过理论教学和实践训练完成相应职业（岗位）的专业基础教育，培养的人才既具有某方面的专业特长，又有一定的继续学习、在职提高和生涯发展的能力。

（三）面向多样化生源的终身教育

职业教育学生来源复杂，有青少年学生，也有参加短期培训的各类人员，其年龄、经历、学习基础、学习动机和职业适宜性均可能存在问题或消极因素，这对教师的教学提出了较高要求。职业教育教学应采用以实践为主的教学方法，给学生更多实践机会，实施理论与实践一体化教学，把知识学习融合到职业行动中。如果学生接受能力弱，教师则应采取节奏慢和多次循环的教学方法。应在（尽量）真实的工作场所和工作情境中进行教学，帮助学习者对职业知识进行自我建构，并接受行业企业的产业文化熏陶。

社会发展、职业岗位变迁以及“慢就业”等新的社会现象的产生，对职业教育产生了多种影响。职业教育教学不仅要考虑学生第一次就业的需要，也要为其终身学习和发展提供基础，着眼于整个生涯发展。职业院校学生处于青年初、中期，习惯把职业作习动机、知识技能掌握程度与未来的发展道路相联系，与此相联系的认识兴趣以及情绪稳定性等非智力因素也在发生变化，如独立性和主动性增强等，这会影响学生的学习过程和完成工作任务的过程。职业院校教师要认识到这些特点，从而为进行更有针对性的教学设计奠定基础，有效促进学生独立工作能力的发展。

（四）关注生产和服务需求的实践教育

职业教育强调学生实际工作能力的培养，实践性教学是基本的教学形式之一，文化课、专业基础课、专业课应围绕实践教学组织教学内容，为实践教学服务。职业教育的实践教学有多种形式，包括实验实习、专业劳动、生产实习、毕业实习等，还可开展社会实践和技术推广等活动。实践教学可以在校内的专业教室、实习车间进行，也可以在校外实习基地、生产现场进行。

职业院校把加强实践教学作为提高人才培养质量的突破口。实践教学需要一定条件，加强实践教学基地建设和实践教学项目的开发，走教学、项目开发和生产实践相结合的道路，具有重要的意义，这需要“双师型”教师队伍作为支撑和保障。把项目开发和技术推广活动引入教学过程，可激发学生对专业的兴趣，提高其解决实际问题的能力。体现地方特色是职业教育实践性的表现。不同地区产业结构和经济发展重点不同，所需人才的能力结构有一定差异，这决定了不同地区职业教育专业类别和教学内容的不同。职业教育教学应适应产业结构调整需要，要在充分调查分析的基础上，以新专业、新课程为引导并培植地方新产业，为地方经济发展做出自己的贡献。

二、职业教育的教学原则

教学原则是根据教学目的制定的反映教学规律、指导教学活动有效进行的指导性原理和行为准则。职业教育教学原则是指导职业院校教学工作的基本要求。职业教育教学除了要遵循一般的教学原则外，如直观性、启发性、理论联系实际等，还需要遵循以下职业教育所特有的原则。

（一）职业性原则

职业教育与普通教育教学原则的最大区别在于，普通教育以学科知识为出发点，遵循学科逻辑，而职业教育以工作内容为出发点，遵循能力发展逻辑。职业性原则，是指使受教育者在全面发展的基础上，获得与特定职业（群）相关的专业知识、技能和能力，发展职业道德，成为具有职业素质和行动能力的技术技能人才。

贯彻教学的职业性原则，教师应增强职业意识，了解本专业学生未来从事职业的专业要求，教学设计以职业工作要求为依据，将教书和育人结合起来，提高学生的职业能力和职业道德。教师应从专业培养目标出发，确定所教课程的教学目标，有计划、有组织地进行备课、上课、作业和实习指导、理论考核和技能测试等全部教学过程，在复杂工作情境中促进学生职业能力的发展，保证培养目标的实现。职业教育是一个开放的、与外界特别是与产业界和现实社会互相关联的复杂系统，教师应根据教学目标，使教学与生产实习、技术推广、经营服务相结合，利用校内外多种教学资源，与生产部门和用人单位建立联系，密切与学生家庭、实习单位以及毕业生接收单位的关系，共同承担教书育人的责任。

（二）教学做合一原则

黄炎培先生强调手脑并用，做学合一，理论与实践并行，知识与技能并重。陶行知也主张“在做上教，做上学”，这里的“做”是核心。教学做合一，体现了职业教育教学的基本原则，对我国职业教育实践产生了深远的影响。

职业教育的任务是使受教育者为未来从事的职业工作奠定基础，这要求学生在学习基本文化知识和专业知识的基础上，提高和强化实践能力。职业教育的教学要重视学生的实践锻炼和实习实训环节。教师在教学过程中，通过给予学生适当而有效的演示、描述、解释和指导，让学生掌握生产技术设备的安全操作和必要的维修保养方法，具备解决实际生产和服务问题的能力。在学生的实践练习过程中，教师应指导其操作技能和方法，纠正存在的错误。只有学生进行有效的手脑并用，习得足够知识、熟悉生产技术设备、掌握生产或服务实践技能，才能为今后的实际工作做好准备，满足用人单位对专业人才的要求。

（三）实用性原则

职业教育教学内容的实用性，是职业教育技术技能人才培养目标的要求。贯彻实用性原则，教师应根据专业培养目标精心创设学习情境和确定教学内容，特别是不追求高深理论知识，不强调理论的系统性和完整性，以便有更多时间加强实践体验，满足社会对职业技术人才的应用性要求。

贯彻教学的实用性原则，专业课教学应传授实用的专业知识，培养学生运用知识解决实际问题的能力，不热衷于原理定义和公式的推导论证。应突出实用技术的教学，针对工作世界的实际需求让学生获得实用技术和方法，引导学生在理论与实际相结合的行动中理解、分析和解决实际问题，做到学用结合、学以致用。教师发挥实践教学场所的作用，利用好实习实训基地和多种媒体和网络教学资源。教师还应了解地方经济和社会发展需要，掌握与本专业相关的前沿信息，在此基础上确定教学内容，对教学标准和统编教材进行合理的修改和完善。在保证基本教育水平前提下，为不同学生设立不同的学习任务，以拓展专业面或促进学生的个性化发展，拓宽就业渠道。

（四）因材施教原则

职业院校的学生来源复杂多样，异质化特征明显。教师应在教学中扬长避短，针对不同学生的兴趣和特长设计和实施个性化的教学、鼓励和指导，使每个学生都能在其原有基础上得到积极而有效的发展。

贯彻因材施教原则，教师应充分了解学生，处理好集体和个别的关系。教师主要的精力应放在面向全体的集体教学，设法使优秀学生能有更大的提高，程度差的学生也能有基本的收获。应本着扬长避短、长善救失的精神，对不同学生提出不同要求。如对动手能力差的学生，要耐心讲解、示范和鼓励，提高其操作水平和工作的信心；对有特殊才能的学生，可通过开设选修课、成立专业兴趣小组等形式精心培养。可以为不同学生设计不同的学习任务，促进学生多方面的发展，或在某一方面能力的深度发展，拓宽其未来就业或升学渠道。

三、职业教育的教学法体系

教学是以课程内容为中介的师生双方的教和学的共同活动，即“教师教、学生学的统一活动”[①]。让学生经历有效而愉快的学习过程，是提高教学质量的重要手段，这需要科学的教学方法体系的支撑。职业教育教学法体系是在职业教育教学理论指导下的教学方式、教学组织形式和教学方法的整体，除了传统的理论教学和实践培训方法外，还包括传统的经验获取方法和企业培训方法（见图 7－4）。

（一）教学方式

教学是经过设计的教师的教和学生的学的一系列活动，包括讲授、提问、讨论或指导学生完成学习任务等。教师需要设计合适的认知策略，采用合理、有组织的方式来呈现信息并将学生引入学习情境，将新的学习内容与学生的先前经验联系起来。在多数情况下，学生需要亲身体验，才能理解概念的意义并获得能力的发展。组织教学的困难是，如何应对不同学生在知识技能基础、学习能力和学习动机方面存在的差异，这需要教师采用不同的教学方式，以适应不同学生的个性化需要。

教学方式是由学习内容决定的教师与学生的活动的分配方式，是教学方法的活动细节，包括以教师为中心的教学和以学生为中心的教学。

1. 以教师为中心的教学

以教师为中心的教学是我国传统教学中普遍采用的教学方式，教师在教学活动中占主体地位，有充分的主导权，控制和掌握教学过程的各个方面，反映行为主义和认知主义的学习理念。

---

① 王策三．教学论稿［M］．北京：人民教育出版社，1985：88.

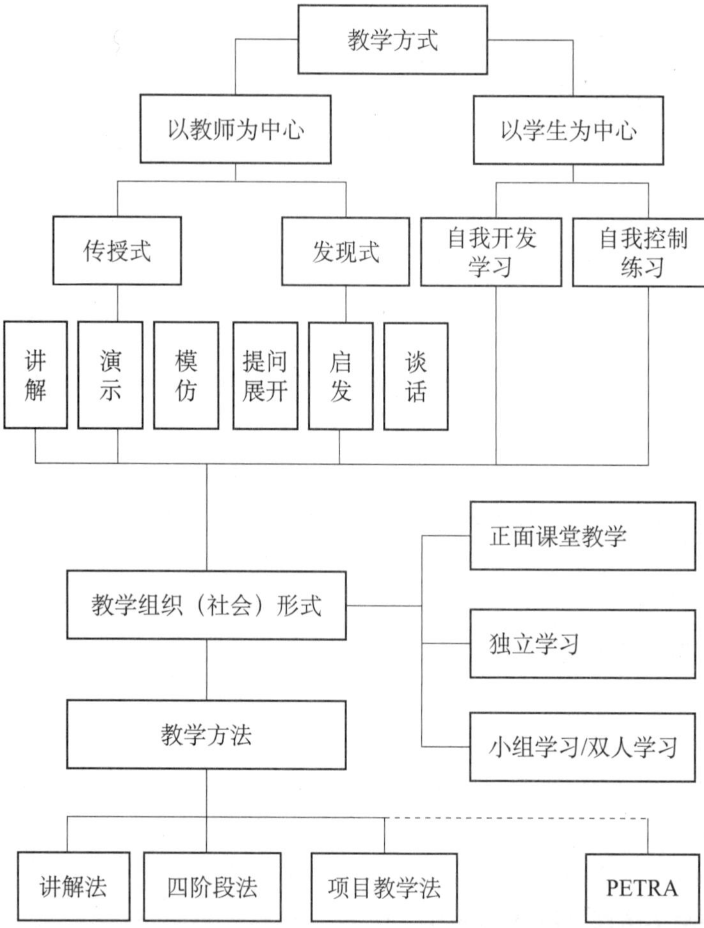

图 7-4 职业教育教学法体系

资料来源：BÄHR W. Handbuch zur Ausbilder-Eignungsprüfung und Ausbildungspraxis. Band 3：Planung und Durchführung der Ausbildung [M]. Bonn：IFA-Verlag，1992：21.

以教师为中心的教学分传授式教学和发现式教学。传授式教学包括讲解、演示和模仿式教学，发现式教学包括提问展开、启发和谈话式教学。在发现式教学中，教学过程由教师通过提问、启发等方式引导进行，尽管还是以教师为中心，但学生的参与程度有所提高。发现式教学是从以教师为中心的教学向以学生为中心的教学转变的过渡方式。

在以教师为中心的教学中，教师单方面输出信息，学生被动接受信息，学生的主动性和积极性得不到有效发挥，难以实现方法能力和社会能力提升的发展目标。

2. 以学生为中心的教学

以学生为中心的教学指学生在没有教师直接帮助下自主学习，达到学习目标。学生的活动占主体地位，教师对学习过程进行控制，包括自我开发式学习和自我控制式练习。自我开发式学习是在没有教师直接帮助的情况下，学生围绕学习目标独立完成学习任务，即学生独立制订计划，实施、控制并检查结果，在复杂工作环境中选择工具、控制过程和保证质量，从而发展综合职业能力。自我控制式练习是对学习内容的复习、记忆或系统化处理。

以学生为中心的教学反映了建构主义和情境学习等新的理念。教师通过为学生提供机会，引导学生自主发现或应用概念，有意识地、主动地建构知识。以学生为中心的教学通过以下方式实现：

● 合作学习。实证研究发现，学生通过相互讨论问题，可以更容易发现问题并理解复杂的概念。在合作的社会性学习中，小组成员之间可以更容易地示范正确的思维方式、暴露和挑战彼此的错误概念。双人学习是合作学习的初级形式，学生初步了解和练习合作行为方式，初步学习如何合理督促对方工作，如何互相帮助和鼓励他人，以及相互检查和共同保证学习成果。

● 自我调节学习。学习者有一定的学习策略，知道如何及何时应用这些策略。比如，学习者知道如何将复杂问题分解为简单步骤，或尝试不同方案，知道如何制订计划以说服他人。自我调节学习者有内在动机，较少受其他外部因素的影响。

● 发现学习：教师鼓励学生通过做实践项目（工作）发现规律，并获得解决问题的能力和批判性思维。发现学习的倡导者布鲁纳（J. S. Bruner）强调："我们讲述某门课，并不是为了形成有关该课程的小型百科全书，而是让学生自己去思考……去参与获得知识的过程。理解一个过程，而不是结果"①。

学生（常以小组方式）自主承担工作和学习任务，教师是教学过程的发起者、辅佐者而不是主宰者，主要起陪伴和咨询的作用。教师给学生提出需解决的问题，对学生提出的建议和设想进行筛选，帮助学生制订工作计划，协调分工，从组织上保证整个教学任务的完成。

以学生为中心的教学可以有效地促进学生综合职业能力的发展，其前提条件是学生有强烈的成就欲和较强的独立学习能力，这也限制了它在职业教育教学实践中的应用范围。

（二）教学组织形式

教学组织形式是指为完成特定的学习任务，师生按一定标准组织的教学活动的结构，是师生间的相互关系和合作形式，也称为教学社会形式。

1. 正面教学（直接教学）

教师与学生面对面的正面教学，是与班级制相对应的传统教学组织形式。在此，教师直接将信息传递给学生，尽可能有效分配课堂时间，以实现一系列明确界定的教学目标。正面教学适用于传授学生必须掌握的、结构良好的知识，它有利于发挥教师的主导作用，保证学习的系统性、正确性和深度，是理论教学和部分实践课（如实验）教学的基本组织形式。正面教学的缺点是无法实现深层次的认知目标，也无法实现培养创新能力和问题解决能力等高层次人才的培养目标。

2. 独立学习

独立学习是学生在没有教师和其他同学直接帮助的情况下独自学习或复习学习内容，目的是提高独立工作能力以及心理承受力等个性品质。独立学习的优点是：学生可按照自

---

① BRUNER J S. Toward a theory of instruction [M]. New York: Norton, 1966: 72.

己的愿望学习；教师可灵活调整学习的时间、进度、方法和风格，采用不同教学媒体，从而使教学更有吸引力。独立学习需要一些基本条件，特别是学生要具备较强的独立学习能力，以及较多的学习资源。

3. 小组学习

小组学习是指多个学生在没有教师或其他同学直接帮助的情况下，学习和复习教学内容、解决实际问题，它是比独立学习要求更高的学习组织形式。每个小组的学习内容可相同也可不同。小组学习分两类：一类是分组学习，即小组同学一起学习，通过相互帮助掌握结构良好的知识或技能；另一类是项目学习，指学生分组活动，自己制订计划、实施、撰写报告或取得其他结果，主要针对结构不良的问题，通常没有特定答案或确切的预期结果。以下是几种常用的小组学习方法：

● 锯分法（Jigsaw）。6 个学生组成一个小组学习阅读材料，每组获得的材料内容相同，被分成几个部分，比如一套待修理的机器被分成基本零部件、驱动系统、控制系统等。每组成员阅读自己负责的那部分内容，然后每组负责相同内容的成员组成“专家组”，共同探讨所负责的内容后，大家回到各自小组中轮流给小组其他成员讲述自己所负责的内容。每个学生对其他部分内容的学习，只能通过聆听小组成员的讲解实现。

● 共同学习。4～5 个学生构成一个异质小组，小组一起完成一项工作任务，然后每个组提交一份完整的报告。教师根据小组完成作业情况予以反馈。在此，教师在学习开始之前应明确学习任务，在小组活动中给予学生及时指导和帮助。

● 小组调研。学生在学习小组中进行提问、讨论以及合作性规划和解决问题。学生自由结组，每组 2～6 人。每组从全班的大项目中选择某一子项目，将子项目分解成几个独立任务，通过完成这些任务来为小组报告做准备。最后，每组给全班同学报告或展示其工作成果①。

对一个班级来说，小组学习中每个学习小组的学习内容可以相同，也可以不同。学习任务相同和不同时的小组教学步骤见图 7-5。

小组学习发生在复杂的社会环境中，学生（尽可能）独立完成任务，从而提高交流合作和解决问题的能力，达到较高层次的认知目标。教师应尽量不为学生事先分配任务，而是帮助学生去解决问题和发现意义，由学生自主设计和组织学习过程，控制对学习目标的达成度。

小组学习改变了传统教学中的师生关系和学生之间的关系。师生交流不再是单纯的传授知识和学习知识的关系，而是具有一般社会特征和社会品质的角色之间的交流；师生之间也不是简单的支配和从属关系，而是富有情感体验的精神协调关系，由此体验、接受和理解真实的工作世界。小组学习的缺点是教师的组织工作繁杂，只能在规模较小的班级中开展，学生的学习态度和能力对学习效果影响较大。在小组学习中，应保障师生和同学之间有充分的机会进行交流学习，探讨问题的解决方式。

---

① 斯莱文．教育心理学［M］．北京：人民邮电出版社，2004.

图 7-5　学习任务相同和不同时的小组教学步骤

概念术语

“双师型”教师队伍
从学校到工作过渡
独立学习
反映的实践者
非正规教育
非正式学习
辅导
岗位实习（顶岗实习/轮岗实习等）
格式塔
工作场所学习
工作导向学习
工作过程系统化理论
机械教育学
基于工作的学习
建构性教学策略
建构主义
教练
教学法体系
教学方式
教学论
教学原则
教学组织形式
进化教育学
锯分法
决策域
课程与教学论
课程思政
扩充学习理论
连接工作的学习
联结

情境学习
认知学徒制
认知学习
舍恩
设计导向职业教育
生产性实训
实践共同体
实用性原则
条件反射
现代学徒制
小组学习
行动导向学习
行为主义学习
学科教学论
学习场所
学习性岗位
以教师为中心的教学
以学生为中心的教学
因材施教原则
再现性教学策略
正面教学/直接教学
职业（教育）教学论
职业性原则
综合素质/素养

复习思考题

1. 职业教育教学论与学科教学论有什么联系和区别？
2. 为什么说“建构性教学策略”是职业教育教学的发展方向？
3. “行动”和“行动导向教学”的内涵是什么？
4. 为什么说“基于工作的学习”理论对职业教育具有特别重要的意义？
5. “反映的实践者”理论对职业教育培养能工巧匠有什么启发？
6. 推广以学生为中心的教学有什么困难？

第八章　职业教育教学方法、媒体与学习场所

本章导读

本章介绍职业教育的重要教学方法，包括传统教学方法（如案例教学法、角色扮演法和头脑风暴教学法）、综合职业能力培养方法（如项目教学法和引导文教学法等）、岗位学习的组织与教学方法（如分散式学习、工学整合式学习等）和企业教育教学方法（如四阶段教学法等）。职业教育的媒体与学习场所有其特点，应特别关注数字媒体的发展和专业教室建设。

案例：东莞市新一代电子信息产业就业培训基地

东莞市技师学院与华为公司在广东省战略性产业人才培养和评价联盟的支持下，围绕广东省战略性产业集群建设需要，共建新一代电子信息技术产业就业培训基地和技能联盟。

联盟以新一代电子信息技术为核心，联合东莞互联网协会、网络与信息安全协会等相关行业组织，以及中国移动、中国电信和中国联通等龙头企业和院校共同组成。培训基地的任务是：开发相关技能等级认定规范，共同建立5G通信技术、网络与信息安全实战攻防实训基地，开展产教融合技能人才就业培训；开发建设《网络与信息安全》专业和一体化课程标准；开发信息通信网络运营管理员、网络与信息安全管理员职业技能等级认定规范和题库，依托华为行业认证评价体系，在东莞实施一试双证；共同建设5G基站产教融合培训中心，网络与信息安全攻防实战实训中心，打造在线培训考评系统。培训内容涉及网络与信息安全政策法规、基础理论知识、专业实操、产业技术实操项目、职业技能等级认定等。基地还面向社会开办新一代电子信息技术、软件与信息服务行业人员专业技术公益课，利用基地设备将前沿技术与行业从业人员共享。

培训基地建设成员共同打造职业技能等级认定联盟，联盟内成员共同开发技能认定标准、认定考试题库，共同研讨评价方式、组建认定考评团队、开展认定工作并颁发职业技能等级证书。联盟参与各方对认可的职业技能等级证书进行互认。

第一节 职业院校的常用教学方法

教学方法是为达成一定教学目标，教师组织引导学生进行学习活动时采用的方式、手段和程序。普通教育中采用的很多教学方法在职业教育中也是有效的，鉴于职业教育特有的教学目标，职业教育还发展了很多独特的教学方法。

一、传统的教学方法

（一）语言传授方法

语言传授方法包括讲解法、问答法和讨论法等方法，主要通过师生之间的语言交流进行教学。在教学实践中，语言传授方法常在一个学习单元中的特定教学阶段采用，用于学生学习和分析知识与交流学习经验等。教学步骤一般是：（1）教师引入，让学生大体了解学习目的和内容，学生回忆已学知识或经验，收集专业信息；（2）师生讨论和表述本单元的学习内容；（3）对学习范围进行界定，按照逻辑关系划分段落；（4）师生共同寻找解决问题的途径；（5）学生阐述个人意见；（6）总结讨论成果，教师整理结果后做最后定论。

（二）模拟教学法

模拟教学法又称模拟练习法，其基本含义是使参与者在接近现实的情况下扮演某个角色，并和其中的人或事产生互动，以达到预期的学习目的。模拟教学法有多种实施方式，可以对一个实践项目实施的全过程进行模拟，也可以对该项目中的某个部分进行模拟。模拟的对象也有多种，可以用模拟设备替代真实设备，可以模拟与实际工作类似的情境，或者用廉价材料代替昂贵的真实材料进行模拟操作。

模拟教学法最初用在军事和商业管理教学中，后来逐渐扩展到其他领域。在职业教育中，模拟教学法融合了情境教学、案例教学等教学方法的优点，可以实现理论和实践学习的有机结合。

（三）案例教学法

案例教学法也称为实例教学法或个案教学法，诞生于20世纪20年代哈佛商学院的商业管理教育。它以问题为导向、以案例为载体，教师基于一定的教学目标，选择真实的典型案例建立教学情境，激励和引导学生积极参与案例素材的分析与讨论，探索解决问题的方案，进而让学生获得实践体验，实现理论知识的综合运用和专业技能的培养。

案例教学法有四种基本形式：（1）案例研究法：对特定事实多角度、宽范围进行分析，综合各种观点得出结论；（2）案例问题法：提出一个问题，要求学生找出不同解决方案并进行讨论；（3）案例调查法：给出的案例信息不完整，学生通过一定手段使其逐渐清晰，重视信息收集过程；（4）问题叙述法：在分析多种方案的基础上做出决策，学生解释最终方案并进行评价和优化[①]。

（四）角色扮演法

社会学家米德（G. H. Mead）最早将戏剧人物角色概念引入社会学领域，建立了角色扮演理论。据此，个人通过扮演他人的角色获得解释和运用有意义的行为能力，了解不同行为习惯和规范，并最终实现自我的社会化。在职业教育中，学习者通过模仿某一角色所认可的观点并了解相关知识，可与未来应承担的职业角色建立联系。角色扮演有两种方式："特定角色的扮演"事先规定好角色和相关行动方式，"开放式角色扮演"更加关注灵活而有创造性的行动。

角色扮演既可针对一般社会问题如人际冲突和个人两难问题，也可针对专业问题如商业纠纷处理来开展。学生作为演员或观察者，在模拟职业情境中，通过实际行动学习处理问题的方式方法，体会不同社会行动方式的后果，感悟职业角色的内涵，体验职业道德与情感[②]。

（五）头脑风暴教学法

头脑风暴（brainstorming）教学法是教师引导学生就某一课题，自由发表意见，教师不对其正确性或准确性进行任何评价的方法，与"诸葛亮会"类似，是一种能够在最短的时间里，获得最多的思想和观点的工作方法，已被广泛应用于教学、企业管理和科研工作中。在职业教育实践中，可通过头脑风暴法讨论和收集解决实际问题的意见和建议（建议集合）。通过集体讨论，集思广益，促使学生对某一教学课题产生自己的意见，通过同学之间的相互激励引起连锁反应，从而获得大量的构想，经过组合和改进达到创造性解决问题的目的。

二、综合职业能力培养方法

（一）项目教学法

项目教学法是师生通过共同实施一个完整的"项目"工作而进行的教学活动，它起源于16世纪欧洲的建筑工程教育。20世纪初，克伯屈（W. H. Kicpatrick）对项目教学进行了重新定义，即"用心而有目的的行为"。20世纪70年代，项目教学法在德国职业教育中得到广泛推广，并通过中外职教合作项目进入我国，作为一种"课程模式"得到了应用。

项目教学的主要特征是：注重学生综合能力培养；教学和学习以产品和行动为导向，具有跨学科学习的特征；以学习者为中心，关注他们的学习动机和需求，注重学生学习过程的自我组织和自我控制。职业教育的教学项目一般满足以下条件：有轮廓清晰的任务说明，有一定难度，工作成果有一定应用价值；能将理论和实际结合在一起，与企业实践有直接的联系；学生有独立计划的机会，并自己处理项目工作中出现的问题；有明确而具体

---

① 帕尔．职业教育与培训教学法纲要［M］．北京：光明日报出版社，2019.

② HOLLING H，LIEPMANN D. Personalentwicklung［M］//SCHULER H. Lehrbuch Organisationspsychologie. Bern：Huber，2004.

的成果展示；师生共同评价项目成果。

项目教学案例

工作情境描述

数控车床可制作一些家用产品，同学们可在老师的指导下学习制作简单的家用机械机构。市场上销售一种手动压面机，用它可以自己在家制作各种形状的面条，做出的面条粗细长短均匀，而且便于操作。老师根据市场销售的样品，自行设计了一个压面机的图样。同学们在老师的指导下，利用 8 天时间，以小组为单位，每 3 人制作一个压面机，压面机质量符合图纸技术要求的，可带回家作为礼物送给家长。

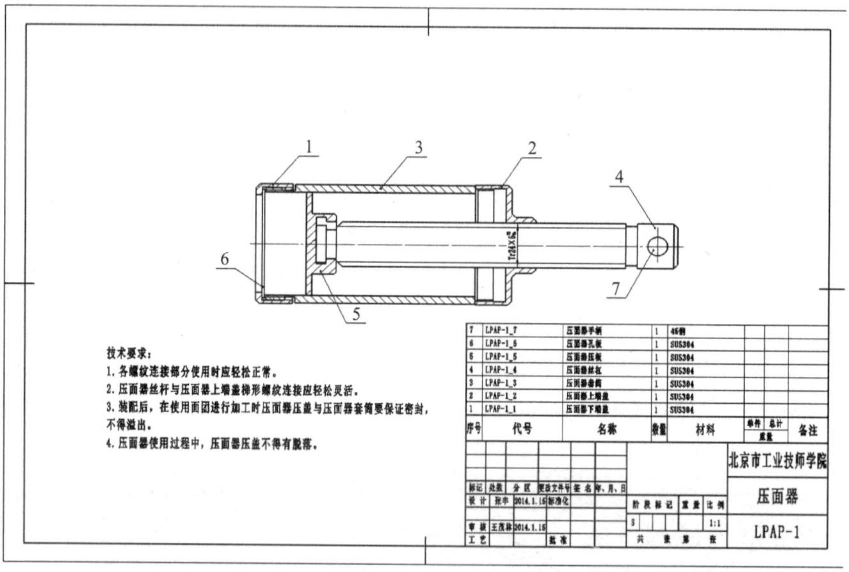

教学过程

1. 同学们同小组成员仔细阅读教师发放的任务单、图纸及工艺卡，每人独立抄绘图纸，并根据工作页中的提示明确加工部位及技术要求，正确填写工作页。小组内互检工作页和图纸的正确性，提交老师给予评判。

2. 各小组根据任务单、图纸及工艺卡商讨加工计划，按照老师给定的模板编写计划，每个工作步骤的时间分配可以依据各自的熟练程度估测，也可以征求老师的意见，但要在老师规定的时间内完成计划并提交。每个小组指派一名成员展示成果，也要给其他组提出问题及建议，教师给予点评并批准同学们修改后的计划。

3. 同学们在老师指导下学习套类零件内孔加工的方法、内孔车刀选用、孔精度检测的常用方法及孔加工数控编程。

4. 同学们独立练习内孔车削，达到能独立加工内孔的能力水平。

5. 各小组根据工作页要求确定各自负责加工零件的工步，选择相应的刀具，绘制加工刀路并编制相应的数控加工程序。在老师的组织下进行小组之间的成果评估并获得老师的确认。

6. 以小组为单位，根据工作计划、图纸及工艺卡，完成压面机的制作与组装。小组成员需独立完成自己负责的工作，对自己加工的零件自行检测并做记录。

7. 教师组织同学用准备好的面团来检验每个成品的功能实现情况，同时指派 3 名同学作为专职的检验员检查每个零件的精度并做记录。每位同学对照自己的精度检测值和检验员的检测值，发现差异并确认签字。

8. 每小组在教师的指导下，就自己加工压面机的质量和工作效率上出现的问题做原因分析，并就改进措施做验证，确保原因分析的正确性。

9. 各小组制作一份压面机使用说明书和产品展示 PPT，对于优秀的作品可以在车间展柜中陈列，并在学院技能文化节做成果展示。（北京工业技师学院）

在教学实践中，项目教学与其他教学方法并不是截然分开的，在其实施的各个阶段仍然可以根据需要采用讲授、演示等传统教学方法。项目教学的关键是设计适合的项目任务。教师可以以教学团队的方式设计项目任务、准备学习材料，并在计划、决策和实施过程中为学生提供帮助。

（二）引导文教学法

引导文教学法是诞生于德国职业教育典型实验的系统化项目教学方法，它借助专门的教学文件，即“引导文”（德文 Leittext），引导学生通过（尽量）自我控制的学习完成项目学习任务，是建立在“完整行动模式”理论基础上的典型的行动导向教学方法。“引导文”是为学生编写的、针对复杂工作过程的系统化信息框架，是用于引导和控制学生的工作与学习过程的结构化工具，它有多种形式，一般包括任务描述、引导问题、学习目标、学习质量标准、工作计划、工具与材料需求表、必要的专业信息（源）以及一些辅助性说明。

德国联邦职业教育研究所（BIBB）和西门子公司开发的“以项目和迁移为导向的培

训方案”（PETRA）将引导文教学划分为 6 个步骤，这就是我国职教界所熟知的“六步法”的原型：（1）明确任务/获取信息：明确工作任务和目标，提供（部分）与完成工作任务有关的信息；（2）制订计划：根据已明确的任务设想出工作行动的内容、程序、阶段划分和所需条件；（3）做出决策：从计划阶段列出的多种可能性中确定“最佳”解决途径；（4）实施：按照以上途径开展工作；（5）控制：采用适当方式进行质量控制，以保证得出所期望的结果；（6）评价与结果记录：从技术、社会和思维发展等方面对工作的过程和结果进行评价①。引导文教学法需要一定的设备设施、材料和场地条件，对教师的教学组织能力也提出了较高要求。

（三）任务引领教学法

任务引领教学法也称任务驱动教学法，指教师根据教学目标提出有实际意义的、符合学生能力水平的学习任务，通过多种方式让学生理解和接受任务，并指导学生完成任务，知识、技能与职业素养等教学内容分布在整个学习过程中。任务引领教学法的特点是：突出对综合职业能力的培养，以任务为中心实现综合化学习；通过实际任务的完成过程激发学习者的学习兴趣。任务引领教学法颠倒了传统的学与做的关系，主张通过做来学，而不是运用学的知识去做。

目前大家对学习任务有不同理解，学习过程也不完全相同，如有的强调学习任务是经过系统化教学设计的职业典型工作任务，有的只是简单的操作性任务。由此，给学生的自由度也不同，有的通过传授式教学为学生提供详细指导，有的则给学生更大自由，鼓励其独立发现和解决问题。

（四）技术实验教学法

技术实验是为达到特定目的进行的尝试、检验、优化等探索性的技术实践活动。技术实验与科学实验不同。科学实验是科学探究活动；技术实验是为考核产品的稳定性和可靠性，获取相关技术数据，通过分析得出有关产品质量及其性能等数据的过程。技术实验可用来验证方案的可行性和合理性，并对其进行优化。

在开展技术实验时，应兼顾其教育性特征，即学生通过技术实验对职业知识进行建构。技术实验的学习任务来源于真实的职业工作情境，应满足以下要求：对职业实践和学生个人发展有重要价值；有普遍意义，实验获得的成果可以迁移到其他情境中；不能随意改变实验方式和结果，其结果可证实和重复。

技术实验是在特定目的引导下（如产品优化），使学生经历完整工作过程，发展综合职业能力的过程，这与企业真实的技术实验有所不同。技术实验教学对时间管控较松，给学生提供相对较大空间，这可以降低学习难度，有助于学生更好地（通过尝试）主动建构技术知识②。

---

① PAMPUS K. Ansätze zur Weiterentwicklung betrieblicher Ausbildungsmethoden [J]. BWP，1987 (2).

② EICKER F. Experimentierendes Lernen-ein Beitrag zur Theorie beruflicher Bildung und des Elektrotechnikunterrichts [D]. Bad Salzdetfurth，1983.

（五）工作室教学

工作室教学是指在职业院校内部为优秀的企业兼职教师设立名师或大师工作室，针对企业或社会的真实工作任务，采用师徒制和小组学习方式，完成理论教学与实践训练一体化学习。工作室教学起源于20世纪初的德国包豪斯设计学院，它打破了教室与生产作坊、教师与师傅、学生与学徒、理论学习与实际生产的界限。

工作室教学的特点是：教学内容依托真实任务并经过教学化处理，使情境性知识与学科性知识整合；教学环境布置参照真实工作环境，满足实践训练需要，同时开辟独立学习空间，方便师生随时交流；以项目教学法为主，同时辅以角色扮演和案例教学等多种教学方法；灵活采用小组教学、师徒式个别指导及班级授课制等多种教学形式。工作室教学融合了学校教学与学徒制教学的优点，但在人才培养规模和学习内容的真实性等方面会受到限制①。

第二节　岗位学习的组织方式与教学方法

一、岗位学习的组织方式

（一）岗位实习

在职业教育中，有效的教学方法可以缩小实际工作与教育培训之间的差距，这通过两个途径来实现：一是使学校的学习环境更加符合生产的需要；二是使工作岗位具备学习潜力，合适的教学方案设计使岗位学习成为可能。岗位学习方法一般不是由教育学家设计的，而是来源于企业实践，是企业实践经验的结晶。

岗位认识实习通常针对刚进入学徒制的学生、实习生或新员工。受训者由此了解企业各部门的情况，为建立理解、信任和团结的企业文化奠定基础。培训部门或学徒本人（或小组）自己可以开发岗位分析引导文。将获得的知识在跨部门的行动中展示也是有效的学习方法。

轮岗实习是让受训者在预定时期内变换工作岗位，获得不同岗位的工作经验，可实际参与部门的工作，也可仅作为观察者了解基本业务。轮岗实习是新员工培训的通行做法，目的是为柔性化管理打下基础。轮岗实习也用于管理人员培训，目的是促进相互理解和改善部门间的合作。轮岗计划根据学习者的具体情况制订，应将企业需求与学习者的兴趣和能力倾向相结合。在某一部门的实习期限应视学习进度而定，应配备有经验的指导者（教练）进行指导。

岗位学习有一定的局限性，其学习效果依赖于具体的工作任务和工作条件，学习过程较为随意且有时成本高昂。并不是所有岗位都可以开展真正意义上的学习（如生产流水线），因此学习岗位应满足一些基本要求，如工作与学习过程有一定自由度、结果有一定

---

① 白滨，王楠楠，戴庆海，等．论职业教育名师工作室功能的实现［J］．江苏教育，2021（4）.

开放性、学习者能掌握和控制这一过程等①。

（二）分散式学习

分散式学习是20世纪后期发展起来的将工作过程和学习行动结合在一起的企业内学习形式。学生（常在引导文的帮助下）单独或以团队形式在工作岗位或岗位附近完成学习任务，学习与实际生产相联系。

分散式学习是推广现代生产技术（如独立制造岛）和生产方式（如精益生产）的要求，因为后福特主义生产方式对员工的参与意识、责任心和创造能力等关键能力提出了更高要求，而关键能力是无法依靠传统的集中培训来培养的。

1. 质量小组与学习车间

质量小组（quality circle）是起源于日本的旨在提高产品质量的小组学习方法。3～10个同事组成工作小组定期短暂聚集，讨论特定或现实的题目或问题，如生产工艺改进等，提出解决方案并通报有关部门。讨论会由受过专门培训的普通员工主持，小组成员有一定稳定性。质量小组的学习任务针对企业生产过程，学习结果也针对生产的实际需求。

学习车间（Lernstatt），即可供学习的车间，是起源于德国旨在促进（基础较弱）员工对岗位需求的自我学习方式。员工就特定问题组成有一定期限的小组，在工作时间里定期、自愿在岗位附近的房间碰面，讨论解决方案。企业总部设有由企业教育专家领导的“学习车间总部”（通常由人力资源部负责），负责设计、协调和监督各部门的学习车间。学习车间的生命周期与具体问题相同，问题解决后学习车间随即解散；如果出现新的问题，则成立新的学习车间。

质量小组和学习车间的共同点是，员工自愿参加，小组人数有一定限制，只讨论小组成员能力和权限范围内的具体工作。成员来自同一工作领域，可对讨论问题做出最终决策。学习小组组长既可以是部门领导，也可以是有经验的普通员工，他们经过团队工作、冲突解决等方面的专门培训，必要时也可外请专家。

2. 学习岛

随着扁平化管理和小组生产方式的推广，生产岗位的计划和监控功能增强，传统的集中式岗位技能培训无法满足企业的要求，“学习化的工作岗位”便应运而生。从企业整个生产过程中找出或专门设计一些特定生产步骤，将其与实际生产分离，建成专门的学习岗位，这些岗位处于大量生产岗位的“海洋大海”中，因此被称为“学习岛”（如图8-1所示）。

学习岛是诞生于奔驰汽车公司加根瑙（Gaggenau）工厂的在工作岗位附近设置学习岗位的分散式学习方案，它在学习和生产相分离的情况下，将学习场所与工作环境整合起来。学习者在指导教师帮助下，采用独立或小组方式制订计划、完成任务并进行质量控制。多个学习岛交织，可组成学习网络。在此，学习没有发生在生产岗位，而是处于生产区域内的独立的“岛”上。学习岛的设备和工作内容与岛周围的生产岗位一致，但是没有

---

① MANDL H，GRUBER H，RENKL A. Situiertes Lernen in multimedialen Lernumgebungen［M］//ISSING L J，KLIMSA P. Information und Lernen mit Multimedia und Internet. Weinheim：Beltz Psychologie Verlagsunion，2002.

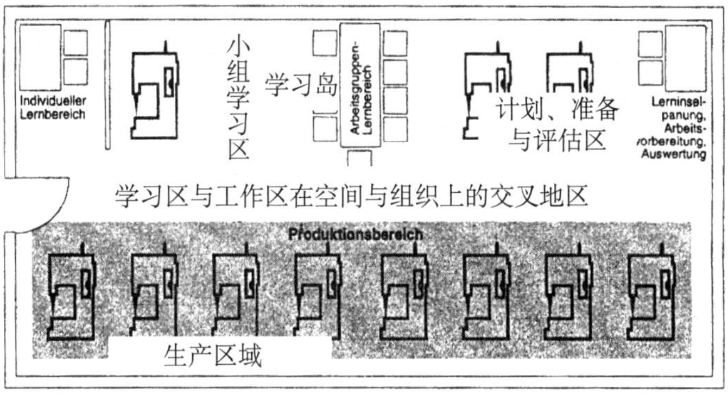

图 8-1 学习岛示意图

资料来源：REGLIN T，SEVERING E. Bildungsplanung im Betrieb [M]. Nünberg：Berufliche Fortbildungszenten der Bayerischen Wirtschaft（bfz），1995：84.

学校环境的特殊条件。学习者合作进行生产或设备维护，将直接功能（生产）与间接功能（计划、控制、检验等）结合在一起。学习在高度独立和自我管理条件下进行，辅导教师不提供解决方案，而是生产过程和员工能力发展的主持人。将生产环境扩展成为学习环境，为学生提供了对生产任务和生产过程以及整个企业文化进行反思的机会。对一些不便通过自我管理式学习获得的知识技能，也可在专门设置的小组学习区内开设集中式培训课程①。

1995 年，加根瑙工厂用“小组培训方案”取代学习岛，实施生产和教学完全一体化的产教融合模式，即由约 20 个企业员工和学徒工组成小组，同时完成生产和学习任务，学习岛成功地退出了历史舞台②。

（三）工学整合式学习

工学整合式学习是工作和学习一体化的岗位学习，其学习过程在时间和空间上与工作过程是一体化的，如果需要，随时可为学习的目的而中断工作。与分散式学习相比，工学整合式学习是发生在工作岗位上的持续行动，更多是自我管理式的个体学习③。

并不是所有岗位都适合开展工学整合式学习，这需要一些特殊条件，如工作岗位包含完整工作过程，学习者在不影响他人情况下可随时中断工作进行学习，没有流水线的绩效压力，有与专家（教师）交流的可能性等（见表 8-1）。

工学整合式学习是自我管理式的岗位学习，其学习目的不局限于提高一项具体工作技能，而是跨越满足具体工作要求阶段的更高层次的专业发展，它对学习者知识的深度和广度以及学习能力要求比较高，特别是对工作过程知识的要求。

---

① DEHNBOSTEL P. Learning bays in German manufacturing companies [J]. Advances in Developing Human Resources，2001（4）.

② DAIMLER. Ausbildung in Gaggenau 1919—2019 [M]. Gaggenau：Daimler AG，2019.

③ PÄTZOLD G，BUSIAN A. Lernortkooperation als Mittel zur Entwicklung von Lehr-Lern-Arrangements [M] //EULER D. Handbuch der Lernortkooperation. Band 1：thoretische Fundierungen. Bielefeld：Bertelsmann，2004.

表 8-1 适合进行岗位学习的工作岗位

	应具备的条件	影响学习的不利因素
1. 岗位要求		
技能要求	整体而经常发生变化的运动技能，有意控制的技能	重复性的简单行为，程序化过程
认知要求	较高，有机会制订部分工作计划并协调工作过程	不需要认识和理解的简单行为
2. 行动结构与环境条件		
行动空间	可以独立完成工作，能自己制定工作目标、任务和过程，按岗定级	详细的工作任务和过程由外部确定，等级分明
时间限制	没有详尽时间限制	时间规定详细，生产流水线
功能	承担多种功能，集计划、实施和控制为一体	分工精细，功能单一
互动性	合作性工作，贴近顾客，需要交际	远离顾客的孤立工作岗位
工作环境	安静，无（大）压力，有伸缩性	环境不佳，压力大，没有弹性
3. 学习设备		
教学潜力	工作过程明确可重复，有结果反馈	工作过程不明确
学习手段	有学习和信息资料	无学习和信息资料
培训人员	有与学习辅导人员、领导以及学习顾问交流的便利条件	无学习辅导人员
学习组合	除岗位外有其他学习机会，如培训班、培训车间等	工作岗位是唯一学习场地，与其他培训行动没有联系

资料来源：REGLIN T，SEVERING E. Bildungsplanung im Betrieb［M］. Nünberg：Berufliche Fortbildungszenten der Bayerischen Wirtschaft（bfz），1995：102-103.

（四）户外培训

户外培训（outdoor training）是20世纪后期发展起来的基于体验教育学理论的企业培训方法，指在常规教学环境（如学校和培训机构）之外进行的学习、练习和模拟行动，包括集体行动和个人发展行为，如拉练、游戏和丛林探险等。

户外培训有高风险的攀岩，也有低风险的模拟训练和游戏。职业教育的户外培训项目是低风险的，主要用于培养团队精神和集体解决问题的能力，例如作为学校教学的补充传授特定的专业知识技能（如研学管理）。户外培训既可以为经验丰富的管理人员设计专门培训，也可以是针对特殊需要的模拟行动，以促进方法能力和社会能力的发展和情绪养成①。

二、企业教育教学方法举例

在企业的工作场所开展教育培训有着悠久的历史，形成了多种教学方式。卡鲁斯麦尔

① 凯郎特. 培训探秘［M］. 北京：企业管理出版社，2001.

(H. J. Kalusmeier) 等曾经归纳出了六种传统的技能开发方式，即：根据学习者的能力和发展水平分析技能，演示正确的行动，通过口头和身体动作指导初次行动，安排适当的实践，提供信息反馈和纠正不充分的回应，鼓励独立的评估①。这些方式的不同组合，构成企业培训实践中的多种教学方法。

（一）四阶段教学法

四阶段教学法是把教学过程分为准备、教师示范、学生模仿、练习总结四个阶段的程序化的技能培训方法，最早在第二次世界大战中由北美的“工业培训计划”（TWI）推出。

四个阶段的具体教学活动是：（1）准备：教师设置问题情境，说明学习内容的意义，调动学习积极性。（2）教师示范：让学生知道操作程序，即“怎样做”。（3）学生模仿：挑选多个学生（按接受能力从强到弱顺序）按示范步骤重复教师操作，必要时解释做什么，为什么这样做；教师观察学生模仿过程。（4）练习与总结：教师布置练习任务让学生独立完成，自己监督整个练习过程，检查练习结果，纠正错误。教师可以还对整个学习内容进行归纳总结，重复重点和难点。表 8－2 为四阶段教学法的详细过程。在实践中，教师会根据实际情况加以取舍。

表 8－2　四阶段教学法的教学过程

第一阶段：准备	
1. 基础准备工作	划分教学单元； 准备必需的仪器设备、工件和教具。
2. 学生介入 教学开始	教师与学生之间相互问好； 介绍学习本教学单元内容的意义。
说明学习目标，激发学生的兴趣	准确描述课题的任务； 向学生展示教学工具、设备和加工工件； 介绍所要加工工件的用途、功能和所学工作行为方式的重要性。
确认学生的基础水平	注意观察学生已掌握的操作或行为方式； 让学生演示已学过的操作或行为方式，确定下一步教学程度。
正确引导	让学生感到现在教师示范的就是他一会儿必须做的，学生不能站在教师的对面。
第二阶段：教师示范	
1. 第一种示范形式： 给出基本概况和第一印象	示范整个工作过程，解释在“做什么”，按照操作步骤进行； 不详细处理每个细节（怎么做，为什么这样做）； 重复多次整个复杂过程，并让学生说出下一个步骤的名称。
2. 第二种示范形式： 具体到每一个细节	按照每个学习步骤示范，详细解释“怎么做，为什么这样做”； 重复难度较大的步骤； 注意在讲解过程中使用同样的术语和表达方式。
3. 第三种示范形式： 总结	对整个过程进行熟练示范并用简洁的语言解释“什么，怎么”； 在进行每个示范步骤之前，让学生说出该步骤的名称； 可能时，让学生独立描述工作过程并说出注意事项。

① KLUSMEIER H J，GOODWIN W. Leraning and human abilities：education psychology［M］. New York：Harper and Row，1975.

续表

第三阶段：学生模仿	
1. 第一种模仿形式：获得基本概况和第一印象，尝试	给学生自由表达意见的机会； 肯定学生在首次尝试中取得的成绩； 尽量不打断学生的模仿过程，只是在学生继续不下去或继续下去肯定不会成功时才加以干涉； 在第一次尝试失败时，教师重复示范整个过程，但要着重强调引起学生失败的那个步骤，可通过与学生的讨论增强效果。
2. 第二种模仿形式：具体到每一个细节	让学生按照每一个步骤模仿工作或操作过程，详细说明“什么”、“怎么做”和“为什么这样做”； 注意解释操作过程的逻辑关系； 让学生对整个过程进行较流利的模仿并用简洁的语言解释在“干什么”，“为什么这样做”； 让学生模仿每一步骤前都能说出其名称。
3. 第三种模仿形式：总结	对重要工作过程和注意事项进行提问，特别是难点。
第四阶段：练习与总结	
1. 让学生独立练习	预先告知练习的期限； 让学生在较长的时间里独立工作。
2. 让学生了解在哪里可以得到帮助	学生可与已掌握本教学内容的高年级学生建立一种师生关系，以便获得克服练习中所遇到的困难的帮助。
3. 在开始时注意并向学生提供较多的帮助	注意学生取得的成绩并让学生本人也感受到，可同学生共同评定成绩。
4. 掌握练习进程	避免密集型练习，教师应合理安排作息时间和变换教学内容，保障学生学习新内容所需要的体力、敏感和思维反应能力。
5. 认可练习结果	和学生讨论练习的成果； 指正学生在练习中出现的错误和不足之处。
6. 形式上结束教学单元	总结学习成果。

四阶段教学法反映了一般技能培训课堂教学的结构化过程，可帮助学生在较短时间有效掌握操作技能，但是学生缺乏机会尝试自己的想法，而必须模仿教师的“正确做法”，这在很大程度上限制了创造性的发挥。

（二）指导学习

在企业生产实践和学生的实习工作中，专家和指导师傅为缺乏经验的新员工或实习生提供各种形式的指导，通过直接提问、互动和协作解决问题等方式，帮助其获得相关知识、提高工作能力。在生产实践中的指导学习，需要在日常工作中进行有意识的规划和组织。

指导学习有多种方式，包括长期稳定的学徒制师徒指导、对新手提供的即时帮助，以及旨在建立理想行为规范的模范员工建设等，其核心是对低资历员工提供帮助①。指导学习涉及三个层次的学习：(1) 工作场所的课程学习：确定要传授的经验和潜在学习者的参与意愿，设计和组织（正式）学习活动，在工作中监控学习者的成长效果，使其达到所期

① GAY B. What is mentoring? [J]. Educational and Training, 1994 (5).

望的绩效水平；（2）工作过程中的指导：根据工作任务的目标要求，通过模拟、脚手架搭建（见下文）等方法和对话、图示、类比等工具手段，引导学习者理解实践要求、完成任务并建立必要的工作策略；（3）自我调节的学习过程：将所学知识迁移到新任务和其他工作情境中，提高学习者知识迁移、预测、检验和评估的能力。

指导学习帮助学习者在工作中获得所需的程序性知识和概念性知识，并对自己的行为进行反思和修正，其关键要素是确认专家、参与活动、有效的专家指导和鼓励，以及成熟的自我监控技能。柯林斯（A. Collins）等基于认知学徒制理论，把指导学习分为示范-模拟、辅导、搭建脚手架和拆除脚手架四个阶段：

1. 示范-模拟

教师为学习者示范完成任务的整个过程，学生观察和倾听。教师通过讲解加深学生的理解，包括对子任务的识别。教师首先按照正常绩效水平示范工作流程，学生以较慢速度进行模仿，理解隐藏工作过程中的实践经验。可采用多种手段降低学习难度，如视频媒体等可视化手段。

2. 辅导

教师通过工作活动指导和监控学习过程。完成工作任务的首次尝试常常是不成功的模拟过程。伴随多次尝试和练习，可提高完成模拟任务的速度和质量。可采用提示、反馈和提供线索等策略展示“诀窍”，促进工作过程能力的发展。可通过重复演示任务或部分任务，帮助学习者提高绩效。过程性评价也是一种辅导，由此鼓励、支持和直接影响相关活动的进行。

3. 搭建脚手架

持续的支持和监控需要“搭建脚手架”，包括为学生提供独立实践的机会。“脚手架”的含义是：当不再需要时可拆除那些可控制的临时支持。提供指导实践的“脚手架”比被动接受辅导更能有效提升学生的学习成绩。脚手架搭建涉及学生不能单独完成或需要重复演示和模拟的部分任务。

4. 拆除脚手架

逐渐减弱或取消学习支持，直到学生可以独立、熟练完成任务。根据学生的意愿和学习要求的不同，模拟、辅导、脚手架搭建和拆除所需时间和强度不同，在此过程中学习的重点是程序性知识，而不是概念性知识，是现实的行为而不仅仅是对行为要求的理解[①]。

（三）安装与调试的教学方法

安装与调试是工业企业对常用机电设备进行的安装、检测、调试、维护保养与故障处理的工作，对生产具有重要的意义。在职业教育中，学生通过对设备进行安装调试，可学习范围广泛的专业知识和技能，包括程序性知识和通用分析方法。

作为教学过程的“安装与调试”分为以下几个步骤：（1）描述故障状况，引入课题：教师介绍待安装设备的技术要求，学生说明对工作的理解；（2）明确问题和目标：学生对待安装调试设备的状态、技术参数等进行分析，明确任务细节；（3）初步规划解决方案：

---

① 比利特．工作场所学习有效实践的策略［M］．南昌：江西人民出版社，2017.

学生基于已有经验制订安装调试方案；（4）确定最终方案：收集各小组初步方案，师生共同讨论确定最终方案，可用流程图等呈现工作计划；（5）实施安装与调试，教师退居幕后作为指导者；（6）检查、功能测试及验收，包括学生的自我检查测试和教师的最终验收，鼓励学生优化工作计划；（7）完成安装调试报告，记录整个工作；（8）评价和推广利用：师生共同回顾整个学习过程，对各环节情况进行评价[①]。

从学习和工作范围看，“安装”与“调试”两个工作阶段相互融合、互为补充。学生不仅学习了相关知识技能，而且从认知角度将任务分析与综合性工作方法结合起来，在学习专业知识和技能的同时，发展了专业认知能力和技术操作能力。鉴于不同设备的差异，实际操作中经历的细节可激发学生的强烈学习兴趣。

（四）生产性任务教学

在产教融合的职业教育中，学习任务常常就是一项实际生产任务，如产品生产或设计性任务。职业教育的目标是学会完成这个生产性任务，这需要对整个生产过程做好规划。通常，当生产任务较为简单时，生产过程结构简单，生产的准备和实施环节是教学重点；但是当生产任务复杂时，应对生产过程的每个环节进行周密规划。只有学生对生产过程各阶段的行动都产生反思时，才能最终完成生产任务。

把完成生产性任务的过程作为教学过程时，按照以下步骤进行：（1）明确任务：教师用图纸等资料布置任务，或者学生独立确定任务，此时学生对选择学习内容有更多（共同）决策权；（2）分析生产任务：学生学习思考有关产品和生产过程的重要知识，教师讲明需要满足的质量要求；（3）初步确定生产流程：基于任务说明，采用小组方式确定生产方案；（4）规划生产过程：学生按照专业要求对生产过程进行规划，确保生产材料、设备仪器及辅助材料准备充分、流程顺畅；（5）在监控下执行生产任务：学生对生产对象和生产过程进行检验、监督，及时发现错误和缺陷并尽可能降低其带来的后果；（6）评价产品：按照尺寸、形状、性能、坚固性、功能成效等要素进行评价，对发现的问题进行解释；（7）优化生产流程：根据评价结果，学生对自己的生产计划进行修订，必要时按照改良后的流程计划再次进行生产；（8）应用与迁移：将确定的生产流程和产品放到相关生产实践中，讨论其应用的可行性。

仅通过一项具体生产任务获取新知识和经验是不够的，学习者还需要为这些知识赋予“典型”意义。只有这样，当他们在其他工作场景场中遇到新技术难题时，这些知识才能成为解决问题的基础，这对学习者的职业发展具有重要的意义。在完成生产任务的过程中，学习者还能够掌握生产流程、工艺技术、方案设计、工作组织方式、突发事件防护措施以及环保措施等多方面的知识和技能。

第三节　职业教育的媒体与学习场所

“媒体”（拉丁语 medium）的原义是“两者之间”，后指携带和传递信息的工具，如教

---

① 帕尔．职业教育与培训教学法纲要［M］．北京：光明日报出版社，2019.

科书、黑板和报纸等。其中，有大量受众的媒体被称为大众媒体，如报纸、微博和公众号，以及类似“百度百科”的可让读者参与编辑和修改的 Web2.0 媒体。大众媒体在传递信息、促进沟通的同时，也改变着人类的思维和生活方式。职业教育的教室和实验室等学习场所，在很大程度上也是一种特殊的媒体。

一、职业教育教学媒体

（一）媒体教育学基础

媒体教育学（media pedagogy）研究与媒体有关的教育问题，如网络媒体对学生的影响、教师如何有效使用教学媒体等。媒体对学生的社会化过程具有重要影响，它可以促进学生道德意识的发展，也可以是其逃避现实的工具。每个人都应具备基本媒体素养，即认识、评判和运用媒体的态度和能力，从而判断和选择合适的媒体，甚至设计自己的媒体。媒体教育学有一些基本理念和理论：

● 刺激-反应模型：所有社会成员都被大众媒体所影响。为了获得预期的影响效果，应努力及时向预期方向提供强烈的刺激，并抑制和抵消该影响的负向刺激。

● 知识鸿沟理论：20 世纪 70 年代的一项实证研究发现，具有较高社会和经济地位的人比较低地位的人，从大众媒体获得了更多的知识产品，并由此扩大了业已存在的知识鸿沟[①]。

● 议程设置方法（agenda setting）：通过连续报道让某一议题占据媒体，之后很长一段时间内，该议题自然会占据媒体接受者的记忆。长远来看，大众媒体对消费者的影响巨大，并塑造了他们的世界观。

● 两阶段交流理论：媒体不直接影响信息接收者，而是通过其熟悉的人产生影响。信息总是首先到达意见领袖（少数人），然后通过意见领袖到达不太活跃的大部分人；有自我认知能力的意见领袖接收媒体信息后，将其（修改后）传递给被动的意见追随者。

媒体教育学帮助教师在教学设计时回答以下问题：哪些媒体更适合提供哪些信息？如何处理信息使其对特定群体和社会环境产生积极的影响？如何根据不同性格特征和发展阶段的学习者获取信息和使用媒体的特点，提高媒体表达和交流的效果？此外，媒体是意识形态的载体，鼓动（agitative）媒体理论研究的主要议题是，如何避免被大众媒体所操控，如何巩固主流的意识形态；预防性媒体理论则研究如何避免不良媒体对年轻人的负面影响[②]。

（二）职业教育的教学媒体

1. 概念与分类

教学媒体是教学过程中为实现教学目的介于教与学之间的携带并传递教学信息的工

---

① BÖCHER H，KOCH R. Medienerziehung：Theorie und Praxis [M]. Köln：Stam，1998.

② MÖBIUS N. Medien im Jugendalltag - Medienpädagogik als Vermittler von Schlüsselqualifikationen [M]. München：GRIN Verlag，2003.

具，具有储存、表达、传递和传播教学信息的功能。职业教育教学媒体可以分为三类：（1）演示手段：使抽象、复杂教学内容变得直观、易于理解的用品，如挂图和模型等；（2）工作或学习手段：是学习过程中的信息载体，如教科书、工作手册和实习实训设备，包括实验仪器、实习生产设备、黑板和计算机等；（3）激励手段：用于提高学生的学习积极性。这种划分方法不是绝对的，例如教学视频既可引发学生学习兴趣（激励手段），又提供了信息（学习手段）。

按照获得信息的感官种类，职业教育教学媒体还可分为听觉媒体（如设备故障噪声的录音）、视觉媒体（如图表、被处理材料的色泽等）、触觉媒体（如服装专业的布料检验）、视听媒体（如视频）、嗅觉媒体（如润滑油的气味）、味觉媒体（如烹饪专业食品鉴别品尝）和动觉媒体（对肢体语言熟练程度的感觉）等。

2. 教学媒体的作用

教学媒体是教师完成教学任务的手段，它传递教学信息，收集学生反馈。不同教学媒体的运用不但影响教学结构，形成不同教学模式，也影响教学的质量和效率。教学媒体对不同使用者的效果可能不同，它影响着教学过程和师生关系，也影响着学习者的个性发展。

媒体是教学设计的重要因素，但使用媒体并不会自动促进学习。教师不但要选择媒体，也要合理使用媒体。每种媒体都有特有的使用范围、条件和方式，应根据媒体的特性和学生特点，按照教学需要选择或编制媒体。综合使用多种媒体比单一媒体的效果好。确定媒体时还要考虑环境和设施设备的实际情况。新的、多种媒体的广泛使用，正在（部分）代替教师的工作，教师要通过感官（sensuality）、体验、活动和行动等多种方式发展学生的认知能力，这样才不会被媒体所取代。教师应不排斥（新）媒体的应用，应将其整合在整个学习过程中。

（三）职业教育数字媒体的发展

1. 职业教育数字化教学的特点

职业教育媒体是学习者与学习内容（其未来工作）之间的特殊媒介，最能表现这一特质的是工作情境。职业教育的“意图、知识和技能存在于职业的工作过程和工作方式中”[①]，职业教育的媒体比普通教育更为复杂。职业学习过程，是学习者在（真实或虚拟的）学习与工作环境中，在教师、同事或同学的协助下，对职业工作的意图、知识和技能进行建构的过程。数字技术支持这一过程的实现，为不同职业情境提供专业的互动和交流方式。

职业教育的数字媒体是一种“指导性工作系统”（tutorial working system），或者“基于工作的学习系统”，它帮助使用者顺利完成在特定条件下的综合性工作任务，有两种基本类型（1）教的手段：通过恰当的媒体表达对职业工作内涵的深层次理解；（2）学的手段：各种媒体支持学习者获得必要信息，为其解决实际问题提供思路，并激发学习动机[②]。

---

① PABST A，ZIMMER G. Media research and development [M] //RAUNER F，MACLEAN R. Handbook of TVET research. Dordrecht：Springer，2008.

② BONZ B. Methoden der Berufsbildung：ein Lehrbuch [M]. Stuttgart：Hirzel，1999.

在不同教育理念指导下，学习系统的功能设计有很大区别。现代化的学习系统是针对综合性工作内容的开放性系统，它不刻意追求多媒体教学设计，而是为学生和教师在教和学的过程中提供更多的专业化的设计和建构空间。下面是来自德国的一个案例。

德国卡塞尔大学 BlendedContENT 项目

德国卡塞尔大学“新技术条件下混合式继续教育”（BlendedContENT）项目是针对多个目标群体开发的学习系统，包括职业院校学生、企业员工和中小企业主。该系统按照企业的具体工作场景，展示施工现场的实际工作过程和解决方案。该系统还提供网络编辑器，学习者可自行定义学习内容并方便上传，这特别受中小企业的欢迎。

BlendedContENT 系统按照专业特点建立趣味性内容呈现结构，如“能力门户”和“学习城市”。学习者从“能力门户”进入学习系统获取知识、交流经验并下载资料；在“学习城市”栏目中选择各种综合工程项目，通过市场调查、制订和实施方案、维护客户关系等环节进行整体化学习；可扮演不同角色（如业主委托方、设计师、计价员和装修技术工人等），采用不同方式（如区分对错，对工作流程排序，识别缺陷等）进行学习。

该学习系统允许企业用户利用网页编辑器在学习城市栏目进行知识的整理、储存与管理，学习者可把自己的经验总结存放于此。BlendedContENT 事实上成为一个企业进行知识管理的工具。资源库还提供专业应用程序和远程培训课程①。

可以看出，该案例采用基于工作的学习理念，将学习融入工作流程中，将正式学习与非正式学习相结合，统筹考虑了学习者和企业的利益。

2. 发展趋势

数字化教学与职业教育人才培养模式有密切联系。目前数字化教学方案设计有两种模式，即认知主义模式和情境主义模式。我国目前多数公共教学资源平台和学习资源库建设关注认知和知识传授，通过展示、重复、模拟实践等方式对学习过程进行促进、控制和反馈；BlendedContENT 是在情境主义学习理念下指导的实践，学习情境设计的基础是真实工作任务和结构完整的工作或经营过程，需要根据具体情况对工作流程进行优化，从而促

---

① BMBF. BlendedContENT：Sanitär-，Heizungs- und Klimabranch [EB/OL]. [2017－12－15]. https：//www.qualifizierungdigital. de/de/blendedcontent-47. php.

进学生综合职业能力的发展①。未来的数字化教学媒体强调提供开放性的综合化学习系统，而不仅仅是用于展示“事实性”知识的教学软件或简单的“数字化教学设计”。

（1）建立数字化条件下职业学习“新范式”。

通过设计在现代教育技术（包括互联网＋）支持下的跨职业、多学习场所的学习性工作任务，可使学习者成为教与学的过程的主体。适时采用多种情境教学方法，如在针对复杂实际问题时建立接近学习者的个体学习环境（即抛锚式教学），按照“从初学者到专家”能力发展逻辑设计系列化的学习任务，从而保证初学者能够顺利发展成为“领域专家”（认知学徒模式），或对思想进行可视化的鹰架式整合②。

（2）关注工作世界对职业教育学习内容的要求。

通过数字技术实现“针对工作对象”的学习，满足工作世界的要求。职业教育学生不仅要获取知识，更重要的是在学习系统支持下完成专业工作任务，学习系统设计的“用户友好”、“专业可对话性”和“可促进学习”非常重要。国际标准 ISO 9241 对学习系统设计的“对话特性”提出了一系列原则，如任务的适当性、可控制性、可个性化和可促进学习等。只有当人机对话能支持和指导使用者学习操控整个系统时，才能促进学习，这是交互式学习系统设计的基本原则。

（3）建立职业教育数字化教学媒体开发新理念。

学习系统开发不是简单将教育技术和教学内容进行整合，还需要新的教学理念。数字化教学设计的目标不仅是找到“最佳”的媒体和呈现方式，使复杂内容变得易于理解；更重要的是在信息技术帮助下，把复杂工作现实转变为学习者可驾驭的学习情境。这里需要研究：何种数字化方式能为学习者在完整的行动过程中进行知识建构提供支持；按照何种教学范式设计学习平台和确定平台所提供的内容和交流方式，才能实现真正意义上的职业学习。

（4）研究数字化教学在职业教育的实现方式。

数字化教学资源有三种表现类型：一是作为现有教学过程附加物的教学软件，二是专门开发的数字化综合性学习环境，三是对职业学习的机构、组织和文化架构进行的整体设计③。教育技术是一种有限的自动化技术，只能改变人的交流方式，而“人”才是数字化学习的中心。现代化的数字化学习系统不是可按照说明书简单操作的设备，而是在信息技术支持下的一系列教与学的活动。数字化技术要与以学习者为中心的学习方式灵活组合，关注经验性和自主性学习策略，即在提供专业解决方案的同时，促进学习者提高对工作和生活的设计能力。

如果通过大数据和人工智能实现数字化教学的可跟踪性，就可以实现自主学习过程的再利用。数字技术和混合式学习为基于工作的学习和生涯发展提供了新途径，这有可能重构职业教育机构提供教育服务的形态，并促进职业院校和企业组织学习的发展。

---

① DEHBOSTEL P. Lernumgebung gestalten［M］//RAUNER F. Handbuch berufsbildungsforschung. Bielefeld：W. Bertelsmann，2005.

② FISCHER F，MANDL H. Lehren und lernen mit neuen Medien［M］//TIPPELT R. Handbuch Bildungsforschung. Opladen：Leske＋Budrich，2002.

③ BECKER M. Learning with tutorial working systems［M］//RAUNER F，MACLEAN R. Handbook of TVET research. Dordrecht：Springer，2008.

二、职业教育的教室

（一）教室

教室是开展教学工作的物质基础，是实现教学目标和师生进行教学和社会活动的重要场所。教室设施布置合理与否，对学习过程和学习效果具有重要影响。目前职业院校多采用“正规”班级教室模式，即学生坐成整齐方阵，教师身后是黑板，它和粉笔、教材教案构成教室的三大件。在此，教师是最活跃的成员，他讲授知识、示范操作、书写板书、布置作业并监督学习过程，学生行为是针对教师要求的被动反应。

班级教室有小的变形，为了更容易进行交流，学生可以按照圆形落座，还可采用“非正式”座位编排方式，如长方形或马蹄形等，教师处于教室前方或一角落（如图 8-2 所示）。在此，学生之间有更多视觉接触和非言语交流机会，更适合研讨式教学。研讨式教学需要一些特殊教具，如张贴板以及与其配套的专门用具，如异形纸（圆形、椭圆和不同尺寸的长方形纸条）、记号笔、透明胶条等。也可用其他设备代替，如白板、磁钉（磁扣/磁条）和白板笔等。

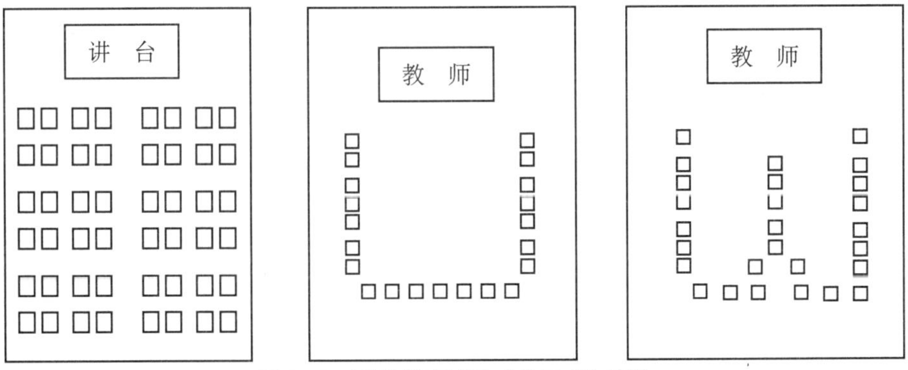

图 8-2　班级教室以及“非正式”座位

（二）专业教室

传统课程的理论教学和实践教学联系不紧密，这也体现在教室和实验实训相分离的教学场所设置方式上。学生在教室学习理论、在实验室做实验，这不仅浪费资源，也割裂了工作和学习的整体性。专业教室是与理论实践一体化教学对应的教学场所，即针对特定教学内容，在教室配置专门的仪器设备、模型或挂图表格等，形成专门的理论实践一体化教学场所（如图 8-3 所示）。

在专业教室中学生可单独或以小组形式完成学习任务。专业教室分为理论教学区和实践工位，大的专业教室还可分为小组工作区、实验区和实操区等。在专业教室，按不同能力、兴趣组成甚至跨专业组成的学习小组取代了教学班级，学生可根据具体情况决定学习进度，教师的集权被打破，师生之间具有更为融洽的伙伴关系。与传统教室相比，专业教室虽然占用空间大，但却节省了实验室。专业教室对教师的专业素质要求有所提高，必要时可由理论教师和实践课教师组成教师小组共同承担教学任务。

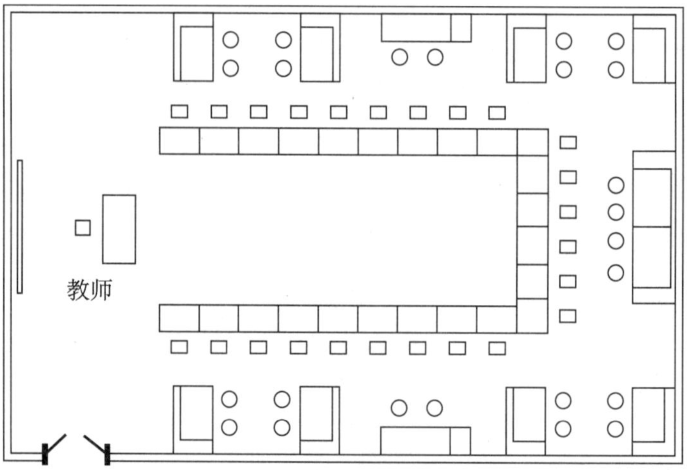

图 8-3　专业教室

设计专业教室的基础是学习任务，即选定某一职业（专业）的典型工作任务，并对其进行教学化处理，将工作岗位发展或重组为学习环境。专业教室的学习任务应反映企业的真实要求，符合职业资格或技能等级标准的要求，并有助于实现教育性目标，应考虑如何对学生的认知过程进行有效的支持。在此应遵循两个原则：一是跨学科和多功能，如在电工电子专业教室中，学生针对电工基础、模拟电子、数字电子、电机拖动、电工仪表、电子测量等多门课程的内容进行综合实验和实训；二是生产性设备、训练设备和仿真相结合：专业教室不是简单的工厂搬家，可采用实物和仿真技术相结合的方式，如加工中心专业教室采用数控机床、小型机床和模拟设备相结合的方式，这样投资少、运行成本低，但学生学习机会多。此外，还应注意设备水平与所在地区企业生产设备水平的匹配程度，可选用不同时代的典型设备，让学生体会不同技术发展条件下的解决方案，以尽快适应企业的要求。专业教室的缺陷是，由于经常变换教室，降低了学生的集体归属感。

三、实践教学场所

实践教学场所是职业院校按照技术技能人才培养规律，根据教学需求建设的开展实践教学的基础性地点，配备相应的教学和工作场地、设施设备、技术、教学指导人员、教学计划和教学资源系统等软、硬件，包括全真或高仿真的技能训练系统等。实践包含多方面的含义，不同实践教学场所有不同教学功能，也有多种称谓和分类方式，如实训基地、实验室或学习站等。它们在为学生提供实践能力培养的同时，提供（尽量）真实的职业工作环境，通过理论学习和技能训练相结合，促进学生职业实践能力的发展。

（一）实训基地

实训基地是用于在校学生通过工学结合学习实践技能和能力的场所。

1. 校内实训基地

校内实训基地是以学校为主、社会支持为辅方式在职业院校校园内部建设的实践学习场所，主要功能是实现传统课堂无法完成的实践能力学习，它既是学生专业实践能力提高和技能训练的场所，也是其职业素质和道德养成的中心。校内实训基地包括实验室、实训室、校内实习工厂等，学校一般拥有其产权并自主运营。校内实训基地有时也承担职业培训、社会服务和技术开发的功能。

2. 校外实训基地

校外实训基地是指职业院校和企业合作在校园外部建设的综合实践学习场所，是校内实践教学活动的延伸，是职业院校教学体系的重要组成部分。校外实训基地是学生了解工作世界、在真实工作环境中实习、巩固知识、训练职业技能、提高综合素质的实践性学习与训练平台。除了实训教学、职业素质和技能训练与鉴定外，校外实训基地还有开展就业指导和社会服务等多项功能。

3. 生产性实训基地

生产性实训基地是指职业院校利用政府、企业等多方资源建设的具有真实生产功能的实训基地，通过产品研发、制造和销售等生产经营过程或服务过程，确保基地实现经济效益，并在真实的生产环境中培养学生的实践能力。生产性实训基地既具有育人功能，又能通过完成实际生产任务获得经济效益，具有教学与生产的双重功能，在培养学生综合职业能力方面具有特殊的作用。生产性实训基地有校办企业、政府资助、校企合作、行业部门资助以及学校自建等多种形式，具备教学实训、技能考核、社会培训和服务多方面的功能①。

高质量的实训基地应提供高质量的“学习岗位”，这些学习岗位满足以下条件：学习者可以经历“问题情境”，工作任务和内容有一定的复杂性；岗位工作有一定的自由度和行动空间，即工作方式可根据具体条件发生变化；学习者可以获得同事或辅导教师的支持，并与其进行有效沟通；岗位任务与学习者个人的能力有联系；岗位任务与职业发展阶段有一定对应关系。

实训基地不是简单意义的“工厂搬家”。特别是校内实训基地，可采用先进设备与仿真技术相结合的方式，或者真实设备和小型设备及实物模型相结合的方式，减小投资和运行成本。在部分地区，如经济欠发达地区和小型企业占主导地位的行业，应当注意实训基地建设水平对学生在实际生产环境中的适应能力造成的影响。如果学校设备超越了当地技术和经济发展水平，可设计相应的“实习角”，让学生体会不同技术条件下的解决方案。

在数字化世界中，工作岗位的物理位置不再重要，很多工作被直接集成到产业链中，非物理性的工作过程具有愈加重要的意义，生产和服务的参与者要了解生产的环境、系统和流程，工作系统已发展演变为学习系统，这对职业教育实训基地建设带来了挑战，即如何在技术、组织结构和社会关系中去整体化地认识工作世界，并由此建立新的实训模式，通过数字技术支持下的跨学科、多学习场所的综合性学习任务，确保学习者成为教学过程的主体。

（二）一体化专业教室（学习站）

随着科学技术特别是信息技术的发展，理论学习和实践学习之间的区别越来越小，例

---

① 朱德全．实训基地［M］//中国大百科全书．北京：中国大百科全书出版社，2023.

如我们很难说清数控加工模拟教学是理论教学还是技能训练。学习复杂技术，要求在教室设置专门的仪器设备，从而形成了集理论教学和部分实践教学于一身的一体化专业教室（学习站）。在此，学生学习完成要求全面、过程完整的综合性任务，有机会对专业工作的结构、环境和自己的行动进行反思，从而实现更高层次的发展目标。按照功能的多少，一体化专业教室可分为单一功能专业教室和多功能专业教室。

1. 单一功能专业教室

每个职业（专业）都包含多项工作任务（职业功能），可为每个工作任务（功能）设计专门的专业教室，形成单一功能专业教室。单一功能专业教室的优点是：多个专业可使用同一教室，使用率高，降低了整体投资费用；实习、实验设备既有针对性，又有完整性；机器、设备和建筑物均有较高利用率；由于教学内容相对单一，指导教师可以成为某一方面的专家。单一功能专业教室常设置在职业院校或公共培训中心，主要用于基本技能训练和新技术培训。它的缺陷是：学生只能学习一些互不相干的专项技能或能力，缺少可以把这些能力综合起来的职业环境，很难形成实践性强的综合职业能力。此外，只有同一专业各年级学生数量相当，单一功能实践教学场所才可能实现较高的利用率。

2. 多功能专业教室

多功能专业教室是为某一职业（专业）设计的，融该职业全部或多项工作任务（职业功能）为一体的教学场所（见图 8－4）。它的优点是能将学习场所与工作环境整合起来，学习环境与实际工作情境一致性较高；教师可设计内容复杂、要求全面的项目任务培养学生的综合职业能力。

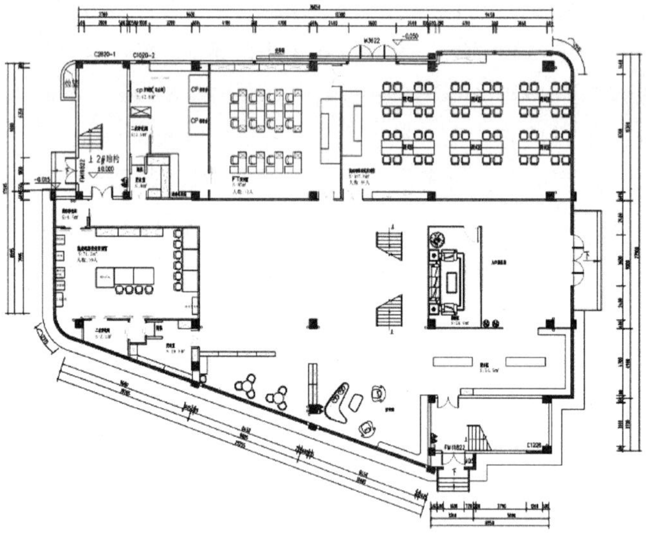

图 8－4　多功能实践教学场所

在多功能专业教室里，不同专业或不同阶段的学习者共同工作和学习，拓宽了学习者的学习范围和职业功能，将技术技能人才的直接功能（生产）与间接功能（计划、控制、检验和经济核算等）联系在一起，提高了学习者的综合素质。学习者有机会在独立和自我管理条件下学习。在此，教师最好不提供现成解决方案，而应成为生产过程和学习者能力发展的主持人。多功能专业教室可以提供更为真实的职业学习机会，不局限于提高单项工作技能，可促进学习者更高层次的专业发展。

在理想状况下，多功能专业教室的工作（学习）岗位、媒体与生产用具是一致的，包括教科书、活页式教材（工作页）、企业信息材料、设备使用说明、样品和模型工件等。针对无法通过自我管理式学习习得的学习内容，可在多功能专业教室设置专门区域，进行小型的集中式讲解。与传统教室相比，专业教室占用空间较大，有可能降低教室的使用率，但也节省了专门的实验室等空间。从教学功能上讲，专业教室可以实现理论实践一体化的高效教学。在实践中，在“双师型”教师不足的情况下，可以由理论教师和实践课教师组成的教师小组承担专业教室的教学任务。

（三）共享实训基地

从20世纪90年代后期开始，我国建立了各种形式的职业教育集团，即职业院校、行业企业等优势互补的联盟式教育团体，并建立了教学资源共享的实训基地。共享实训基地是通过（互联）网络连接，由多个机构组成的松散性组织，各基地之间具有协作或联盟关系，共享教学设备和资源，协同提供一种或多种教育培训服务。例如西门子自动化教育合作项目（SCE）与300余所教育机构建立合作，通过建立全流程智能制造实验室等方式培养技术人才。尽管该项目仅有20余名核心员工，但通过有效的组织方式可以调动西门子全球培训网络资源①，合作伙伴通过特定的联结纽带如课程、师资和教学设施等，共同提供教育培训服务。

共享实训基地发挥各自优势，在满足社会、个人和企业需求的同时，实现每个基地自己的发展目标。这改变了传统职业院校的组织结构和工作形式，提高了投资效率和教育培训开发能力。在实践中，共享实训基地有多种类型，例如：

● 一主多从型：有盟主和多个盟友，盟主相对固定，一般为大型骨干职业院校或企业实训基地；盟友规模较小，但有某方面的特色。盟主有较强的教学实力，只有在开设新专业（课程）或欲达到特定目的（如推广经验）时才会依靠联盟伙伴。

● 特色型基地：依托某行业部门或企业，具有一特定领域的高水平技术、特别的培训能力或教学设施的小型培训机构。此类基地开设课程数量有限，但由于其独特的专业教学能力，具有不可替代的地位。

● 动态联盟型基地：共享基地通过不断变换合作方式共同提供教育培训服务，实现共赢。随着教育需求、核心资源、能力供应链等关系的变化，共享基地间的关系可能发生变化，对教育培训理念和关键技术有创新的单位即可获得领导权。

共享实训基地与传统的职业院校及其实训基地相比，在组织管理和人员要求等方面也有很大的差别（见表8-3）。

表8-3 共享实训基地与传统职业院校的区别

传统职业院校	共享实训基地
一系列教学活动和策略实施的总和	培训项目（或课程）生命周期所有过程和相关组织的集成

① 西门子公司．学之道，取之于授，获知于行：西门子自动化教育合作项目［R］．北京：西门子（中国）有限公司数字化工厂集团，2019.

续表

传统职业院校	共享实训基地
按照一个线性的、稳定的、可以预测和控制的线路发展	根据市场机遇和竞争能力动态组合而成
组织结构是多层次的金字塔式结构	非常规的扁平网络
学校内部各部门之间及合作伙伴之间有明确的界限	界限模糊，信息透明，以过程功能链和培训链为特征
信息以分工为基础，必要时按照优先等级进行处理	信息按照是否有用独立处理，有关人员都可分享

建立共享实训基地，可以充分发挥和整合现有教育培训资源的潜力，借助团队协作和信息、资源共享方式，联合开发新的课程和培训项目，快速、低成本地提供高质量的职业教育培训服务。共享实训基地利用虚拟手段进行职业院校的"布局和结构调整"，加之以人为中心的组织运行模式，提高了教育培训机构的快速响应能力，实现了教育资源的虚拟重组和优势互补。

近年来，我国发达地区的职业教育中出现了有关"学习工厂"（learning factory）的探索和实践。所谓"学习工厂"，是指基于真实工业现场中的流程和技术建立学习设施和相应的环境，通过现实产品生产过程实现基于问题和工作的学习①。学习工厂既是承担技术类专业职业教育的设施设备，同时也是基于实践的课程；它具有一定的技术和组织特征，如真实的工作环境、工作流程和工作岗位，能够生产真实的产品，或提供真实的技术服务，常常（但不一定）是独立运营的单位，而非附属于某一门或几门课程的实验室或实训车间。

相较于目前占主流地位的以讲座教学为主的教学方式，学习工厂是对传统工程实践教学的回归。在学习工厂中，学习任务与生产任务重合，可同时支持学习者开展正式学习和非正式学习，这提供了理论与实践相结合、企业与院校联合培养人才的新模式。由于能够有效促进工作过程知识的获得和应用，学习工厂被认为成功地打通了产教融合的"最后一公里"。但是对于职业教育学习工厂的设计和教学实施等问题，目前尚处于探索阶段。

概念术语

安装与调试教学方法
案例教学法/实例教学法/个案教学法
单一功能专业教室
多功能专业教室
分散式学习
岗位认识实习
岗位学习
工学整合式学习
工作室教学
共享实训基地
户外培训
技术实验教学法
角色扮演教学法
教室

① ABELE E，METTERNICH J，et al. Learning factories for research，education，and training [C]. 5th Conference on Learning Factories. Procedia CIRP 32，2015.

教学方法
两阶段交流理论
轮岗实习
媒体教育学
模拟教学法/模拟练习法
抛锚式教学
任务引领教学法/任务驱动教学法
生产性任务教学
生产性实训基地
实践教学场所
实训基地
四阶段教学法
头脑风暴
项目教学法
校内实训基地
校外实训基地
学习车间
学习岛
学习工厂
一体化专业教室
议程设置方法
引导文教学法
语言传授方法
张贴板
正规班级教室
知识鸿沟理论
指导性工作系统
指导学习
质量小组
专业教室

复习思考题

1. 为什么说实施项目教学法（含引导文教学法）已经不是简单的教学方法改革，而承载了我们很多教育理想和新的教育理念?

2. 为什么并不是在所有的工作岗位都可以开展学习? 具有学习价值的工作岗位有什么特点?

3. 为什么说尽管四阶段教学法无法促进，甚至会扼杀创新能力的发展，但是在操作技能培训方面还是具有积极的作用?

4. 学习岛和学习工厂有什么区别? 分别适合哪些场合的职业学习?

5. 我国的数字化教学资源建设有哪些特点? 如何应对 Web 2.0、Web 3.0 等先进互联网理念的挑战?

第九章　职业教育的教师与学生

本章导读

本章讨论职业教育教师发展和师资队伍建设问题。职业教育教师类型多样，“双师型”教师队伍建设目前是教师工作的重点，职业教育教师的专业化发展具有重要的意义。职业院校学生是一个特殊的群体，有独特的心理特征和学习行为特征，社会上对他们也存在一些刻板印象。实习企业的师徒关系对学生的发展有一定影响。

案例：对职业院校学生的调查研究

北京师范大学职业能力测评项目（COMET）曾对1 001名职业院校学生和三家企业的245名企业人员的职业认同感、职业道德、工作道德和职业承诺等进行了调查。分析发现，我国职校学生在职业认同感与工作道德、职业承诺与组织承诺之间没有明确的区分，其原因可能是对职业和岗位、工作道德与职业道德之间没有明确的区分；职业道德教育和德育工作呈现的客体化和功利化取向可能也是部分原因。

调查还发现，职业院校学生无法区分职业承诺和组织承诺，其原因可能是，目前职业院校按照专业组织教学，从专业名称可以看出，多数专业是针对专门技术、学科或企业生产流程建立的，对以“职业”方式组织的工作活动的敏感性不足，职校学生难以与“职业”建立起感情上的联系。此外，在以学校为主的职业教育体制中，学生与实习企业感情上的联系不深、不稳定。

该研究的其他发现还有：职业院校学生的承诺和职业道德处于中等水平；性别对学生的承诺水平有显著影响，对学生的职业道德水平没有显著影响；实习企业的专家文化融入、实习工作任务的多样性、实习任务的要求水平对促进学生承诺和职业道德发展具有重要作用①。

① 杨琳．职业教育中承诺与职业道德的实证研究［D］．北京：北京师范大学，2010．

第一节　职业教育教师

一、职业院校教师概况

我国目前采用以学校教育为主的职业教育体系，工作在职业院校的教师是职业教育教师队伍中最主要的组成部分。

（一）职业院校教师

我国的手工业具有悠久的历史，但并未发展起成熟的学徒制度，职业教育教师职业是随着职业院校的建立而产生和发展的。1904 年，清政府颁布实施“癸卯学制”，将实业教育正式纳入学制体系，按照《奏定实业学堂通则》建立实业教员讲习所，开展不同职业领域和层次的职教教师培养。1949 年新中国成立后，为适应国家工业建设发展的需要，政府开始试办技工师范学校，但此类学校的发展并不是很顺利。

20 世纪 70 年代末开始进行的中等教育结构改革，把发展职业教育放到了重要地位，职业技术师范教育得到了相应的发展，这主要通过以下形式：

1. 设立职业技术教育师资班

20 世纪 80 年代中等职业教育快速发展期间，教育部采取了多种应急措施解决师资短缺问题，其中一个措施是在普通高校甚至重点高校设立师资班，如 1986 年起在浙江大学、南京工学院等试办的职教师资班。此类措施起到了一定的应急作用，但是由于缺乏系统规划，在教育管理和人才培养组织上存在很多问题，也难以被重点大学所重视，没有发展成为长期稳定的人才培养方式。

2. 建立职业技术师范学院

1978 年，当时的国家劳动总局恢复了天津、吉林等地的技工教育师范学院，主要培养通用技术专业（如机械、电气技术等）的教师。后来教育部又先后建立了 15 所独立设置的职业技术师范学院，大规模培养中职教师。职业技术师范院校的建立，不但缓解了中职学校专业课师资短缺的困难局面，也为职教发展提供了大量咨询和开发服务①。随着时代的变迁，此类院校的数量有所变化，但是一些院校还是得到了长足的发展，甚至发展成为有一定影响的师范大学，如天津职业技术师范大学等。

3. 在本科院校建立职业技术师范系（部）

相对于职业技术师范院校，综合性本科高校具有办学基础好、专业涉猎范围广的特点。按照教育部的部署，20 世纪 80 年代开始，部分综合性高等院校和高等师范院校成立了专门的系（学院）承担职教师资培养工作，如浙江工业大学建立技术师范系，湖南农业大学建立农村职业中学专业课师资培养基地等。

至此，中国形成了独立设置的职业技术师范学院、综合性高等院校和高等师范院校设

---

① 孟庆国，曹晔，杨大伟．中国职业技术师范教育史［M］．北京：教育科学出版社，2016.

置的职教学院共同开展职教师资培养的格局（简称职技高师）。目前全国开展职教师资培养工作的高等院校有40余所，包括普通高校设立的职教师范二级学院和独立设置的职业技术师范院校。

（二）职业院校教师的类型

职业院校教师是向学生传授职业知识、技能和行为方式，促进学生思想品德、职业能力和身心健康发展的专门人员，一般分为文化课教师和专业课教师两大类，其中专业课教师又分为专业理论课（又称技术理论课）教师和生产实习指导教师。不同类型院校师资队伍的结构不尽相同，常见有以下类型：

● 专业课教师：教授专门知识和技能的教师，旨在提高学生的综合职业能力。专业课包括专业基础课、专业课和专业实践课。随着工学结合人才培养模式的推广，很多专业课教师正在向“双师型”教师方向发展。

● 实习指导教师：在企业生产岗位和学校实训基地按照教学计划有目的地指导学生进行技能学习的人员，其基本任务是传授技能、制订实训计划并组织实施，还承担学生职业道德、文明和安全生产的教育工作。

● 文化课教师：教授基础文化科目的教师。狭义的文化课指语文、数学、外语和计算机基础等与普通学校相似的课程；广义的文化课指专业课以外所有自然科学和人文科学课程，包括选修课或专题讲座（活动）。随着社会的发展，对文化课的理解也在发展变化，文化课学习内容扩展到了产业文化、安全教育、环境保护等领域。

“双师型”教师队伍建设是当前我国职教发展的一个重要探索。“双师型”教师的概念于20世纪90年代初提出，各级教育主管部门和职业院校在“双师型”教师队伍建设方面进行了很多探索。从狭义上讲，“双师型”教师是指既能从事理论课教学，又能指导实践学习的教师，在不同学校有不同称谓，如技工院校称为“一体化教师”。从广义上理解，“双师型”教师包括个体的“双师素质”和教师队伍的“双师结构”，即来自生产一线的兼职教师与学校专任教师组建的“双师型”教师团队。在职业院校还有一些兼职教师，即受职业院校聘请兼职担任特定专业课或实习指导课教学任务的专业技术人员，一般为企事业单位在职人员，也有少数专业教学急需的退休返聘人员。

在实践中，各院校教师队伍的类型结构并不是很清晰、统一，而要复杂得多，常常是多种职业功能的组合（见图9-1）。

目前职教师资队伍建设中的一个大问题是教师专业能力的结构化缺陷。一方面，职教教师培养体系不健全，造成教师的教育教学知识薄弱、教学能力不足。有调查发现，超过50%的中职教师认为自己在教学中难以实现预先确定的课堂教学目标。另一方面，教师现有专业能力，特别是专业实践能力无法适应技术、社会和教育事业发展的需要。即便是被学校或行政部门认可的“双师型”教师，常常也只有校内理论教学和实践教学能力，其具备的通用基础知识和基本操作技能与企业生产实际存在着较大差距。

随着职业教育事业的发展，校企合作、产教融合对职教教师提出了更高的要求。例如，要想实现职业教育与区域产业发展对接，需要专业教师（特别是专业带头人）具备资源挖掘和协调能力，以确保专业（群）对接地方的关键产业和企业需求。教师甚至需要与企业合作开发建设兼具研发、工艺改进、技术推广和育人功能的技术技能平台，这对教师

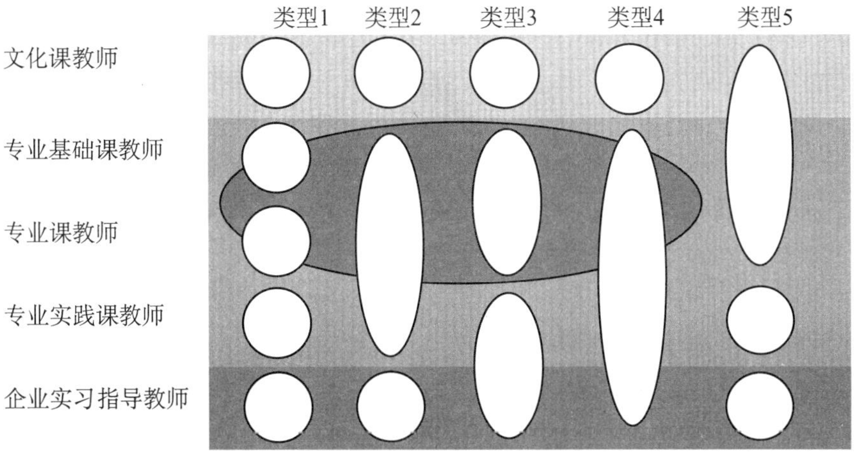

图 9-1　职业教育教师的类型

的企业服务能力提出了较高要求，但很多教师并不适应。同一项调查发现，我国职教教师的职业认同感较低，职业倦怠现象较为普遍，47.7%的教师认为如果有机会将更愿意调离中职学校①。因此，提高职教教师职业的专业化程度和职业认同感，具有重要的意义。

（三）职业学院教师任职资格

我国针对中等职业学校的教师任职资格相继制定了法律法规。1993 年颁布的《教师法》第三章规定："取得高级中学教师资格和中等专业学校、技工学校、职业高中文化课、专业课教师资格，应当具备高等师范院校本科或者其他大学本科毕业及其以上学历；取得中等专业学校、技工学校和职业高中学生实习指导教师资格应当具备的学历，由国务院教育行政部门规定。"国务院 1995 年发布《教师资格条例》，规定中等职业学校实习指导教师应该具备国务院教育行政部门规定的学历，并应当具有相当助理工程师以上专业技术职务或者中级以上工人技术等级，这为教育机构培养中职教师提供了法律依据。在此基础上，教育部制定了《中等职业学校教师专业标准（试行）》等一系列文件，但是有些文件在实践中的操作性不是很强。

高职院校是 21 世纪前 20 年快速发展起来的学校类型，对高职教师的任职资格目前尚无全国统一标准，但总的来说，各地执行的任职标准都比中职标准高。由于职业教育的复杂性和各地经济社会发展不均衡，现阶段很难对职教教师的任职资格包括学历要求，做出全国统一的规定。2022 年新修订《职业教育法》第 46 条也只规定了"国家建立健全符合职业教育特点和发展要求的职业学校教师岗位设置和职务（职称）评聘制度。职业学校的专业课教师（含实习指导教师）应当具有一定年限的相应工作经历或者实践经验，达到相应的技术技能水平"。

在实践中，专业教师实践能力不足的问题一直困扰着职业教育的发展。为加强"双师型"教师队伍建设，教育部 2008 年《高等职业院校人才培养工作评估方案》中提出"双师素质教师"除具有教师资格外，还应具备"本专业中级技术职称及职业资格"等要求。

---

① 和震．中等职业学校教师素质状况与提高策略［J］．教育研究，2010（2）．

2022年教育部印发《职业教育“双师型”教师基本标准（试行）》，为职业院校“双师型”教师的培养、任用和评价的提供了依据，其主要内容是四条通用标准和三级发展标准。其中，四条通用标准核心内容是：师德为先的政治标准，德技并修的育人理念，理实一体的教学能力，对接产业的发展要求；三级发展标准针对职业学校初级、中级和高级教师，从专业知识与技能、专业教学与研究能力和企业实践经验三个维度提出了具体要求。该标准的颁布，有助于教师在职业生涯发展过程中看清个人的成长路径，明确发展方向，从而激发教师的积极进取和终身学习的职业追求。

二、职业院校教师培养培训

（一）职业教育教师培养现状

职业教育教师的培养内容包括专业学习、教育学和心理学知识以及专业和教学实践能力的培养，这一综合性要求，使职教师资培养过程具有更强的跨界性，组织也更为复杂。目前我国还没有专门培养高职院校教师的机构，有关职教教师培养体系的讨论多数是针对中职教师进行的。

1. 职前教育的实施模式

目前中职教师的培养由职技高师、高职院校及企业共同承担，开展职教师资培养的工作机构提供了多种层次的职教教师培养课程，包括本科、专业硕士和继续教育课程。各培养单位在长期实践中形成了不同的模式，其主要特点是“后置化”，即学生先接受（非教师教育）的系统化专业教育，再补充教育教学能力和实践能力。不同学校采用的教学组织方式主要有：

● 普通本科教育：这是最常见的模式，招收3年制普通高中毕业生或中职毕业生就读本科，针对两种生源提供不完全相同的课程。

● 专升本模式：属于继续教育类型，从3年制高职院校招收优秀毕业生，提供两年制继续教育课程，毕业生获得学士学位。

●“本科＋”模式：针对普通高校缺乏实践经验的本科毕业生，在进入职校任教前到企业实践半年，或者增加一年教师教育课程及教学技能训练。

● 专业硕士教育：对本科毕业生以在职或全日制方式进行教育理论和教学实践技能培养。

职教师资培养对专业学习、教学能力和专业工作实践提出了很高要求，传统4年制本科教育很难满足要求，一些学校采用了延长学制或增加学分的方式。例如吉林工程技术师范学院本科职教师范专业需多修25～27学分教育类课程，天津职业技术师范大学对职业学校毕业生生源学制延长到5年，以加强理论知识学习。有意见认为，如果学生有接受职业教育的经历，就会对职业教育有更深入的认同，为日后成为优秀教师奠定基础。一些高校招收职业学校毕业生培养职教教师，并为此制订了特殊的学习计划，如天津职业技术师范大学（见图9-2）的卓越职教师资培养计划等，旨在培养具有教师潜质、乐于从教的“留得住、用得上”的教师。

图 9-2　我国第一所职业技术师范大学：天津职业技术师范大学

2. 培养机构间的协作

职教师资培养需要兼顾专业能力、师范能力和实践能力的发展，职技高师、职业院校、行业企业和政府机构承担着不同责任，但又无法独立完成这一任务，需要协调合作，并由此形成多种协同培养模式。

- 高校-政府合作：如天津职业技术师范大学与海南省政府合作，海南省的职业学校提供学生实习岗位，落实教师培养的实践环节并接纳毕业生就业；又如 2014 年教育部开始实施的卓越教师培养计划，也建立了高校与地方政府、中职学校的协同培养机制[①]。
- 高校-企业-职业院校合作：如吉林工程师范学院与 14 家大中型企业、3 家行业协会、4 所高职院校以及 26 所中职学校组成联盟，建立政府统筹、协商决策、责利驱动、资源共享、协同育人的职教师资培养机制。
- 高校-高校合作：如云南师范大学招收普通高校非师范类专业一年级大学生，两校分别实施专业和师范类课程教学，学生完成两个专业的学业计划，获得所在学校毕业证和学位证以及云南师大教育学专业（教师教育方向）学位证。

在多年办学实践中，职技高师形成了一定的办学特色，如“本科＋技师”和“文化知识＋技能测试”单独招生等培养模式，但也存在着问题。调查发现，很多院校还没有从传统的专业学科思维定式中转变过来，其课程和教学设计的指导思想仍然是专业知识积累，课程内容缺乏足够的（职业）目的性，教学内容与工作实践联系不紧密。实践环节不但较少，而且专业实践教学常常被简化成为获取某项职业资格（技能）证书的实践（操作）技能训练，而对研究、分析和传授工作过程知识缺乏基本的要求，这也是造成本科职教教师教育毕业生对口就业率低，职教专业硕士培养机构对口生源少等问题的重要原因[②]。

（二）职业院校教师在职培训

职业教育的快速发展对职业院校教师和管理人员能力提出了更高要求。20 世纪 80 年代后期，教育部开始着手建立职教教师职后培训机构和制度。

---

① 张洪华．中国职教师资培养的探索与创新（1978—2018 年）[J]．职业技术教育，2018（28）．

② 孙芳芳．我国职技高师发展问题研究 [J]．教师教育研究，2016（6）．

1. 职教师资培养培训基地的建设

从1989年起，教育部相继在6所直属重点大学和2所地方高校建立了职教师资培训基地，如同济大学职业教育学院主要对管理干部和校长进行培训。在此基础上，教育部1999年在《面向21世纪教育振兴行动计划》的框架内在普通高校和高等职业技术师范学院建立了56个“全国重点建设职教师资培养培训基地”，培训对象包括院（校）长等管理人员以及专业教师和实习指导教师。这一时期，人们开始注意到企业在职教师资培训中的重要性。从2001年开始，教育部在宝钢公司、海尔集团、第一汽车集团公司等大型企业建立职教师资专业技能培训基地。

2. 中等职业学校教师在职攻读硕士学位

进入21世纪，技术和社会的快速发展提高了职业学校教师的专业化要求，教师对在职攻读硕士学位的需求明显增加。从2000年起，教育部在13所有硕士学校授予权的职教师资培训基地，组织骨干教师和专业带头人攻读硕士学位，招生条件是在中职学校从事三年以上教学工作，有较高教学水平和一定科研能力。3年硕士学习中脱产学习不少于1年，硕士论文要与专业教学实践相结合①。中职教师在职攻读硕士学位项目提高了教师的学历水平，对职业院校教学质量提高起到了积极的作用。

在实践中，不同职业院校师资队伍建设工作的重点有所不同。一些高职院校关注教师队伍的学历提升，侧重于招收硕士甚至博士毕业生；有的院校依照教育类型界定高职教师资格标准，探索将企业从业经历作为认定教育教学能力、取得专业课教师资格的必要条件；有的院校将现有中职学校实习指导教师资格延伸到高等职业学校，适当放宽学历要求等。更多院校把“双师型”教师队伍建设作为教师发展的工作重点，着力提高现有教师的实践能力，并在教师来源上强化实践能力的要求②。

3. “双师型”教师培养

“双师型”教师是对职教教师的理想要求，“双师型”教师队伍建设经历了从关注教师个体到关注整个教师群体的发展过程，目前已成为整个职教教师队伍发展的目标。实践证明，单纯通过学校培养无法满足“双师型”教师队伍建设的需要，因此高职院校在“双师型”教师培养方面采取了很多措施，如鼓励教师利用寒暑假赴企事业单位参与实践锻炼；动员教师报考相关职（执）业资格证书，或取得相关实际应用的技术成果等。

2019年，教育部《深化新时代职业教育“双师型”教师队伍建设改革实施方案》提出以双师素质为导向，改革新教师准入制度和教师考核评价，具体的政策目标和措施包括：建立以职业技术师范院校为主体、产教融合的“双师型”教师培养多元办学格局，完善“固定岗+流动岗”的教师资源配置新机制，建立校企人员双向交流协作共同体，研制高等职业学校、应用型本科高校的教师专业标准等③。各地在师资队伍建设实践中也探索了多种教师培养方式。例如，教师参与相关技术改造活动，了解企业技术现状和需求，将

---

① 关于2000年开展中等职业学校教师在职攻读硕士学位的通知［EB/OL］.（2000-06-03）［2018-01-14］. http://www.moe.gov.cn/srcsite/A07/s7055/200006/t20000608_171687.html.

② 俞启定．高等职业教育的性质定位及高职教师队伍建设问题探讨［J］. 当代教师教育，2020（12）.

③ 伍玩秋，刘文彬，林毅贞．“双高计划”背景下高职院校“双师型”教师队伍建设研究［J］. 职教发展研究，2022（3）.

日常教学活动与企业生产结合起来，实现“双教学能力”的贯通和融合。又如现代学徒制前半段，学校教师任主讲教师，企业培训师任辅讲教师；后半段，企业培训师任主讲教师，学校教师任辅讲教师，从而形成校企人员双向流动相互兼职的常态运行机制，共同提升“双师素质”。

（三）职业教育教师的专业化发展

提高教师专业化水平，对实现职业教育高质量发展具有重要的意义，这既需要大量探索实践，也需要相应的理论支持。在产教融合、校企合作和工学结合的大背景下，职教教师只有提高知识技能水平，积累实践经验，提升教育教学能力并发展工匠精神，才能有效指导学生和解决教学实践中出现的问题。高职院校教师还应有基本科研能力，特别是针对课程教学改革开展行动研究，这涉及教师职业的专业化问题，也为教师的专业化发展方向给出了清晰的信号。

1. 教师职业的专业化

“职业的专业化”（professionalization）是社会学术语，指职业行为向社会公认的高度专业化的职业过渡的过程。专业化的职业（profession）指专业能力要求较高、由于劳动组织方式固定而能力构成明确，具有特殊社会威望的社会职业群体。美国教育学会曾提出专业化职业的八条标准，即：含有基本的心智活动，具有专门化的知识体系，需要长时间专门训练，需要持续的成长，提供终身职业生涯和永久成员资格，建有自身的专业标准，服务于个人利益之上，拥有强大严密的专业团体①。联合国教科文组织 1966 年在《关于教师地位的建议》中提出教师职业是一种专业，开启了“教师的专业化发展”的研究和社会实践②。我国对教师的专业化也有自己的观点，如强调有理论系统相适应的专业技术、不可或缺的社会功能、客观的服务态度等③。

我国职教教师的专业化发展遇到很多困难。例如，职业教育地位不高的社会现实使职教教师在整个教师队伍中处于不利的社会地位；由于缺乏权威性门槛，新增教师来源多样化，非（职业）师范教育事实上成为职教师资来源的主渠道，这又影响了职教教师队伍的专业化水平，从而形成恶性循环。

实现职教教师的专业化，首先应为职教教师建立一个共同的“职业描述”。目前《职业教育法》只是规定了“国家建立健全符合职业教育特点和发展要求的职业学校教师岗位设置和职务（职称）评聘制度”，“职业学校的专业课教师（含实习指导教师）应当具有一定年限的相应工作经历或者实践经验，达到相应的技术技能水平”（第 46 条）。《职业分类大典》罗列了不同类型教师的主要工作任务，如实习指导教师的“讲授实习课程、专业基础知识和职业道德、文明生产知识；示范、辅导实际操作技能，讲授安全操作规程；考核专业操作技能；编写实习教案、讲义、教材；组织生产实习和实习教学研究”。2022 年教育部发布《职业教育“双师型”教师基本标准（试行）》，规定“双师型”教师既要具备相

---

① National Education Association，Division of Field Service. The yardsticks of a profession，instituts on professional and public relations [M]. Washington D C：The Assciation，1948.

② 联合国教科文组织．关于教师地位的建议 [J]．外国教育资料，1984（4）.

③ 俞启定．中等职业学校教师资格制度研究 [M]．北京：北京师范大学出版社，2013.

应理论教学和实践教学能力，又要具有企业相关工作经历，或积极深入企业和生产服务一线进行过岗位实践，能够及时将新技术、新工艺、新规范融入教学。该标准还对中职、高职不同层级“双师型”教师应具备的条件提出了要求，如高职院校“高级”双师型教师应具有丰富的企业相关工作经历或经验，熟练掌握本专业工作过程或技术流程，在实习实训教学、设备改造、技术革新、成果转化等校企合作方面取得突出成果，取得重大的经济效益和社会效益。不同文件或标准在职教教师的职业描述中强调的内容有所不同，有的强调对职业教育情景和教育过程的理解，有的关注将教育理念与专业和教育学知识结合的能力。

从学术角度看，教师的专业化发展是教师个体和群体为争取本职业的专业地位，努力提升职业素质的目标、过程和结果①。德国教育学会认为，设置专门的、与相关学科协调（而不是对应）的大学教育专业，是实现职教教师专业化的基础②。法斯豪尔（U. Fasshauer）提出职教教师的专业化发展需要满足一定条件，如“经过长期的个体塑造，具有在不同教与学的情境中的职业活动和个人能力，在尊重权威和承担个人及职业团体责任的平衡中做出有价值的决策，有与内部和外部合作伙伴进行合作的能力和热情，有职业共同体语言但不影响与外部的语言交流”等③。

目前我国职业教育的师资问题正日益受到重视，实现职教教师专业化具有较好的法律和社会环境，但是在实践中还有一些困难。例如，如何建立和发展服务于职教教师培养的系统、独立的学科体系，并开展高水平的科研和教学？正如医生和律师通过将其职业经验知识发展成为独立的医学和法学学科而实现其职业的专业化一样，提高职技高师的学科建设水平，是职教教师职业的专业化发展的重要促进因素。

2. 职教教师培养的学科建设

职业的专业化是职业专业知识的科学化和系统化过程，成熟学科是专业化程度的重要标志，包括独立和具有学术权威的学科和高水平的科研与教学。联合国教科文组织职教中心于 2004 年颁布了“国际职业教育师资硕士课程框架”，希望以此为各国职教教师培养学分互认提供基础，促进各国职技高师师生的学术交流，从而推动职业教育成为国家和地区创新体系中的重要力量。该课程框架还试图通过促进“职业教学论”和“职业学科”两个基础学科的建设，提高职教教师人才培养质量并实现职教教师职业的专业化④。课程框架把所有职业学科的专业划分为 12 个大类，这对职技高师的专业群建设具有重要的指导意义，它们分别是：商业与管理、生产与制造、土建工程、电气电子工程及信息通信技术、过程技术及能源、卫生与社会福利、教育与文化、休闲旅游、农业、食品与营养、媒体与信息、纺织与设计、矿业与自然资源。课程框架五个部分的主要学习内容和学分安排见表 9-1。

---

① 闫智勇，吴全全，蒲娇．职教教师能力标准的国际比较研究［M］．北京：中国致公出版社，2018.

② Kommission Berufs-und Wirtschaftspädagogik der Deutsche Gesellschaft für Erziehungswissenschaft，Stellungnahme zum Studium für Lehrer/Lerinnen an beruflichen Schulen vom 21. 03. 1990，Dokument，Berlin，1990.

③ FASSHAUER U. Professionalisierung der berufsschullehrenden ［J］. Berufsbildung，1999（58）.

④ UNESCO-UNEVOC. International framework curriculum for a master degree for TVET teacher and lectures. Bonn/Hangzhou，2004.

表 9-1　国际职业教育师资硕士课程框架的基本内容

部分编号	部分名称	所含模块名称	具体学习内容	学分
第一部分	教育、职业教育与职业学科	模块一：教育、职业教育与人力资源开发的基础、理论与结构	教育、职业教育与人力资源开发的基础与理论，职业教育及人力资源开发在机构和技术层面上的基础知识，历史和跨文化视角中的职业教育与人力资源开发，工作过程中的学习与学习过程中的工作	39
		模块二：与职业学科相联系设计职业教育	职业课程、媒体与学习环境的开发与评估，职业教育理论与实践：教学基础、创新、学习过程的开发与组织，人力开发、特定社会环境下的职前教育和终身教育	
		模块三：在某一实践领域内的教与学	教育研究与职业研究开发的方法与技术，生涯教育、劳动力开发过程中对学生的教学、指导与调控，个人学习模式的评估与分析，媒体与学习环境的开发与应用	
		模块四：职业教育与人力资源开发的管理与评估	对教育供求的评估、测量与研究，职业教育与劳动力开发中的人力资源开发与组织发展，课程的规划与开发	
第二部分	职业学科及其教学论	模块五：职业学科 X	该职业学科、职业领域的发展史、标准及资格介绍，职业分析与课程开发	18
		模块六：职业学科 X 的职业教学论	对某职业学科的教学单元进行计划、实施与评估，学科特殊教学方法与媒体应用，工作过程中的学习，职业及工作过程学习与课程开发	
第三部分	专门化学习	模块七：职业学科内一个具体专业领域的学习	职业学科相关的科研和开发方法	18
		模块八：职业教育学领域的专门化学习	人力资源开发，国际职业教育研究、比较研究与文化研究，针对有特殊需要群体的职业教育，职业教育的评估（选修）	
第四部分	学位论文			15
第五部分	实习			15

（1）职业教学论。

职业教学论是研究“如何传授一个职业”的理论，即职业教育的（学科）教学论，是发展相对成熟的学科。20 世纪后期，人们认识到职业教学论关注教育教学问题，但与职业实践相对距离较远，在研究对象和研究方法上也难以与其他教育学学科区分开来，因而很难独立承担起职教教师专门化的学科重任。以德国不来梅大学和汉堡工业大学等为首的北德改革型大学从 20 世纪 90 年代初开始研究和建立将职业和职业教育作为共同研究对象的独立的学科体系，即职业学科。

（2）职业学科。

概念源自德语 Berufswissenschaft，直译为职业科学，是系统研究职业技术实践工作者（如技术工人、技师和技术员等）所需能力及其培养的科学，是德国高校根据职业领域建立的培养职教教师硕士层次的学业门类，在不同高校有不同称谓，德语统称为“职业性专业”（berufliche Fachrichtung），英文的解释性翻译是“职业和与工作有关的技术科学”（occupational and work-related science of technology），联合国教科文组织的文件将其简化为职业学科。德国职技高师设有 16 个职业学科专业，分为技术类、经济管理类和人员相关类三大类专业。其中技术类专业设有机械技术、电气技术、建筑技术和木工技术等 10 个专业，人员相关类专业设有健康与身体护理、社会教育学等专业。16 个职业学科对应职业教育的 13 个职业领域，约 400 个职业教育专业，涉及 3 万多个社会职业①。

职业学科是职教教师培养的核心内容，涉及一个职业类的职业和岗位、职业教育、工作组织和技术发展等范围广泛的专业知识与教育教学知识，包括：

- 职业分析：职业分析是职业教育、职业和劳动管理的基础；
- 职业教育过程的分析、评估与设计：研究、制订和评估符合职业学习规律的、基于工作的教学计划，按照职业能力发展规律设计教学媒体；
- 专业工作过程的分析、评估与设计：了解专业人员的知能结构，对能力进行科学的组合，为人力资源开发提供技术基础；
- 技术的分析、评估与设计：与工程师一起设计和开发新技术，考虑技术工人的因素并为其职业发展创造条件，是职业学科发展的最终目标②。

按照职业学科的理论，职业工作和职业教育过程不但是一个技术过程，同时也是一个社会过程，社会学、教育学和工程科学的研究方法无法单独满足职业学科研究的要求，而需要开发所在领域独特的研究方法。传统的工作分析研究将准确描述工作过程、确定工作所需要的知识技能以及确定标准工作过程模式与实际工作过程的差异作为研究对象，提供了一种重要借鉴，但还要把工作经验和“工作过程知识”纳入其研究范围，才能有效培养具有综合职业能力和创新进行的高素质技术技能人才③。

三、培训师和企业指导师傅

在各种培训机构和企业中有大量培训师和企业指导师傅，包括培训部门或培训工作负责人以及培训指导教师，有培训经理、培训工程师、实训教师等多种称谓。培训师是策划、开发、营销培训项目，制订、实施培训计划，从事培训教学、培训管理和培训咨询活动的专业人员。不同机构培训师的工作任务有很大不同，我国的培训师主要有两类，即企业培训师和职业培训师，他们从事新技术培训、企业内部流程改造和文化建设、客户、产品培训或企业实习指导等工作。德国建有完备的企业培训师（实训教师）制度，其组成、

---

① KMK. Rahmenvereinbarung über die Ausbildung und Prüfung für Lehrämter für die Sekundarstufe II oder für die beruflichen Schulen（Beschluss der Kultusministerkonferenz vom 12.05.1995 i.d.F. vom 07.03.2013）［S］. Protokoll vom 2013.03.07.

② HGTB. Studieninhalte der beruflichen Fachrichtungen Elektrotechnik［S］//RAUNER F，BANNWITZ A. Wissenschaft und beruf. Bremen：Donat，1993.

③ BERGMANN J R. 工作研究［A］//劳耐尔，麦克林．国际职业教育科学研究手册：下．北京：北京师范大学出版社，2017.

职责和资格要求相对稳定。

（一）培训（部门）负责人

企业培训（部门）负责人就职于专业部门或培训部门，有专职或兼职两种。一般从事培训管理工作的称为培训总监、培训经理，从事培训协调工作的称为培训协调员。他们通过分析信息、提供咨询，进行计划、组织和协调等工作，保证培训工作顺利进行，其工作职责主要有以下方面：

1. 培训需求管理

培训需求分为客观需求和主观需求。客观需求通过对工作岗位当前状况和理想状况之间的比较得出；主观需求是对员工个人能力和资格要求分析的结果，常通过业务主管和员工谈话得出。

2. 制订和实施培训计划

根据企业及其员工实际确定培训目标、制订培训计划、设计培训课程和组织方案、组织实施培训、管理培训经费等。在以外聘教师和外派培训为主的员工培训中，制订培训计划有重要的意义。

3. 培训的组织与协调

保证培训过程特别是培训班的组织工作顺利进行，如确定办班地点、开具各种证明、接站和票务等；撰写各种报告和文件，如培训总结、学员须知等；做好后勤保障，如教室、媒体和教材等的准备。

4. 培训咨询

旨在调动上级和下级员工的学习积极性：对“上”向领导层和人力资源部门就培训事宜提供建议，对“下”帮助员工和学员了解、准备和顺利接受培训。

5. 质量控制与评估

指所有保证培训质量和效益的措施，是持续的质量控制和改进过程，主要涉及教学质量、学习内容、教师和教学材料等的质量保障。培训负责人要向专业部门负责人宣传绩效管理的重要性，还要为其提供合适的评估工具。

（二）培训师的角色和任务

培训师分为外聘讲师和内部教师。外聘讲师是公司从外部聘请的课程讲师，内部教师或指导师傅往往由公司内部管理者或资深员工担当。培训师的主要任务是传授专业知识和技能，也包括培训的计划、组织和咨询，具体有：

- 设计和提供学习资源：挑选学习资源，结合企业和社会需要编写必要的教材，为不同层次和专题的学习者开列学习菜单。
- 针对学习活动提供咨询：包括培训需求调查与分析、培训目标和计划制订、培训实施、培训效果评估，针对学习者确定个性化学习目标、解除学习疑惑并提出学习建议。
- 解决学习过程中的问题：从企业发展目标、产品研发、竞争对手、营销渠道以及售后服务等方面给学习者提出建议，促进其所在组织工作绩效的提高。

● 评估学习绩效：对学习活动给予必要的评议和提出建议，确保学习者个人的学习成绩得到组织的承认。

培训师的工作涉及面广，这对培训师的能力提出了较高要求，除专业能力和相关领域的工作经验外，培训师还应具备较强的学习能力、管理能力以及与他人分享的愿望和高度的责任感，包括：

● 组织管理能力：具备一定领导知识和技能，如发现学员的性格特点、调动学员的学习积极性、能妥善处理社会冲突、建立良好的学习环境、消除成人学习障碍、为学员创造成功的机会。

● 个性特征和社会能力：知识渊博、能力全面的培训师能与学员交流并获得学员的尊重，热情、有感染力和幽默感等个人魅力会改善教学效果。

● 专业能力：包括本专业的新知识技能和专业思维，以及与本专业有关的背景知识，在社会、历史、技术和文化发展大环境中将本专业与相关专业进行横向比较。

● 教学能力：掌握培训需求与工作分析、考核评估等方面的能力，按照心理学和教育学规律进行教学设计、选择教学方法和教学媒体，能主动倾听、合理使用肢体语言和及时提供咨询支持等①。

2002 年，我国颁布了培训师的国家职业标准，把培训师职业分为三个等级，即助理培训师、培训师和高级培训师，并制定了培训师的职业标准，提出了职业鉴定要求②。

（三）培训师的培养

从世界范围看，目前并没有特定的培训师的培养模式。我国人社部门、行业组织和社会培训机构提供了多种类型的培训师证书课程供有需要的人学习；行业龙头企业和跨国公司出于对高质量培训的需求，也提供了丰富的高质量培训项目。事实上，培训实践成为造就培训师的摇篮，提高了培训师的整体素质。

培训师与职业院校教师不完全相同。教师以实施教学为主要工作，培训师则承担着更多的职责，对管理能力要求较高。具有教师资格证书的人不一定能胜任企业培训师的工作，高素质的企业培训师也可以参加教师资格认证，取得培训师和教师资格双证书。

德国是世界上少数制定了全国统一的职业教育培训师资格标准的国家。德国联邦司法部颁布了国家《实训教师资格条例》（AEVO），为双元制职业教育中的企业实训教师（Ausbilder）确定了基本资格要求。行会机构按照 AEVO 的规定开展实训教师培养，并组织相应的资格考试。按照 AEVO 的规定，德国实训教师应具备四个方面的职业教育学能力：（1）核查实施职业教育的前提条件，并制订职业教育计划；（2）关注组织和法律要求，做好职业教育准备工作；（3）采用行动导向方式，促进学习者在职业的典型工作过程和业务流程中独立学习；（4）实施成功的职业教育，并为学徒展示未来的职业发展前景。调查发现，尽管德国多数企业认可 AEVO 培训与考试，但是出于经济原因，事实上自愿为出资员工提供此类培训机会的企业比例并不是很高③。

---

① 众行管理资讯研发中心．如何成为优秀培训师［M］．广州：广东经济出版社，2003.

② 劳动和社会保障部，中国职工教育和职业培训协会．企业培训师［M］．北京：中国劳动社会保障出版社，2003.

③ 李思．对德国企业《实训教师资格条例》发展的探析［J］．职业技术教育，2019（21）.

第二节　职业院校的学生

职业院校的多数学生处于中等教育高中阶段和大学教育的本、专科阶段，属于青少年（15～22岁之间），正值青春期身心发展的重要时期。随着生理、心理的发育和发展以及学习压力的增大，特别是社会、经济和就业环境的不断变化，职业院校的学生身心发展日趋复杂，出现心理和社会问题也较为普遍，如自我意识方面的问题、情绪情感的困扰、师生关系和亲子矛盾、学习方法和求职就业问题等。本章重点从心理发展和学习行为两方面讨论职业院校学生的发展特征。

一、职校学生的发展特征

处于青春期的职校学生身体快速发育，有可能引发一些心理适应问题。一些教师把学生的心理发展问题简单地认为是单纯的纪律或德育问题，这会影响教育活动的结果和效果。

对青春期的传统看法是，它是人生的一个独特的骚动阶段。处于这一时期的个体有着极其不稳定的情绪、不可预测和困难的行为。文化人类学的研究发现，青春期的情绪状况在不同文化中的表现并不相同。在一些地区（特别是不发达地区），青少年会承担起成人的责任，出现不稳定的动荡期的情况相对较少，在另一些地区则不然。

（一）身体发育

青春期是人体生长发育的第二个高峰，身体外形表现出明显的性别特征，器官和组织逐步成熟，身体机能增强。这一时期，神经冲动传递速度大大增加，表现为反应灵活、行动敏捷等特点，为个体适应外界的复杂变化提供了物质基础；个体的认知水平也发展到了抽象思维和逻辑思维的最高阶段，这是人格发展的重要且危机多发的关键时期。一些学生青春期的起始时间和发展速度与其他多数同学相比有所不同，出现了早熟或晚熟现象（北京地区早熟青少年约占1%～3%），这有可能影响学生的心理适应和学习[①]。

1. 早熟

早熟男孩常与积极的评价联系在一起。他们相对身材高大、强壮有力，动作也更为协调，这使其威信和地位提高，在与同伴的交往中有较大的社会优势，常常会承担领导角色。早熟男孩往往表现出对女孩更感兴趣，也更受女孩的欢迎。社会比较认可和接受早熟男孩，认为他们有能力，希望其承担更多的责任。早熟女孩却因为个子高大或性成熟往往会感到尴尬，并对其自尊产生消极的影响。她们出现心理问题的可能性更大，如焦虑、抑郁等，出现行为问题的风险也大大增加。

2. 晚熟

晚熟男孩往往依赖性较强、好动、专横、反叛，在身高、体格、力量和身体协调性方

---

① 刘春生，徐长发．职业教育学［M］. 北京：教育科学出版社，2002.

面与他人的差距会导致其消极的自我认知。由于自卑，他们会变得自我意识更强，爱退缩，有时会试图通过藐视、袭击或者取笑他人等方法来补偿自己的不自在。多数晚熟男孩会延迟成年期的心理承诺，如较晚谈恋爱、对自己的职业地位预期不高。晚熟女孩看起来更像是小姑娘，在社会交往中常常处于不利地位，但是在情绪方面的困扰也相对较少。总的来看，晚熟对女孩的影响比对男孩更小。

在职业学校中还应注意学生的卫生和安全问题。例如，青春期男女生油脂腺和汗腺分泌旺盛，在体育运动后应注意保持良好的卫生习惯。由于学生个体发育不一致，尤其是有些学生的神经系统发育尚未完善，在体育课或实践实习教学中容易发生意外身体损伤。如果学生有损坏公物和设备仪器的现象发生，应查明是有意的还是由于发育问题引发的。原则上应尽量归于发育过程中的神经系统不完善的原因，而不宜过多批评学生①。

（二）情绪发展

情绪是个体生活中的重要组成部分。青少年在成长过程中，情绪情感逐渐脱离父母而追求自主，在日常生活和学习中会表现出一些特有的反应。

1. 情绪自主

随着年龄的成长，青少年在情绪情感上逐渐独立于父母，进入向父母争取自主的阶段，即情绪自主。情绪自主表现为更强的自我依靠、主动性、对同伴压力的抗拒、对自我决定和活动的责任感。这一时期，他们会对教师和父母形成复杂的看法，例如发现他们是不完美、有欠缺的，并试图以更加平等的方式与其交往，这是他们在塑造独立和自我认同的过程中迈出的重要一步。

2. 日常生活中的情绪

青少年在情绪发展过程中，经常会遇到与家庭的矛盾和冲突问题，如与父母的争执等。研究发现，学生的情绪状态与年龄有关，高中阶段往往是较为消极的情绪阶段，但多数家庭冲突不会导致实质性的家庭关系破裂。教师应采取积极方式促进这些问题的解决，支持青少年更好地表达自己的意见，鼓励其积极情绪的发展。

3. 同伴关系

同伴关系在社会性情绪发展中起着重要的作用，青少年与同伴一起度过的时间很多，对同伴的影响也很关键。同伴有助于个体调节情绪、建立自信，能提供情感的支持和安全感，这有助于青少年自我探索和建立情绪支持。随着同伴交往的深入，同伴对青少年个体情绪发展的影响也会更大。研究发现，在青春期，焦虑、忧伤和愤怒等消极情绪在同伴关系中的影响会有所增加。

4. 青少年心理社会性任务

按照埃里克森（E. Erikson）的心理社会性发展理论，职业院校学生处于人的第五个发展阶段，经历着在“自我认同”和“角色混乱”两极之间较为严重的危机，需要回答“我是谁?”和“我在社会中的位置是什么?”等一系列难题。由于身心变化和周围环境的影响，他们会对早期建立的心理社会认同产生怀疑并试图重新加以定义，需要体验不同的

---

① 雷雳．发展心理学［M］．北京：中国人民大学出版社，2021.

性别角色、职业角色和教育角色，在此过程中面临很多困惑：(1) 性生理成熟使其感到压力，但不知道如何处理由此产生的困惑；(2) 面对来自学校和社会的学业负担，对未来发展感到茫然；(3) 需要自主解决更多问题，但因缺乏价值判断标准而感到彷徨无助①。青年学生需要完成一些心理社会性任务，审视先前的自我，将其与新的特质、能力和承诺结合起来，才能塑造稳固自我，形成协调一致的自我认同。自我认同的形成过程很困难，青年人会遇到不同类型和程度的危机，只有顺利解决这些危机，才能形成正确的价值观、进行合理的职业选择，并最终形成忠诚、可信的品质和归属感②。

（三）发展过程中的问题

1. 问题青少年

“问题青少年”是一个社会学概念，指那些与传统道德或基本法规相背，行为有违一般社会或学校基本准则的青少年。这里的问题分为“外化问题”和“内化问题”两类。外化问题指对他人有伤害和破坏性的行为，内化问题指由于自责型情绪而带来的困扰。青少年的问题行为有多种，其好发时间和严重程度各有相同。有的问题行为较多发生在较低发展水平阶段，如争吵、打架和校园欺凌多出现在年幼的青少年身上，而逃学、滥用药物多出现在年龄较大的青少年身上；一些与学校运行和管理有关的问题则在任何阶段都可能出现。

在了解和分析青少年问题行为时，首先要注意三个方面的特点：(1) 持续时间，即问题行为是偶尔发生，还是经常出现。偶然的尝试性行为通常无伤大雅，但其发生率高于持久性的危险行为。(2) 问题起源，即是在青春期萌芽的新问题，还是以前就有的问题。(3) 问题的本质。一些问题是暂时的，进入成年期后就会消失而不会产生长期影响。例如根据调查，西方青少年人群中滥用药物、酗酒和犯罪的比率高于成年人群体，但是这些人多数在成年后并没有很大问题，多数会变得审慎行事，遵纪守法。

研究发现，来自社会底层的青少年比来自中产阶级家庭的更容易成为问题人群，他们的多数问题属于失控的外化问题，例如破坏公共物品或私人物品、打架斗殴等。此类行为多发生在男孩身上。中产阶级家庭背景的青少年更容易出现因过分控制而引发的内化问题，如焦虑或抑郁，发生此类问题的女孩比例较高。

2. 抑郁

抑郁是心有愤恨，不能诉说而烦闷的心情。青春期较普遍的抑郁症状表现为写病态诗歌或沉迷于忧伤的音乐等。睡眠障碍也是经常出现的问题，有的青少年通宵达旦玩游戏，无法按时睡觉起床，上课无精打采。国内一项大样本调查发现，35.5%的中学生可能存在或多或少的抑郁问题，女生抑郁的得分高于男生，抑郁发生率表现出随年级升高而逐渐增高的趋势，年级之间差异显著。

引发青少年抑郁的常见原因是生活中的（不良）经历，如与家人或朋友的冲突、失恋、学业表现差等。青少年的抑郁与家庭因素有关，如缺乏父母的情感支持、父母婚姻问

---

① 斯莱文．教育心理学［M］．北京：人民邮电出版社，2004．
② 张春兴．教育心理学［M］．杭州：浙江教育出版社，1994．

题和经济窘迫等。与成人相比，青少年处理不确定、不一致、不完美的能力和妥协能力较弱，因此要特别关注青少年“亲密”与“孤独”的冲突问题[①]。

3. 人格障碍

人格障碍（personality disorder）是一种持久的、不可变的、不适应的感知、思维或行为模式。这些模式可以严重损害一个人在社交或职业场合的功能，造成显著的痛苦。人格障碍通常在一个人进入青年或成年早期时即可被识别。人格障碍有多种类型，主要有偏执型、表演型、自恋型和反社会人格障碍。

● 偏执型人格障碍：对与其打交道的人表现出不信任和猜疑，怀疑别人有伤害和欺骗的意图，会从无害的情境中找出隐藏的不愉快的意思。

● 表演型人格障碍：常常过分情绪化，做出一些不合时宜的事情成为被关注的中心，经常会感情用事。

● 自恋型人格障碍：有一种夸大的自我重要感，被成功或权力的想象所占据，需要持续的赞美，在人际交往方面表现自私，不愿体验他人的感受。

● 反社会人格障碍：缺乏责任感，不遵守法律分工和社会行为规范，有说谎、偷窃和打架等不良行为，且对自己的伤害行为不感到羞耻或后悔。

目前对人格障碍的研究与其他障碍研究相比较少。研究表明，人格障碍的发生有基因方面的原因，而环境因素对于人格障碍形成也有一定影响[②]，如社会上的不良风气和不合理现象等，会影响青少年的道德价值观，使其产生对抗、愤怒、压抑和自暴自弃等不良心理而发展至人格障碍。反社会性人格障碍患者往往有一些程度不等的危害社会的行为，收容于工读学校、劳动教养机构对其行为矫正有一定帮助。人格障碍随着年龄的增长有可能缓和，如反社会性人格障碍的人在中年以后尽管仍存在人际关系问题，但攻击性行为会大大减少。

二、职校学生的行为特征

（一）心理特征

目前职校学生在学习方面出现的问题主要集中在情感特征层面，如学习的积极性和主动性不高、自控能力弱、自我效能感较低等，这些问题与职业院校的生源特点（如普高毕业生或中职毕业生）、年龄和具体专业等有一定关系。总的来说，职校学生大多倾向于形象思维，动手能力较强，在内省、空间、运动和观察等智能方面没有明显劣势，他们普遍喜欢在实践中学习和通过实践学习、重视职业技能证书的考取，选课更关注实用价值[③]。

1. 学习心理

由于受家庭和社会对职业教育不同认识的影响以及个人理想、信念的差异，职校学生的学习动机比较复杂。有很大一部分学生的学习动机是被动的、低层次的，目标不够明

① 雷雳．发展心理学［M］．北京：中国人民大学出版社，2021.

② 格里格，津巴多．心理学与生活［M］．北京：人民邮电出版社，2007.

③ 林芸，宋艳萍，谢媛媛．高职学生学习动机激励策略的探讨［J］．教育与职业，2012（17）.

确，如混一张文凭以便将来好找工作；有的是为了父母面子，服从家长意愿，迫不得已地到职校学习。学生学习自觉性、积极性不高是普遍现象。有部分学生的学习积极性较高，如学习文化理论是为了将来对口升学深造，学习技能是为毕业后找到报酬高、环境舒适的工作，过上幸福的生活。还有部分学生有明确的奋斗目标，能把当前的学习与远大理想结合，如学习是为了振兴祖国，为了提高行业技艺水平，或为学校争光等，这些学生的积极性高，学习成绩也好。

2. 情感心理

职校学生的情绪情感最能体现他们内心世界的丰富和复杂多变。青年学生多数富有理想、兴趣广泛，他们愿意将人生的理想追求与所学专业和未来的职业联系起来。由于参加企业实习、社会服务和实践等活动，职校学生的见识广泛，并产生了更加具体和丰富的审美要求。不过，职校学生中“失败者”的心态也比较普遍，很多学生存在着不同程度的自卑，有的甚至发展成为心理疾病，给正常的学习和生活造成障碍。面对社会上普遍存在的文凭歧视和偏见，以及劳动力市场上的就业竞争，他们对生活逆境没有充分的心理准备。在经历多次挫折后，一些学生会对社会态度冷漠，甚至怀有戒心，对集体活动冷眼旁观，置身于外。在社会和家庭的双重影响刺激下，个别学生的心理压力较大，情绪消极，狭隘、孤僻、抑郁、怯懦、偏执性等不良性格倾向成为少部分学生的个性心理特征。

3. 就业心理

对大多数职校学生而言，入学的目的就是学习专业知识和技能以便将来寻找合适的工作，这是正当、客观的追求。现在社会实行“双向选择、自主择业”的就业制度，但多数职校学生还是寄希望于学校或家长帮助解决自己的就业问题。一些学生自信心不足，担心自己的学历低、专业技能水平不高，害怕出现“毕业即失业”的结果，并为此寝食不安，紧张焦虑。有的学生就业意识比较敏锐，在校期间借助各种途径了解、分析企事业单位的招工动态，及时捕捉有用的就业信息，较为积极主动。但也存在心态不稳定的现象：当听说本专业就业形势大好时就会欣喜万分，学习劲头十足；但如果了解到某些地区本专业就业困难时又会情绪低落，学习劲头一落千丈①。

（二）学习行为特征

学生的学习行为特征在很大程度上影响着学习的过程和结果。多数职业院校学生以往的学校教育经历没有有效帮助他们充分发展认知能力，并形成良好的学习习惯。由于缺乏足够成功体验，他们往往没有足够的学习自信心，学习准备不足。这些不足既表现在学习动机方面，也表现在数理思维和语言认知能力，以及对学习过程的自我控制和调节方面。

1. 个体学习特征

与普通教育相比，职校学生的异质性更为明显，特别是在中职学校。一些学生智力发展较好，但非智力因素较弱，知识接受能力强但毅力不足，学习不努力，行为习惯不好；有的学生智力一般，但学习踏实、行为习惯较好，有较好的学习动机；有些学生智力因素和非智力因素都一般，没有较好的学习动机，行为习惯也一般。极少数中职学生由于存在

① 袁华，郑晓鸿．职业教育学［M］．上海：华东师范大学出版社，2010.

重要知识缺漏，造成读、写、算等基本能力水平低下。

职校学生不同程度地存在学习准备不足的问题，主要表现在：

● 学习目标不明确：由于以往学业成绩不理想，进入职校学习常常是最后的选择。一些学生学习目标不明确，缺乏生涯发展规划，不知道如何更好地安排自己的学习和今后的发展道路，学习态度不够认真，行为随意散漫。职校教师应把握学生特点并进行合理引导，但个别学校存在老师不努力教、学生不愿意学的现象，双方相互影响，形成恶性循环。

● 自信心不足：职校学生的自信心往往不足。调查发现，对于取得好的成绩，职校学生常归因于外部因素，而对于学习成绩不理想，则更多归咎于学习自控能力、努力程度和学习方法弱等自身因素，这反映了学生在学习上的不自信。职校学生有时在其他方面，如解决日常生活问题、与人交往、参与社会公众活动和获取社会文化信息等方面也缺乏足够的自信，造成悲观情绪和自卑心理。

● 学习动机不强：职校学生学习内驱力不足，表现在做作业不爱动脑筋、不求进取等方面，且学习的实用化倾向较为明显，追求学习的实用主义。例如，一些学生对专业理论课程兴趣不足，而只是关注与高考或就业有关的文化基础课科和专业技能训练课。他们对学校教育缺乏信任，如果感受不到职业院校的关注、爱护和帮助，其学习积极性会更低，并有可能丧失对学校教育的兴趣。

● 学习方法和习惯问题：很多职校学生没有好的学习习惯，没有合理的学习策略。有些学生在课堂上无法将注意力长时间集中到学习内容上，课下也不会主动进行复习巩固，学习主要被动依赖教师的督促。很多学生在日常生活和工作中没有自我调控能力，甚至缺乏自我调控的意识，很难高质量地完成抽象化程度较高的工作和学习任务。

与中职学生相比，通常高职院校学生的学习能力和动力明显更强，其学习者行为层面的表现也更为积极。高职院校学生在学习中有如下特征：容易形成基本甚至娴熟的操作能力，尽管知识与实践的有效联结欠缺；专业认知发展水平不高，知识加工依赖实践支持，内化迁移能力较弱；主要互动方式为生生互动，师生互动较弱，协作能力发展良好，互动和合作可有效促进学习能力提高；解决问题能力尚处于较浅层次，反思性不足，但可以在行动中修正完善方案，学习行为受制于个体的经验①。需要注意的是，有时人们对职业院校学生的评价，是刻板印象。

偏见

偏见是针对特定目标群体的一种习得性的态度，包括支持这种态度的消极情感（厌恶）和消极信念（刻板印象），以及逃避、控制、征服和消灭目标群体的行为意向。社会偏见起着过滤器的作用，一旦人们对某个目标群体的成员产生偏见，就会以一定的方式看待和对待他们。

偏见是社会现实被扭曲的反映，对人的自尊和人的社会关系具有很大的伤害，它能够贬低人的人格甚至毁灭人的生命。心理学研究发现，借助社会分类过程，人们把自己和别人分成不同群体来组织社会环境。最简单的分类形式是判断别人是否

① 马欣悦．高职学生学习者特征及教学策略研究［D］．上海：华东师范大学，2021．

与自己相像，即区分“我与非我”和“我们与他们”。人们一旦被看作“我们”之外的外团体成员，就可能成为泄愤和不公平对待的对象。有时，一些非常细小的线索也能引发对外团体成员的偏见①。

调查发现，职校学生大多来自中低文化水平、中低收入水平的普通劳动者家庭，大部分学生在家庭中都获得了基本的抚育和教养，但由于家长能力和家庭条件有限，很多学生在家庭中无法得到学习和职业发展方面的指导和帮助，在学习费用上得到的支持也有限。

2. 学习困难与“学困生”

在职业院校特别是中职学校存在部分学习困难的学生，主要表现为学习成绩和学习习惯都比较差。在我国，学习困难指学生的智力和心理发展进程均属于正常范围，但是学习成绩长期达不到要求，而且这种学习困难不容易被克服。长期处于学习困难状态的学生就是所谓的“学困生”。大部分“学困生”缺乏足够的学习动机，对学习有畏难情绪，看不到目标与希望，存在厌学的现象。“学困生”的产生有外在客观原因和学生自身的主观原因。外在原因包括：

● 家庭环境的不良因素：如教育方法不当，或骄纵，或失控，或棍棒教育，有时家庭结构不全也会造成学生精神受挫，心理状况不良。

● 学校教育环境不良的影响：教育方法不当，如校园不良风气的影响，教育教学措施不恰当，学校教育与家庭教育相脱节等。

● 社会环境的不良因素：所处不良社会环境的影响，成年人的教唆和引诱，不良出版物和音像制品的影响，结交坏朋友等。

这些因素在不同时期的作用不一定相同。少年时期的家庭因素影响较大。之后，学校方面的不良影响成为重要原因，而不良社会环境对后进生会逐渐产生影响。在职业教育阶段，随着社会交往增多，学生如果接触不好的社会人员，就有可能产生消极的意识。当前在学校教育与社会现实之间、新老观念之间存在着剧烈的冲突。中职学生的辨识能力和心理承受能力比较弱，有可能把消极或腐败的东西作为目标去追求。一些中职学生人生标准要求较低，自我要求不严，把物质和生理上的刺激作为主要追求。他们貌似大人，内心却还幼稚，易于冲动或感情用事，在挫折面前容易失望和消沉，产生不良行为。常见的不良行为有逆反性行为（如经常随意违反班规校纪）、发泄性行为（如受批评或遇挫折后采取的暴怒、报复和迁怒等行为）、懒惰性行为（如懒散拖沓、厌恶劳动等）、攻击性行为（如挑衅闹事等）、团伙性行为（如组织帮派等）。事实上，职业学校“学困生”的不良行为多数并不生产于职业教育期间，而始于小学、初中阶段的不良习惯。很多“学困生”对自己的状态也很苦恼，他们也有成功的愿望和要求②。

从某种意义上说，每一个学生都有特殊性，没有任意两个学生在行为方式、活动偏好、技能和动机等方面是完全一样的。目前职业院校的班级管理模式对大多数学生而言是

① 格里格，津巴多．心理学与生活［M］．北京：人民邮电出版社，2007.

② 夏金星．职业教育心理学专题［M］．北京：北京师范大学出版社，2012.

有效的，但是一些学生由于存在着生理或者感知障碍，需要获得特殊的帮助。学生一旦被贴上某种标签，这种标签很容易被固着在身上，其本身也可能成为学生发展的障碍。职业教育教学人员应避免使用任何一种标签，以防无意中使学生蒙上污名而受到伤害。职业院校对那些学生在能力、心理和社会方面的差异要有敏感性，不歧视出现各种问题的学生，而是把他们当作平等的人①。当学生犯错误时，应用宽容的心态去引导他们。对自卑感和自尊心强的“学困生”应实施鼓励性评价，对学生的哪怕是极微小的进步，也要给予表扬。通过具体、细致、系统的目标引导，使学生感到有信心、有能力学习，从而形成自我引导能力和自主学习能力。总的来说，此类学生的进步，需要教师付出更多的心血和努力。

（三）自我认同及其影响因素

1. 自我认同和职业认同状态

自我认同感是个体自我认知程度的标志。职业认同是自我认同的重要组成部分，指个体对所从事职业的社会价值的肯定性评价，从内心里认为它有价值、有意义，并能从中找到乐趣。职业教育学习期间，是学生自我认同发展的重要时期。只有建立充分的自我认同，才能有效建立信心和自尊，并为未来的职业发展奠定基础。马希耳（J. Marcia）用探索和承诺指标评估自我认同的发展，并确定了 4 种自我认同的发展状态：

- 自我认同完成者：有高度的自尊、成熟的自我感和（职业）道德，对学习、工作和职业发展有积极的看法。
- 自我认同延迟者：因面对诸多选择而感到迷茫，由于学习和职业发展的苦难而感到困惑或沮丧，极端情况下有可能放弃对自我认同的探索。
- 自我认同早闭者：立场顽固僵化，拒绝改变，在职业院校较为少见。
- 自我认同扩散者：学习和职业生涯发展的失败者，逃避现实，不寻求自我认同感。

对每个具体的学生而言，其自我认同会随着外界变化和自身发展呈现出不同的状态。有的同学会从不太理想的自我认同状态走向更为理想的自我认同状态，但也有同学会走相反的道路。从青春期后期开始，越来越多的人会接近自我认同状态，教师应设法促进这一状态的实现②。

2. 自我认同的影响因素

自我认同的形成是一个终生发展过程，个人和环境的变化对自我认同的建立和重新塑造具有重要的影响。影响自我认同的主要因素有：

- 人格特征：这既是实现自我认同的成因，也是自我认同影响的结果。例如，对所有事物都充满疑虑的人容易出现自我认同扩散，而能按照合理标准对多种可能性做出选择的人，则容易达到认同完成状态。
- 家庭特征：当家庭能够给青少年提供更多安全感时，能够提升自我认同；如果家庭

---

① 斯莱文．教育心理学［M］．北京：人民邮电出版社，2004.

② MARCIA J E. Identity and self-development ［M］ //LERNER R M，PETERSON A C，BROOKS-GUNN E J. Encyclopedia of adolescence，vol 1. New York：Garland，1991.

成员沟通不好，或父母提供的支持较少，则容易形成自我认同扩散。

● 同伴交往：在学校和企业的同伴交往可鼓励青少年对不同角色进行探索，老师和师傅可以提供情绪支持并成为自我认同发展的榜样。

● 学校、社区和实习企业：提供丰富探索机会的学校和实习企业能促进自我认同的发展。

此外，文化价值取向、社会发展和情绪变化都可能对自我认同发展造成影响。自我认同完成的学生会在广泛的领域表现出积极的适应模式，显示出较高的共情能力和道德判断力，富有同情心，能够容易找到有效的方法调节和释放紧张情绪。自我认同延迟的学生会表现出更多的焦虑①。

三、职校学生的学习生活

（一）高职校园生活

中职学生的校园生活与小学和初中相比没有明显的区别，但是对于高职院校学生来说，高校学习意味着巨大的生活转变。他们离开熟悉的中学校园学习和生活环境进入高校，面临新的压力和挑战。一些同学会出现所谓的"新生适应反应"，即与学校体验相关的心理症状，如孤独、焦虑和忧郁等。能否尽快适应这一变化，直接影响着学生的学习和生活，也会影响其今后的人格和职业生涯发展。研究发现，多数新生对大学生活充满好奇，有强烈的交往需求，但经过一段时间后这种热情会明显降低。随着时间的推移，新生适应能力的个体差异会显露出来，而且这种适应能力的差异是相对稳定的。

大学学习是人的智力发展和个人成长的重要阶段，学生受所学专业、课程、校园文化、教师和同学的影响，在思维方式、人生观和价值观等方面会发生变化。职业院校课程，特别是专业课和实践教学活动会让新生增长见识，赋予其新的思维方式；实践学习和企业实习会为其提供新的角色体验，当然不同课程产生的影响是不同的。学生所选专业与其个人兴趣是否一致，对其将来的生涯发展具有重要影响。研究发现，大学阶段常常会发生思维方式的变化，经过一段时间的迷茫之后，多数学生会逐渐形成自己的价值观并做出自己的判断。

调查表明，进入21世纪后我国大学生成就动机的总体水平有所降低，一些学生上大学以后或沉迷于游戏，或昏睡于宿舍，浑浑噩噩度过几年时光。如何提高大学生的学习动机和学业成绩是重要的课题，如提高学生对课程内容的参与度和积极的预期，增加归属感和认同感，增强课程价值的感知，等等。

（二）企业实习与师徒关系

在职业教育校企合作、产教融合大背景下，职校学生都会不同程度地参与企业实习，包括跟岗实习和顶岗实习等多种类型。实习成为职校学生重要的学习和生活经历。

---

① 雷雳．发展心理学［M］．北京：中国人民大学出版社，2021.

1. 师徒关系

在实习期间的学生具有双重身份，即职校学生和企业实习生，他们与企业安排的指导师傅建立了师徒关系，即：在真实工作环境中，具有专业知识、技能和工作经验的员工，为经验技能不足的人员（实习生）提供工作帮助和心理支持。师徒关系是职业教育阶段重要的社会关系，建立良好的师徒关系，对保证学生的学习收获具有重要的意义。

在实习单位，实习生与指导师傅、基层管理人员（如班组长、生产线长、车间主任等）等共同工作和学习，这既包括生产活动过程，也包括工作中的休息。与学校相比，实习单位人员的经历、个性和行为特征差别更大，建立良好的工作氛围更为困难，这取决于多种因素，如工作满意度和成就意愿等。同事之间良好、健康的关系是建构积极工作氛围的基础，这需要高素质的管理人员、适当的管理工具，以及所有员工对公司的承诺和责任心。

实习生要适应企业的工作环境，习惯企业中的为人处事方式，包括共同的职业和工作道德、生活情趣、谈话基调以及相互间的认可和尊重。实习企业的工作环境受以下因素的影响：基层负责人的行为方式、同事之间是否和睦相处、住宿和餐饮等生活条件、工作安排、工作条件和工作满意度、薪酬待遇等。

对实习生来讲，指导师傅具有重要的意义。他负责实习生的日常管理和指导，在实现自身安全生产和经济效益的基础上，对实习生的指导应符合实习生的能力水平和期望。指导师傅的“权威性”对实习生的学习收获有重要影响，这包括：

- 外部权威：基于师傅的资历和工作业绩建立的权威，主要影响外部世界，还不足以保证其在团队内部被实习生所认可。
- 内部权威：通过优秀的知识技能、良好的性格、模范的生活和工作表现，以及令人信服的领导力获得的权威。

一般情况下，内部权威是指导师傅获得尊重和认可的基础。由于缺乏成熟的培训制度，目前优秀的指导师傅并不多见，常常是可遇而不可求。作为实习生，应当虚心接受师傅的指导。只要师傅真心对待实习生，给予适当的指导和激励，实习一般能取得一定的成果。

实习生在实习期间会遇到多种困难。按照埃里克森的心理社会发展理论，人际关系在个体人格发展中具有重要的作用。每个阶段发展危机的解决，在一定程度上都取决于特定的人际关系（如亲子关系、同学关系、师生关系）的性质。在实习期要想建立良好的人际关系，需要学校实习管理教师、企业管理者和指导师傅共同营造氛围，也需要实习生不断提高自己的人际交往能力。如果指导师傅对实习生的需求关注不够或过度冷漠，或者实习生有工作态度问题，实习生、指导师傅、基层主管和学校实习管理教师应及时沟通解决，使实习生尽量融入企业的生产和发展中，实现企业绩效提高和实习生成长发展的双赢。

2. 企业的管理方式与工具

所有企业在其发展过程中都形成了独特的管理风格，能够有效平衡管理者和各层面员工的责权利，保证生产或服务的顺利进行。每一种管理风格中都包括了上级（含指导师傅）对下级（含实习生）的典型行为方式，如工作安排、赞赏、批评、惩罚和教导等。通过工作安排，指导师傅确定工作任务和工作过程，要求实习生按照一定标准进行相应行动，并完成工作。实习生应了解企业内通行的管理方式。

● 指正。对错误的行为或工作方式进行批评的最佳方式是指正。在技能训练中，犯错是学习过程中的一个自然行为。学习者的热情和投入越大，犯错的概率越高。改正错误是前进的动力。通过及时指正，实习生会意识到自己的错误并加以纠正，在纠正中学习，避免不当行为的重复和固化。师傅在指正时，应说明错误的危害或产生的原因。

● 责备和惩罚。在某些特定的情况中，责备甚至惩罚不可避免。师傅必须明确提出警告才能防范重复性错误，如工作中缺乏必要的洞察力、鲁莽、疏忽、混乱和不守时等。如果正式的责备没有带来改善，那么就要给予惩罚例如要求返工、扣工资等。责备和惩罚不是常用手段，仅限于针对严重事件，而且只有被罚者心服口服时，才能起到积极作用。

动机是直接推动个体进行活动的内部动因或动力，是在不同情况下表现的取得好成绩的意愿。动机对学习过程和学习成果尤为重要。人的动机与个体的自我评估，以及为自己设定的目标有直接的联系。人们一方面害怕失败，另一方面又希望获得成功。不同人对失败有不同的反应：有人认为只是暂时挫折，愿意通过自身的努力克服它们；有人在失败后会一蹶不振，在面对艰巨的任务时会早早放弃。

● 表扬和赞美。对于实习生和新员工来讲，表扬和赞美是重要的激励手段。通常领导或师傅的赞扬总是很少，他们认为良好的表现是理所当然的。但事实上，实习生或新员工期待其正确的努力方向能得到积极反馈，表扬和赞美能够增强其自信心和自尊心，并提高学习意愿。表扬和赞美是在正确的时间以适当方式认可员工的行为、工作表现和取得的成就。表扬和赞美是一种领导手段，需要遵守一些原则才能取得积极的效果。表扬和赞美不是常规手段，仅仅在特殊情况下才能使用；要诚实而有说服力，可信而不夸张；要直接公开。表扬和赞美可促进和谐和开放，有助于建立良好、互信的工作关系。

● 评价和激励。指导师傅对实习生的工作成果会给出评价。在企业管理活动中，不只是需要漂亮的赞美之词，经济上的认可（如奖金）也非常重要，特别是当下级或实习生付出额外的劳动时。

员工激励可以通过其他方式实现，如额外的休假、邀请参与休闲或庆祝活动、颁发礼物或劳保用品等。对实习生个人的评价不一定要绝对客观。对优秀学生来说，如果表现不是特别优秀，他们会感到焦虑；而对于一些较弱的人来说，达到平均成绩已经是极大成功了。考虑到个人发展，在实习阶段，即使微小的进步也应受到关注，工作任务应根据不同学生的能力进行调整。

● 批评与自我批评。在企业的工作组织中，工作关系密切人员之间的相互认可很重要，通过批评与自我批评进行互助，是重要的管理手段，对帮助实习生确定发展方向、认识和改进缺陷具有重要的意义。在开展批评时应树立一些基本理念，如应客观指出错误和如何避免发生这些错误；批评应尽量在小范围内进行，允许被批评者进行解释。值得注意的是，指导师傅批评时应当谨慎，不应损害学生的个人尊严，应考虑被批评者的个性特征和敏感性控制时间和程度。对实习生来讲，应切记在实习中需要理解和遵守的某些特定的规定甚至禁令，这既是为了保护自己，也是为了维护企业的利益和声誉[①]。

对我国职业院校学生企业实习的调查发现，影响学生企业学习效果的主要原因是：学生想多动手、尽早达成职业学习目标，而企业师傅担心"干坏活"；学生需要师傅指导，而师傅注重生产效率。要想改善职校学生的企业实习状况，建立沟通机制，企业、学校、师徒共同协商制订规划，确保学生的实习进展速度，发展亦师亦友型师徒关系，强调职业生涯指导、社会心理支持、角色楷模等功能，具有重要的意义[②]。

概念术语

"双师型"教师
问题青少年
学困生
《教师资格条例》
《中华人民共和国教师法》
埃里克森
表扬和赞美
不良行为表现
德国《实训教师资格条例》
高职校园生活
个体学习特征
教师任职资格
教师职业专业化
刻板印象
联合国教科文组织职业教育中心
培训（部门）负责人
培训教师
培训师
批评与自我批评
偏见
企业实习
青春期
情绪发展
情绪自主
权威
人格障碍
师徒关系
实习指导教师
实训教师
同伴关系
文化课教师
行为特征
学习困难
学习生活
学习行为特征
一体化教师
抑郁
早熟、晚熟
责备和惩罚
职技高师
职教师资培养培训基地
职业技术教育师资班
职业技术师范大学
职业技术师范学院
职业教学论
职业认同
职业学（科）
职业院校教师
指正
专业化职业
专业课教师
自我认同

---

① AUER-BETSCHART E，LOHSE H W. Erziehung und Menschenführung［M］//Berufs-und Arbeitspädagogik. München：BLV-Verl.，1996.

② 薛鹏飞．职校学生在企业实习中是如何发展的？［D］．北京：北京师范大学，2020.

复习思考题

1. 为什么说“双师型”教师队伍建设具有重要的意义？

2. 为什么说职业教育教师的“职业专业化”具有重要的意义？我国在此方面遇到了哪些困难？存在哪些机遇？

3. 职业教育的学生有哪些特点？社会上对职业院校学生存在哪些偏见或刻板印象？

4. 如何理解职业教育中的“学困生”问题？

5. 如何理解现在职业教育（如现代学徒制）中的师徒关系？为什么说有必要建立企业辅导教师制度？

第十章　职业教育质量保障

本章导读

本章首先介绍职业教育质量保障的概念、理论基础、质量保障体系的特点和职业教育监测与评估体系（M&ES）。其次讨论职业教育的评估，包括评估范式、职业教育评估指标和评估方法。最后讨论职业教育学业评价，包括学业评价的标准、学业评价方法，以及对职业教育发展特别重要的技能考试和职业能力测评。

重庆市开展职业能力测评

重庆市教育评估院曾经对该市中职汽车运用与维修专业学生职业能力发展情况进行了 COMET 职业能力测评，在此基础上对职业能力成长特点以及能力发展影响因素进行了分析（见本章第三节）。

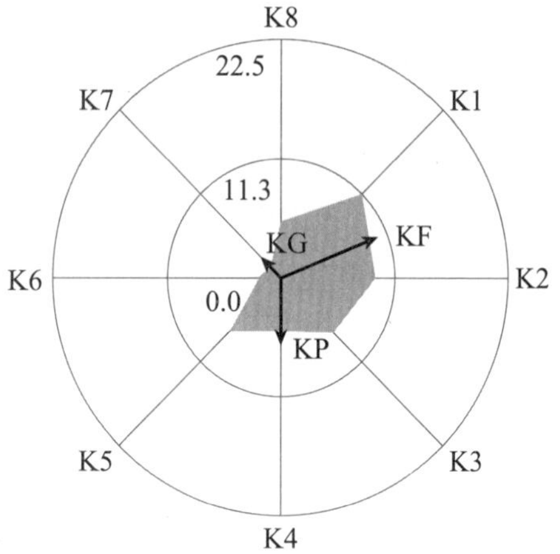

测评结果发现，各校学生职业能力水平差异较大，其中 9 所学校超过 50%的学生仍处于名义性能力水平。从学生总体职业能力轮廓看，功能性能力优于过程性能力，设计能力最低。在 8 个一级指标中，直观性与展示性（K1）、功能性（K2）、使用价值导向（K3）和生产流程与工作过程导向（K5）相对较好，而在环保性（K7）和社会接受度（K6）等综合素质方面还需进一步提高。

分析发现，职业学校的教学难点与职业能力没有直接联系，即教学“难点”可能是普通文化课，或者是与实际工作联系较少的专业理论。这些“难点”有可能引发学生学习自信心下降，从而影响学业和整个职业能力的发展。

大部分学生对自己学校的教学组织给予了积极的评价，约 2/3 的参评学生满意自己在学校的表现，并对实习给予积极评价，学习兴趣比入学时更高。随着职业能力水平的提高，学生对学校教育（包括实习）的满意度也在提高。

数据表明，企业实习对学生职业能力发展有着重要的促进作用，特别是当学生有机会参与到企业的重要工作中时。岗位学习和实习期间的指导与职业能力发展有直接联系。总的来说，企业对待实习学生态度不错，但很多企业还是将学生作为一般劳动力看待，这一方面表现在实习岗位对口率不高，另一方面表现在企业较少允许学生参与重要工作，更多还是让学生做一些简单工作。

第一节　质量保障的基本概念

质量是职业教育的生命，关系职业教育事业的健康发展和社会认可。为了保持和提高职业教育质量，职业教育机构会按照一定的质量目标、政策、执行标准和规定程序实施教育培训活动，即进行质量保障。质量保障①是来自生产管理的概念，其基本含义是确定和拟订产品或服务标准并不断改进，以确保其尽可能没有缺陷。质量保障水平的高低主要是通过顾客对产品或服务的满意程度体现的。

一、质量保障的理论基础

在质量保障领域中有两种主要的理论，即来自企业管理的“全面质量管理”和来自公共管理的“评估”，其主要区别是：企业质量管理有单一明确的目标，即实现利润最大化；公共部门和非营利组织追求综合化的目标体系，包括社会效益和经济效益。

（一）全面质量管理与ISO9000质量管理标准

一个组织（如学校或企业等）质量保障的主要任务是确定质量方针并贯彻落实这一方针，内容包括质量规划、质量控制、质量保证和质量改进等。质量保障主要通过建立和实施系统化的质量保障体系实现。在人类工业发展的历史进程中，质量保障经历了三个阶段：一是事后检验的质量管理（19世纪末到20世纪40年代），二是统计质量控制（20世纪40年代到60年代），三是全面质量管理（20世纪60年代至今）。

1. 全面质量管理

全面质量管理（total quality management，TQM）概念由美国国防部提出，其基本内涵是：（1）不仅要管好产品的质量，还要管理产品赖以形成的工作质量；（2）全过程管理，包括产品形成过程或服务提供的全过程；（3）全员管理，产品或服务质量不只是管理人员如质量检验员等少数人的事，全体人员都要关心产品或服务质量，参与质量管理；

---

① 在质量管理研究和实践中有“质量管理”、“质量保障”和“质量保证”等多种说法，它们没有本质性区别。本书采用“质量保障”作为操作性概念，但在特定的概念中仍采用通行的表达方式，如“ISO质量管理标准”。

（4）科学管理，采用科学方法进行管理。按照全面质量管理理念，一个组织应以质量为中心，以全员参与为基础，通过顾客满意和实现本组织所有成员及社会收益而实现长期的成功。质量意味着全部管理目标的实现。

2. ISO9000 质量管理标准

20 世纪末以来，ISO9000 质量管理标准在全世界得到推广，其核心是加强基础性的制度建设，通过建立质量管理体系实施全面质量管理。ISO9000 质量管理标准深受全面质量管理理论的影响，在结构上采用过程模式，按照管理职责、资源管理、产品实现、测量分析和改进等板块安排，这与全面质量管理奠基人戴明（W. E. Deming）倡导的 PDCA 循环（P=plan，D=do，C=check，A=action）类似。ISO9000 质量管理标准与全面质量管理有相似的运行模式，所不同的是：ISO9000 有标准的严谨性和规范化属性，对组织的指导更具体，操作性更强；全面质量管理是一套理念和技术方法，在实施全面质量管理时相对灵活。

全面质量管理和 ISO9000 质量管理标准为职业教育质量保障体系建设提供了重要的框架和指南，它们采用的统计和管理技术以及专门的管理工具（如调查表、分层图、大脑风暴法等），也为职业教育质量保障提供了有效的技术手段。

（二）新公共管理质量观

公共管理领域的“新公共管理”和“新公共服务”理论也为职业教育质量保障提供了重要参考。

新公共管理理论是第二次世界大战后在福利社会理念推动下建立的。据此，公共管理采用“经纪人”方式，按照顾客导向和竞争原则改进行政部门的服务提供过程，政府只负责制定政策而不负责执行政策，主动、灵活和低成本地应对外界变化，并对不同利益需求做出反应，顾客满意度是评价政府绩效最重要的指标[①]。据此，新公共服务关注公共利益，着力满足社会发展和公共管理实践的需要。这给我们的启示是：应转变管理职能，把行政管理工作重心从监督转到公共服务上来。

按照新公共服务理念，公共部门提供的服务应按照顾客导向原则，实现公共管理向“绩效和效果导向”的转变，其基本原则是：

- 顾客导向：顾客是从管理部门获得专门服务的人，既包括管理部门内部的顾客，也包括外部顾客。
- 竞争导向：市场调控与行政调控相比，能产生更有益和有效的服务。
- 绩效和效果导向：管理的重点不是所提供的资源，而是这些资源投入后所带来的业绩（产品）及产生的效果[②]。

建立质量保障体系是新公共管理的重要目标，这与全面质量管理是一致的。加文（D. A. Garvin）把公共机构的质量分为五个方面，即：与产品相关的质量，与顾客相关的

---

① 彭未名，邵任薇，刘玉蓉，等. 新公共管理［M］. 广州：华南理工大学出版社，2007.

② 施托克曼. 非营利机构的评估与质量改进：效果导向质量管理之基础［M］. 北京：中国社会科学出版社，2008.

质量，与过程相关的质量，与价值相关的质量，政策质量①。

近年来，我国职业院校开展了大量质量保障活动，特别是在人才培养和教育教学方面。2015 年，教育部职成教司启动高职院校教学诊断与改进工作，要求高职院校据自身办学理念、教师队伍与建设、课程体系与改革等人才培养工作要素查找不足，建立常态化自主保证人才培养质量的机制。这些内部质量保障体系建设活动提高了职业院校的质量保障水平，但也存在着理论基础薄弱和规范性不足等问题。一些院校借助了全面质量管理理念、认证标准（如 ISO9000 标准）和先进的信息技术（如大数据）来进行内部质量保障体系建设，但没有注意到教育供求关系不完全由市场调节，内部质量保障体系建设有不同的价值取向和评价标准，对实证数据的理解、收集和解释也有很大的不同。职业教育质量保障的重点是对取得的成果进行客观评价，对各种影响因素（短期、长期、预期与非预期的影响）进行识别，对复杂因果关系进行分析，这需要科学的评估方法和扎实的实证数据基础。

二、职业教育质量保障体系

（一）质量保障体系

一个组织为确保提供的产品或服务满足质量要求，并使所有员工都具备质量意识和责任感，需要建立质量保障体系，其实质是建立质量文化，并对这一文化的遵守情况进行监督和调节。质量保障体系通过一系列原则和准则来确定，并通过编写和出版质量文件而固定下来，如质量手册、质量保证计划和质量记录等。借助这些文件，组织建立统一的信息基础，按照一定标准进行评价和比较。

质量保障体系建设有不同模式，其理论基础都是全面质量管理、ISO9000 或欧洲质量管理基金会（European Foundation for Quality Management，EFQM）的卓越管理方案等，它们都涉及组织结构的建构、过程控制以及对提供的生产或服务的质量保证。质量保障体系的运作，就是持续稳定提供满足顾客需求和符合法律要求的产品或服务的过程，它涉及以下内容：

● 管理职责：质量标准的实施是自上而下的，管理者应预先给定质量目标和质量方针，所有员工都应支持质量保障体系并持续改进该体系。

● 资源管理：最高管理层提出愿景，监督愿景实施过程并提供所需资源，包括人力和财力资源、基础设施和有利的工作环境。

● 产品或服务的实现：包括实现绩效所需的一切过程。

● 测量、分析与改进：收集和分析数据既为了保证效益和让顾客满意，也为了优化和改进质量管理体系②。

一个机构在引入质量管理体系后，可通过被授权的认证机构按照一定标准（如 ISO 标准或《华盛顿协议》等）进行认证。但是，机构在获得认证后并不能自动保证一定实施了

---

① GARVIN D A. What does “product quality” really mean?” [J]. Sloan Management Review，1984 (10).

② RADL M. Qualitätmanaement in Theorie und Praxis [M]. München u. a. : Hampp，2001.

质量标准体系，也不能保证所规定的工作流程都得到了优化。

（二）职业教育质量保障体系的特点

职业教育质量保障涉及质量政策与目标、资源规划与管理、办学机构及其权责、教育教学过程管理与执行和教师素质等多个方面。进入21世纪以来，我国各级政府制定了大量提高职业教育质量的政策，职业院校也进行了很多质量保障体系建设实践。但从实际情况看，部分院校并没有建立起完整的质量保障体系，而多是有选择性地引入了一些质量保障工具，这既有社会政策和技术方面的原因，也是职业教育的特点所决定的。

职业院校提供的“教育服务”很难实现服务过程的标准化。例如，职业教育服务的“顾客”有多种类型和特点，服务的直接接受者常常无法自主选择接受的服务（如学校和课程），即购买决定权受到限制；教育服务不是提供给出资人（如政府）而是提供给符合条件的人（学生）；顾客对职业教育质量的评价不起决定作用，而行政部门的评估更为重要①。职业院校质量保障体系的运行通常比较困难，因为学校没有绝对的办学自主权，其行动空间比企业小得多，这对职业教育质量保障方式也产生了重要影响。

不同群体有不同的利益诉求，对职业教育质量的评价也会不同，如管理者关心是否按照法律法规进行合理规划，而家长和学生更加关心所获证书的含金量。职业院校要在法律和政策允许范围内努力平衡不同利益群体需求的矛盾，如提高教学质量并同时降低办学成本。

（三）评估与监测

1. 评估

“评估”② 是以获得信息和评价信息为目的的专门活动，是质量保障的重要手段。评估需要按照科学的标准、采用合理获取数据的方法和系统化方式，并保证不同主体可进行重复测量，其主要功能是：

- 获得认识：传达认识，为管理层的理性决策奠定基础。
- 执行监督：利用获得的认识进行监督，衡量计划确定的目标是否实现。
- 促进发展：通过透明的过程，在利益相关者之间创造对话的可能性。
- 证明措施的合法性：借助评估获得的数据检验项目或政策的投入、产出以及产生的长期效果，证明投入的有效性③。

评估中的判断既要遵循已有规则（如ISO标准），也要考虑多元化的要求。这些标准可以由评估的委托人、目标群体、相关利益群体、评估者本身或者以上所有人共同制定。

评估分为形成性（formative）评估和总结性（summative）评估。前者的特点是积极建构、针对过程、具有建设性并且促进沟通；后者主要针对结果，具有概括性和结论性的特点。一般在项目设计阶段进行形成性评估，在项目实施阶段既可进行形成性评估，也可

---

① MATUL C，SCHARITZER D. Qualität der leistungen in NPOs［M］//Badelt C. Handbuch der Nonprofit-Organisation. Stuttgart：Schäffer-Poeschel，2002.

② “评估”和“评价”在英语都是evaluation。在汉语里一般认为，评价依据特定标准进行判断，而评估的准确程度偏低；评价多针对微观事物进行，如教学评价，评估多针对宏观事物实施，如政策评估。在实践中二者经常被模糊使用，本书将其视为同一概念。

③ WEISS C H. Evaluationsforschung［M］. Opladen：Westdeutscher Verlag，1974.

以进行总结性评估；事后总结通常都是总结性评估。评估中最困难的工作是解释其中的因果关系。

2. 监测

通过评估可以建立持续的监测（monitoring）。监测可以针对整个职业教育体系，也可以针对一项政策或一个项目，以获得关于投入、产出和效果方面的数据，如通过毕业生的生涯发展监测提供人才培养质量方面的信息。监测是评估的一种形式。评估仅在某一时间段内进行，监测是一项长期任务，是持续、程序化的活动。监测与评估结合，可以呈现职业教育的现实状态以及其中的深层次关系。表 10－1 以教学为例，说明教学监测与评估的区别。

表 10－1　监测和评估的区别（以教学为例）

比较项目	监测	评估
主要活动	详细记录过程	进行因果分析
目的	判断教学目标是否达到	找出成败的原因
工作标准	看是否背离教学计划	分析教学过程中出现变化的原因
判断的证据	取得了哪些直接和间接的效果	在教学环境中出现了哪些变化
	教学活动的运行和管理效果	提出了哪些监测建议
结论	判断教学体系是否有效运作	确定教学目标是否需要修改

监测是一项长期任务，它根据组织的内部和外部数据，不间断地告知管理人员项目发展的实际状况（期望值与实际值的比较），帮助管理人员做出相应的调整。在质量保障体系研究中还有一个概念是“控制”（controlling），人们经常笼统地说“监控”，即“监测与控制”。控制的含义是“引导、管理或调节”。监测与控制的区别是：监测提供信息，但控制还具备协调功能；监测报告的范围比控制更加广泛。监测与控制的共同点是：它们都为决策提供信息支持，但本身都不是决策的组成部分。决策由管理人员做出，而不是由控制人员、监测人员或评估专家做出的。

评估的理论也适用于监测，评估方法也可运用于监测。控制主要采用量化分析方法，监测同时运用量化和质性分析方法。控制的过程要求严格，监测却比较灵活，监测什么，怎样监测，可以由参与者各方内部协商共同决定①。

（四）职业教育监测与评估体系

一个学校要想对自己的工作质量进行控制和管理，需要及时“确定做得怎样”“发现错在哪里”和“知道怎样修正”，即建立“监测与评估体系”（monitoring and evaluation system，M&ES）。“监测与评估”是一个组织为保证有效运转并取得预期成果，各有关方面达成共识的沟通过程，是服务于一个组织（或项目）的管理工作，帮助其完成任务，考核和检查工作进展，确定阶段性成果的重要工具。

“监测与评估体系”向管理人员连续反馈一个组织或项目运行状况的信息、识别获得成功的潜能，并尽早发现问题以保证及时调整，是一个为保证工作计划有效实施并达到预

① 施托克曼．非营利机构的评估与质量改进：效果导向质量管理之基础［M］．北京：中国社会科学出版社，2008.

期目标、各有关方面达成共识并实现这一共识的过程。职业院校的监测与评估体系是一个涉及整个学校和所有教职员工利益的长期而持续的变化过程，是为所有涉及者和参与者（如家长、老师、学生、学校、企业和社会等）都带来益处的、能持续提高学校教育教学质量和工作效率，不断改善教职员工的工作和生活质量的现代化管理手段，其结构如图 10－1 所示。

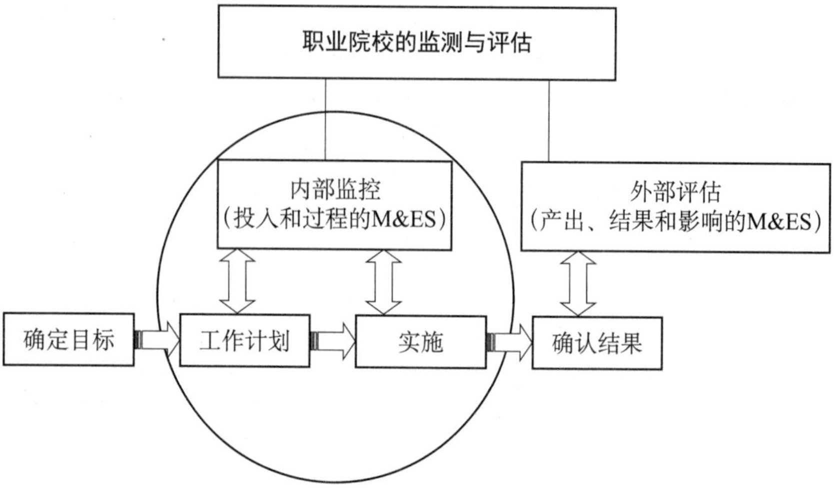

图 10－1　职业院校的监测与评估体系

监测主要由院校内部人员进行，评估则多由外部机构（特别是第三方机构）和外部专家承担。监测与评估的区别表现在操作主体、数据处理方式、工作频率和工作目标等方面：监测提供初步资料，评估使用监测所获得的数据和资料，并赋予其价值。没有监测，就没有需要的或能够处理的原始资料，也就失去了评估的基础。

监测与评估体系对职业教育质量保障体系建设具有重要意义，其考察对象包括职业教育涉及的所有机构和人员，它至少由三部分内容组成：(1) 促进区域、行业人力资源开发的宏观职业教育质量监测与评估体系；(2) 促进教育培训机构发展的职业教育机构质量监测与评估；(3) 促进学生发展和教师提高教学水平的教学质量监测与评估。

监测与评估的程序通常是：确定评估内容和评估标准，设计评估工具，收集和分析数据与证据，明确改进要点并制订改进计划。目前监测与评估体系建设的一个明显发展趋势是，监测与评估的对象从“投入”（input）转向“产出”（output）和“结果”（outcome），甚至“影响”（impact）层面。此外，由于与教育有关各方的参与者都希望有机会参与这项工作，从而将监测与评估的目标演变为持续改良，即提高教育体系的人才培养质量和工作效率。

第二节　职业教育评估

一、教育评估的发展

（一）教育评估范式

纵观人类发展历史，教育评估理念和方法论的发展大体经历了三个阶段，形成了科学主义评估、人文主义评估和后现代主义评估三种范式，这对职业教育评估方法的建立和发展具有重要的启发。

1. 科学主义评估

19 世纪后期以来，科学技术在帮助人类征服自然的过程中取得了辉煌成就，其研究范式对社会科学产生了重要影响。按照决定论哲学思想，教育评估是通过“科学”手段和量化方法收集信息，形成对评估对象的客观认识[①]。科学主义评估强调指标量化、评估标准统一，注重外部评估，被评估者需要向外部专家提供足够的证据去证明其质量。

2. 人文主义评估

人文主义者对科学主义评估的质疑是：科学研究不应局限于纯粹的“客观事实”，也应关注意义、价值和情感等主观领域；管理者的授权和放权、团体凝聚力和合作在评估中同样重要[②]。斯塔弗尔比姆（D. Stufflebeam）建立的人文主义 CIPP 评价模式，着眼于背景（context）、投入（input）、过程（process）和产出（product），借此开展的教育评估活动关注教育过程而非仅仅产出，强调交流，关注诊断和潜在问题分析，以实现对教育过程的有效干预和改进[③]。

3. 后现代主义评估

后现代主义评估关注科学主义评估和人文主义评估观的优势和不足，其解决方案是弱化量化分析，重视知识建构、应用条件以及影响的差异[④]，其代表方案是第四代评估和参与式评估。第四代评估关注社会多元化现实以及多元利益主体的需求[⑤]；参与式评估立足行动研究，要求评估者促进公民参与评估，并成为弱势群体的代言人。授权评估理论进一步发展了参与式评估，它为利益相关者提供了操作性工具，同时对讨论过程进行了量化和图像化，体现了定性与定量评估方法的融合[⑥]。

（二）职业教育评估的发展趋势

进入 21 世纪，我国职业教育规模空前发展，但是一些深层次问题仍然没有得到有效解决，其中一个就是人才培养质量问题。建立和完善职业教育质量评估制度，成为职业教育发展的重要任务。教育质量包括三个方面，即投入质量、过程质量和产出质量。传统的教育质量保障措施多是“投入导向”，即政府通过各种管理措施（如证书等）保证学校和教师的专业能力，从而保证教育教学活动的质量。国际学生测评项目（programme for international student assessment，PISA）等国际大规模比较教育研究项目引发了教育质量保障方式从“投入导向”向“产出导向”和“结果导向”范式的变化。目前，国际职业教育界的共识是，应通过外部评价加强结构质量控制，如通过职业能力测评获得大量深入和

① 克雷斯威尔．研究设计与写作指导：定性、定量与混合研究的路径［M］．重庆：重庆大学出版社，2007.

② 于璞，宋凤宁，宋书文．教育组织行为学［M］．北京：北京师范大学出版社，2009.

③ 斯塔弗尔比姆．方案评价的 CIPP 模式［M］//瞿葆奎．教育学文集：第 16 卷，北京：人民教育出版社，1989.

④ 王景英，梁红梅．后现代主义对教育评估研究的启示［J］．东北师大学报（哲学社会科学版），2002（5）.

⑤ 古贝，林肯．第四代评估［M］．北京：中国人民大学出版社，2008.

⑥ 孙芳芳，赵志群．职业院校质量诊断：授权评价理论与实践［M］．北京：中国社会科学出版社，2019.

有效的数据，而又不会过多投入的评估手段。

职业教育按照社会需求确定目标，根据目标决定投入、开展活动，并形成产出和结果。结果导向是职业教育评估的重要原则，这要求在评估中关注需求和目标之间的相关性，评估目标和效果的关系、投入和产出的关系，即评估的标准更加关注效率、效益、有效性和可持续性。职业教育评估还有一些共同的发展趋势：

- 评估内容多元化：强调多元价值取向和多元标准，注重学生综合职业能力发展而不仅仅是现成知识的积累；尊重个体差异，允许对问题的解决有不同方案；不仅关注认知领域，同时关注行为层面的考察。
- 评估主体互动化：改变单一评估主体，由教师、管理者、学生和家长等共同参与公开答辩，强调评估过程的参与性，关注评估结果认同。
- 课程、教学和评价整体化：把学生的各种表现和作品等作为评价依据，并将教学评价作为师生共同学习的机会，为教学改革提供有用的信息。
- 评估过程动态化：不仅关注结果，而且将终结性评估与形成性评估结合起来，促进评估对象的转变与发展；鼓励将评估工作日常化。

目前在职业教育评估实践中对相关利益者的多元需求考虑仍然较少。鉴于职业教育的多元化特征，尊重利益相关者的不同取向建构各方认可的评估标准，从管理者一元主导向多元主体治理发展，成为必然趋势。职业教育评估关注内部诊断走向多元治理，也成为重要的发展趋势。这意味着，尽管量化方法仍然占主导地位，但质性方法会成为重要补充。量化方法与质性方法相结合，可更好地解释和分析社会现象。职业教育评估的专业化要求会越来越高，评估重心从“物本”转变为“人本”①，如：采用“自我参照”标准，引导学生对自己在学习和工作行动中的表现进行自我“反思性评价”；强调师生之间、学生同伴之间对彼此的表现进行个性化的评定；评价结果者用语言描述的方式呈现，而不是简单的分数或等级等。

二、职业教育评估指标

（一）教育评估指标

评估指标是为了实现评估目标而对某些关键方面的具体规定，是具体化、行为化和可操作化的实践标准，它回答“应评估什么”的问题，是评估活动开展的依据。制定合理而又能被普遍接受的评估标准是开展高质量评估的关键。

评估指标体系与评价目标、评价取向相关联，既承载着评价的价值内涵，又限定了获取事实依据的方向和范围②。指标体系影响着评价方法的选择和评价结果的呈现方式，影响着评价者和被评价者的行为。指标是指标体系的基本要素，根据不同的特征可以分为不同类型。

---

① 李凌艳，李勉．从西方教育评价理论发展的视角看我国学校评估研究［J］．教育理论与实践，2010（4）．

② 杨小微．教育现代化评价之核心指标三问［J］．教育科学研究，2015（7）．

1. 投入-过程-产出指标

这是基本的质量评估指标。传统的教育评估关注投入指标，如学校的基础设施、师资和课程等。后来发现，职业教育质量评估既要重视劳动力市场结果，也要关注学习过程、学生行为改变及其对就业和非就业方面的长期影响，即对过程指标的重视①。欧洲职业教育发展中心发布的《职业教育质量指标：致力于促进欧盟合作》报告中提出职业教育质量指标包括教育与接受教育的比例、对教师的投入、弱势群体参与教育的比例、完成或未完成职业教育的比例、毕业率、就业率、所学技能情况和背景八个方面，这涉及了 CIPP 的背景、投入、过程、产出等所有方面。

2. 内部-外部质量指标

职业教育质量评估指标包括内部和外部两个方面。外部评估由教育管理部门自上而下组织实施，以宏观层面行政管理为主；内部评估指职业院校基于自身需求开展的自下而上的自我评估活动，属微观层面的自我保障②。这与国际上通行的“（内部）监控”和“（外部）评估”的划分方式基本一致。

3. 动态化指标

教育是复杂的社会活动，其质量是动态变化的，教育质量指标包含教育成果的价值判断。伍德豪斯（D. Woodhouse）用“代理服务器”（proxies）概念强调指标的动态特点，提出“环境依赖型”假设，即当环境变化时，“代理服务器”（指标）也要做出改变③。各国职业教育质量指标一般涵盖宏观、中观和微观等层面，体现发展职业教育的多角度取向，人们几乎无法用特定和统一的指标衡量不同国家和地区的职业教育质量情况。

4. 量化指标和质性指标

量化指标是通过某种可测量和可数值化工具，在一定数据值域上可进行明确性而直观的数量化比较的指标。质性指标采用基本概念、属性特征等对被评估对象进行语言描述。在依据质性指标进行评估时，在明晰指标内涵和评价标准后，评估者根据其专业知识和经验进行判断，可进行分数转换后整合到评估指标体系中。

可以看出，教育评估指标由表征教育发展的多方面特性及其相互联系的多个指标构成，建立科学的指标体系非常困难。评估研究者从 20 世纪 80 年代开始对评估标准进行探索。斯塔弗尔比姆首先提出了对评估的评估标准（元评估），包括技术可行性、实用性和有效性等方面。他领导的美国教育评估标准联合委员会（JCSEE）1981 年发布了第一套对教育评估的评估标准《教育方案、计划及材料评估的标准》，从实用性、可行性、合理性和准确性四个方面评价教育评估。后来，亚伯勒（B. D. Yarbrough）等增加了评估问责标准，并被 2018 年 JCSEE 发布的新评估标准所采纳，见表 10－2。

---

① GRUBB W N，RYAN P. The role of evaluation for vocational education and training [M]. Turin：International Labour Organization，1999.

② 韩奇生．高等职业教育质量保障体系建设述评 [J]. 高教探索，2012 (4).

③ WOODHOUSE D. Research issues in quality in open distance education [J]. Indian Journal of Open Learning，2000 (1).

表 10-2 JCSEE 方案评估标准（2018 版）

一级指标	二级指标
实用性	U1 评估者的可信度；U2 利益相关者的确定；U3 协商目的；U4 明确的价值观；U5 相关信息；U6 有意义的过程和产品；U7 沟通和报告的及时性与恰当性；U8 对后果和影响的关注
可行性	F1 项目管理；F2 实用的程序；F3 背景的可行性；F4 资源的使用
合理性	P1 响应和包容性定位；P2 正式协议；P3 人权与尊重；P4 清晰与公平；P5 透明度和披露；P6 利益冲突；P7 财政责任
准确性	A1 合理的结论和决策；A2 信息的有效性；A3 信息的可靠性；A4 明确计划和背景说明；A5 信息管理；A6 合理的设计和分析；A7 明确评估推理；A8 沟通和报告
评估问责	E1 评估文件；E2 内部元评估；E3 外部元评估

资料来源：Joint Committee on Standards for Educational Evaluation. Program Evaluation Standards（2018）[EB/OL].［2020-05-20］. https：//evaluation-standards. org/program/.

（二）职业教育评估指标

1. 国际组织职业教育质量评价指标体系

联合国教科文组织是世界重要的教育合作多边机构，推动职业教育的可比性与国际交流，是教科文组织的重要工作。2009 年，教科文组织对职业教育质量指标体系建设提出了以下要求：（1）指向性：指标要具体和精确，能够体现目标与预期产出之间的紧密关系；（2）可测性：可测量出数量关系，能够客观反映对象的变化；（3）可操作：能反映大量信息内容以便进行综合分析；（4）现实性：在资源投入与预期产出间建立持续的关系。在此基础上，教科文组织建立了包括职业教育的机会和范围、职业教育体系内部效率、人力和物质资源、经费、教育与就业一致性比例、教育与就业之间关系、劳动力市场表现等 8 个维度的职业教育发展指标体系，包括 54 个具体指标①。

2016 年，教科文组织在“教育 2030 行动框架”中提出，各国和各地区要做出更大努力达到教育的公平性和包容性，以弥补和衡量质量和学习成果方面的差距，并建议在评估指标构建时考虑四个层次，即全球性、专题性、区域性、国家性，在制定指标体系时关注五个标准，即相关性、与目标的一致性、定期跨国收集数据的可行性、与全球受众沟通的便利性及可解释性。教科文组织建议各国和各地区做出重大努力来完善指标或提高收集和使用数据的能力。

欧盟把提高职业教育质量作为增强职业教育竞争力和吸引力的重要举措。欧洲议会和理事会建立了《欧洲职业教育和培训质量保障参考框架》（EQARF），对提高成员国的职业教育质量、实现欧洲职教一体化和欧盟无国界终身学习战略具有重要的意义。EQARF 把职业教育过程分为计划、实施、评价和检查四个相互联系的阶段，规定每个阶段的统一发展质量指标。

- 计划：制定职业教育目标，计划阶段有两个指标。指标一是国内法定的职业教育提

① UNESCO. Regional Bureau for Education in Africa. Regional contribution to information statistical system development for technical and vocational education and training [EB/OL].（2009-03-02）. http：//www. unesco. org/new/fileadmin/MULTIMEDIA/FIELD/Beirut/pdf/Regional _ Report _ on _ Higher _ Education _ in _ the _ Arab _ States. pdf.

供者数量；指标二是对教师（培训者）培训的投入，即参与培训的教师数量和投入资金①。

● 实施：社会合作者、教育提供者及其他利益相关者合作制定职业教育实施方案、实施标准和指导方针，有三个质量指标。指标一是职业教育参与率，它有利于获得有关职业教育吸引力的基本信息；指标二是失业率，为职教政策制定提供背景信息；指标三是弱势群体数量，即弱势群体在所有职业教育参与者中占的比例以及弱势群体的成功率。

● 评价与测量：指通过定期测量对职业教育实施过程和结果进行评价，有三个质量指标。指标一是职业教育培训完成率，即顺利完成教育培训的人数以及辍学人数；指标二是就业率，即学习者完成培训后的去向以及实现就业的学习者数量；指标三是学习者所获技能在工作中的运用情况，即学习者在完成培训后所从事职业的相关信息以及雇员和雇主对所获技能的满意率。

● 检查：在整合内部和外部评价的基础上，处理反馈信息并改进职业教育，有两个质量指标。指标一是有关劳动力市场培训需求鉴定机制的信息，包括鉴定机制本身的信息以及能证明该机制有效性的证据；指标二是有关改善职业教育入学条件的方案，包括各级教育培训方案以及能证明新方案有效性的证据②。

欧盟 EQARF 对我国构建职业教育保障体系也有重要的启示，如职业教育质量标准要适时调整，职业教育质量保障要适当考虑差异性，职业教育质量保障要贯穿职业教育的全过程，职业教育质量保障要充分体现民主性等③。

2. 我国职业教育质量评价指标体系

传统上，我国职业教育质量评价主要是通过外在的办学条件来衡量教育质量。例如，2016 年教育部颁布的《中等职业学校办学能力评估暂行办法》共列出了 6 个评价指标，如学校基本办学条件、师资队伍、课程与教学、校企合作、学生发展和办学效益等。这里强调的主要是建筑面积、设备总值、实训室数量等投入性指标，涉及学生发展质量的指标较少。强调投入性指标的评价聚焦外部资源投入，这与我国职业教育基础薄弱等历史原因有关，在特定时期具有一定的历史合法性，但也造成了一些不良后果。此类评价把质量责任推向了政府，使教育教学质量被置于次要地位，并产生了复杂的评价效应，即对地方政府和职业院校进行“捆绑问责”：政府对自己办的学校进行评估和问责，这种“自己问责自己”会导致问责制度失效，最终使评估成为形式化的“面上的监督”，无法实现有效的指导、咨询和服务的职能④。

改革开放以来，职业教育规模始终是发展的着力点，但人们已经开始探讨如何建立包括内涵发展指标在内的整体化的教育质量评估指标体系。有研究建议建立宏观和微观两个质量指标体系，宏观指标包括与政治、法律环境的适应性，占用社会资源的合理性，区域和行业经济适应性，专业设置和区域布点的前瞻性等；微观指标包括教育基础设施，师资队伍建设，教学方法和教学手段，专业设置，专业（群）与生产和服务一线技术变化的适

---

① Commission of the European Communities. Proposal for a recommendation on the establishment of a European quality assurance reference framework for vocational education and training [R]. Brussels: the commission, 2008 - 07.

② European Commission Education and Training. The European quality assurance framework for vocational education and training [EB/OL]. (2009 - 03 - 02). http://ec.europa.eu/education/lifelong-learning-policy/doc1134_en.htm.

③ 吴雪萍．构建职业教育质量保障体系的国际经验及其启示 [J]. 教育发展研究，2014 (7).

④ 李向辉．中等职业教育质量评价指标体系研究：基于学生发展的视角 [D]. 开封：河南大学，2019.

应性，教材建设，学生质量，就业水平和就业稳定性等①。宏观和微观兼顾，规模增长和内涵建设兼顾的评估指标，可以使职业教育评估在追求效率的同时实现公平，并提高评估的效率和科学性。表 10－3 为北京市现行的职业院校人才培养质量督导评估指标体系。

表 10－3　北京市职业院校人才培养质量督导评估指标体系

指标	内涵要求
党建与依法办学	1. 加强党对职业教育工作的全面领导。2. 充分发挥党组织在职业院校的领导核心和政治核心作用。3. 加强基层党组织建设。4. 加强党委对学校思想政治工作的全面领导。5. 依法治校办学、维护安全稳定。
办学理念与定位	1. 坚持以习近平新时代中国特色社会主义思想为指导。2. 牢固树立新发展理念，服务建设现代化经济体系和高质量就业。3. 围绕首都“四个中心”功能建设和经济社会发展的人才需求。4. 适应高精尖产业、城市运行与发展、高品质民生需求。5. 服务“一带一路”倡议、京津冀协同发展等国家战略。6. 坚持校企合作、产教融合育人机制建设。
思政与素质教育	1. 落实好立德树人根本任务，构建全员全过程全方位育人格局。2. 上好思想政治理论课。3. 加强中职学校思想政治、语文、历史和高职学校思想政治理论课课程建设。4. 构建全方位思政课教学评价体系。5. 实施好“文明风采”等活动。6. 全面推进课程思政建设。7. 将劳动教育纳入人才培养方案。8. 加强职业道德、素养和行为习惯培养。9. 加强艺术类公共基础必修课程建设。
师德与队伍建设	1. 着力提升思想政治素质，全面加强师德师风建设。2. 多措并举打造“双师型”教师队伍。3. 专业教师每年进行至少 1 个月实训。4. 组建高水平、结构化教师教学创新团队。5. 分级打造教学名师等高层次人才队伍。6. 培养和引进技术技能大师。7. 开展培训，建立相关激励机制。
专业建设与教学	1. 建立人才培养方案公开制度。2. 加强教材建设。3. 规范长学制技术技能人才贯通培养。4. 深化校企合作协同育人模式改革。5. 面向在校学生和社会成员开展职业培训。6. 参与 1＋X 证书制度实施。7. 强化继续教育功能。8. 加强实践性教学。9. 加快智慧校园建设，提升信息化基础能力。10. 参与“一带一路”建设，开展国际职业教育服务。
质量管理与督导	1. 完善以章程为核心的校内规则制度体系。2. 建立健全教育质量评价制度。3. 吸纳行业组织、企业等参与评价。4. 建立质量年报发布制度。5. 构建校级职业教育督导体系，加强督导队伍建设。
办学水平与成效	1. 立德树人成效。2. 学生获取职业资格或职业技能等级证书情况。3. 毕业生就业质量。4. 职业培训、服务区域和行业的情况。

可以看出，这个指标体系围绕职业教育立德树人根本任务，聚焦职业教育改革发展重点，既关注学校的组织领导、管理机制、条件保障、教育教学等工作水平，又坚持以学习者为中心的理念，把学生思想政治水平、职业道德素养、技术技能水平、就业质量和创业能力作为衡量人才培养质量的重要内容。

① 邢天才．试论高等职业教育质量评价体系和标准的构建［J］．评价与管理，2006（4）．

三、职业教育评估方法

（一）教育评估方法分类

不同的人会采用不同的评估方法，这体现在评估设计理念，数据收集、分析和解释等方面。

1. 测量导向的评估方法

从19世纪中叶开始，学业成就测验成为学校教育质量评估的主要手段，教育史上的标志事件是赖斯（J. Rice）对33 000名学生的拼写能力调查，标准化测验由此发展成为学业成就评价的重要工具。20世纪30年代，“评估之父”泰勒采用实验设计模式，对教学改革成果进行分析。后来，这些方法中又引入了教学变量和学校变量。目前，泰勒的评估理念仍然在教育评估中发挥着重要的影响。

2. 质性评估方法

从20世纪60年代开始，人们发现尽管测量导向评估方法对促成目标达成有很好效果，但是在过程性评估中的使用效果并不理想；如果采用人类学或质性分析方法，关注自然情境下不同利益相关者的参与，则更容易深入理解和解释被观察的现象，因此质性分析方法越来越受到重视，即关注交互式评估和评估过程的本身。

3. 诊断性评估方法

“诊断”的概念起源于医学，本义是通过特定工具检查病人的病症，并有针对性的开具处方。在教育领域，布卢姆最先提出“诊断性评估”的概念，即在学习开始之前对学习者现有水平进行评估，强调预防性的“事前行为”[①]。诊断性评估是内部评估方法，学校的诊断性评估应按照协商模式，相关人员共同协商裁定和解决相关问题，从而提高评估结果运用的可能性[②]。在此，“诊断”不仅能收集数据，而且可以使利益相关者参与到诊断过程中，共同发现问题并寻找解决策略。近年来，诊断成为引领职业院校建构反思意识、发现问题、提高效能、促进自主发展的新型教育技术，教育部开展的“教学诊改”机制建设使这一思想得到了普及。

4. 多元化方法论

鉴于评估的对象过于复杂，单纯的量化方法和质性方法都不能满足所有评估目的的要求，多元化的评估方法成为未来的发展趋势。在社会多元化发展背景下，混合式评估方法得到了更多应用，即在评估中提倡利益相关者的多元参与，对互相矛盾的数据进行分析和解释，强调动态建模，关注不同情境和时间段评估结论的可推广性[③]。

---

① 布卢姆，等．教育评价［M］．上海：华东师范大学出版社，1987.

② SCRIVEN M. The methodology of evaluation［M］//TYLER R W，GAGNE R M. Perspectives on curriculum evaluation. Chicago：Rand McNally，1967.

③ COOK T D. Postpositivist critical multiplism［M］//SHOTLAND L，MARK M. Social science and social policy. Beverly Hills，California：Sage，1985.

（二）评估方法举例

1. 教学评估方法

教学评估是专业人员（评估专家）按照一定方法，收集教学系统各方面的信息，根据一定标准对教学的结果、过程、系统、措施或组织机构等做出客观的衡量和科学判定的过程。教学评估分为内部（自我）评估和外部（他人）评估。内部评估可在学校、系部或教研室内由老师、企业代表或学生组成的评估小组实施，外部评估通过熟悉情况的有关部门或机构进行。按照评估对象，也可把教育教学工作的前期和后期区别开来，即分成对“投入质量”、“过程质量”和“产出或结果质量”的评估。目前，职业教育教学评估越来越关注对产出和结果质量的评估。

教学评估的主要工作内容是：明确工作目标的基础、获取必要的信息、帮助制订计划和做出决策、进行自我质量监控、提供反馈信息的方法、检验目标完成程度，并对过去的工作进行总结和反馈。在评估设计时要明确以下问题：评估对谁有帮助，谁是委托人，为什么要进行评估，用什么方法，对相关数据和结果怎样处理，如何公布评估结果。

（1）系统收集信息的方法。

信息的收集、分析和反馈在教学评估工作中具有重要的意义。信息收集和分析的方法很多，社会实证研究中普遍采用的定性和定量方法都可用来收集教学信息，如：

● 访谈：包括标准化访谈（采用调查表，详细记录问题的顺序和表达方式）、电话问询、半结构式访谈（采用引导问题）、小组访谈等。

● 问卷调查，可采用 App 等信息化手段。

● 观察法：如借助笔记、录音或录像听课，包括参与式或非参与式。

● 二次文献分析：对教学文件、统计数据、学生作业、教学日志、课程表、总结、报刊文章等原始文字资料进行分析。

教学评估是教育机构对教育教学活动进行的实证分析，在方法设计上可按照社会实证研究的一般流程进行，如图 10－2 所示。

要想实现高质量的教学评估，需要遵循以下标准：所有涉及者均有代表参加和反映意见，评估过程目标清晰，评估前明确了有关标准和指标，明确提出和描述了重要问题、评估方法和范围，有足够评估时间，对讨论结果、评估结论和相关决定有记录。教学评估宜采用质性与量化相结合的混合式方法，如第一次毕业生调查时采用问卷调查，第二次调查时采用电话访谈，这样即可以获得一定数量的代表性数据，又可以得到深入、详细的信息。

（2）课堂教学评估方法。

职业教育教学实践中发展起了很多简洁而有效的课堂教学评估方法，如：

● 教师间相互听课：听课时间为 2～4 课时，根据听课情况，借助“教师授课行为-同事间互评表”做出反馈意见。

● 学生反馈意见：学生以无记名方式填写表格，提出对教师教学的反馈意见。其他反馈形式还有学习轮盘、每周回顾等。

● 课堂测验（随堂测验、大作业等）：考试方法比较客观，但有时并不能反映真实情况。如将考试成绩与教师对学生的学习记录结合起来，则可以更好地反映学生的实际学习

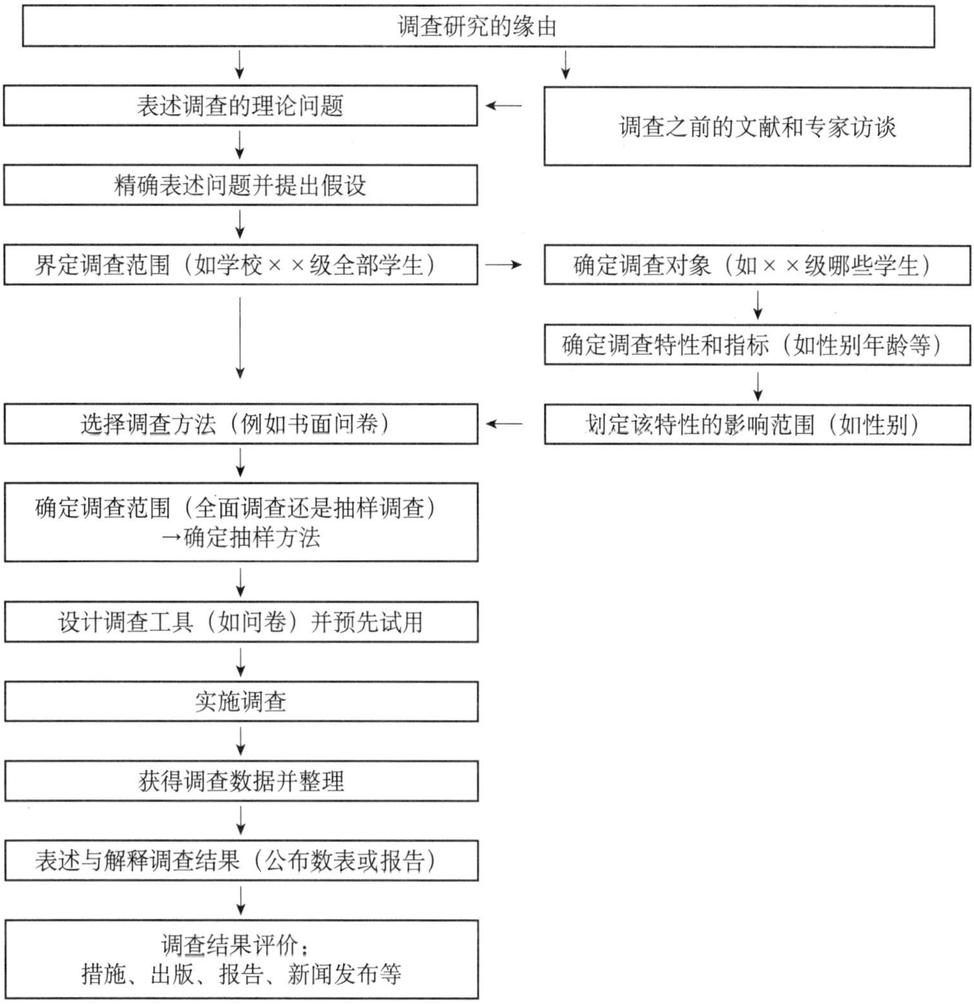

图 10-2　评估调查的流程

状况。

● 校际互评：多个学校按一定方式组成教学评估网络，每所学校委派若干人员组成校访小组，小组成员包括校领导、中层干部、教师、企业代表、督学以及教研机构代表。校访之前，学校先进行自我评估并提交自我评估报告。校访者在学校停留一天进行访谈和教学观摩，在此基础上提供一份书面报告和一次口头反馈。

●“影子”观察法：确定一个“关键人物”作为“影子”参与学校某方面的日常工作，深入观察并给出相应反馈信息。

（3）满意度调查。

职业院校在课程或学期结束后，以填写问卷或手机 App 形式调查学生满意度。调查以自愿和无记名方式进行，应特别关注个性化的愿望和建议。

（4）学生自我评估法。

学生定期在学习日志中做记录（每天或每周）并回答一系列问题，如：学习重点是什么？我学到了什么？我是如何参与的？我应怎样继续学习？教师定期应给出反馈意见。类似方式可以针对项目学习和企业实习。学生自我评估可以与他人评估相结合。

（5）教师自我评估。

教师首先填一份“教学自我评估表”，然后再请两名同事进行评判。后者在较长时间（3～6 小时）中仔细观察该教师的授课。他们是该教师信任的人，把这项任务看作是同志式的咨询。自我评价可以是相互的。

2. 经典培训教学评价方法：柯氏评价

职业教育教学评价须考虑教学内容与职业活动之间的联系，学习成功与否最终要在真实的工作实践中衡量，需要结合实际工作绩效表现。柯克帕特里克（D. L. Kirkpatrick）1959 年围绕培训过程中的反应、学习、行为和结果，提出了四级职业教育学习评价方法[①]：

- 一级评价：学员反应，课程结束时进行学生满意度调查，对所学知识技能在将来工作中的有用性进行展望。
- 二级评价：针对学习效果，通过学习过程记录、测试等方式确定学习者学习结束后在知识技能和工作经验等方面的提高程度，对课程目标达成情况进行确认。
- 三级评价：在学习结束一段时间后进行，确定学习者行为转变的程度，需要一定外部条件（如真实工作条件等），评价方法复杂，需将正式和非正式测评方式（如现场观察）相结合。
- 四级评价：针对绩效实现情况，即学习者因参加教育培训后实现的绩效提高，如生产质量改善和效率提高，以及精神方面的影响。可通过对口就业率调查和毕业生发展跟踪调查进行。

四级评价的四个阶段和相互之间的关系见图 10－3。

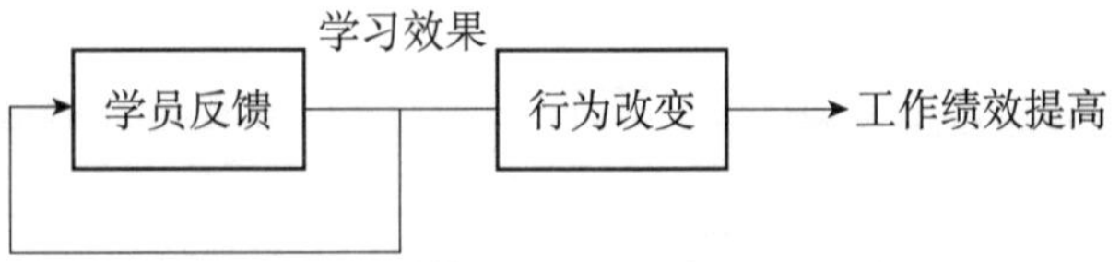

图 10－3　柯氏评价 4 个级别的关系

第四级评价需要在企业和劳动市场中了解职业教育对学习者发展的促进作用，经费和时间花费较大，操作困难，但由于体现了职业教育的宗旨，因此具备更强的说服力。孙钰林曾以养老服务专业为例，对传统实操考试对学习者工作绩效的预测效度进行了研究。结果发现，职业院校普遍采用的实操考试的成绩（二级评价）并不能预测未来的工作绩效水平（四级评价），其相关系数仅为 0.01[②]。这说明，四级评价中的每一级评价都有必要。

3. 职业院校自我监控与评估法

职业院校在工作中需要根据现有资源和人员实际情况以及社会发展环境，确定发展目标并制订各领域工作计划，“指标控制法”（quind，即 quality 和 indicator 的简称），提供了一种操作性强的分析和评估方法。

指标控制法是在“现状分析”、“涉及人分析”和“问题分析”的基础上，通过讨论共

---

① KIRKPATRICK D L，KIRKPATRICK J D. 如何做好培训评价：柯氏四级评价法［M］. 北京：电子工业出版社，2015.

② 孙钰林．技能评价技术的工作绩效预测效度研究［M］. 大连：大连理工大学出版社，2021.

同确定需解决的“问题范围”和未来的“工作目标”，保证学校工作质量持续改善，并不断提高系统性解决问题能力的方法。指标控制法的实施过程分为 8 个步骤，图 10－4 可作为参考。

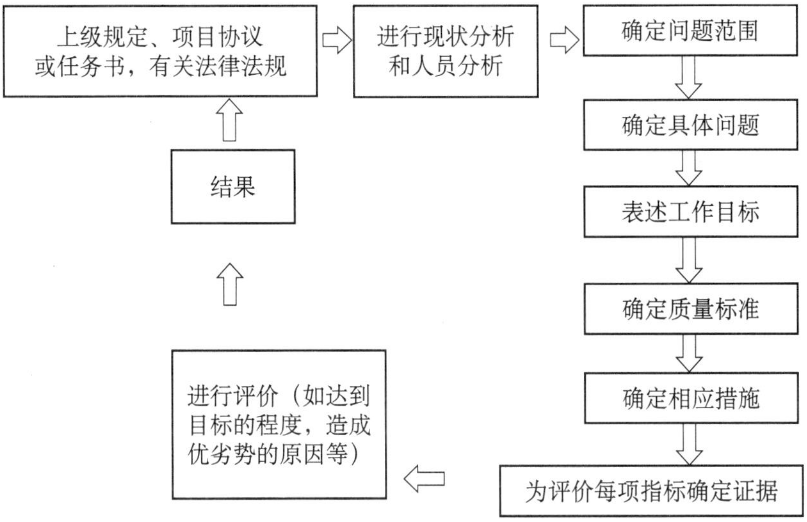

图 10－4　自我评估与监控法的实施流程

（1）现状分析：针对学校实际工作（如课程建设或校企合作项目）做现状分析，包括组织结构、资源状况、存在问题和发展潜力等。

（2）人员分析：对学校或评估项目涉及的全体人员进行分析，包括“主体人员”、“协助人员”和“目标人员”，即项目的直接参与者、项目涉及的个人或团体以及从项目中获益的人员，可用 SWOT 分析法。

（3）确定问题范围：对复杂问题可划分成若干较小的问题范围，对其进行定义和归类。

（4）确定工作目标：以书面形式表述解决该问题应实现的目标，须考虑所有相关者的意见。

（5）确定质量指标和标准：为每个工作目标至少确定一个可检验的质量标准，即“对目标达到的状况的概述”，显示目标达到的程度。

（6）确定检验证据：为每项标准确定检验证据，记录达到目标的程度，这也是下一轮现状分析的内容。

（7）措施：为实现工作目标而采取的措施，且与前面问题分析的结果相符。

（8）评估：针对验证指标，将获得的检验证据与先前指定的工作目标做比较，确认在多大程度上达到了工作目标。

以上工作的重点有两个，一是确定可行的“质量指标”及相应的“检验证据”，二是确定应当采取的“措施”。利用本方法进行质量评估与监控时，学校应建立专门的工作小组，评估与监控工作应在经过专门培训的主持人的主持下进行，需要专门的时间和经费保证。

4. 授权评价：基于第四代评估理论的诊断工具

（1）方法简介。

授权评价（empowerment evaluation，EE），又译为使能评价、赋权评价和赋能评价，是一种质性方法和量化方法相结合的评价方法，它协助项目参与者和利益相关者开展评价活动，将评价内化为项目计划和管理的一部分①。作为职业教育内部质量诊断的重要工具，授权评价以质量改进为目标，创设民主、透明的环境，由评价主持人引导参与评价的利益相关者开展自下而上的内部质量诊断活动。参与者在主持人引导下展开交流讨论，共同确定评价指标体系，通过个人赋值、解释分数、协商讨论等方式对职业教育的现象和问题进行解释，共同识别一项工作（或项目）的运行状况、尽早发现问题并及时调整和改进。

随着职业教育发展重点转向内涵建设，教育评价活动不再将“鉴定”作为主要目的，而是通过“诊断”获取相关信息，提供关于评价对象的问题和原因，开具有针对性的“处方”。授权评价的关键是“自我诊断”和“利益相关者参与”，利益相关者共同参与评价的计划与执行过程，包括“制定目标”“诊断现状”“改进规划”“追踪反馈”整个过程。见图 10－5。

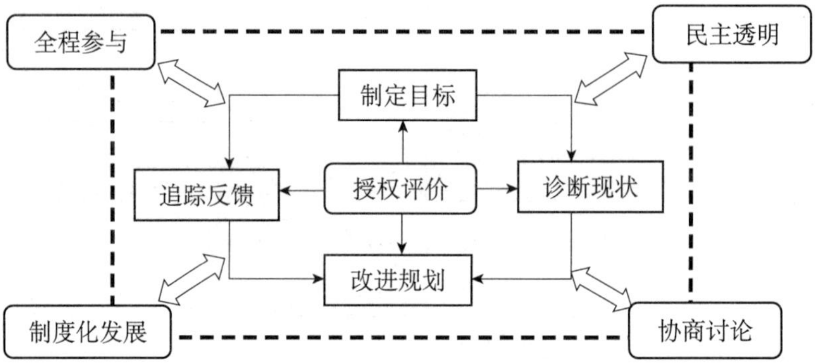

图 10－5　授权评价的过程与原则

资料来源：孙芳芳，赵志群．职业院校质量诊断：授权评价理论与实践［M］．北京：中国社会科学出版社，2019：115.

授权评价过程是一个社会学习过程，即通过从别人的经验中学习提高整个组织学习能力，它包括以下环节：

● 制定目标：参与者明确目标，通常由评价主持者（常常是第三方人员或机构）与项目管理者和参与者共同协商确定评价目标，明确各方的诉求、担心和争议。

● 诊断现状：通过召开参与式研讨会，由项目的利益相关者参加，特别是职业院校与项目紧密相关的核心人员。

● 改进规划：把评价现状的活动列表作为未来计划的基础，在现状诊断结果基础上制订改进计划。

● 追踪反馈：对照计划确定取得的成果和存在的不足，需要明确具体措施、负责人和时间限制，对不能解决的问题要自动转入下一个 PDCA 循环。

授权评价应遵循以下原则：（1）评价者和被评价者都参与和投入到整个评价过程中去，以保证评价过程的合理性，增强参与者的认同感；（2）在开放和民主的对话环境中，参与者进行交流、反思和自我评价，允许矛盾和冲突以反映不同的立场和观点；（3）评价过程是一个协商、妥协的系统反思过程，参与者根据评价指标解读和反思优点和不足，形

① FETTERMAN D M，WANDERSMAN A. Empowerment evaluation：yesterday，today and tomorrow［J］. American Journal of Evaluation，2007（2）.

成观点或修订原有的观点；（4）制度化发展：将评价逻辑和价值观制度化为日常工作和组织管理的一部分，将评价作为工具促进自我决策和项目发展①。

（2）实施授权评价的注意点。

授权评价的过程和效果质量在很大程度上取决于评价活动组织的规范与严谨程度，通过建立授权评价的标准，并根据这一标准开展评价工作，可以保证评价的效度。

参与人员的选择是影响评价效果的关键因素。在教学诊断中，教师是最重要的利益相关者，管理者和学生也有发言权。授权评估研讨会需要具有评价专业知识的主持人，他帮助界定质量指标，组织参与者共同协商对话，从而发现问题并提出改进方案。被评估方根据评价主持人列举的清单整理所需资料，如近年来的自我评价报告、工作计划和总结、学校管理制度等。

与传统评价不同，授权评价指标是过程性的、开放性的，由利益相关者经过协商讨论生成。授权评价指标可采用专家效度法开发，即以专家评定问卷的方式进行。授权评价的关键是，按照这一指标体系，参与者进行一个有效的协商和对话过程。

目前我国职业院校教学诊断与改进工作发现的一些问题，采用传统评价方法难以解决。授权评价不强调客观性、可靠性等经典标准，认为评价不是“中性”的，无法得到绝对科学的真相；授权评价的目标不是获得一致的结果，而是对某一观点形成深入的理解。授权评价可以帮助学校分析工作中的问题，建立能够持续向管理者反馈问题，并及时调整策略的动态机制，为自我评价机制实际应用提供技术支持。按照第四代评价理论，评价的目的是达成一种大多数参与者都同意的行动计划，而不是对“客观”真理的探寻②。

第三节　职业教育学业评价

学业评价是指以教育教学目标为依据，运用恰当、有效的工具，系统收集学生在学习过程中认知行为变化的信息和证据，根据一定标准对学生的知识、技能和能力水平做出客观衡量和科学判定的过程。合理的学业评价要体现党和国家的教育方针，尊重和体现学生的个体差异，并激发学生努力实现自身的价值。与普通教育相比，职业教育学业评价结果的影响更大，它直接影响着学生的升学和就业、影响着企业员工招聘以及职业院校的发展。

一、学业评价的标准

个体的学业成就是学习过程的产出或结果，学业评价旨在对学习者的学业成就水平的高低（学习绩效）进行判定和分级，处于某一级别的人必须满足相关标准的质量要求。标准是判断质量优劣和满意程度的门槛性要求，可以是一种标杆、价值取向或一项最佳成就记录，如精确性、准确性或与某一样板（人或事）的相符程度。在教学实践中我们看到，很多教师往往寄希望于制定绝对“科学合理”的标准，这个目标可能永远也无法实现。莱

① 斯塔弗尔比姆，等．评估模型［M］．北京：北京大学出版社，2007.

② 孙芳芳，赵志群．职业院校质量诊断：授权评价理论与实践［M］．北京：中国社会科学出版社，2019.

茵伯格（F. Rheinberg）将学业成就评价标准分为三类，即事实性标准、社会性标准和个性化标准[①]，在此基础上可以界定具体评价指标，其中只有事实性标准属于客观标准。

（一）事实性标准

事实性标准是教学标准（或职业标准）中规定和描述的能力要求，借此可以对学习结果进行客观评价。事实性标准的优点是：评价结果与教学标准要求的关系清晰可见，可以明确判断是否达到了最低要求，从而权威地证明达到了某一特定要求（如技能等级）。事实性标准可帮助学生进行目标导向和自我管理式学习，但是无法让老师了解学习难度，对学生的进步也不敏感。另外，工作世界经常很难严格和客观定义什么是优秀、良好或者及格（如很多服务过程无法精确评分）。如果学校对学生的成绩分布有要求（如正态分布）时，教师还必须根据以下的社会性标准对考试分数进行修订，这不但造成结构性困难，而且容易引发矛盾，并为教学设计带来困难。

（二）社会性标准

社会性标准是与他人对比时学生表现出来的绩效差异，即学生在一个团体中的相对水平。社会性标准的优点是能识别表现相对较好和较弱的学生，确定能力差异，为开展个性化教学提供基础。其局限性是：可比性只是在特定团体内有效（班级内部标准）。由于看不到全体成员的共同变化，所确定的成绩有可能掩盖全体成员的共同努力或相同的退步，掩盖事实性标准的实现程度，以至失去标准本来的理性和可信度。社会性标准无法精确确定考生的分数，这有可能对学习动机造成消极的影响。

（三）个性化标准

个性化标准是与自己的过去进行比较，由此追踪学生的学习和成长过程。个性化标准的优点是：无论是好的还是差的学生都能确定自己的学习状态，自身努力与学习成就间的关系清晰可见，不同阶段的绩效波动可以可视化，这有利于提高学习者的学习动机。采用个性化标准，后进生不会受到优秀同学的打击，而优秀学生也可以与“过去的自己”相比较。但是个性化标准弱化了学生之间确实存在的差异，使学生失去了客观评价自己的信息源，不适合评价外部有特定要求的领域（如入学考试）。

综上所述，每种评价标准都有自己的优势和“盲点”，不可能满足学业评价的所有要求，教师在实践中需要利用多种标准并相互补充，学生也应学会利用各种标准进行自我评价。理想的状态是，个性化标准发挥主导作用，但又不忽略其他标准提供的信息。事实性标准与个性化标准相结合，是未来职业教育学业评价发展的趋势。

二、职业教育学业评价方法

普通教育学业评价相对简单，通常根据课程标准的学习目标，采用相应的测量工具进

---

① RHEINBERG F. Bezugsnormen und schulische Leistungsbeurteilung［M］//WEINERT F F. Leistungsmessungen in Schulen. Weinheim：Beltz，2001.

行，如标准参照性测验和成就测验等[①]。职业教育既要迎合劳动力市场的功利性要求，又要实现促进学生生涯发展的教育性目的，其学业评价更为复杂和多样，除了课程考试外，还有技能竞（大）赛、对口升学考试和职业能力测评等多种形式。职业教育学业评价必须反映技术技能人才的发展性目标和职业规范的双重要求，这对评价方法提出了巨大挑战。

根据不同的背景、需求和目标，学业评价采用不同的方案，这涉及不同设计理念、数据收集、分析和结果解释方法。学业评价有多种分类方法：

（一）量化测评

19 世纪中叶人们开始进行大规模的学业成就测验，其标志性事件是赖斯对 33 000 名学生进行的拼写能力调查。20 世纪 30 年代，“评价之父”泰勒采用实验设计模式对教学改革成果进行比较分析，量化评价方法成为学校教育最重要的学业评价方法。职业教育中采用的量化评价有能力倾向测试、学习成就测试、人格测试和能力测评等多种方法。其中，能力倾向测试对个人的潜在能力进行评价，预测个体能力未来发展倾向；学习成就测试对个体的学业成就进行测试，典型的如考夫曼教育成就测验（KTEA-II）[②]；人格测试通过特定测试量表（如明尼苏达多相人格调查表、艾森克人格问卷等）对个体的心理特征进行测试，如兴趣、动机、态度、气质和性格等[③]；能力测评方法很多，既有单项能力测评方法，也有综合能力测评方法。

量化方法可以避免考官个人主观因素对评价结果的影响，对促成目标达成有较好效果，因此在学业评价中发挥着重要作用。但是科学的量化评价模型很难建立，这极大地影响了评价结果的说服力，而且这些方法在过程性评价中的使用效果往往也不理想，采用互动式性更强的质性方法更容易深入理解和解释被观察的现象。

（二）质性评价

人力资源管理最先开始采用基于胜任特征模型的质性评价方法，如“工作胜任力测评法”（job assessment method，JACM）和“行为锚定修正法”（modified bars method）等。这些方法建有能力模型，但是没有量化工具和流程，致使操作灵活性很大甚至过大。德国开发实施了数十种职业能力测评方法，其中有很多是质性方法，如行动导向测评方法、单项技能评价方法和能力总结与汇总方法（competence balance）等。我国一些职业院校采用类似方法进行形成性评价，如北京市商业学校以职业素养学分和证明、证章评价方式记录学生在思想品德、技术技能、文化艺术、体育科技等方面取得的成绩，在此基础上给学生颁发“职业素养护照”[④]。A＋雏鹰计划在校企合作学徒培养中建立“学习档案”（portfolios）[⑤]，有意识地收集证据，记录学生取得的进步。

质性评价的主要缺陷是结果的可比性较差。由于对学生的行为描述、分类、选定能力指标和确定界别的难度大，此类方法对评价人员的专业要求也很高。此外，如果被评价者

① 钟启泉，汪霞，王文静．课程与教学论［M］．上海：华东师范大学出版社，2008．

② 格雷戈里．心理测量历史、原理及应用［M］．北京：机械工业出版社，2013．

③ 戴海崎，张峰，陈雪枫．心理与教育测量［M］．广州：暨南大学出版社，2011．

④ 高靓．职业素养护照为学生职业发展对标对表［EB/OL］．中国教育新闻网，2019－12－30．

⑤ MCMULLAN M，et al. Portfolios and assessment of competence［J］．J Adv Nurs，2003（3）．

过于谦虚、夸张或不诚实，评价结果的可信度也会有问题。

（三）混合式评价

职业能力是个体从事一个职业时的心理认知特性，波兰尼“隐性知识”理论被广泛接受，间接否定了按照行为主义理念采用纯量化方法进行能力测量的合理性，量化与质性相结合的混合式方法成为发展方向，国际有影响的职业能力评价方法均据此建立技能模型和测评模型。COMET（competence measurement）职业能力测评是世界上第一个实际实施的大规模职业能力诊断工具，它基于“从初学者到专家”的能力发展逻辑建立包含“级别”“内容”“行动”三个维度的跨职业能力模型，采用开放性测试题目，确认被测学生的职业能力发展级别[①]。教育部在制定《高等职业教育专业评价试点方案（草案）》时采用COMET方案对三个代表性省份物流管理等四个专业高职学生的试验性测评结果显示，COMET能力测评可以较好确认不同院校学生的职业能力发展水平，其开放性测试题目不但被企业认可，也广受学生欢迎。COMET能力测评在对不同院校教学质量进行比较的同时，也为教师的教学设计提供了指导。

在选择和设计大规模学业评价方法时需要考虑，测评方案既要能获得大量深入和有效的数据，也不能引发过多的经费和时间投入。在此需要解决的关键问题是关于职业教育的产出和投入的因果关系分析，以及评价模式和具体工具的开发，包括测试题目类型的研究等。

（四）诊断性评价

诊断性评价在我国的相关实践中具有重要的意义。“诊断”的概念起源于医学，本义是通过特定的工具检查病人的病症，并有针对性地开具处方。布卢姆最先在教育领域提出“诊断性评价”概念，指在学习开始之前对学习者现有水平进行评价，强调预防性的“事前行为”[②]。诊断性评价是内部评价方法，其最大特点是采用“协商模式”，即相关人员共同协商裁定和解决相关问题，从而提高评价结果使用的可能性。诊断不是简单的现状描述，而是通过获得足够深入的信息，揭示学习中存在的问题及其成因，并通过制度化的措施形成持续改进的机制。

进入21世纪，诊断成为引领职业院校建构反思意识、发现问题、提高效能、促进自主发展的新型教育技术，特别是教育部通过促进建立职业院校“教学诊改”机制的行政措施，使这一思想得到了普及。值得注意的是，诊断不仅仅是收集数据，更重要的是吸引利益相关者都参与到诊断过程中，共同发现问题、寻找解决策略并实施改进。

三、技能考试和职业能力测评

职业院校学生学业评价离不开对学生职业能力或技能水平的评价，其基本方式是技能考试和职业能力测评。

---

① 赵志群，劳耐尔，等.COMET职业能力测评方法手册［M］.北京：高等教育出版社，2018.

② 布卢姆.教育评价［M］.上海：华东师范大学出版社，1987.

（一）技能考试

不同国家技能考试制度不同，但大多都会采用“知识＋实践技能”的考核方式。我国的职业技能等级（资格）鉴定考试一般也分为理论和实践考核两部分，采用纸笔测试、现场考核、典型作业、模拟操作等形式。技能技巧主要采用专家观察评分法确定；对职业规范和工作道德等隐性范畴的内容，则通过对工作过程和工作结果的观察进行考评。研究发现，目前技能评价中普遍采用的标准化考试的职业效度并不高，因为企业真实的生产服务活动不是简单的操作或线性过程，不能简单按照“对-错”标准或“投入-产出”关系来衡量①。

技能大赛是一种社会关注度高和高难度的、特殊的技能考试，不同大赛在赛项设置、评分标准等方面有所不同。职业院校技能大赛常围绕教学标准及生产技术设置赛项，强调工艺难度，这与世界技能大赛有较大区别；世界技能大赛被认为能够对专业技术水准和职业素质进行更为全面的检验②，实施成本较高，但是如果其试题转化应用得好，可以为职业教育的高质量发展提供有效的借鉴。

当今社会，技术发展对传统技能考试产生了重要影响。人们发现，除了特别简单的动手操作行为（如点钞或切土豆丝等）外，采用主观性较强的观察法对复杂技能评价的结果的信度很低，因此发达国家技能考试的一个共同趋势是采用“表现性评价”，即考生“在特定情境中运用获得的知识完成某项任务，以考查其知识技能掌握程度，或问题解决、交流合作和批判性思考等多种复杂能力的发展状况”③。此外，技能的含义也得到了很大拓展，人们更加强调应用知识完成任务和解决问题的能力。2019 年颁布的《国家职业教育改革实施方案》（职教 20 条）明确指出职业技能等级证书要“反映职业活动和个人职业生涯发展所需要的综合能力”，这说明在“1＋X”技能证书制度设计中，“技能”和“能力”已经几乎同义，意味着职业技能正在发展成为更强调认知和综合性的职业能力。此外，传统的技能考试费时费力，特别是在开展大规模的技能测试时，要想达到较高的信度和效度要求，测试费用和人员投入会高到令人无法接受的地步（如奥运会体操等项目要求多个裁判同时评分）。因此，很多（大规模）职业技能考试正在向成本较低的职业能力测评方向发展。

（二）职业能力测评

1. 职业能力测评的基本概念

职业能力测评旨在评价应用知识技能解决实际工作中的问题的能力，它与技能考试的区别在于：技能考试针对教学（或职业）标准，考查对学习内容的掌握程度，有对错之分，反映教学标准的效度；职业能力测评评价与特定工作相关的认知特征和认知水平，考查实际工作能力，只有能力水平高低之分而没有标准答案，反映职业要求的效度④。

---

① YOUNG M. National qualifications frameworks as a global phenomenon [J]. Journal of Education and Work. 2003 (3).

② 刘东菊. 世界技能大赛对我国职业院校人才培养的启示 [J]. 中国职业技术教育，2012 (36).

③ 俎媛媛. 美国真实性学生评价及其启示 [J]. 教育发展研究，2007 (6).

④ RAUER F，et al. Competence development and assessment in TVET [M]. Dordrecht：Springer，2012.

职业能力测评的基本功能是：将能力发展的实际水平及时反馈给教师和学生，帮助其处理学习过程中发生的问题并进行过程优化。从宏观管理角度看，如果能力测评能够达到大规模质量监控的质量要求，就可以借此进行校际甚至区域间的比较，对不同学校人才培养过程的优劣进行分析和解释，从而为科学决策提供实证基础。在此，需要开发科学的技能考试与职业能力测评相互补充的、反映综合能力评价要求的、具有高预测效度的评价模型和评价实施方案。

2. COMET 职业能力测评方案概念

COMET 职业能力测评项目采用大规模能力诊断（large-scale diagnostics）方法，对学生的职业能力、职业承诺和职业认同感发展情况进行评价①。它在典型工作任务基础上开发测评题目并进行能力水平调查，确定职业能力发展水平和能力轮廓，从而确定被测学生的职业认知能力特征，对三个层次的工作过程知识即引导行动的知识、解释行动的知识和反思行动的知识进行评价。

COMET 职业能力模型由三个维度构成，分别是职业的“内容维度”、“要求维度”和“行动维度”。该能力模型建立在一系列现代职业教育理论基础上，包括情境学习和行动导向学习理论、发展性任务理论、设计导向职业教育思想、从“初学者到专家”（from novice to expert）职业成长逻辑以及工作过程知识等，见图 10－6。

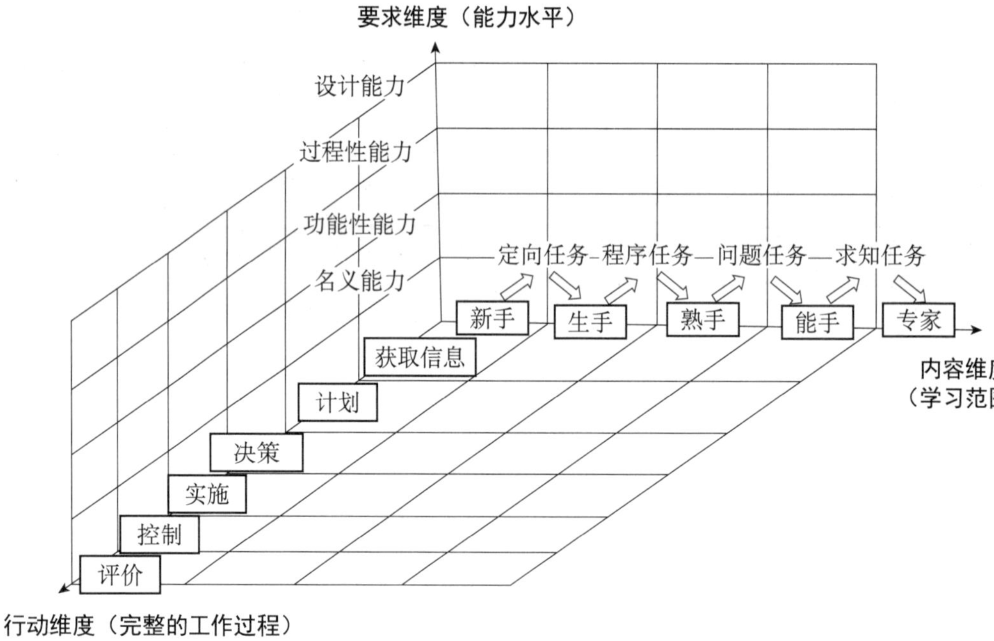

图 10－6　COMET 职业能力模型

资料来源：赵志群，劳耐尔，等．COMET 职业能力测评方法手册［M］．北京：高等教育出版社，2018：54．

按照 COMET 职业能力模型，职业能力是指人们从事一个或若干相近职业所必备的本领以及在真实的工作情境中整体化地解决综合性职业问题的能力。具备职业能力的人，可以在承担社会、经济和生态责任的前提下，参与到技术、工作和社会发展的设计中。这里

① 赵志群，劳耐尔，等．COMET 职业能力测评方法手册［M］．北京：高等教育出版社，2018．

的职业能力强调理解、反思、评估和完成典型工作任务时所需要的主观认知潜力，而不仅仅是简单按照指令完成常规性的具体任务时表现出的技能，是全面发展的社会主义接班人培养目标以及创新能力和职业精神的具体表现，与个人的素养发展密切相关。

3. COMET 职业能力测评的方法与工具

COMET 职业能力测评按照专业类别，以笔试形式进行。每位被试者需完成测试任务卷、背景情况调查问卷和测试动机问卷。监考教师完成教师关于学生测试动机的问卷，即考场情况问卷。被试者需填写背景情况调查问卷，用于收集和确定职业能力发展的背景条件，包括背景特征、职业学校和实习实训企业状况等。背景问卷还包括用于测量职业认同感的题项，并在此基础上对职业承诺进行评价。

COMET 测评的测试任务是开放性的测试题目，其基础是职业的典型工作任务，且符合职业教育培养目标的要求。测试题目有较高的复杂性和综合性，能体现职业工作的内容和要求。被试者需要提出完成任务的解决方案，并解释采取该方案的理由。开放性任务允许给出不同答案，可利用草图、文字、表格和清单等技术语言阐述理由。

测试题目案例（电气技术）

情境描述

李先生一家（两个孩子）四年前在别墅区买了一套房子，并给起居室南面玻璃窗安上了手动操作的百叶窗。为避免火灾，他们不在起居室用熨斗。现在，李先生想重新装修起居室，在原有框架里，能自动操作百叶窗。李先生提出以下几点要求：有一个地方能集中控制百叶窗升降；太阳光强烈时及从白天某时开始，百叶窗能自动下降；早上百叶窗能自动上升；在起居室熨衣服，但半小时以后熨斗能自动关掉；乐于接受一切增加舒适性的建议。

任务要求

拟订实现控制的完整文件，详细陈述建议方案，并说明理由。时间为 2 小时。允许使用所有学校常用的辅助工具，如专业书籍、自己的笔记本等。

4. 评分和测评结果呈现

为了解释被试者提交的任务解决方案，COMET 建立了针对 4 个能力级别的由 8 个能力指标组成的指标体系，即“直观性/展示”“功能性”“使用价值/可持续性”“经济性和效益”“工作过程和企业生产流程导向”“环保性”“社会接受度”和“创造性”。测试完成后，每位被试学生得到一份描述其职业能力特点的轮廓图（见图 10-7），得知能力总分和自己所处的能力级别。轮廓图展示了三个能力级别，包含了八项能力指标，可以了解被试者的优点和缺陷，明确未来努力方向。

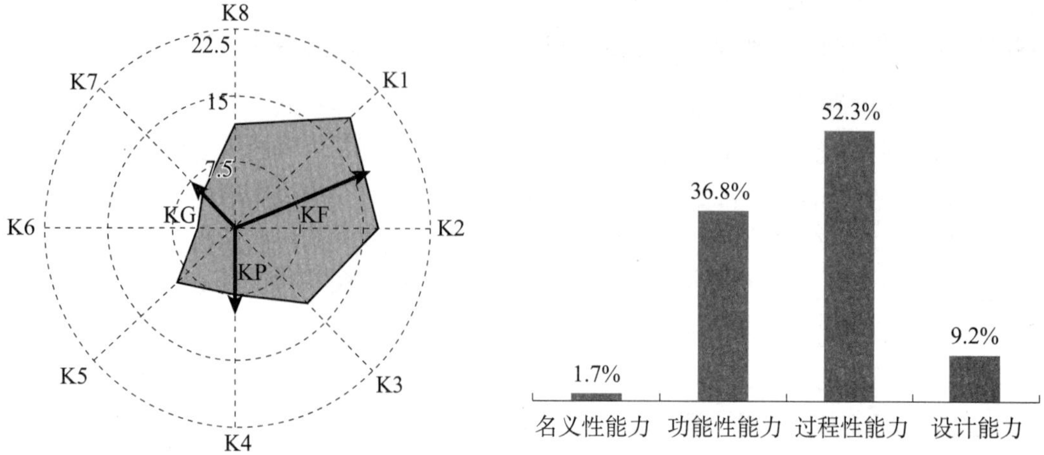

K1 直观性和展示性　K2 功能性　K3 使用价值导向　K4 经济性
K5 生产流程和工作过程导向　K6 社会接受度　K7 环保性　K8 创造性
KF 功能性能力　KP 过程性能力　KG 整体化设计能力

图 10－7　能力轮廓图和参加测评学生能力水平总体分布

综上所述，COMET 职业能力测评采用大规模标准化心理诊断技术，按照教育性目标和职业规范的双重要求，采用开放式测评题目，并以相关背景数据为基础，分析被试者的职业认知特征，其测评追求的是“职业效度”，与具体的职业教育制度和课程体系无关，以此可以用来评价诊断职业教育制度和专业教学质量。

（三）总结与展望

鉴于职业教育学业评价的复杂性，简单的一种或几种评价方法都无法完全满足所有评价目的的要求，评价方法的多元化成为未来的发展趋势。

在现代职业教育中，学生学业成就的获得是一个个性化过程，学业评价要为学生提供差异化和多样化的启发，这需要改变传统的仅强调产出的认知导向评价方式。按照后现代主义评价理念，学业评价在很大程度上是“人为设计”的，没有固定的标准和特定答案，而更多要通过与参与者的协商和对话来确定。

职业教育学生学业成就有多种表现形式，可通过工作过程和产品展示，通过再现、重组、迁移和解决问题展现，也可表现为创造性、社会性、认知性、生产性和行动导向的工作绩效。学业评价过程应当嵌入在工作和学习过程中，这既有对个体的评价，也有对集体的评价，需要参与者的理解、反思，以及相互信任和团结合作。学业评价还要确定学生的发展潜力和需要解决的问题，这需要机构化和系统化的支持。

应关注目前职业教育考试存在的理念和技术问题，如果缺乏现代教育理念和教育测量理论的指导，不关心测量的技术指标，学业评价无法支撑高质量职业教育体系的发展。例如综合职业能力的发展，这意味着不仅要评价学生的动手操作技能，而且还需关注认知和精神运动领域的内容。按照情境学习理论，专业实践能力只能在特定的工作情境中被调查和获知，需要采用案例分析或民族志方法①。职业教育的考试也不是传统的考试，因为指导实践的知识只能在特定情境下才能被辨识，对专业能力的评价需要在真实的工作情境中、以完成典型工作任务的考核方式进行，而高技能人才评价需要更为复杂的考核方法。这里最大的困难是开发情境性考试题目，即有助于确立工作能力的标准化案例性任务，它既要反映重要的企业实践价值，又要能借此评判被试者职业能力的高低。科学的能力测评要用整体化观念看待职业能力，不但针对工作任务的完成情况，而且还关心学生是否能够对工作过程和工作成果进行反思和改进，应加强对诸如技术敏感性和创新性等高层次实践能力的评价，促进学生的“价值理性”和“事实性评价能力”的发展。

概念术语

“影子”观察法
COMET 职业能力测评（competence measuremet）
ISO9000 质量管理标准
测量导向的评估方法
产出导向
大规模能力诊断
动态化指标
督导评估
个性化标准
后现代主义评估
混合式评价
技能大赛
技能考试
监测
监测与评估体系
教师自我评估
教学工作诊断与改进
教学评估
教育评估范式
结果导向
柯氏评价
科学主义评估
课堂教学评估方法
量化指标
满意度调查
内部-外部质量指标
欧洲质量管理基金会
评估
评估指标
全面质量管理
人文主义评估
社会性标准
事实性标准
授权评价
泰勒
投入导向
投入-过程-产出指标
校际互评
新公共管理
学生自我评估法
学业评价
元评估
诊断
诊断性评价
质量保障
质量保障体系
质性评估方法
质性指标
自我监控与评估法

① BADER R. Arbeits-und erfahrungsorientiertes lernen［M］//DEHNBOSTEL P，NOVAK H. Arbeits-und erfahrungsorientierte lernkonzepte. Bielefeld：Bertelsmann，2000.

复习思考题

1. 说明科学主义评估、人文主义评估和后现代主义评估的区别与联系，解释我国目前教育评估的主要特点。

2. 职业教育质量控制为什么要实现从“投入导向”向“产出导向”和“结果导向”的范式转变？

3. 举例说明什么是教学评价的事实性标准、社会性标准和个性化标准，并说明不同标准的优点和“盲区”。

4. 以授权评价为例，说明评价工具对诊断性评价的重要性。

5. 高质量职业教育考试有哪些技术上的挑战？技能考试与能力测评有什么区别？

6. COMET 职业能力测评对我国的职业教育教学改革有哪些启发？提供了什么工具？

主要参考资料

古贝，林肯．第四代评估［M］．北京：中国人民大学出版社，2008.

涂尔干．职业伦理与公民道德［M］．上海：上海人民出版社，2006.

芬伯格．技术批判理论［M］．北京：北京大学出版社，2005.

白小平，孙景余．职业教育学［M］．北京：中国农业科技出版社，1998.

布卢姆，等．教育评价［M］．上海：华东师范大学出版社，1987.

陈琦，刘儒德．当代教育心理学［M］．北京：北京师范大学出版社，2007.

陈永芳．职业技术教育专业教学论［M］．北京：清华大学出版社，2007.

申克．学习理论：教育的视角［M］．南京：江苏教育出版社，2003.

戴海崎，张峰，陈雪枫．心理与教育测量［M］．广州：暨南大学出版社，2011.

乔纳森．学习环境的理论基础［M］．上海：华东师范大学出版社，2002.

范唯，郭扬，马树超．探索现代职业教育体系建设的基本路径［J］．中国高教研究，2011（12）.

劳耐尔，麦克林．国际职业教育科学研究手册：上［M］．北京：北京师范大学出版社，2014.

劳耐尔，麦克林．国际职业教育科学研究手册：下［M］．北京：北京师范大学出版社，2017.

凯郎特．培训探秘［M］．北京：企业管理出版社，2001.

格雷戈里．心理测量历史、原理及应用［M］．北京：机械工业出版社，2013.

国家教委职业技术教育中心研究所．职业技术教育原理［M］．北京：经济科学出版社，1998.

国家职业分类大典和职业资格工作委员会．职业分类大典［M］．北京：中国劳动社会保障出版社，1999.

和震．中等职业学校教师素质状况与提高策略［J］．教育研究，2010（2）.

贺国庆，朱文富．外国职业教育通史［M］．北京：人民教育出版社，2014.

胡森，波斯尔斯韦特．教育大百科全书：职业技术教育［M］．重庆：西南师范大学出版社，2006.

黄尧．职业教育学：原理与应用［M］．北京：高等教育出版社，2009.

加德纳．多元智能［M］．北京：新华出版社，1999.

加涅．学习的条件和教学论［M］．上海：华东师范大学出版社，1999.

姜大源．当代德国职业教育主流教学思想研究：理论、实践与创新［M］．北京：清华大学出版社，2007.

姜大源．职业教育要义［M］．北京：北京师范大学出版社，2017.

借鉴德国“双元制”经验促进我国职业技术教育改革的研究与实验课题组．面向未来的探索［M］．北京：经济科学出版社，1998.

卡纳尔．组织变革管理［M］．北京：中国人民大学出版社，2015.

亨利，等．创业教育与培训［M］．北京：商务印书馆，2017.

KIRKPATRICK D L，KIRKPATRICK J D. 如何做好培训评估：柯氏四级评估法［M］．北京：电子工业出版社，2015.

莱夫，温格．情景学习：合法的边缘性参与［M］．上海：华东师范大学出版社，2004.

施托克曼．非营利机构的评估与质量改进：效果导向质量管理之基础［M］．北京：中国社会科学出版社，2008.

雷雳．发展心理学［M］．北京：中国人民大学出版社，2021.

李守福．职业教育导论［M］．北京：北京师范大学出版社，2008.

李向东，卢双盈．职业教育学新编［M］．北京：高等教育出版社，2020.

格里格，津巴多．心理学与生活［M］．北京：人民邮电出版社，2007.

刘来泉．世界技术与职业教育纵览：来自联合国教科文组织的报告［M］．北京：高等教育出版社，2002.

斯莱文．教育心理学：理论与实践［M］．北京：人民邮电出版社，2004.

吕可英，董操．中国职业技术教育学［M］．济南：齐鲁书社，1991.

诺尔斯．现代成人教育实践［M］．北京：人民教育出版社，1989.

马建富．职业教育学［M］．上海：华东师范大学出版社，2008.

马树超，郭扬．新中国高等职业教育发展改革的非凡成就和经验［J］．中国高等教育，2009（17）.

波兰尼．认知与存在：迈克尔·波兰尼文集［M］．南京：南京大学出版社，2017.

孟广平．能力·能力本位教育与职业技术教育课程开发［J］．职业技术教育，2000（12）.

孟庆国，曹晔，杨大伟．中国职业技术师范教育史［M］．北京：教育科学出版社，2016.

米靖．中国职业教育史研究［M］．上海：上海教育出版社，2009.

莫斯，等．论技术、技艺与文明［M］．北京：世界图书出版公司，2010.

彭未名，邵任薇，等．新公共管理［M］．广州，华南理工大学出版社，2007.

沈小碚，雷成良．职业教育导论［M］．重庆：西南师范大学出版社，2017.

施良方．学习论［M］．北京：人民教育出版社，2000.

石伟平，徐哲岩．新职业主义：英国职业教育新趋向［J］．外国教育资料，2000（3）.

石伟平．时代特征与职业教育创新［M］．上海：上海教育出版社，2006.

比利特．工作场所学习有效实践的策略［M］．南昌：江西人民出版社，2017.

SCHUITZ D P，SCHUITZ S E. 工业与组织心理学［M］．北京：中国轻工业出版社，2004.

斯塔弗尔比姆，等．评估模型［M］．北京：北京大学出版社，2007.

孙芳芳，赵志群．职业院校质量诊断：授权评价理论与实践［M］．北京：中国社会科学出版社，2019.

泰勒．课程与教学的基本原理［M］．北京：中国轻工业出版社，2021.

舍恩．反映的实践者：专业工作者如何在行动中思考［M］．北京：教育科学出版社，2007.

王伯鲁．技术究竟是什么?：广义技术世界的理论阐释［M］．北京：科学出版社，2006.

王策三．教学论稿［M］．北京：人民教育出版社，1985.

王有智．学习心理学［M］．北京：中国社会科学出版社，2010.

夏金星．职业教育心理学专题［M］．北京：北京师范大学出版社，2012.

徐国庆．职业教育课程论：第2版［M］．上海：华东师范大学出版社，2015.

徐国庆．职业教育原理［M］．上海：上海教育出版社，2004.

徐涵．工作过程导向的职业教育理论与实证研究［M］．北京：商务印书馆，2013.

杨黎明．关于学生职业能力的发展［J］．职教论坛，2011（3）.

杨钋．技能形成与区域创新［M］．北京：社会科学文献出版社，2010.

帕尔．职业教育与培训教学法纲要［M］．北京：光明日报出版社，2019.

余祖光．职业教育校企合作的机制研究［J］．中国职业技术教育，2009（4）.

袁华，郑晓鸿．职业教育学［M］．上海：华东师范大学出版社，2010.

张春兴．现代心理学［M］．上海：上海人民出版社，1994.

张华．论核心素养的内涵［J］．全球教育展望，2016（4）.

赵志群，劳耐尔，等．COMET职业能力测评方法手册［M］．北京：高等教育出版社，2018.

赵志群．职业教育工学结合一体化课程开发指南［M］．北京：清华大学出版社，2009.

赵志群．职业教育学习新概念［M］．北京：北京师范大学出版社，2021.

中国CBE专家考察组．CBE的理论与实践［Z］．北京：国家教委职业技术教育中心研究所，1993.

中国就业培训技术指导中心．一体化课程开发指导手册［M］．北京：中国劳动社会保障出版社，2020.

钟启泉，汪霞，王文静．课程与教学论［M］．上海：华东师范大学出版社，2008.

朱德全，杨磊．教学论发展70年：实践样态与逻辑路向［J］．教育研究，2019（9）.

ANNOLD R，LIPSMEIER A，OTT B. Berufspädagigik kompakt［M］. Berlin：Cornelsen，1998.

ANNOLD R，LIPSMEIER A. Handbuch der Berufsbildung［M］. Opladen：Keske＋Budrich，1995.

BADER R. Berufliche Handlungskompetenz［J］. Die Berufsbildende Schule. 1989（2）.

BAETHGE M. Arbeit und identität［M］//BECK U，BECK-GERNSHEIM E. Riskante

Freiheiten. Frankfurt/Main：Edition Suhrkamp，1994.

BAHL A，DIETZEN A. Work-based learning as a pathway to competence-based education [M]. Bonn：BIBB，2019.

BÄHR W. Handbuch zur Ausbilder-Eignungsprüfung und Ausbildungspraxis. Band 3：Planung und Durchführung der Ausbildung [M]. Bonn：IFA-Verlag，1992.

BENNER P. Using the dreyfus model of skill acquisition to describe and interpret skill acquisition and clinical judgment in nursing practice and education [J]. Bulletin of Science，Technology & Society，2004 (3).

BLANKERTZ H. Einführung in die Thematik des Symposiums [J]. Zeitschrift für Pädagogik，1983 (Beiheft 18).

BONZ B. Methoden der Berufsbildung：ein Lehrbuch [M]. Stuttgart：Hirzel，1999.

BRUNER J S. Toward a theory of instruction [M]. New York：Norton，1966.

DEHNBOSTEL P，MARKERT W，NOVAK H. Erfahrungslernen in der beruflichen Bildung. Neusäß：Kieser，1999.

DEHNBOSTEL P，SCHRÖDER T. Work-based and work-related learning-models and learning concepts [J]. TVET@ Asia，2017 (9).

DREYFUS H L，DREYFUS S E. Mind over machine：the power of human intuition and expertise in the era of the computer [M]. New York：Free Press，1986.

DYBOWSKI G，HAASE P，RAUNER F. Berufliche Bildung und betriebliche Organisationsentwicklung [M]. Bremen：Donat，1993.

EICKER F. Experimentierendes Lernen - ein Beitrag zur Theorie beruflicher Bildung und des Elektrotechnikunterrichts [D]. Bad Salzdetfurth，1983.

ENGESTRÖM Y. Expansive learning at work [J]. Journal of Education and Work，2001 (1).

ERPENBECK J，von ROSENSTIEL L. Handbuch Kompetenzmessung [M]. Stuttgart：Schäffer-Poeschel，2003.

ERTL H，SLOANE P F. Curriculare Entwicklungsarbeit zwischen Lernfeld und Funsktionsfeld [J]. ZBW，2006 (Beiheft 19).

EULER D. Handbuch der Lernortkooperation. Band 1. Bielefeld：W. Bertelsmann，2004.

FETTERMAN D M，WANDERSMAN A. Empowerment evaluation [J] American Journal of Evaluation，2007 (2).

FISCHER M，RAUNER F. Lernfeld：Arbeitsprozess [M]. Baden-Baden，Nomos，2002.

FISCHER M. Von der Arbeitserfahrung zum Arbeitsprozesswissen [M]. Opladen：Leske+Budrich，2000.

FOSHAY A. Shaping curriculum [M] //UNRUH G，LEEPER R. Influence in curriculum change. Washington D C：Association for Supervision and Curriculum Development，1968.

FULLER A，UNWIN L. Reconceptualising apprenticeship [J]. Journal of Vocational Education and Training，1998 (2).

GREINERT W D. Das deutsche System der Berufsausbildung - Geschichte，Organisation，Perspektiven，2. Aufl. [M]. Baden-Baden：Nomos，1995.

HACKER W. Arbeitspsychologie-Psychische Regulation von Arbeitstätigkeiten [M]. Berlin (Ost)，1986.

HAVIGHURST R J. Developmental task and education [M]. New York：Longmans & Green，1972.

JANK W. MEYER H. Didaktische Modelle [M]. Frankfurt/Main：Cornelsen Scriptor，1991.

KLEIN U. PETRA Projekt-und transferorientierte Ausbildung [M]. München：Siemens-Aktionges，1990.

KLEINER M，RAUNER F，REINHOLD M，RÖBEN P. Curriculum-design I. Arbeitsaufgaben für eine moderne Beruflichkeit [M]. Konstanz：Christiani，2002.

KRUSE W. Von der Notwendigkeit des Arbeitsprozeßwissens [M] //SCHWEITZER J. Bildung für eine menschliche Zukunft. Weinheim：Juventa，1986.

LINDBERG V. Vocatioal knowing and the content in vocational education [J]. International Journal of Training Research，2003 (2).

MERTENS D. Schlüsselqualifikationen—These zur Schulung für eine moderne Gesellschaft [J]. Mitteilungen aus der Arbeitsmarkt- und Berufsforschung，Nürnberg IAB，1974 (7).

MÜNCH J. Berufsbildung und Personalentwicklung [M]. Hohengehren：Schneider Verlag，2007.

NÖLKER H，SCHOENFELDT E. Glossar：internationale Berufspädagogik [M]. Sindelfingen：Expertverlag，1985.

NORTON B. The DACUM handbook [M]. Columbus：The Ohio State University，1997.

PAMPUS K. Ansätze zur Weiterentwicklung betrieblicher Ausbildungsmethoden [J]. BWP，1987 (2).

RAUNER F，BANNWITZ A. Wissenschaft und Beruf [M]. Bremen：Donat，1993.

RAUNER F，GROLLMANN P. Handbuch Berufsbildungsforschung 3. Aufl [M]. Bielefeld：wbv，2018.

RAUNER F，NEINEMANN L，MAUERER A，et al. Competence development and assessesment in TVET (COMET) [M]. Dordrecht：Springer，2013.

RAUNER F. Entwicklungslogisch strukturierte berufliche Curricula：vom Neuling zur reflektierten Meisterschaft [J]. Zeitschrift Berufs-und Wirtshaftspädagogik，1999 (3).

RAUNER F. Grundlagen der beruflichen Bildung - Mitgestalten der Arbeitswelt [M]. Bielefeld：wbv，2019.

RAUNER R, MACLEAN R. Handbook of technical and vocational education and training research. Dordrecht: Springer, 2008.

SCHELTEN A. Einführung in die Berufspädagogik [M]. Stuttgart: Steiner, 1994.

SCHELTEN A. Grundlagen der Arbeitspädagogik [M]. Stuttgart: Steiner, 1995.

SPRANGER E. Kultur und Erziehung [M]. Leipzig: Quelle & Meyer, 1928.

STRATMANN K, SCHLÖSSER M. Das duale System der Berufsbildung [M]. Frankfurt/Main: GAFB, 1990.

VILGERTSHOPER G, et al. Berufs- und Arbeitspädagogik [M]. München: BLV Verl.-Ges, 1996.

VOLPERT W. Wie Wir handeln - was wir können: Ein Disput als Einführung in die Handlungspsychologie [M]. Sottrum: Artefact Verlag, 1999.

WEINERT F E. Concept of competence [M] //RYCHEN D S, SALGANIK L H. Defining and selecting key competencies. Seattle, Bern: Hogrefe & Huber, 2001.

ZHAO Z, RAUNER F. Areas of vocational education research [M]. Heidelberg: Springer, 2014.

图书在版编目（CIP）数据

职业技术教育学/赵志群编著．-- 北京：中国人民大学出版社，2024.1
新时代马克思主义教育学系列教材
ISBN 978-7-300-31993-3

Ⅰ.①职… Ⅱ.①赵… Ⅲ.①职业技术教育-教育学-高等学校-教材 Ⅳ.①G71

中国国家版本馆 CIP 数据核字（2023）第 142918 号

新时代马克思主义教育学系列教材
总 主 编　顾明远
执行主编　刘复兴
职业技术教育学
赵志群　编著
Zhiye Jishu Jiaoyuxue

出版发行	中国人民大学出版社		
社　　址	北京中关村大街 31 号	**邮政编码**	100080
电　　话	010－62511242（总编室）		010－62511770（质管部）
	010－82501766（邮购部）		010－62514148（门市部）
	010－62515195（发行公司）		010－62515275（盗版举报）
网　　址	http://www.crup.com.cn		
经　　销	新华书店		
印　　刷	北京密兴印刷有限公司		
开　　本	787 mm×1092 mm　1/16	**版　　次**	2024 年 1 月第 1 版
印　　张	17.75	**印　　次**	2024 年 12 月第 2 次印刷
字　　数	418 000	**定　　价**	48.00 元

教学支持说明

（教学课件）

中国人民大学出版社教育学科秉承“出教材学术精品，育人文社科英才”的出版宗旨，多年来，出版了大批高质量的教育学、小学教育、学前教育专业教材和学术著作。

我们为本教材制作了相应的 PPT 教学课件，任何一位采用本书作为授课教材的教师均可免费获得该课件。为了确保该课件仅为授课教师获得，烦请您填写如下材料，并将相关信息通过 E-mail 发送给我们，我们将在收到相关信息后通过 E-mail 给您发送该课件。欢迎您加入我们的 QQ 群（教育新视野交流群，群号为 159813080），或登录我社官方网站（www. crup. com. cn），注册并认证成为教师会员，以获得更好的服务。

我们的联系方式：

地址：（100872）北京市中关村大街甲 59 号文化大厦 1202 室

中国人民大学出版社

电话：（010）62515955　62515383

E-mail：ggglcbfs@vip. 163. com

QQ 群：159813080

兹证明____________大学/学院____________院/系____________专业____________学年第____________学期开设的________________课程，采用中国人民大学出版社出版的____________________________（书名、作者）作为本课程教材。授课教师为____________，授课班级共________个、学生________人。授课教师需要与本书配套的教学课件。

联 系 人：________________________

通信地址：________________________

邮　　编：________________________

电　　话：________________________

E-mail：________________________

系/院主任：____________（签字）

（系/院办公室章）

________年______月______日